普通高等教育经管类专业"十三五"规划教材
教育部人才培养模式创新实验区建设项目研究成果

会计与财务基础

李 健 程仲鸣 编著

清华大学出版社
北 京

内 容 简 介

本书是教育部人才培养模式创新实验区建设项目的研究成果，是一本致力于非会计、财务管理专业"会计学原理"课程改革创新的教材，分为会计基础、财务管理基础、财务分析基础三篇，共 10 章。在内容上力求简洁、突出重点，兼顾非专业教学特点，对理论方面叙述较少，突出实例分析；在表述上力求语言平实、简练、通俗易懂；在章节安排上先介绍会计基础知识与实务，然后介绍财务管理和财务分析基础，这样由浅入深，循序提高，使学生掌握能够根据财务报表解读相关会计信息，并能够对财务报表包含的财务数据进行分析和应用的知识与技能。本书编写思路是，以实现创新人才培养目标为宗旨，从学生未来就业和创业的角度，赋予课程教学创新的新视角，培养具有较高会计素养的经管类专业人才。

本书提供丰富的教学资源，可以http://www.tupwk.com.cn免费下载。

本书封面贴有清华大学出版社防伪标签，无标签者不得销售。

版权所有，侵权必究。举报：010-62782989，beiqinquan@tup.tsinghua.edu.cn。

图书在版编目(CIP)数据

会计与财务基础 / 李健，程仲鸣 编著. —北京：清华大学出版社，2016（2023.8重印）
(普通高等教育经管类专业"十三五"规划教材)
ISBN 978-7-302-42129-0

Ⅰ. ①会… Ⅱ. ①李… ②程… Ⅲ. ①会计学—高等学校—教材 ②财务管理—高等学校—教材 Ⅳ. ①F230

中国版本图书馆 CIP 数据核字(2015)第 267422 号

责任编辑：崔　伟
封面设计：周晓亮
版式设计：方加青
责任校对：曹　阳
责任印制：刘海龙

出版发行：清华大学出版社
　　网　　址：http://www.tup.com.cn，http://www.wqbook.com
　　地　　址：北京清华大学学研大厦 A 座　　邮　　编：100084
　　社 总 机：010-83470000　　邮　　购：010-62786544
　　投稿与读者服务：010-62776969，c-service@tup.tsinghua.edu.cn
　　质 量 反 馈：010-62772015，zhiliang@tup.tsinghua.edu.cn
　　课 件 下 载：http://www.tup.com.cn，010-62796865

印 装 者：三河市铭诚印务有限公司
经　　销：全国新华书店
开　　本：185mm×260mm　　印　张：19.25　　字　数：456 千字
版　　次：2016 年 1 月第 1 版　　印　次：2023 年 8 月第 7 次印刷
定　　价：55.00 元

产品编号：066527-03

前　　言

本教材是为本科院校经管类非会计、财务管理专业"会计学原理"课程教学改革编写的，具有较强的针对性、新颖性和前瞻性。现行经管类非会计、财务管理专业多数采用《基础会计》或《会计学原理》教材，课程设置及课堂教学与培养目标脱节，由于没有会计后续课程，使得学生认为没有必要设置"会计学原理"课程，被动学习产生厌烦情绪。所以，从教学内容、教学方法、教学手段和考核办法等方面对"会计学原理"课程进行全方位的教学改革显得尤为重要，需要改变仅仅从会计专业基础课的角度教授课程内容，应从学生未来就业、创业的角度，赋予教学改革创新的新思维、新视角。明确经管类非会计、财务管理专业会计学教学的目的并非为学习专业会计课程打基础，而是立足于通过"懂会计"为其专业服务，重点是能够根据会计报表解读相关会计信息，并能够对财务报表包含的财务数据进行分析和应用，从而达到利用会计信息进行预测和决策的目的，将"会计学原理"课程改为"会计与财务基础"，真正满足非会计、财务管理专业学生学习会计知识的需求，是未来非会计、财务管理专业"会计学原理"课程改革的方向。考虑到经管类非会计、财务管理专业学生相对于会计专业学生来说，教学中对会计与财务知识点的要求要低，在内容及描述上我们力求简洁、突出重点，兼顾非专业教学特点，从而实现创新人才培养的目标。

本教材对理论方面叙述较少，突出实例分析；在表述上，力求语言平实、简练、通俗易懂。首先介绍会计基础知识与实务，然后介绍财务管理和财务分析基础，由浅入深、循序提高。本教材主要具有如下特色：

(1) 内容新颖全面，契合了最新会计制度变化。本教材以最新公布的《企业会计准则——基本准则》《企业会计准则——应用指南》等有关具体准则以及税法等规定为基础，结合我国新会计制度、财税制度以及重大会计改革的时代要求，增加了2014年版最新企业会计准则及解释，如《企业会计准则第9号——职工薪酬(修订)》《企业会计准则第30号——财务报表列报(修订)》《企业会计准则第39号——公允价值计量(新增)》等内容。从现实经济活动中搜集会计教学素材，内容涉及相关理论研究成果和最新会计实务案例，着重阐述会计、财务管理和财务分析的基本理论、基本方法和基本技能，以满足非会计、财务管理专业会计学教学目的为目标，及时吸收会计、财务管理和财务分析理论研究的最新成果，力求教材内容的更新与会计改革的实践同步，确保教材宜教易学的体系和风格。

(2) 编写体例丰富，坚持教学改革创新导向，突出了实务教学与能力开发。本教材是教育部人才培养模式创新实验区建设项目研究成果，同时也是一本致力于非会计、财务管理专业"会计学原理"课程改革创新的教材。本教材编写充分考虑了以就业为导向的培养目标，紧密联系非会计、财务管理专业教学实际，体例上设计了学习目标、本章小结、思考题及练习题等实务内容，所举实例均为最新与规范的会计、财务管理和财务分析方法，突出应用性教学环节，强化实践教学手段和会计与财务技能训练，以提升学生解决具体问题的能力和水平。

  本教材由李健、程仲鸣编著，全书共分10章，具体编写分工如下：李健教授负责第一篇(第一至第五章)的编写；程仲鸣教授负责第二、三篇(第六至第十章)的编写。李健教授负责教材的总体框架设计、编写大纲的拟定以及全部书稿的审定、总纂等工作。为方便各高校教师开展教学，本书配有丰富的教学资源包(包括电子课件、课后习题答案等)，教师可通过http://www.tupwk.com.cn下载。

  本教材在编著过程中，参阅了国内外基础会计与财务管理、财务分析等相关书籍和论文资料，限于篇幅未能全部列明，对于主要参考文献附于书后，在此谨向出版单位、所有作者一并致谢。因水平所限，对本教材编著中存在的不足或疏漏，祈望广大读者朋友不吝赐教！

编者

2015年12月

目　录

第一篇　会计基础

第一章　绪论 ·· 2
　第一节　会计概述 ··· 2
　第二节　会计对象与会计方法 ·· 8
　第三节　会计基本假设 ··· 12
　第四节　会计信息质量要求 ··· 14
　思考题 ··· 18
　练习题 ··· 18

第二章　会计要素和会计等式 ·· 20
　第一节　会计要素 ··· 20
　第二节　会计计量和会计基础 ·· 29
　第三节　会计等式 ··· 32
　思考题 ··· 35
　练习题 ··· 36

第三章　会计记账基础 ··· 39
　第一节　会计科目与账户 ·· 39
　第二节　借贷记账法 ·· 43
　第三节　记账凭证 ··· 51
　第四节　会计账簿 ··· 56
　思考题 ··· 70
　练习题 ··· 71

第四章　企业主要经济业务的核算——以制造业为例 ························· 74
　第一节　制造业主要经济业务概述 ·· 74
　第二节　资金筹集业务的核算 ·· 75
　第三节　供应过程业务的核算 ·· 85
　第四节　生产过程业务的核算 ·· 97

  第五节 销售过程业务的核算 ... 109
  第六节 利润的形成与分配业务的核算 ... 122
  思考题 ... 136
  练习题 ... 137

第五章 财务会计报告 ... 141
  第一节 财务会计报告概述 ... 141
  第二节 资产负债表 ... 146
  第三节 利润表 ... 149
  第四节 现金流量表 ... 152
  第五节 所有者权益变动表与附注 ... 158
  思考题 ... 163
  练习题 ... 164

第二篇 财务管理基础

第六章 财务管理的价值观念 ... 168
  第一节 财务管理概述 ... 168
  第二节 资金的时间价值 ... 172
  第三节 资金的风险价值 ... 177
  思考题 ... 183
  练习题 ... 183

第七章 筹资决策 ... 185
  第一节 筹资概念与分类 ... 185
  第二节 权益资金和负债资金的筹资 ... 186
  第三节 资本成本 ... 196
  第四节 筹资风险 ... 202
  第五节 资本结构 ... 208
  思考题 ... 211
  练习题 ... 211

第八章 投资决策 ... 214
  第一节 投资决策概述 ... 214
  第二节 现金流量估算 ... 217
  第三节 投资决策评价指标 ... 226
  第四节 投资决策分析 ... 235
  思考题 ... 241
  练习题 ... 241

第三篇 财务分析基础

第九章 财务预算 ··· 246
    第一节 财务预算概述 ··· 246
    第二节 财务预算的编制方法 ··· 247
    第三节 财务预算的编制 ··· 252
    第四节 财务预算控制、考核和报告 ··· 260
    思考题 ··· 265
    练习题 ··· 266

第十章 财务分析 ··· 268
    第一节 财务分析概述 ··· 268
    第二节 偿债能力分析 ··· 272
    第三节 营运能力分析 ··· 275
    第四节 盈利能力分析 ··· 279
    第五节 发展能力分析 ··· 282
    思考题 ··· 287
    练习题 ··· 287

附录一　复利终值系数表 ··· 289
附录二　复利现值系数表 ··· 291
附录三　年金终值系数表 ··· 293
附录四　年金现值系数表 ··· 295

参考文献 ··· 297

第一篇 会计基础

第一章 绪论

> **学习目标**
> 　　1.了解会计的含义；2.熟悉会计的基本职能；3.了解会计目标；4.掌握会计对象与会计方法；5.掌握会计基本假设；6.掌握会计信息质量要求。

第一节 会计概述

一、会计的含义

　　会计是人类社会发展到一定阶段的产物，它起源于人类的早期生产实践，伴随着人类社会生产的发展、对生产剩余物及其后对经济管理的客观需要而产生、发展并不断完善的。物质资料的生产是人类社会赖以生存和发展的基础。人类为了能够生存下去，必须有满足其衣、食、住、行等需要的物质资料，因而必须从事物质资料的生产。人类社会的生产活动决定着其他活动，也是人类会计思想和行为产生的根本前提。人类进行生产活动，必然要关心自己的生产成果，并力求以尽可能少的劳动消耗(投入)，取得尽可能多的劳动成果(产出)。基于此，人类要不断改进其生产技术并加强对生产过程的管理。为了进行有效的管理，需要正确认识生产过程、确定生产目标，并按预期目标控制生产过程；在进行生产活动的同时，还需要对劳动成果和劳动耗费进行记录、计量，并将取得的劳动成果与劳动耗费进行比较、分析，以便获得反映生产过程及其结果的经济信息，据以总结过去、了解现状和安排未来。由此，人类的会计思想和会计行为便应运而生。

　　随着人类社会生产的日益发展、生产规模日趋扩大、生产的社会化程度不断提高，生产、分配、交换、消费活动的渐趋频繁和日渐复杂，会计的地位、目标、要求、内容、程序和方法、技术手段等发生巨大变化，获得长足的发展。随着商品经济的发展，货币成为衡量和计算商品价值的尺度，会计可以利用货币作为价值尺度的职能进行价值核算，从简单的计量与记录行为，逐渐发展成为采用货币为计量单位综合反映经济活动全过程的一种经济管理工作。20世纪以来，现代科学技术与经济管理科学的发展突飞猛进。受社会政治、经济和技术环境的影响，传统的财务会计不断充实和完善，财务会计核算工作更加标准化、通用化和规范化。

　　会计是按照会计规范确认、计量、记录一个企业的经济活动，运用特定程序处理加工经济信息，并将处理结果传递给会计信息使用者的信息系统，是组织和总结经济活动信息的主要工具。会计是一项经济管理工作，一项为生产经营活动服务的社会实践，可以认为会计是指会计工作。从理论与实践的关系来看，既然有会计工作的实践，势必就有实践经验的总结和概括，就有会计的理论，就有会计工作赖以进行的指导思想。因此，会计是解释和指导会计实践的知识体系,是一门学科。也就是说,会计是指会计学。可见,会计既指会计学,也指会计工作。也就是说,会计既包括会计理论,也包括会计实践。

二、会计的基本职能

会计的职能是指会计在经济管理中所具有的功能。会计的职能有很多,但其基本的职能可概括为两项,即核算职能和监督职能。

(一) 会计的核算职能

会计的核算职能是指运用货币计量形式,通过确认、计量、记录、计算和报告,从数量上连续、系统和完善地反映各单位已经发生或完成的经济活动情况,为加强经济管理和提高经济效益提供会计信息。会计核算职能的基本特点是:

(1) 会计核算主要从价值量上反映各单位的经济活动状况。经济活动的复杂性决定了不能简单地将不同类别的经济业务加以计量、汇总,只有按一定程序进行加工处理后生成并以价值量表现的会计信息,才能反映经济活动的全过程及其结果。虽然会计也可以采用实物量度和劳动量度从数量上反映经济活动,但是只有以货币计量并通过价值量的核算才能综合反映经济活动的过程和结果。所以,会计核算从数量上反映各单位的经济活动状况,是以货币量度为主,以实物量度和劳动量度为辅助量度。

(2) 会计核算具有完整性、连续性和系统性。会计对经济业务的核算必须是完整、连续和系统的。所谓完整,是指会计核算对属于会计内容的全部经济业务都必须加以记录,不允许遗漏其中的任何一项。所谓连续,是指对各种经济业务应按其发生的时间,顺序地、不间断地进行记录和核算。所谓系统,是指对各种经济业务要进行分类核算和综合核算,并对会计资料进行加工整理,以取得系统的会计信息。

(3) 会计核算要以凭证为依据,并严格遵循会计规范。会计记录和会计信息讲求真实性和可靠性,这就要求企业、行政单位和事业单位发生的一切经济业务,都必须取得或填制合法的凭证,以凭证为依据进行核算。在会计核算的各个阶段都必须严格遵循会计规范,包括会计准则和会计制度,以保证会计记录和会计信息的真实性、可靠性和一致性。

通过会计核算取得的会计资料,可全面、客观地考核一个单位经济活动的过程和结果,考核其经济效益,便于及时发现工作中存在的问题和差距,为改进经营管理指明方向。会计核算不仅能反映已经发生和完成的经济活动情况,还可通过计算、分析预测未来的经济发展趋势,为管理者进行科学决策提供依据。

(二) 会计的监督职能

会计的监督职能,是指会计按照一定的目的和要求,对各单位的经济活动进行事前、事中和事后的控制,使之达到预期目标的功能。会计的监督职能的基本特点是:

(1) 会计监督具有经常性、连续性、全面性。会计监督与会计核算同时进行,是一项经常性、连续性的工作,与审计、税务等单位的定期监督或对某项业务进行的监督具有不同的特点。会计监督是对单位经济活动的全过程进行全面的监督,包括事前监督、事中监督和事后监督。事前监督是对将要发生的经济活动进行会计监督,事中监督是对正在发生的经济活动进行会计监督,事后监督是对已经发生的经济活动进行会计监督。事前监督与事中监督有利于及时发现问题、及时采取补救措施,防患于未然;事后监督便于全面、真实、准确地检查经济活动的全过程,提高会计监督的准确性。

(2) 会计监督主要是通过价值指标来进行。会计监督主要是利用会计核算取得的一系列反映经济活动的价值指标(如资金、成本、利润等)进行的监督。通过对这些指标进行分析和利用,可全面地掌握经济活动情况;将这些指标与预定目标相比较,及时发现脱离预定目标的差距,就可及时采取措施对经济活动进行指导和调节,控制经济活动按预期目标进行,保证预定目标的实现。会计监督在利用价值指标进行货币监督的同时,也要进行实物监督,以保护单位公共财产的安全和完整。

(3) 会计监督具有强制性、合法性。会计实施监督的依据是国家的有关财经法规、法令、制度,因此具有强制性。《中华人民共和国会计法》不仅赋予会计机构和会计人员实行监督的权利,而且规定了监督者的法律责任,这表明会计机构和会计人员实行监督权利是法律赋予的,具有执法主体合法性的特点。

会计的核算与监督职能具有相辅相成、不可分割的关系。会计核算是会计监督的前提和基础,会计监督是会计核算的目的和保障。

三、会计目标

会计的目标是指在一定客观环境和经济条件下,会计人员通过会计实践活动,期望达到的结果。会计通过生成、加工、披露有关单位财务状况和经营成果的信息,发挥信号作用,引导资本流动和投融资决策,从而促进市场资源有效配置。会计的最终目标是提高经济效益,而具体的是通过提供对决策有用的会计信息来实现的。《企业会计准则——基本准则》第四条规定,财务会计报告的目标是向财务会计报告使用者提供与企业财务状况、经营成果和现金流量等有关的会计信息,反映企业管理层受托责任履行情况,有助于财务会计报告使用者作出经济决策。因而会计的目标就是向资源的提供者报告资源受托管理的情况,会计的具体目标是提供会计信息使用者所需求的会计信息。

会计信息使用者主要包括现有和潜在的投资者、债权人、客户、政府及其机构、经营管理者、员工等,各会计信息使用者对会计信息有不同的需求。

(一) 外部信息使用者及信息需求

1. 现有和潜在的投资者

现有和潜在的投资者通过分析企业提供的会计信息,对企业过去趋势和现有状况的分析来预测企业的未来前景。通过对会计报表的阅读和分析,可重点了解其投资的完整性和投资报酬,企业资本结构的变化、未来的获利能力和利润分配政策等。除了资产负债表、利润表、现金流量表等基本财务报表外,分部信息及中期财务报表都能对未来的风险评估有所帮助。

2. 债权人

债权人可分为提供现金贷款给公司的人(贷款债权人)和以赊账方式提供商品或劳务给公司的人(商业债权人)两类。商业债权人为公司提供赊销商品或劳务,他们希望知道该公司的财务状况是否良好,以此来决定赊销的程度。商业债权人关心那些能使他们确定企业所欠其款项能否按期支付的信息。商业债权人如果对公司的偿债能力有所怀疑，可能不会愿意进行赊销，而会决定预收货款或钱货两讫。贷款债权人通过对会计报表的阅读和分析，可重点了解企业的偿债能力，了解其债权的保障和利息的获取，以及债务人是否有足够的能力按期偿付债务。

3. 顾客

顾客关注有关企业延续性的信息，例如供应商品或劳务的数量和质量、现在和将来的价格保证等信息。这些信息包括财务信息与非财务信息。

4. 政府及其机构

政府及其机构关心资源的配置。因为政府及其机构的各项活动如税收政策、劳动法规、监管证券发行交易的法规、合并和收购的法规、银行及保险公司监督管理法规的贯彻和监督，国家政策等的制定都需要企业的会计信息。财政是国家治理的基础和重要支柱，其中会计在财政经济工作中发挥着重要的基础性作用，它是国家、政府、企业和各行政事业单位强化管理、提高治理能力与水平的重要工具和手段，是现代公共管理和公司治理的有机组成部分。

(二) 内部信息使用者及信息需求

1. 经营管理者

经营管理者经常或按期接受财务报告和报表，有获得关于公司信息的"特殊"通道。当管理人员需要大量有关某一类单独产品或经济活动或者是公司不同部门的成本与效益信息时，他们就可以通过设置管理会计或成本会计报告系统来获得。管理人员必须既从投资者的角度，又从债权人的角度来分析各项数据。他们关心企业偿还其债务的现时情况以及企业未来的盈利前景。为了确定长期负债、短期负债与业主权益的恰当组合，管理人员也很关心企业的财务结构。另一个关心的热点是企业的资产结构，即现金、银行存款、存货、应收账款、对外投资以及固定资产等的组合。

2. 员工

一般员工很少有机会获得公司的财务资料，有些公司主动为员工提供特别准备的财务报告，这些报告被称为员工报告。员工及其代表组织(工会)关心有关其雇主的稳定性和获利能力的信息，以及能使他们评估企业如期提供报酬并能准许增加工资、退休福利和附加福利、就业机会的能力等方面的信息，这些关系到他们未来的职业生涯和工资薪水的多少。如建立工资集体协商制度就是维护劳动者自身利益的一种有效途径，一方面能够维护一线职工的权益，使工资增长与企业效益提高相适应，确保每个职工分享企业发展的成果；另一方面有利于建立和谐稳定的企业劳资关系，增强企业凝聚力，调动所有职工的积极性。工资集体协商内容包括：工资协议的期限；工资分配制度；工资标准和工资分配形式；职工年度平均工资水平及其调整幅度；奖金、津贴、补贴等分配办法；工资支付办法；变更、解除工资协议的程序；工资协议的终止条件；工资协议的违约责任；双方认为应当协商约定的其他事项[①]。

---

① 参见原劳动保障部制定的《工资集体协商试行办法》(2000年10月10日通过，自发布之日起施行)。

四、会计与财务的关系

学术界针对会计与财务之间关系的探讨,经历了"大财务"观点、"大会计"观点和"财务与会计并行"观点3个阶段。3种观点的相同之处是,都认为会计与财务存在明显的差异,是两个不同的部门。近年来,主流的观点偏向于"财务与会计并行",也就是说,会计与财务是并列关系。

(一) 会计与财务机构的设置

在西方企业界,特别是大型企业,财务与会计机构都是分别设置的,一般是在财务副总经理统一领导下分设财务处和会计处,分别由财务长和主计长担任主管人员,其下再根据工作内容设置若干专业科。我国会计实务中,大型企业通常会计与财务分设,而中小型企业通常会计与财务合设。会计与财务分设、合设的人员设置及主要工作内容如表1-1所示。

表1-1 财会机构的分设与合设

设置形式	分设		合设
机构名称	会计部	财务部	财会部
机构负责人	会计部长	财务部长	财会部长
机构工作人员	记账员、稽核员、成本核算员、工资核算员、材料核算员、报表编审员等	出纳员、资金管理员、利润管理员等	会计部门和财务部门的全体工作人员
主要工作内容	资金运营过程及其结果的确认、记录、计算、报告和分析	资金的筹集、调拨、使用、分配、归集和保护	会计、财务的全部工作

1. 分设的优缺点

分设的优点:①分工明确,各司其职,各负其责;②防止重核算、轻管理的现象;③便于加强内部控制制度。

财务部门的职责是资金的筹集、管理和使用,通过预测、决策、编制财务计划,并组织计划实施,对企业实现的利润进行分配,并办理日常的货币收支。

会计部门履行核算与监督的职能,在做好记账、算账和报账的同时,参与预测、决策,参与制订经济计划、考核、分析计划、预算的执行情况。日常会计对各项资金收支及其他财务活动进行监督。因此,会计与财务是相互制约、相互促进、共同为实现企业经营目标服务。

分设的缺点:由于大型企业的经营业务规模大、情况复杂,财务工作由财务部长领导,会计工作由会计部长领导,如果不增加财会人员,容易出现错误和职责不清的弊端。会计与财务分设适合大型企业。

2. 合设的优缺点

我国多数企业的会计与财务机构是合并设置的,其优点是:①财务会计密切联系,便于协调工作;②会计记录及时、直接;③减少信息传递,提高工作效率。

合设的缺点:由于中小型企业财会人员少,业务量不大,财会工作由财会部长领导,存在职责不清、内控减弱、忽视管理等缺点。会计与财务合设适合中小型企业。

(二) 会计与财务的联系与区别

1. 会计与财务的联系

(1) 两者都是为特定对象服务的。即存在财务主体和会计主体，作用的对象都是单位资金的循环与周转，主要对价值形态进行管理。

(2) 会计是财务的基础，财务离不开会计。会计基础薄弱，财务管理必将缺乏坚实的基础，财务预测、决策、计划和控制将缺乏可靠的依据。新的企业会计准则采用谨慎性和实质重于形式的会计原则，有利于为企业财务管理和决策提供客观、真实、完整的会计信息资料，减少财务决策风险。

(3) 财务与会计在机构和岗位设置上有交叉现象，在内容上没有明确的界限。单位在机构、岗位的设置上，除不相容职务以外，财务与会计岗位可以重叠。单位会计机构负责人(会计主管人员)同时也可以是单位财务负责人。有的财务部门或计财部门包括会计机构，同时履行财务、会计的职能。单位会计人员可以根据单位要求，独立或参与单位财务计划的编制、利润分配方案的制定以及财务管理和重大财务的决策。

2. 会计与财务的区别

(1) 职能作用不同。会计的基本职能是核算和监督，侧重于对资金的反映和监督。而财务的基本职能是预测、决策、计划和控制，侧重于对资金的组织、运用和管理。

(2) 依据不同。会计核算的法律依据是会计准则和国家统一会计制度，具体会计政策、会计估计的选用由企业根据会计准则并结合企业实际情况选定。而财务管理的依据则是在国家法律政策允许的范围内，根据管理当局的意图制定。单位制定内部财务管理办法，享有独立的理财自主权和决策权。

(3) 面向的时间范围不同。会计是面向过去，必须以过去的交易或事项为依据，是对过去的交易或事项进行确认和记录。而财务是注重未来，是基于一定的假设条件，在对历史资料和现实状况进行分析以及对未来情况预测和判断的基础上，侧重对未来的预测和决策。经济业务或事项应不应该发生、应发生多少，是财务需要考虑的问题。

(4) 目的和结论不同。会计的目的是要得出一本"真账"，结论具有合法性、公允性和一贯性，相对来讲结论是"死的"，不同的人对相同的会计业务进行核算，在所有重大方面不应存在大的出入。而财务的目的在于使企业财富的最大化或价值最大化，其结论相对来讲是"活的"，它没有极值，只有恰当的、合理的，其结果不是唯一的。不同的人，由于经验、取舍、偏好等的不同，得出的结论可能差异较大。需要说明的是，财务管理是一门科学，但不是一门硬科学，而是一门软科学。有理性一面，也有非理性的成分。因为它赖以存在的基本条件都是假定的，是经验值(如平均资金成本)。财务难就难在要对不确定性的东西，依据经验、判断、推理作出决策。

(5) 影响其结果的因素不同。会计结论主要受会计政策和会计估计的影响。企业选定的有关会计政策、会计估计，既受到会计准则和国家统一会计制度的限制，同时受到会计人员专业判断能力的制约。而财务管理目标实现的程度，主要受到企业投资报酬率、风险，以及投资项目、资本结构和股利分配政策的影响。

(6) 分类不同。会计包括财务会计(对外报告会计)和管理会计(对内报告会计)，财务分为出资人财务和经营者财务。这里的出资人是指独立于经营者之外的投资者、债权人，既包括现实的出资人,也包括潜在的出资人,如尚未出资但准备对某单位进行投资或借款的人。出资人往往关心被出资单位对外提供的财务会计资料,而经营者在按要求对外提供财务会计资料的同时,更关心内部管理会计资料。

会计与财务管理有着明显的区别,也有着密切的联系。财务管理离不开由会计提供的财务信息,而会计则要密切跟踪财务活动,捕捉有关资金运动的信息,反转来为财务管理服务。

第二节 会计对象与会计方法

一、会计对象

会计对象是会计所要核算和监督的内容,就是企业、机关、事业单位和其他组织能用货币表现的经济活动,即资金运动。在社会主义市场经济条件下,会计的对象是社会再生产过程中能以货币表现的经济活动。以货币表现的经济活动的本质是资金运动,所以,会计的对象也可表述为社会再生产过程中的资金运动。

社会再生产过程是由生产、交换、分配和消费4个相互关联的环节组成的。生产环节就是人们利用机器设备对劳动对象进行加工、生产出物质产品的过程;交换环节就是将产品由生产领域经过流通领域到分配领域的过程;分配环节是指生产中创造的国民收入在国家、业主、劳动者等之间进行分配的过程;消费环节是指在上述各环节中各种人力、物力、财力的消耗。这些再生产过程中的经济活动,在实际工作中表现为不同类型的企业和行政事业单位的经济业务。因此,会计的对象也可描述为企业、行政事业单位的经济活动或资金运动。下面以企业中最具代表性的制造业企业为例,说明企业经济活动的过程及其资金运动。

制造业企业的经济活动一般可分为资金投入、资金运用和资金退出3个基本环节。企业资金投入的主要来源是该企业的投资者和债权人,前者的投入属于所有者权益,后者的投入形成企业的债权人权益,即企业的负债。

制造业企业对投入资金的使用称为资金的运用。投入企业的资金必须用于建造厂房、购买机器设备、生产用的原材料等产品生产的各种物资准备,这就是企业的供应过程;企业的劳动者借助一定的劳动手段对劳动对象进行加工,企业支付职工工资和生产经营中必要的开支后,实现生产要素的有机结合并最终生产出产品,这就是企业的生产过程;企业将生产的产品通过对外销售,一方面取得一定的销售收入;另一方面将收入与为取得收入而发生的成本费用进行比较,从而计算确认企业的经营成果,这就是企业的销售过程。企业对取得的盈利,应按照国家的规定和企业的规章制度进行分配,其中一部分留在企业,以备应付不测事件和企业的扩大再生产;另一部分通过上缴税金、分配投资者利润等形式退出企业,从而形成资金退出这一环节。

在上述3个基本环节中,一方面表现为企业各项财产物资的增减变动、成本费用的发生、企业收入的取得及利润的形成和分配等各种经济活动;另一方面也表现为企业资金的形态处于不断变化之中,即由货币资金转化为固定资金、储备资金,再转化为生产资金、成品资金,最后又转化为货币资金。资金运动从货币资金形态开始又回到货币资金形态,我们称之为完成一次资金循环，而资金的不断循环就称之为资金周转。制造业企业经济活动及资金运动的过程如图1-1所示。

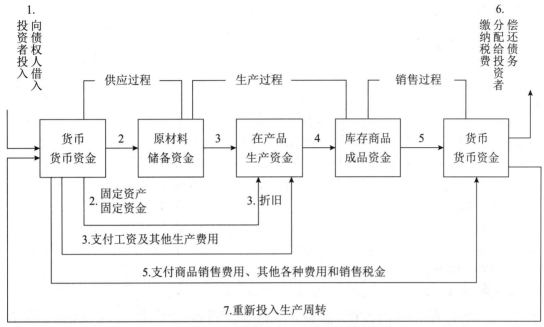

图1-1 制造业企业生产经营过程及资金运动图

商品流通企业的经营过程分为商品购进和商品销售两个过程。在前一个过程中，主要是采购商品，此时货币资金转换为商品资金；在后一个过程中，主要是销售商品，此时资金又由商品资金转换为货币资金。在商品流通企业经营过程中，也要消耗一定的人力、物力和财力，它们表现为商品流通费用。在销售过程中，也会获得销售收入和实现经营成果。因此，商品流通企业是沿着"货币资金——商品资金——货币资金"方式运动。其具体内容也是资产、负债、所有者权益、收入、费用和利润六大要素。

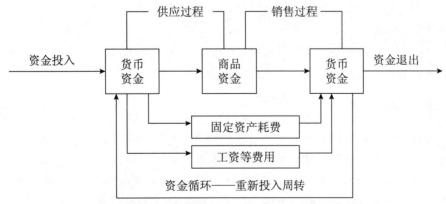

图1-2 商品流通企业生产经营过程及资金运动图

非营利性的行政、事业单位为完成其自身的任务，同样需要拥有一定数量的资金。这些资金主要由国家财政预算拨给，称为预算资金；随着行政、事业单位经济活动的进行，这些资金形态也会发生相应的变化，主要表现为预算资金的收支，它与企业单位的区别是：不形成资金的循环与周转，预算资金支出以后就退出单位或形成单位内部新的物资。

不论是工业企业、商品流通企业还是行政、事业单位，都是社会再生产过程中的基本单位，会计反映和监督的对象都是资金及其运动过程。正因为如此，我们可以把会计对象概括为社会再生产过程中的资金运动。

二、会计方法

(一) 会计方法的含义与内容

会计方法是对会计对象进行完整、系统的核算和监督，为经济管理提供各种数据资料所运用的各种专门方法。会计方法是人们在长期的会计工作实践中总结创立的，并随着生产发展、会计管理活动的复杂化而逐渐完善和提高的。会计方法包括会计核算方法、会计预测决策方法、会计控制方法、会计检查方法和会计分析方法。

1. 会计核算方法

会计核算方法，是对会计对象进行连续、系统、全面、综合地记录、计算、反映和日常监督所应用的方法。一般包括设置账户、复式记账、填制和审核凭证、成本计算、财产清查和估价、编制会计报表。

2. 会计预测决策方法

会计预测决策方法，是会计人员利用会计信息和其他经济信息，对会计管理活动的基本内容进行科学预测、决策所运用的方法，如因果分析法、趋势分析法、决策树分析法等。

3. 会计控制方法

会计控制方法，是通过会计工作，使经济活动与资金运动按既定的目标运行所采用的方法。一般有计划控制、定额控制、政策与制度控制等。

4. 会计检查方法

会计检查方法，是利用会计核算资料，检查单位经济活动的合理性和合法性，以及会计记录的完整性和正确性的方法。一般包括核对法、审阅法、分析法等。

5. 会计分析方法

会计分析方法，是利用会计核算资料，结合具体情况，比较、研究、评定经济活动状况以及经济效益所运用的方法。一般包括比较法、因素分析法等。

(二) 会计核算方法

会计核算方法是指会计对企业已经发生的经济活动进行连续、系统和全面的核算与监督所采用的方法。由于会计对象的多样性和复杂性，决定了会计核算方法不能采用单一的方法，而必须采用完整的、科学的方法体系。会计核算方法由7种方法组成：设置账户、复式记账、填制和审核凭证、登记账簿、成本计算、财产清查和编制财务会计报告。

1. 设置账户

设置账户是对会计核算的具体内容进行分类核算和监督的一种专门方法。由于会计对象的具体内容是复杂多样的，要对其进行系统的核算和经常性监督，就必须对经济业务进行科学分类，据以取得多种不同性质、符合经营管理所需要的信息和指标。例如，流动资产又包括现金和银行存款等内容，为了反映现金和银行存款的增加、减少变动情况，需要设置"库存现金"账户和"银行存款"账户来进行核算和监督。

2. 复式记账

复式记账是指对所发生的每项经济业务，以相等的金额，同时在两个或两个以上相互联系的账户中进行登记的一种记账方法。采用复式记账方法，可以全面反映每一笔经济业务的来龙去脉，而且可以防止差错和便于检查账簿记录的正确性和完整性，是一种比较科学的记账方法。例如，用银行存款购买原材料，这是企业经常发生的一笔经济业务。此笔业务的发生不仅涉及银行存款的减少，同时还涉及企业原材料的增加，按照复式记账原理，则应以相等的金额一方面在银行存款账户中记录银行存款的付出业务，另一方面在原材料账户中记录原材料收入业务，将经济业务的来龙去脉清晰地反映在账面上。

3. 填制和审核凭证

会计凭证是记录经济业务，明确经济责任，作为记账依据的书面证明。正确填制和审核会计凭证，是核算和监督经济活动财务收支的基础，是做好会计工作的前提。

4. 登记账簿

登记会计账簿简称记账，是以审核无误的会计凭证为依据在账簿中分类，连续地、完整地记录各项经济业务，以便为经济管理提供完整、系统的会计核算资料。账簿记录是重要的会计资料，是进行会计分析、会计检查的重要依据。

5. 成本计算

成本计算是按照一定对象归集和分配生产经营过程中发生的各种费用，以便确定该对象的总成本和单位成本的一种专门方法。产品成本是综合反映企业生产经营活动的一项重要指标。正确地进行成本计算，可以考核生产经营过程的费用支出水平，同时又是确定企业盈亏和制定产品价格的基础，并为企业进行经营决策提供重要数据。

6. 财产清查

财产清查是指通过盘点实物、核对账目，以查明各项财产物资实有数额的一种专门方法。通过财产清查，可以提高会计记录的正确性，保证账实相符。同时，还可以查明各项财产物资的保管和使用情况以及各种结算款项的执行情况，以便对积压或损毁的物资和逾期未收到的款项，及时采取措施进行清理，加强对财产物资的管理。

7. 编制财务会计报告

编制会计报表是以特定表格的形式，定期并总括地反映企业、行政事业单位的经济活动情况和结果的一种专门方法。会计报表主要以账簿中的记录为依据，经过一定形式的加工整理而产生一套完整的核算指标，用来考核、分析财务计划和预算执行情况以及编制下期财务和预算的重要依据。

以上7种会计核算的方法，虽各有特定的含义和作用，但并不是独立的，而是相互联系、相互依存、彼此制约，共同构成一个完整的会计核算方法体系。在会计核算中，应正确地运用这些方法。一般在经济业务发生后，要按规定的手续填制和审核凭证，并应用复式记账法在有关账簿中进行登记；期末还要对生产经营过程中发生的费用进行成本计算和财产清查，在账证、账账、账实相符的基础上，根据账簿记录编制会计报表。

第三节 会计基本假设

会计基本假设是企业会计确认、计量和报告的前提，是对会计核算所处时间、空间环境等作出的合理设定。会计基本假设包括会计主体、持续经营、会计分期和货币计量。

一、会计主体

会计主体是指企业会计确认、计量和报告的空间范围。为了向财务报告使用者反映企业财务状况、经营成果和现金流量，提供与其决策有用的信息，会计核算和财务报告的编制应当反映特定对象的经济活动，才能实现财务报告的目标。

在会计主体假设下，企业应当对其本身发生的交易或者事项进行会计确认、计量和报告，反映企业本身所从事的各项生产经营活动。明确界定会计主体是开展会计确认、计量和报告工作的重要前提。会计主体假设的确立明确了会计核算的空间范围。

(1) 明确会计主体，才能划定会计所要处理的各项交易或事项的范围。在会计实务中，只有那些影响企业本身经济利益的各项交易或事项才能加以确认、计量和报告，那些不影响企业本身经济利益的各项交易或事项则不能加以确认、计量和报告。会计工作中通常所讲的资产、负债的确认，收入的实现，费用的发生等，都是针对特定会计主体而言的。

(2) 明确会计主体，才能将会计主体的交易或者事项与会计主体所有者的交易或者事项以及其他会计主体的交易或者事项区分开来。例如，企业所有者的经济交易或者事项是属于企业所有者主体发生的，不应纳入企业会计核算的范围，但是企业所有者投入到企业的资本或者企业向所有者分配的利润，则属于企业主体所发生的交易或者事项，应当纳入企业会计核算的范围。

会计主体不同于法律主体。一般来说，法律主体必然是一个会计主体。一个企业作为一个法律主体，应当建立财务会计系统，独立反映其财务状况、经营成果和现金流量。但是，会计主体不一定是法律主体。例如，企业集团中的母公司拥有若干子公司，母、子公司虽然是不同的法律主体，但是母公司对子公司拥有控制权，为了全面反映企业集团的财务状况、经营成果和现金流量，有必要将企业集团作为一个会计主体，编制合并财务报表，在这种情况下，尽管企业集团不属于法律主体，但它却是会计主体。

二、持续经营

《企业会计准则——基本准则》第六条规定："企业会计确认、计量和报告应当以持续经营为前提。"持续经营，是指在可以预见的将来，企业将会按当前的规模和状态继续经营下去，不会停业，也不会大规模削减业务。在持续经营前提下，会计确认、计量和报告应当以企业持续、正常的生产经营活动为前提。可预见的将来通常是指资产负债表日后12个月。会计准则体系是以企业持续经营为前提加以制定和规范的，涵盖了从企业成立到清算(包括破产)的整个期间的交易或者事项的会计处理。一个企业在不能持续经营时就应当停止使用这个假设，否则如仍按持续经营基本假设选择会计确认、计量和报告原则与方法，就不能客观地反映企业的财务状况、经营成果和现金流量，会误导会计信息使用者的经济决策。在持续经营的假设下，企业在会计信息的收集和处理上所使用的会计处理方法才能保持稳定，企业的会计记录和会计报告才能真实可靠。如果没有持续经营的假设，一些公认的会计处理方法将缺乏其存在的基础。

企业在持续经营的假设下，企业对它所使用的固定资产应按照实际购建成本记账，并按固定资产的经济上可用年限，按照其价值和使用情况，采用某一种折旧方法计提折旧。对于其所负担的债务，如银行借款、应付债券，企业可以按照规定的条件偿还。而在企业终止清算的情况下，企业资产的价值则必须按照实际变现的价值计算，企业的债务只能按照资产变现后的实际偿还能力清偿。会计工作的假设条件是一个会计主体将在未来无限长的时间里继续经营下去。也就是说，企业在可以预见的将来不会面临破产清算。这一假设为会计方法的选择和会计报表提供了时间基础。资产按照取得时的历史成本计价，固定资产折旧、无形资产摊销以一定的使用年限或受益年限为基础进行，企业偿债能力的评价与分析等都基于持续经营假设。因此，持续经营假设确定了会计核算的时间范围，是会计工作正常进行的前提。

三、会计分期

《企业会计准则——基本准则》第七条规定："企业应当划分会计期间，分期结算账目和编制财务会计报告。"会计分期，是指将一个企业持续经营的生产经营活动划分为一个个连续的、长短相同的期间。会计分期的目的，在于通过会计期间的划分，将持续经营的生产经营活动划分成连续、相等的期间，据以结算盈亏，按期编报财务报告，从而及时向财务报告使用者提供有关企业财务状况、经营成果和现金流量的信息。会计分期假设明确了会计核算的基本程序。

根据持续经营假设，一个企业将按当前的规模和状态持续经营下去。但无论是企业的生产经营决策还是投资者、债权人等的决策都需要及时的信息，需要将企业持续的生产经营活动划分为一个个连续的、长短相同的期间，分期确认、计量和报告企业的财务状况、经营成果和现金流量。由于会计分期，才产生了当期与以前期间、以后期间的差别，才使不同类型的会计主体有了记账的基准，进而出现了折旧、摊销等会计处理方法。

在会计分期假设下，企业应当划分会计期间、分期结算账目和编制财务报告。会计期间分为年度、半年度、季度和月度，年度、半年度、季度和月度均按公历起讫日期确定。半年度、季度和月度均称为会计中期。最常见的会计分期是一年，即会计年度[①]。按年度编制的财务会计报告也称为年报。我国采用统一的历年制会计年度，是为了使财政年度、纳税年度、计划年度和统计年度保持一致，使其适应计划管理和汇总会计报表的要求，最终便于国家的宏观经济管理。会计年度自公历每年的1月1日起至12月31日止。

四、货币计量

《企业会计准则——基本准则》第八条规定："企业会计应当以货币计量。"货币计量，是指会计主体在财务会计确认、计量和报告时以货币作为计量尺度，反映会计主体的生产经营活动。在会计的确认、计量和报告过程中之所以选择货币为基础进行计量，是由货币的本身属性决定的。货币是商品的一般等价物，是衡量一般商品价值的共同尺度，具

---

① 有些国家会计年度采取跨历年制，如会计年度采用4月至次年3月制的有：丹麦、加拿大、英国、纽埃岛、印度、印度尼西亚、伊拉克、日本、科威特、新加坡、尼日利亚等。

有价值尺度、流通手段、贮藏手段和支付手段等特点。其他计量单位，如重量、长度、容积、台、件等，只能从一个侧面反映企业的生产经营情况，无法在量上进行汇总和比较，不便于会计计量和经营管理。只有选择货币这一共同尺度进行计量，才能全面反映企业的生产经营情况，所以，基本准则规定，会计确认、计量和报告选择货币作为计量单位。货币计量假设确定了会计核算的基本方法。建立货币计量假设的基础是币值稳定。在币值稳定的前提下，币值不会有大的波动，或前后波动能够抵消，如果发生了恶性通货膨胀，就需要采用特殊的会计原则，如物价变动会计原则来处理有关的经济业务。

在有些情况下，例如在运用一些非财务指标对企业经营管理进行分析时，统一采用货币计量也有缺陷，某些影响企业财务状况和经营成果的因素，如企业经营战略、研发能力、市场竞争力等，往往难以用货币来计量，但这些信息对于使用者决策来讲也很重要，为此，企业可以在财务报告中补充披露有关非财务信息来弥补上述缺陷。

第四节 会计信息质量要求

会计作为一项管理活动，其主要目的之一是向企业的利益相关者提供反映经营者受托责任和提供投资者决策有用的会计信息。要达到这个目的，就必须要求会计信息符合一定的质量要求。会计信息质量要求是对企业所提供的会计信息质量的基本要求，是使会计信息对其使用者决策有用所应具备的基本特征。根据《企业会计准则——基本准则》第二章的规定，会计信息质量要求包括以下8项内容：可靠性、相关性、可理解性、可比性、实质重于形式、重要性、谨慎性和及时性。

一、可靠性

《企业会计准则——基本准则》第十二条规定："企业应当以实际发生的交易或者事项为依据进行会计确认、计量和报告，如实反映符合确认和计量要求的各项会计要素及其他相关信息，保证会计信息真实可靠、内容完整。"

可靠性要求企业应当以实际发生的交易或者事项为依据进行确认、计量和报告，如实反映符合确认和计量要求的各项会计要素及其他相关信息，保证会计信息真实可靠、内容完整。会计信息要有用，必须以可靠为基础，如果财务报告所提供的会计信息是不可靠的，就会给投资者等使用者的决策产生误导甚至损失。可靠性是高质量会计信息的重要基础和关键所在，如果企业以虚假的经济业务进行确认、计量、报告，属于违法行为，不仅会严重损害会计信息质量，而且会误导投资者，干扰资本市场，导致会计秩序混乱。为了贯彻可靠性要求，企业应当做到：

(1) 以实际发生的交易或者事项为依据进行确认、计量，将符合会计要素定义及其确认条件的资产、负债、所有者权益、收入、费用和利润等如实反映在财务报表中，不得根据虚构的、没有发生的或者尚未发生的交易或者事项进行确认、计量和报告。

(2) 在符合重要性和成本效益原则的前提下，保证会计信息的完整性，其中包括应当编报的报表及其附注内容等应当保持完整，不能随意遗漏或者减少应予披露的信息，与使用者决策相关的有用信息都应当充分披露。

(3) 财务报告中的会计信息应当是中立的、无偏的。如果企业在财务报告中为了达到事先设定的结果或效果，通过选择或列示有关会计信息以影响决策和判断的，这样的财务报告信息就不是中立的。

二、相关性

《企业会计准则——基本准则》第十三条规定："企业提供的会计信息应当与财务会计报告使用者的经济决策需要相关，有助于财务会计报告使用者对企业过去、现在或者未来的情况作出评价或者预测。"

相关性要求企业提供的会计信息应当与投资者等财务报告使用者的经济决策需要相关，有助于投资者等财务报告使用者对企业过去、现在或者未来的情况作出评价或者预测。

会计信息是否有用、是否具有价值，关键是看其与使用者的决策需要是否相关、是否有助于决策或者提高决策水平。相关的会计信息应当有助于使用者评价企业过去的决策，证实或者修正过去的有关预测，因而具有反馈价值。相关的会计信息还应当具有预测价值，有助于使用者根据财务报告所提供的会计信息预测企业未来的财务状况、经营成果和现金流量。会计应尽可能满足各个方面对会计信息的要求。如投资者要了解企业盈利能力的信息，以决定是否投资或继续投资；银行等金融机构要了解企业的偿债能力，以决定是否对企业贷款；税务部门要了解企业的盈利及生产经营情况，以决定企业的纳税情况是否合理等。会计信息是面向社会的，只满足某方面的要求还不行，要满足所有方面的要求。

会计信息质量的相关性要求和可靠性要求，两者之间是统一的，并不矛盾，不应将两者对立起来。也就是说，会计信息在可靠性前提下，尽可能地做到相关性，以满足投资者等财务报告使用者的决策需要。

三、可理解性

《企业会计准则——基本准则》第十四条规定："企业提供的会计信息应当清晰明了，便于财务会计报告使用者理解和使用。"

可理解性要求企业提供的会计信息应当清晰明了，便于投资者等财务报告使用者理解和使用。企业编制财务报告、提供会计信息的目的在于使用，而使用者要想有效使用会计信息，就应当了解会计信息的内涵，弄懂会计信息的内容，这就要求财务报告所提供的会计信息应当清晰明了、易于理解。只有这样，才能提高会计信息的有用性，实现财务报告的目标，满足向投资者等财务报告使用者提供决策有用信息的要求。财务报告使用者通过阅读、分析、使用财务报告信息，能够了解企业的过去和现状，以及企业净资产或企业价值的变化过程，预测未来发展趋势，从而作出科学决策。

会计信息是一种专业性较强的信息产品，在强调会计信息的可理解性要求的同时，还应假定使用者具有一定的有关企业经营活动和会计方面的知识，并且愿意付出努力去研究这些信息。对于某些复杂的信息，如交易本身较为复杂或者会计处理较为复杂，但其与使用者的经济决策相关，企业就应当在财务报告中予以充分披露。

四、可比性

《企业会计准则——基本准则》第十五条规定："企业提供的会计信息应当具有可比性。"

可比性要求企业提供的会计信息应当相互可比。这主要包括以下两层含义。

(一) 同一企业不同时期可比

为了便于投资者等财务报告使用者了解企业财务状况、经营成果和现金流量的变化趋势，比较企业在不同时期的财务报告信息，全面、客观地评价过去、预测未来，作出决策。会计信息质量的可比性要求同一企业不同时期发生的相同或者相似的交易或者事项，应当采用一致的会计政策，不得随意变更。但是，满足会计信息可比性要求，并非表明企业不得变更会计政策，如果按照规定或者在会计政策变更后可以提供更可靠、更相关的会计信息，可以变更会计政策。有关会计政策变更的情况，应当在附注中予以说明。

(二) 不同企业相同会计期间可比

为了便于投资者等财务报告使用者评价不同企业的财务状况、经营成果和现金流量及其变动情况，会计信息质量的可比性要求不同企业同一会计期间发生的相同或者相似的交易或者事项，应当采用统一规定的会计政策，确保会计信息口径一致、相互可比，以使不同企业按照一致的确认、计量和报告要求提供有关会计信息。

五、实质重于形式

《企业会计准则——基本准则》第十六条规定："企业应当按照交易或者事项的经济实质进行会计确认、计量和报告，不应仅以交易或者事项的法律形式为依据。"

实质重于形式要求企业应当按照交易或者事项的经济实质进行会计确认、计量和报告，不仅仅以交易或者事项的法律形式为依据。企业发生的交易或事项在多数情况下其经济实质和法律形式是一致的，但在有些情况下也会出现不一致。例如，企业按照销售合同销售商品但又签订了售后回购协议，虽然从法律形式上看实现了收入，但如果企业没有将商品所有权上的主要风险和报酬转移给购货方，没有满足收入确认的各项条件，即使签订了商品销售合同或者已将商品交付给购货方，也不应当确认销售收入。

又如，在企业合并中，经常会涉及"控制"的判断，有些合并从投资比例来看，虽然投资者拥有被投资企业50%或50%以下的股份，但是投资企业通过章程、协议等有权决定被投资企业财务和经营政策的，就不应当简单地以持股比例来判断控制权，而应当根据实质重于形式的原则来判断投资企业对被投资单位的控制程度。

再如，在关联交易中，通常情况下，只要交易价格是公允的，关联交易就属于正常交易，应按照准则规定进行确认、计量、报告；但是，在某些情况下，关联交易有可能会出现不公允，虽然这个交易的法律形式没有问题，但从交易的实质来看，可能会出现关联方之间转移利益或操纵利润的行为，损害会计信息质量。由此可见，在会计职业判断中，正确贯彻实质重于形式原则至关重要。

六、重要性

《企业会计准则——基本准则》第十七条规定:"企业提供的会计信息应当反映与企业财务状况、经营成果和现金流量等有关的所有重要交易或者事项。"

重要性要求企业提供的会计信息应当反映与企业财务状况、经营成果和现金流量有关的所有重要交易或者事项。财务报告中提供的会计信息的省略或者错报会影响投资者等使用者据此作出决策的,该信息就具有重要性。重要性的应用需要依赖职业判断,企业应当根据其所处环境和实际情况,从项目的性质和金额大小两方面加以判断。例如,企业发生的某些支出,金额较小的,从支出受益期来看,可能需要若干会计期间进行分摊,但根据重要性要求,可以一次计入当期损益。

七、谨慎性

《企业会计准则——基本准则》第十八条规定:"企业对交易或者事项进行会计确认、计量和报告应当保持应有的谨慎,不应高估资产或者收益、低估负债或者费用。"

谨慎性要求企业对交易或者事项进行会计确认、计量和报告时保持应有的谨慎,不应高估资产或者收益、低估负债或者费用。在市场经济环境下,企业的生产经营活动面临着许多风险和不确定性,如应收款项的可收回性、固定资产的使用寿命、无形资产的使用寿命、售出存货可能发生的退货或者返修等。会计信息质量的谨慎性要求,需要企业在面临不确定性因素的情况下作出职业判断时,应当保持应有的谨慎,充分估计到各种风险和损失,既不高估资产或者收益,也不低估负债或者费用。例如,对于企业发生的或有事项,通常不能确认或有资产,只有当相关经济利益基本确定能够流入企业时,才能作为资产予以确认;相反,相关的经济利益很可能流出企业而且构成现时义务时,应当及时确认为预计负债,就体现了会计信息质量的谨慎性要求。企业应当定期或至少每年年度终了全面检查各项资产,合理预计可能发生的损失计提减值准备,例如,对应收账款和其他应收款等应收款项计提的坏账准备。

谨慎性的应用不允许企业设置秘密准备,如果企业故意低估资产或者收入,或者故意高估负债或费用,将不符合会计信息的可靠性和相关性要求,损害会计信息质量,扭曲企业实际的财务状况和经营成果,从而对使用者的决策产生误导,这是不符合会计准则要求的。

八、及时性

《企业会计准则——基本准则》第十九条规定:"企业对于已经发生的交易或者事项,应当及时进行会计确认、计量和报告,不得提前或者延后。"

及时性要求企业对于已经发生的交易或者事项,应当及时进行确认、计量和报告,不得提前或者延后。会计信息的价值在于帮助所有者或者其他方面作出经济决策,具有时效性。即使是可靠的、相关的会计信息,如果不及时提供,就失去了时效性,对于使用者的效用就大大降低了,甚至不再具有实际意义。在会计确认、计量和报告过程中贯彻及时性,一是要求及时收集会计信息,即在经济交易或者事项发生后,及时收集整理各种原始单据或者凭证;二是要求及时处理会计信息,即按照会计准则的规定,及时对经济交易或者事项进行确认或者计量,并编制财务报告;三是要求及时传递会计信息,即按照国家规定的有关时限，及时将编制的财务报告传递给财务报告使用者，便于其及时使用和决策。

在会计实务中，会计信息质量要求是有主次之分的，其中，可靠性、相关性、可理解性和可比性是会计信息的首要质量要求，是企业财务报告中所提供会计信息应具备的基本质量特征；实质重于形式、重要性、谨慎性和及时性是会计信息的次级质量要求，是对可靠性、相关性、可理解性和可比性等首要质量要求的补充和完善，尤其是在对某些特殊交易或者事项进行处理时，需要根据这些质量要求来把握其会计处理原则。另外，及时性还是会计信息相关性和可靠性的制约因素，企业需要在相关性和可靠性之间寻求一种平衡，以确定信息及时披露的时间。

本章小结

会计是按照会计规范确认、计量、记录一个企业的经济活动，运用特定程序处理加工经济信息，并将处理结果传递给会计信息使用者的信息系统，是组织和总结经济活动信息的主要工具。会计的职能是指会计在经济管理中所具有的功能。会计的职能有很多，但其基本的职能可概括为两项，即核算职能和监督职能。会计对象是指会计所核算和监督的内容，即会计的客体。会计方法包括会计核算方法、会计预测决策方法、会计控制方法、会计检查方法和会计分析方法。会计基本假设包括会计主体、持续经营、会计分期和货币计量。根据《企业会计准则——基本准则》的规定，会计信息质量要求包括以下8项：可靠性、相关性、可理解性、可比性、实质重于形式、重要性、谨慎性和及时性。

主要概念

会计的核算职能；会计的监督职能；会计目标；会计方法；会计核算方法；会计基本假设；可靠性；相关性；可理解性；可比性；实质重于形式；重要性；谨慎性；及时性。

思考题

1. 会计有哪些基本职能？其关系是什么？
2. 什么是会计目标？会计信息使用者包括哪些内容？
3. 如何理解会计的含义？
4. 会计与财务分设的适用范围及优缺点是什么？
5. 会计与财务合设的适用范围及优缺点是什么？
6. 如何理解会计与财务的关系？
7. 什么是会计方法？其关系是什么？
8. 会计核算有哪些方法？其关系是什么？
9. 什么是会计基本假设？会计基本假设包括哪些内容？
10. 会计信息的质量要求有哪些？各有什么特征？

练习题

一、单项选择题

1. 会计的基本职能是(　　)。
   A. 核算和管理　　　B. 控制和监督　　　C. 核算和监督　　　D. 核算和分析

2. 会计的一般对象可以概括为(　　)。
 A. 经济活动　　　　　　　　　　　B. 再生产过程中的资金运动
 C. 生产活动　　　　　　　　　　　D. 管理活动
3. 会计主体假设规定了会计核算的(　　)。
 A. 时间范围　　　　　　　　　　　B. 空间范围
 C. 期间费用范围　　　　　　　　　D. 成本开支范围
4. 建立货币计量假设的基础是(　　)。
 A. 币值变动　　B. 人民币　　C. 记账本位币　　D. 币值稳定
5. 固定资产采用历史成本进行记录并按期计提折旧，体现了(　　)。
 A. 会计主体假设　　　　　　　　　B. 持续经营假设
 C. 会计分期假设　　　　　　　　　D. 货币计量假设
6. 企业提供的会计信息应当清晰明了，便于财务会计报告使用者理解和使用的会计原则是(　　)。
 A. 可比性原则　　　　　　　　　　B. 可理解性原则
 C. 配比原则　　　　　　　　　　　D. 谨慎性原则

二、计算分析题

现有甲、乙两人同时投资一个相同的商店。假设一个月以来，甲取得了20 000元的收入，乙取得了17 500元的收入，都购进了10 000元的货物，都发生了5 000元的广告费。假设均没有其他收支。月末计算收益时，甲将5 000元广告费全部作为本月费用，本月收益为5 000元(20 000−10 000−5 000)；而乙认为5 000元广告费在下月还将继续起作用，因而将它分两个月分摊，本月承担一半即2 500元，所以乙本月收益也为5 000元(17 500−10 000−2 500)。

【思考与讨论】

(1) 甲、乙两人计算本月收益的方法是否正确？为什么？
(2) 运用可比性原则分析本例。
(3) 比较甲、乙本月的经营效益，并作出评价。

第二章 会计要素和会计等式

学习目标

1.掌握会计要素及其确认条件；2.掌握会计要素计量的要求；3.熟悉会计计量属性、会计基础；4.了解会计等式的含义；5.掌握会计事项的发生对基本会计等式的影响。

第一节 会计要素

一、会计要素及其确认条件

会计要素是根据交易或者事项的经济特征所确定的财务会计对象的基本分类。《企业会计准则——基本准则》规定，会计要素按照其性质分为资产、负债、所有者权益；收入、费用和利润。其中，资产、负债和所有者权益要素侧重于反映企业的财务状况；收入、费用和利润要素侧重于反映企业的经营成果。会计要素的界定和分类可以使财务会计系统更加科学严密，为投资者等财务报告使用者提供更加有用的信息。

(一) 资产

《企业会计准则——基本准则》第二十条规定，资产是指企业过去的交易或者事项形成的、由企业拥有或者控制的、预期会给企业带来经济利益的资源。

1. 资产的特征

根据资产的定义，资产具有以下特征。

(1) 资产应为企业拥有或者控制的资源。资产作为一项资源，应当由企业拥有或者控制，具体是指企业享有某项资源的所有权，或者虽然不享有某项资源的所有权，但该资源能被企业控制。

企业享有资产的所有权，通常表明企业能够排他性地从资产中获取经济利益。一般而言，在判断资产是否存在时，所有权是考虑的首要因素。有些情况下，资产虽然不为企业所拥有，即企业并不享有其所有权，但企业控制了这些资产，同样表明企业能够从资产中获取经济利益，符合会计上对资产的定义。例如，某企业以融资租赁方式租入一项固定资产，尽管企业并不拥有其所有权，但是如果租赁合同规定的租赁期相当长，接近于该资产的使用寿命，表明企业控制了该资产的使用及其所能带来的经济利益，应当将其作为企业资产予以确认、计量和报告。

(2) 资产预期会给企业带来经济利益。资产预期会给企业带来经济利益，是指资产直接或者间接导致现金和现金等价物流入企业的潜力。这种潜力可以来自企业日常的生产经营活动，也可以是非日常活动；带来经济利益的形式可以是现金或者现金等价物形式，也可以是能转化为现金或者现金等价物的形式，或者是可以减少现金或者现金等价物流出的形式。

资产预期能否会为企业带来经济利益是资产的重要特征。例如，企业采购的原材料、购置的固定资产等，可以用于生产经营过程、制造商品或者提供劳务、对外出售后收回货款(货款即为企业所获得的经济利益)。如果某一项目预期不能给企业带来经济利益，那么就不能将其确认为企业的资产。前期已经确认为资产的项目，如果不能再为企业带来经济利益，也不能再确认为企业的资产。例如，待处理财产损失以及某些财务挂账等，由于不符合资产定义，均不应当确认为资产。

(3) 资产是由企业过去的交易或者事项形成的。资产应当由企业过去的交易或者事项所形成，过去的交易或者事项包括购买、生产、建造行为或者其他交易或事项。换句话说，只有过去的交易或者事项才能产生资产，企业预期在未来发生的交易或者事项不形成资产。例如，企业有购买某存货的意愿或者计划，但是购买行为尚未发生，就不符合资产的定义，不能因此而确认存货资产。

将一项资源确认为资产，需要符合资产的定义，还应同时满足以下两个条件：

① 与该资源有关的经济利益很可能流入企业。从资产的定义来看，能否带来经济利益是资产的一个本质特征，但在现实生活中，由于经济环境瞬息万变，与资源有关的经济利益能否流入企业或者能够流入多少实际上带有不确定性。因此，资产的确认还应与经济利益流入的不确定性程度的判断结合起来。如果根据编制财务报表时所取得的证据，与资源有关的经济利益很可能流入企业，那么就应当将其作为资产予以确认；反之，不能确认为资产。

② 该资源的成本或者价值能够可靠地计量。财务会计系统是一个确认、计量和报告的系统，其中可计量性是所有会计要素确认的重要前提，资产的确认也是如此。只有当有关资源的成本或者价值能够可靠地计量时，资产才能予以确认。在实务中，企业取得的许多资产都是发生了实际成本的，例如企业购买或者生产的存货，企业购置的厂房或者设备等。对于这些资产，只要实际发生的购买成本或者生产成本能够可靠计量，就视为符合资产确认的可计量条件。在某些情况下，企业取得的资产没有发生实际成本或者发生的实际成本很小，例如企业持有的某些衍生金融工具形成的资产。对于这些资产，尽管它们没有实际成本或者发生的实际成本很小，但是如果其公允价值能够可靠计量的话，也被认为符合资产可计量性的确认条件。

2. 资产的分类

依据企业资产被耗用或变现的时间，可以将其区分为流动资产和非流动资产。流动资产是指可以在一年或者超过一年的一个经营周期内变现或者耗用的资产。流动资产之外的资产就是非流动资产，也称长期资产。流动资产主要包括库存现金、银行存款、短期投资、应收账款、应收票据、其他应收款、存货等，非流动资产主要包括长期投资、固定资产和无形资产等。

(1) 下面对流动资产的分类进行详细介绍。

① 库存现金。此处的"现金"是指企业持有的现款，如人民币、美元等。

② 银行存款。银行存款是指企业存入某一银行账户的款项。该银行称为企业的开户银行。企业的银行存款主要来自投资者投入资本的款项、负债借款、销售商品的货款等，

主要用来偿还债务、支付购买商品的货款和有关费用。

③ 交易性金融资产。交易性金融资产是指企业为了近期内出售而持有的债券投资、股票投资和基金投资。如以赚取差价为目的从二级市场购买的股票、债券、基金等。交易性金融资产是《企业会计准则》新增加的会计科目,主要为了适应现在的股票、债券、基金等出现的市场交易,取代了原来的短期投资,与之类似,又有不同。一般而言,企业可以根据市场行情随时出售短期持有的股票、债券等,以获得差价(投资收益)。

④ 应收款项。应收款项包括应收账款、应收票据、其他应收款等。应收账款是指企业因为销售商品、提供劳务等而应该向客户收取(但暂未收到)的款项。应收账款是企业赊销行为的结果。应收账款是企业的一项主要债权。应收票据是指在采用商业汇票支付方式下,企业因销售商品、提供劳务等而收到的尚未兑现的商业汇票。应收票据也是企业的一项重要债权。其他应收款是指除上述应收账款、应收票据以外的其他各种应收及暂付款项,如应当收取的各种赔款和罚款、为职工垫付的各种款项、租入包装物押金等。

⑤ 存货。存货是指企业在日常生产经营过程中持有的准备出售或耗用的各种货物,包括各类材料、在产品、半成品、产成品或商品等。企业的存货主要包括两类:一类是库存商品(或产成品),主要用于销售,以获得收入,如汽车制造商生产的各种汽车、饮料制造商生产的各种饮料等;一类是材料,主要用于投入生产过程、生产完工产品(产成品)。

(2) 下面对非流动资产的详细分类进行介绍。

① 长期股权投资。长期股权投资是指通过投资取得被投资单位的股份。企业对其他单位的股权投资,通常视为长期持有,以及通过股权投资达到控制被投资单位,或对被投资单位施加重大影响,或为了与被投资单位建立密切关系,以分散经营风险。

② 持有至到期投资。持有至到期投资是指到期日固定、回收金额固定或可确定,且企业有明确意图和能力持有至到期的非衍生金融资产[①]。企业从二级市场上购入的固定利率国债、浮动利率公司债券等,都属于持有至到期投资。持有至到期投资通常具有长期性质。

③ 固定资产。固定资产是指企业作为生产条件、劳动工具的房屋、建筑物、机器、机械、运输工具以及其他与生产经营有关的设备、器具、工具等。一般而言,固定资产的使用期限较长,且其单项价值较高。作为生产条件、劳务工具,企业购置或建造固定资产的目的是为了"使用"而不是为了"销售"。

④ 无形资产。无形资产是指企业持有的专利权、非专利技术、商标权、著作权、土地使用权以及企业的商誉等。无形资产是企业的一种经济资源,其能够在未来期间给企业带来经济利益,但具有较大的不确定性。无形资产是没有实物形态的非货币性长期资产,其效能发挥必须以企业有形资产为基础,即不能与特定企业或企业的实物资产相分离。

(二) 负债

《企业会计准则——基本准则》第二十三条规定,负债是指企业过去的交易或者事项形成的,预期会导致经济利益流出企业的现时义务。

---

① 《企业会计准则》将"长期债权投资"科目和报表项目科目均取消,代之以"持有至到期投资"科目。

1. 负债的特征

根据负债的定义，负债具有以下特征。

(1) 负债必须是企业承担的现时义务，这是负债的一个基本特征。其中，现时义务是指企业在现行条件下已承担的义务。未来发生的交易或者事项形成的义务，不属于现时义务，不应当确认为负债。这里所指的义务可以是法定义务，也可以是推定义务。其中，法定义务是指具有约束力的合同或者法律法规规定的义务，通常必须依法执行。例如，企业购买原材料形成应付账款，企业向银行借入款项形成借款，企业按照税法规定应当交纳的税款等，均属于企业承担的法定义务，都属于公司的负债，需要依法予以偿还。推定义务是指根据企业多年来的习惯做法、公开的承诺或者公开宣布的政策而导致企业将承担的责任，这些责任也使有关各方形成了企业将履行义务解脱责任的合理预期。例如，某企业多年来制定一项销售政策，对于售出商品提供一定期限内的售后保修服务，预期将为售出商品提供的保修服务就属于推定义务，应当将其确认为一项负债。

(2) 预期会导致经济利益流出企业也是负债的一个本质特征。只有企业在履行义务时会导致经济利益流出企业的，才符合负债的定义；如果不会导致企业经济利益流出，就不符合负债的定义。在履行现时义务清偿负债时，导致经济利益流出企业的形式多种多样，例如，用现金偿还或以实物资产形式偿还；以提供劳务形式偿还；以部分转移资产、部分提供劳务形式偿还；将负债转为资本等。

(3) 负债是由企业过去的交易或者事项形成的。换句话说，只有过去的交易或者事项才形成负债，企业将在未来发生的承诺、签订的合同等交易或者事项，不形成负债。例如，某企业向银行借款1 500万元，即属于过去的交易或者事项所形成的负债。企业同时还与银行达成了两个月后借入2 000万元的借款意向书，该交易就不属于过去的交易或者事项，不应形成企业的负债。

将一项现时义务确认为负债，需要符合负债的定义，还应当同时满足以下两个条件。

① 与该义务有关的经济利益很可能流出企业。从负债的定义来看，负债预期会导致经济利益流出企业，但是履行义务所需流出的经济利益带有不确定性，尤其是与推定义务相关的经济利益通常需要依赖于大量的估计。因此，负债的确认应当与经济利益流出的不确定性程度的判断结合起来。如果有确凿证据表明，与现时义务有关的经济利益很可能流出企业，就应当将其作为负债予以确认；反之，如果企业承担了现时义务，但是导致经济利益流出企业的可能性若已不复存在，就不符合负债的确认条件，不应将其作为负债予以确认。

② 未来流出的经济利益的金额能够可靠地计量。负债的确认在考虑经济利益流出企业的同时，对于未来流出的经济利益的金额应当能够可靠计量。对于与法定义务有关的经济利益流出金额，通常可以根据合同或者法律规定的金额予以确定，考虑到经济利益流出的金额通常在未来期间，有时未来期间较长，有关金额的计量需要考虑货币时间价值等因素的影响。对于与推定义务有关的经济利益流出金额，企业应当根据履行相关义务所需支出的最佳估计数进行估计，并综合考虑有关货币时间价值、风险等因素的影响。

2. 负债的分类

负债按其偿还期长短被分为流动负债和非流动负债。

(1) 流动负债。流动负债也称短期负债，是指将要在一年或超过一年的一个营业周期内偿还的债务，主要包括短期借款、应付账款、应付票据、应付工资、应付福利费、应交税费、应付股利、其他应付款等。

① 短期借款。短期借款是指企业从银行或其他金融机构借入的期限在一年以下的各种借款。如企业从银行取得的、用来补充流动资金不足的临时性借款。

② 应付及预收款项。指企业在日常生产经营过程中发生的各项债务，包括应付款项(应付账款、应付票据、应付职工薪酬、应交税费、应付股利、其他应付款等)和预收账款。

(2) 非流动负债。非流动负债，也称长期负债，是指偿还期在一年或超过一年的一个营业周期以上的债务，主要包括长期借款、应付债券、长期应付款等。

① 长期借款。长期借款是指企业从银行或其他金融机构借入的期限在一年以上的各项借款。企业借入长期借款，主要是为了长期工程项目。

② 应付债券。发行债券是企业筹集资金的重要渠道。企业发行的债券按偿还期长短可分为短期债券和长期债券。短期债券是指发行的一年期及一年期以下的债券，一年期以上的债券则为长期债券。应付债券是指企业为筹集长期资金而实际发行的长期债券。

③ 长期应付款。长期应付款是指除长期借款和应付债券以外的其他各种长期应付款项，如采用补偿贸易方式下引进外国设备价款、应付融资租入固定资产租赁费等。

(三) 所有者权益

《企业会计准则——基本准则》第二十六条规定，所有者权益是指企业资产扣除负债后由所有者享有的剩余权益。公司的所有者权益又称为股东权益。所有者权益是所有者对企业资产的剩余索取权，它是企业资产中扣除债权人权益后应由所有者享有的部分，既可反映所有者投入资本的保值增值情况，又体现了保护债权人权益的理念。

所有者权益的来源包括所有者投入的资本、直接计入所有者权益的利得和损失、留存收益等，通常由实收资本(或股本)、资本公积(含资本溢价或股本溢价、其他资本公积)、盈余公积和未分配利润构成，商业银行等金融企业按照规定在税后利润中提取的一般风险准备，也构成所有者权益。

1. 所有者投入的资本

所有者投入的资本是指所有者投入企业的资本部分，既包括构成企业注册资本或者股本部分的金额，也包括投入资本超过注册资本或者股本部分的金额，即资本溢价或者股本溢价。这部分投入资本在我国企业会计准则体系中被计入了资本公积，并在资产负债表中的资本公积项目下反映。

2. 直接计入所有者权益的利得和损失

直接计入所有者权益的利得和损失，是指不应计入当期损益、会导致所有者权益发生增减变动的、与所有者投入资本或者向所有者分配利润无关的利得或者损失。其中，利得是指由企业非日常活动所形成的、会导致所有者权益增加的、与所有者投入资本无关的经济利益的流入。利得包括直接计入所有者权益的利得和直接计入当期利润的利得。损失是指由企业非日常活动所发生的、会导致所有者权益减少的、与向所有者分配利润无关的经济利益的流出。损失包括直接计入所有者权益的损失和直接计入当期利润的损失。直接计入所有者权益的利得和损失主要包括可供出售金融资产的公允价值变动额、现金流量套期中套期工具公允价值变动额(有效套期部分)等。

3. 留存收益

留存收益是企业历年实现的净利润留存于企业的部分，主要包括累计计提的盈余公积和未分配利润。

无论从企业主体的角度还是从企业外部投资者的角度看，归属于投资者的权益应当包括两部分内容，一是投资者投入的资本(含追加投入资本)，二是企业经济活动中产生的资本增值(即企业的利润或净收益)。投资者投入资本包括实际投入的注册资本和归属于投资者的资本公积金(如资本溢价等)。资本增值(收益)中，一部分已经以股利形式支付给投资者，另一部分以"留存收益"形式(如盈余公积金、未分配利润)存在于企业。投资者对留存收益部分享有现时的要求权。因此，所有者权益包括实收资本(或股本)、资本公积、盈余公积和未分配利润等主要内容。

(四) 收入

《企业会计准则——基本准则》第三十条规定，收入是指企业在日常活动中形成的、会导致所有者权益增加的、与所有者投入资本无关的经济利益的总流入。

1. 收入的特征

根据收入的定义，收入具有以下特征。

(1) 收入是企业在日常活动中形成的。日常活动是指企业为完成其经营目标所从事的经常性活动以及与之相关的活动。例如，工业企业制造并销售产品、商业企业销售商品、保险公司签发保单、咨询公司提供咨询服务、软件企业为客户开发软件、安装公司提供安装服务、商业银行对外贷款、租赁公司出租资产等，均属于企业的日常活动。明确界定日常活动是为了将收入与利得相区分，日常活动是确认收入的重要判断标准，凡是日常活动所形成的经济利益的流入应当确认为收入，反之，非日常活动所形成的经济利益的流入不能确认为收入，而应当计入利得。比如，处置固定资产属于非日常活动所形成的净利益就不应确认为收入，而应当确认为利得。再如，无形资产出租所取得的租金收入属于日常活动所形成的，应当确认为收入，但是处置无形资产属于非日常活动所形成的净利益，不应当确认为收入，而应当确认为利得。

(2) 收入会导致所有者权益的增加。与收入相关的经济利益的流入应当会导致所有者权益的增加，不会导致所有者权益增加的经济利益的流入不符合收入的定义，不应确认为收入。例如，企业向银行借入款项，尽管也导致了企业经济利益的流入，但该流入并不导致所有者权益的增加，而是企业承担了一项现时义务。不应将其确认为收入，应当确认为一项负债。

(3) 收入是与所有者投入资本无关的经济利益的总流入。收入应当会导致经济利益的流入，从而导致资产的增加。例如，企业销售商品，应当收到现金或者在未来有权收到现金，才表明该交易符合收入的定义。但是，经济利益的流入有时是所有者投入资本的增加所致，所有者投入资本的增加不应当确认为收入，应当将其直接确认为所有者权益。

企业收入的来源渠道多种多样，不同收入来源的特征有所不同，其收入确认条件也往往存在一些差别，如销售商品、提供劳务、让渡资产使用权等。一般而言，收入只有在经济利益很可能流入从而导致企业资产增加或者负债减少、经济利益的流入额能够可靠计量时才能予以确认。即收入的确认至少应当符合以下条件：一是与收入相关的经济利益应当很可能流入企业；二是经济利益流入企业的结果会导致资产的增加或者负债的减少；三是经济利益的流入额能够可靠计量。

2. 收入的分类

收入主要包括主营业务收入、其他业务收入和投资收益等。

(1) 主营业务收入。主营业务收入是指企业在销售商品、提供劳务以及让渡资产使用权等日常活动中所产生的收入。它包括工商企业的产品或商品销售收入、对外提供劳务的收入、让渡资产使用权发生的利息收入和使用费收入、确认的长期工程的合同收入等。主营业务收入是企业在其基本的或主要的经营活动中获得的收入。

(2) 其他业务收入。其他业务收入是指除主营业务收入以外的其他销售或其他业务收入，如材料销售收入、代购代销商品的手续费收入、包装物出租收入等。其他业务收入是企业在其相对于主营业务活动的次要经营活动中获得的收入。

(3) 投资收益。投资收益是指企业对外投资所取得的收益减去发生的投资损失后的净额。

(五) 费用

《企业会计准则——基本准则》第三十三条规定，费用是指企业在日常活动中发生的、会导致所有者权益减少的、与向所有者分配利润无关的经济利益的总流出。

1. 费用的特征

根据费用的定义，费用具有以下特征。

(1) 费用是企业在日常活动中形成的。费用必须是企业在其日常活动中所形成的，这些日常活动的界定与收入定义中涉及的日常活动的界定相一致。因日常活动所产生的费用通常包括销售成本(营业成本)、管理费用等。将费用界定为日常活动所形成的，目的是为了将其与损失相区分，企业非日常活动所形成的经济利益的流出不能确认为费用，而应当计入损失。

(2) 费用会导致所有者权益的减少。与费用相关的经济利益的流出应当会导致所有者权益的减少，不会导致所有者权益减少的经济利益的流出不符合费用的定义，不应确认为费用。企业发生费用的形式是，由于资产流出企业、资产损耗或负债增加而引起所有者权益减少。但有例外，例如企业所有者抽回投资或企业向所有者分配利润，虽然会引起资产减少或负债增加，并使所有者权益减少，但不属于企业发生费用的经济业务。

(3) 费用是与向所有者分配利润无关的经济利益的总流出。费用的发生应当会导致经济利益的流出，从而导致资产的减少或者负债的增加(最终也会导致资产的减少)。其表现形式包括现金或者现金等价物的流出，存货、固定资产和无形资产等的流出或者消耗等。例如，企业向所有者分配利润也会导致经济利益的流出，而该经济利益的流出属于投资者投资回报的分配，是所有者权益的直接抵减项目，不应确认为费用，应当将其排除在费用的定义之外。

费用的确认除了应当符合定义外，也应当满足严格的条件，即费用只有在经济利益很可能流出从而导致企业资产减少或者负债增加、经济利益的流出额能够可靠计量时才能予以确认。费用的确认至少应当符合以下条件：一是与费用相关的经济利益应当很可能流出企业；二是经济利益流出企业的结果会导致资产的减少或者负债的增加；三是经济利益的流出额能够可靠计量。

在会计里，成本和费用都是企业资源的耗费，但二者是不同的概念，成本是为生产产品而发生的各种耗费，它总是与具体的生产过程和具体的产品联系在一起。费用与生产过程及具体的产品没有联系，它是企业在一段时间内发生的资源耗费。

2. 费用的分类

费用可以分为计入成本的费用和直接计入当期损益的费用。

(1) 计入成本的费用。计入成本的费用是指计入材料、商品、工程、劳务等成本对象的各种费用，包括直接计入成本的费用和分配计入成本的费用。直接计入成本的费用，如材料的买价和生产产品发生的直接材料、直接人工等费用；分配计入成本的费用是指购买材料、生产产品发生的各种间接费用(或共同性费用)，如工业企业的生产车间为组织和管理生产而发生的各种费用等。计入成本的费用通常属于生产费用。生产费用是指在企业产品生产的过程中发生的能用货币计量的生产耗费，也就是企业在一定时期内产品生产过程中消耗的生产资料的价值和支付的劳动报酬之和。

(2) 直接计入当期损益的费用。直接计入当期损益的费用包括企业行政管理部门为组织和管理生产经营活动而发生的管理费用；企业为筹集生产经营所需资金而发生的财务费用；为销售商品和提供劳务而发生的销售费用等。此外，它还包括销售税金及附加和所得税费用。管理费用、财务费用、销售费用，应当作为期间费用，直接计入当期损益。

(六) 利润

《企业会计准则——基本准则》第三十七条规定，利润是指企业在一定会计期间的经营成果。利润包括收入减去费用后的净额、直接计入当期利润的利得和损失等。通常情况下，如果企业实现了利润，表明企业的所有者权益将增加，业绩得到了提升；反之，如果企业发生了亏损(即利润为负数)，表明企业的所有者权益将减少，业绩下降。利润是评价企业管理层业绩的指标之一，也是投资者等财务报告使用者进行决策时的重要参考。

利润包括收入减去费用后的净额、直接计入当期利润的利得和损失等。其中，收入减去费用后的净额反映企业日常活动的经营业绩，直接计入当期利润的利得和损失反映企业非日常活动的业绩。直接计入当期利润的利得和损失，是指应当计入当期损益、最终会引起所有者权益发生增减变动的、与所有者投入资本或者向所有者分配利润无关的利得或者损失。企业应当严格区分收入和利得、费用和损失之间的区别，以更加全面地反映企业的经营业绩。

利润可分为3个层次，即营业利润、利润总额和净利润。

1. 营业利润

营业利润是指企业在其正常生产经营过程中产生的经营成果。营业利润是由营业收入扣除营业成本、营业税金及附加、期间费用和资产减值损失加上公允价值变动净收益和投资收益计算出来的。

2. 利润总额

利润总额是指企业在一定会计期间内产生的各种经营成果的总额。它包括营业利润和营业外收入减去营业外支出的金额。

3. 净利润

净利润是指利润总额减去所得税费用后的金额，即税后利润。

二、会计要素确认与计量的要求

会计要素确认就是按照会计自身的特点，依据一定的标准来确定哪些经济业务在何时以何种方式纳入会计信息系统，也就是经济业务应在何时以及怎样予以记录和报告；会计计量则是指在会计确认的基础上，对会计要素按其特性，采用一定的计量单位，进行认定、计算和最终确定其金额的过程，实质上解决的是所确认的经济业务以多大的金额予以记录和报告的问题。会计确认和计量的基本原则主要有如下三方面。

(一) 收入与费用配比

收入与费用配比，是指企业特定会计期间所实现的收入，应与为实现收入所发生的费用成本相比较，以确定本期间的损益。这个原则要求在一个会计期间内所获得的收入与为了获得此收入所耗费的成本、费用相配合，以求得本期的经营成果。具体说来，该原则主要体现为以下两种关系，并由此导致了不同的费用成本确认方式。

1. 经济性质上的因果关系

这种关系体现为，收入是由于一定的资金耗费而发生的，不同的收入取得是由于发生了与之相应的不同的费用成本所导致的。例如，为了销售而必须先行购买商品、材料，必须发生销售运输费用，如此等等。这类费用成本都应按照收入确认的时间相应地予以确认入账。

2. 时间上的一致关系

有些费用的发生与收入没有因果关系，它们的发生只是为了保证各期间的前后延续，或者说只要进入一个新的会计期间，这些费用就自然会发生。保险费、固定资产折旧费等均属此类的例子。这些费用应该按期确认，与当期的收入相配比，并据以确定当期净损益。

由于存在着会计分期的前提条件，所以每个企业必须分期反映其经营成果。经营成果是企业收入与成本费用进行配合比较的结果。为了达到配比原则的要求，首先应根据各种收入与成本费用的不同性质，来确定某项收入与其成本费用的因果关系。其次应根据权责发生制来确定某项收入与其成本费用的时间关系。一个会计期间内的各项收入及与其相关的成本费用，应当在同一期间内确认、计量和记录，进行比较。既不能提前，也不许延后。对于预支款项的成本费用，要递延到有关收入取得时才能确认为费用；对于与本期收入有关的尚未支付的费用，则应在本期内计提，以便正确计算出企业在该会计期间的经营成果，即利润或亏损。

(二) 历史成本计量

历史成本又称实际成本、原始成本。历史成本计量原则是指企业各项财产物资的计价，应当按照取得或购建时发生的实际成本计价入账，而不考虑其以后市价的变动。这主要是基于：①历史成本是由买卖双方在市场上通过交易客观确定的，而不是由会计人员虚拟出来的；②历史成本以真实可靠的会计凭证为依据，是可验证的；③历史成本较易取得，并与收入实现准则和持续经营假设紧密相连。

历史成本是指取得或制造某项财产物资时所实际支付的货币及其等价物。这个原则要求,对企业资产、权益等项目的计量应当基于经济业务的实际交易价格或成本,而不考虑随后市场价格变动的影响。按照历史成本原则进行计量,有助于资产、权益项目的确认及计量结果的检查与控制,也使收入与费用的配比建立在实际交易价格的基础上。同时,历史成本较之其他计价基础容易取得,也比较确凿,所提供的数据是客观的和可查证的,能够促进会计核算与会计信息资料的真实可靠,符合客观性原则。但是,按历史成本计价的客观性是以币值稳定为前提的,在市场经济条件下,物价的变动已经成为必然,因此期末的资产还可以按可变现净值计价。

(三) 划分收益性支出与资本性支出

企业的会计核算应当合理划分收益性支出与资本性支出的界限。凡支出效益仅及于本年度(或一个营业周期)的,应当作为收益性支出;凡支出效益及于几个会计年度(或几个营业周期)的,应当作为资本性支出。这就是划分收益性支出与资本性支出原则。

这个原则要求,在会计核算时应当严格区分收益性支出与资本性支出的界限。这对于正确计算企业的本期损益有着重要的意义。收益性支出是为了取得本期收益而发生的支出,应转化为本期费用,由本期收入来补偿并列入利润表。资本性支出则是与几个会计年度收益相关的支出,应先转化为资产的成本,并列于资产负债表,然后随着资产连续不断在不同时期的使用,逐渐、分次地转化为不同时期的费用,由不同时期的收入补偿。如果把收益性支出当作资本性支出就会虚减本期费用,虚增本期资产和利润。反之,如果把资本性支出当作收益性支出就会虚增本期费用,虚减本期资产和利润。因此,为了正确计算当期损益,必须贯彻划分收益性支出与资本性支出的原则。例如,某企业购入一台需要安装的设备,没有将安装过程中发生的支出计入固定资产安装工程成本,而是直接计入本期费用,从而低估了购入设备取得成本。这种业务处理把资本性支出当作收益性支出,违反了划分收益性支出与资本性支出原则,从而导致虚增本期费用,虚减本期资产和利润。

第二节 会计计量和会计基础

会计的基本程序通常被认为是对会计要素进行确认、计量和报告的过程。其中,会计计量在会计确认和报告之间起着重要的作用。会计确认与会计计量紧密联系,未经确认,就不能计量;没有计量,确认也就失去了意义。

一、会计计量属性

会计计量是为了将符合确认条件的会计要素登记入账并列报于财务报表而确定其金额的过程。企业应当按照规定的会计计量属性进行计量,确定相关金额。计量属性是指所予计量的某一要素的特性方面,如桌子的长度、铁矿石的重量、楼房的面积等。从会计角度看,计量属性反映的是会计要素金额的确定基础。《企业会计准则——基本准则》第四十二条规定,会计计量属性主要包括如下五方面。

(一) 历史成本

历史成本又称为实际成本,就是取得或制造某项财产物资时所实际支付的现金或其等价物。在历史成本计量下，资产按照购置时支付的现金或者现金等价物的金额，或者按照购置资产时所付出的对价的公允价值计量；负债按照因承担现时义务而实际收到的款项或者资产的金额，或者承担现时义务的合同金额，或者按照日常活动中为偿还负债预期需要支付的现金或者现金等价物的金额计量。

(二) 重置成本

重置成本又称现行成本，是指按照当前市场条件，重新取得同样一项资产所需支付的现金或现金等价物。在重置成本计量下，资产按照现在购买相同或者相似资产所需支付的现金或者现金等价物的金额计量。负债按照现在偿付该项债务所需支付的现金或者现金等价物的金额计量。在重置成本计量下，资产按照现在购买相同或者相似资产所需支付的现金或者现金等价物的金额计量；负债按照现在偿付该项债务所需支付的现金或者现金等价物的金额计量。

(三) 可变现净值

可变现净值，是指在正常生产经营过程中，以资产预计售价减去进一步加工成本和预计销售费用以及相关税费后的净值。在可变现净值计量下，资产按照其正常对外销售所能收到现金或者现金等价物的金额扣减该资产至完工时估计将要发生的成本、估计的销售费用以及相关税费后的金额计量。

(四) 现值

现值是指对未来现金流量以恰当的折现率进行折现后的价值，是考虑货币时间价值的一种计量属性。在现值计量下，资产按照预计从其持续使用和最终处置中所产生的未来净现金流入量的折现金额计量；负债按照预计期限内需要偿还的未来净现金流出量的折现金额计量。例如，在确定固定资产、无形资产等可收回金额时，通常需要计算资产预计未来现金流量的现值。

(五) 公允价值

公允价值，是指市场参与者在计量日发生的有序交易中，出售一项资产所能收到或者转移一项负债所需支付的价格[①]。有序交易，是指在计量日前一段时期内相关资产或负债具有惯常市场活动的交易。清算等被迫交易不属于有序交易。

二、各种计量属性之间的关系

在各种会计计量属性中，历史成本通常反映的是资产或者负债过去的价值，而重置成本、可变现净值、现值以及公允价值通常反映的是资产或者负债的现时成本或者现时价值，是与历史成本相对应的计量属性。公允价值相对于历史成本而言，具有很强的时间概念，也就是说，当前环境下某项资产或负债的历史成本可能是过去环境下该项资产或负债的公允价值，而当前环境下某项资产或负债的公允价值也许就是未来环境下该项资产或负债的历史成本。一项交易在交易时点通常是按公允价值交易的，随后就变成了历史成本，

---

① 参见2014年7月1日施行的《企业会计准则第39号——公允价值计量》。

资产或者负债的历史成本许多就是根据交易时有关资产或者负债的公允价值确定的。比如，在非货币性资产交换中，如果交换具有商业实质，且换入、换出资产的公允价值能够可靠计量，换入资产入账成本的确定应当以换出资产的公允价值为基础，除非有确凿证据表明换入资产的公允价值更加可靠。在应用公允价值时，当相关资产或者负债不存在活跃市场的报价或者不存在同类或者类似资产的活跃市场报价时，需要采用估值技术来确定相关资产或者负债的公允价值，而在采用估值技术估计相关资产或者负债的公允价值时，现值往往是比较普遍的一种估值方法，在这种情况下，公允价值就是以现值为基础确定的。

《企业会计准则——基本准则》第四十三条规定："企业在对会计要素进行计量时，一般应当采用历史成本，采用重置成本、可变现净值、现值、公允价值计量的，应当保证所确定的会计要素金额能够取得并可靠计量。"企业会计准则体系适度、谨慎地引入公允价值这一计量属性，是因为随着我国资本市场的发展，越来越多的股票、债券、基金等金融产品在交易所挂牌上市，使得这类金融资产的交易已经形成了较为活跃的市场，因此，我国已经具备了引入公允价值的条件。在这种情况下，引入公允价值，更能反映企业的实际情况，对投资者等财务报告使用者的决策更具有相关性。

三、会计基础

会计基础是指会计事项的记账基础，是会计确认的某种标准方式，是单位收入和支出、费用确认的标准。对会计基础的不同选择，决定单位取得收入和发生支出在会计期间的配比，并直接影响到单位工作业绩和财务成果。在实务中，企业交易或者事项的发生时间与相关货币收支时间有时并不完全一致。例如，款项已经收到，但销售并未实现；或者款项已经支付，但并不是为本期生产经营活动而发生的。为了更加真实、公允地反映特定会计期间的财务状况和经营成果，《企业会计准则——基本准则》第九条明确规定，企业应当以权责发生制为基础进行会计确认、计量和报告。权责发生制基础要求，凡是当期已经实现的收入和已经发生或应当负担的费用，无论款项是否收付，都应当作为当期的收入和费用计入利润表；凡是不属于当期的收入和费用，即使款项已在当期收付，也不应当作为当期的收入和费用。

权责发生制，又称应收应付制、应计制，是指以权责发生为基础来确定本期收入和费用，而不是以款项的实际收付作为记账基础。凡是应属本期的收入和费用，不管其款项是否收付，均作为本期的收入和费用入账；反之，凡不属于本期的收入和费用，即使已收到款项或付出款项，都不应作为本期的收入和费用入账。权责发生制原则要求，在"会计分期"的前提下应以收入实现的权利和承担费用的责任来确定收入和费用的归属期，其核心是本期的收入和费用均以当期权利和责任的实现为准，而不是随着货币的实际收付而定。在权责发生制下，会计期末应对各项跨期收支作出调整，核算手续虽然较为麻烦，但能使各个期间的收入和费用实现合理的配比，所计量的财务成果也比较正确。因此，企业会计基础是权责发生制。

与权责发生制基础相对应的确定收入、费用归属期的原则是收付实现制。收付实现制是以实际的货币收付来确定收入与费用的归属期。收付实现制，又称现金制，是指企业单位对各项收入和费用的认定是以款项(包括现金和银行存款)的实际收付作为标准。收付实现制基础要求，凡属本期实际收到款项的收入和支付款项的费用，不管其是否应归属于本期，都应作为本期的收入和费用入账；反之，凡本期未实际收到的款项收入和未付出款项的支出，即使应归属于本期，也不应作为本期的收入和费用入账。采用这种会计处理制度，本期的收入和费用缺乏合理的配比，所计算的财务成果也不够正确，因此，企业不宜采用收付实现制，应采用权责发生制。目前我国的行政单位会计采用收付实现制，事业单位会计除经营业务可以采用权责发生制外，其他大部分采用收付实现制。

权责发生制在反映企业的经营业绩时有其合理性，几乎完全取代了收付实现制；但在反映企业的财务状况时却有其局限性：一个在损益表上看来经营很好，效率很高的企业，在资产负债表上却可能没有相应的变现资金而陷入财务困境。这是由于权责发生制把应计的收入和费用都反映在损益表上，而其在资产负债表上则部分反映为现金收支，部分反映为债权债务。为提示这种情况，应编制以收付实现制为基础的现金流量表，以弥补权责发生制的不足。在权责发生制下，就有了应收账款和应付账款。如果按权责发生制原则编制现金流量表，不能真实地反映企业一定会计期间现金和现金等价物流入与流出的信息。因而，会计准则要求企业按照收付实现制原则编制现金流量表[①]。

第三节　会计等式

会计等式也称会计平衡式，是表明各会计要素之间基本关系的恒等式。会计对象可概括为资金运动，具体表现为会计要素，每发生一笔经济业务，都是资金运动的一个具体过程，同时，资金运动过程都必然涉及相应的会计要素，从而使全部资金所涉及的会计要素之间存在一定的相互联系。会计要素之间的这种内在关系，可以通过会计平衡等式表现出来，这种平衡等式称为会计平衡公式。会计等式是设置账户、复式记账和设计会计报表的理论依据。会计等式可分为静态会计等式、动态会计等式、综合会计等式等。

一、静态会计等式

静态会计等式是反映企业在某一特定日期财务状况的会计等式，是由资产负债表会计要素(资产、负债和所有者权益)组合而成。

一个企业的资产(资金运用)与权益(资金来源)是同一资金的两个方面，有一定的资产，必然有对这部分资产享有的权益；有一定的权益，其权益也必然表现为一定的资产，两者金额始终相等，完整地反映资金的来龙去脉。债权人和所有者将其所拥有的资本提供给企业使用，对于企业运用这些资本所获得的各项资产就相应地享有一种索取权，即"权益"。所以，在数量上，任何一个企业资产总额和权益总额必定相等。如果用数学等式来表示资产和权益的关系，则可得到以下等式：

$$资产=权益$$

按企业资金来源可将权益分为债权人权益和所有者权益，则可得到以下等式：

$$资产=债权人权益+所有者权益$$

所有者权益与债权人权益比较，一般具有以下4个基本特征：①所有者权益在企业经营期内可供企业长期、持续地使用，企业不必向投资人返还资本金。而负债则须按期返还

[①] 参见2014年7月1日施行的《企业会计准则第30号——财务报表列报》第七条。

给债权人,成为企业的负担。②企业所有人凭其对企业投入的资本,享受税后分配利润的权利。所有者权益是企业分配税后净利润的主要依据,而债权人除按规定取得利息外,无权分配企业的盈利。③企业所有人有权行使企业的经营管理权,或者授权管理人员行使经营管理权,但债权人并没有经营管理权。④企业的所有者对企业的债务和亏损负有无限的责任或有限的责任,而债权人对企业的其他债务不发生关系,一般也不承担企业的亏损。

在会计实务中债权人权益称为负债,那么这个等式就变化为:

$$资产 = 负债 + 所有者权益 \tag{1}$$

上述等式概括地将会计的对象公式化了,既表明了某一会计主体在某一特定时期所拥有的各种资产,同时也表明了这些资产的归属关系,反映了资金运动静态情况下会计要素之间的平衡关系。

二、动态会计等式

动态会计等式是反映企业在一定会计期间经营成果的会计等式,是由利润表会计要素(收入、费用和利润)组合而成。收入抵减费用后的差额为正数是利润,利润可以增加所有者权益及资产,如果抵减的差额为负数是亏损,则可以发生相反方向的影响。这一等式反映了资金运动动态情况下会计要素之间的平衡关系。其数量关系可概括为:

$$收入 - 费用 = 利润 \tag{2}$$

三、综合会计等式

等式(1)反映的是企业某一时点的全部资产及其相应的来源情况,是反映资金运动的静态公式。等式(2)反映的是某企业某一时期的盈利或亏损情况,是反映资金运动的动态公式。但仅从这两个等式还不能完整反映会计六大要素之间的关系。若要综合反映会计要素之间的数量关系,则须将等式(1)与等式(2)合并为:

$$资产 = 负债 + 所有者权益 + (收入 - 费用)$$

或

$$资产 = 负债 + 所有者权益 + 利润 \tag{3}$$

等式(3)称为综合会计等式,企业定期结算并计算出取得的利润,取得的利润在按规定分配给投资者(股东)之后,余下的部分归投资者共同享有,也是所有者权益的组成部分。因此,上述等式又恢复到:

$$资产 = 负债 + 所有者权益$$

由此可见,等式(1)是会计的基本等式,通常称之为基本会计等式或会计恒等式。等式(2)和等式(3)虽不是基本会计等式,但等式(2)是对基本会计等式的补充;等式(3)是基本会计等式的发展,它将财务状况要素(即资产、负债和所有者权益)和经营成果要素(即收入、费用和利润)进行有机结合,完整地反映了企业财务状况和经营成果的内在联系。

四、会计事项的发生对基本会计等式的影响

从对会计等式影响的角度,可以将会计事项分为两类。

第一类，会计事项的发生，仅引起等式一边发生增减变化，但增减金额相等，总额不变，等式保持平衡。具体可分为以下5种情况。

(1) 会计事项的发生，导致等式左边，即资产方项目此增彼减，但增减金额相等，故等式保持平衡。

【例2-1】购买原材料200 000元，用银行存款支付。

$$\underline{资\quad 产} = 负债 + 所有者权益$$
$$\uparrow\quad\downarrow$$
$$+200\,000\ -200\,000$$

(2) 会计事项的发生，导致等式右边的负债项目此增彼减，但增减金额相等，故等式保持平衡。

【例2-2】以应付票据抵付应付账款200 000元。

$$资产 = \underline{\quad 负\quad 债\quad} + 所有者权益$$
$$\uparrow\qquad\downarrow$$
$$+200\,000\ -200\,000$$

(3) 会计事项的发生，导致等式右边的所有者权益项目此增彼减，但增减金额相等，故等式保持平衡。

【例2-3】提取盈余公积80 000元。

$$资产 = 负债 + \underline{所有者权益}$$
$$\uparrow\quad\downarrow$$
$$+80\,000\ -80\,000$$

(4) 会计事项的发生，导致等式右边的负债项目增加，而所有者权益项目减少，但增减金额相等，故等式保持平衡。

【例2-4】向投资者分配现金股利80 000元，款项尚未支付。

$$资产 = \underline{负债} + \underline{所有者权益}$$
$$\uparrow\qquad\downarrow$$
$$+80\,000\qquad -80\,000$$

(5) 会计事项的发生，导致等式右边的所有者权益项目增加，而负债项目减少，但增减金额相等，故等式保持平衡。

【例2-5】债权人将其原借给本企业的借款9 000元转作向企业投资。

$$资产 = \underline{负债} + \underline{所有者权益}$$
$$\downarrow\qquad\uparrow$$
$$-9\,000\qquad +9\,000$$

第二类，会计事项的发生，引起等式两边同时发生增加或减少的变化，但增加或减少的金额相等，等式保持平衡，而两边的总额或增加或减少。具体可分为以下4种情形。

(1) 会计事项的发生，导致等式左边的资产项目增加，而同时导致等式右边的负债项目亦增加相同金额，故等式保持平衡。

【例2-6】从银行取得短期借款200 000元，存入开户银行。

$$\underline{资产} = \underline{负债} + 所有者权益$$
$$\uparrow\qquad\uparrow$$
$$+200\,000\quad +200\,000$$

(2) 会计事项的发生，导致等式左边的资产项目增加，而同时导致等式右边的所有者权益项目亦增加相同金额，故等式保持平衡。

【例2-7】收到投资者投资800 000元，已存入银行。

$$\underline{资产} = 负债 + \underline{所有者权益}$$
$$\quad\uparrow\qquad\qquad\qquad\uparrow$$
$$+800\,000\qquad\qquad +800\,000$$

(3) 会计事项的发生，导致等式左边的资产项目减少，而同时等式右边的负债项目亦减少相同金额，故等式保持平衡。

【例2-8】用银行存款归还前欠某公司货款150 000元。

$$\underline{资产} = \underline{负债} + 所有者权益$$
$$\quad\downarrow\qquad\quad\downarrow$$
$$-150\,000\quad -150\,000$$

(4) 会计事项的发生，导致等式左边的资产项目减少，而同时等式右边的所有者权益项目亦减少相同金额，故等式保持平衡。

【例2-9】用银行存款分配利润28 000元。

$$\underline{资产} = 负债 + \underline{所有者权益}$$
$$\quad\downarrow\qquad\qquad\qquad\downarrow$$
$$-28\,000\qquad\qquad -28\,000$$

本章小结

会计要素是根据交易或者事项的经济特征所确定的财务会计对象的基本分类。基本准则规定，会计要素按照其性质分为资产、负债、所有者权益，收入、费用和利润。资产是指企业过去的交易或者事项形成的、由企业拥有或者控制的、预期会给企业带来经济利益的资源。负债是指企业过去的交易或者事项形成的、预期会导致经济利益流出企业的现时义务。所有者权益是指企业资产扣除负债后由所有者享有的剩余权益。公司的所有者权益又称为股东权益。收入是指企业在日常活动中形成的、会导致所有者权益增加的、与所有者投入资本无关的经济利益的总流入。费用是指企业在日常活动中发生的、会导致所有者权益减少的、与向所有者分配利润无关的经济利益的总流出。利润是指企业在一定会计期间的经营成果。会计等式也称会计平衡式，它是表明各会计要素之间基本关系的恒等式。会计等式是设置账户、复式记账和设计会计报表的理论依据。会计基础是指会计事项的记账基础，是会计确认的某种标准方式，是单位收入和支出、费用的确认的标准。企业会计准则规定，企业应当以权责发生制为基础进行会计确认、计量和报告。

主要概念

会计要素；资产；负债；所有者权益；收入；费用；利润；会计要素确认；会计计量；历史成本；公允价值；会计等式；会计基础；权责发生制；收付实现制。

思考题

1. 什么是会计要素？会计准则是如何划分会计要素的？
2. 什么是资产？资产有哪些特征？

3. 资产按流动性不同可以划分为哪些种类？各包括哪些内容？
4. 什么是负债？负债有哪些特征？
5. 什么是所有者权益？所有者权益与资产、负债有何关系？
6. 什么是收入？收入有哪些特征？
7. 收入的确认至少应当符合哪些条件？
8. 什么是费用？费用有哪些特征？
9. 生产费用与期间费用有何不同？
10. 什么是利润？利润可划分为几个层次？
11. 什么是会计等式？会计等式有什么作用？
12. 什么是会计要素的确认？确认的条件有哪些？
13. 什么是会计计量？有哪些计量属性？
14. 如何划分收益性支出与资本性支出？如果混淆二者对企业损益的计算有何影响？
15. 什么是权责发生制？为什么企业要采用权责发生制作为会计基础？

练习题

一、单项选择题

1. 下列项目中属于流动资产的是( )。
   A. 预付账款　　　　B. 应付账款　　　　C. 制造费用　　　　D. 短期借款
2. 下列项目中属于资产的是( )。
   A. 长期借款　　　　B. 长期投资　　　　C. 实收资本　　　　D. 资本公积
3. 下列项目中属于流动负债的是( )。
   A. 应收账款　　　　　　　　　　　　　B. 预收账款
   C. 制造费用　　　　　　　　　　　　　D. 预付账款
4. 资产和权益在数量上( )。
   A. 必然相等　　　　　　　　　　　　　B. 不一等相等
   C. 符合一定条件时相等　　　　　　　　D. 不相等
5. 引起资产内部一个项目增加，另一个项目减少，而资产总额不变的经济业务是( )。
   A. 用银行存款偿还短期借款　　　　　　B. 收到投资者投入的机器一台
   C. 收到外单位前欠货款　　　　　　　　D. 收到国家拨入的特准储备物资
6. 下列经济业务中，会引起负债减少，同时使所有者权益增加的是( )。
   A. 以银行存款偿还欠款　　　　　　　　B. 所有者投入资本偿还借款
   C. 以赊购方式购入原材料　　　　　　　D. 向银行借款存入银行
7. 下列经济业务中引起负债和资产同减变化的是( )。
   A. 从银行取得借款　　　　　　　　　　B. 以银行存款归还借款
   C. 将现金存入银行　　　　　　　　　　D. 用借款直接偿还欠款
8. 企业会计的确认、计量和报告应以( )为基础。
   A. 公允价值计量　　　　　　　　　　　B. 实质重于形式原则
   C. 权责发生制　　　　　　　　　　　　D. 谨慎性原则

9. 企业在对会计要素进行计量时，一般应当采用( )计量。

A. 重置成本　　　B. 现值　　　C. 公允价值　　　D. 历史成本

10. 2015年9月20日采用赊销方式销售产品50 000元，12月25日收到货款存入银行。按收付实现制核算时，该项收入应属于( )。

A. 2015年9月　　B. 2015年10月　　C. 2015年11月　　D. 2015年12月

二、计算分析题

（一）A公司2014年12月31日的资产、负债、所有者权益的状况如下表。

项　目	资　产	权　益	
		负　债	所有者权益
1. 库存现金　600元			
2. 存放在银行的货币资金　5 000元			
3. 生产车间厂房　280 000元			
4. 各种机器设备　330 000元			
5. 运输车辆　250 000元			
6. 库存产品　75 000元			
7. 车间正在加工中的产品　86 500元			
8. 库存材料　85 000元			
9. 投资人投入的资本　800 000元			
10. 应付的购料款　142 000元			
11. 尚未交纳的税金　6 570元			
12. 向银行借入的短期借款　72 000元			
13. 应收产品的销货款　115 000元			
14. 采购员出差预借差旅费　2 000元			
15. 商标权　250 000元			
16. 发行的企业债券　317 000元			
17. 长期待摊费用　95 000元			
18. 盈余公积结余　68 530元			
19. 法定财产重估增值　126 000元			
20. 未分配利润　132 000元			
合计			

【要求】根据上述资料确定资产、负债及所有者权益项目，并分别加计资产、负债及所有者权益金额和合计数，验证资产和权益是否相等。

（二）A公司2015年5月发生下列经济业务：

(1) 销售产品70 000元，其中30 000元已收到存入银行，其余40 000元尚未收到。

(2) 收到现金800元，系上月提供的劳务收入。

(3) 用现金支付本月份的水电费900元。

(4) 本月应计劳务收入1 900元。

(5) 用银行存款预付下年度房租18 000元。

(6) 用银行存款支付上月份借款利息500元。

(7) 预收销售货款26 000元，已通过银行收妥入账。

(8) 本月负担年初已支付的保险费500元。

(9) 上月预收货款的产品于本月发货，实现销售收入18 000元。

(10) 本月负担机器设备(下月支付)修理费1 200元。

【要求】

(1) 按收付实现制原则计算12月份的收入、费用。

(2) 按权责发生制原则计算12月份的收入、费用。(不必编制会计分录)

第三章 会计记账基础

> **学习目标**
> 1.了解会计科目的含义与设置原则；2.熟悉会计科目的分类；3.掌握账户的含义与基本结构；4.掌握复式记账原理、借贷记账法的账户结构；5.掌握记账规则与会计分录；6.熟悉试算平衡的原理；7.掌握编制总分类账户本期发生额及余额试算平衡表的方法；8.掌握记账凭证的编制；9.掌握账簿的种类及登记、错账的更正；10.掌握对账与结账。

第一节 会计科目与账户

一、会计科目

(一) 会计科目设置原则

会计要素是对会计对象的基本分类，但对6项会计要素仍显得过于粗略，难以满足各有关方面对会计信息的需要。因此，会计科目对会计要素进行了更近一步的分类。会计科目是按照经济业务的内容和经济管理的要求，对会计要素的具体内容进行分类核算的项目名称。在会计工作中，会计科目是事先通过会计准则规定的，它是设置账户、进行账务处理所必须遵循的规则和依据，是正确进行会计核算的一个重要条件。设置会计科目时应遵循下列原则。

1. 合法性原则

合法性原则，是指所设置的会计科目应当符合国家统一会计制度和企业会计准则的规定。企业会计准则对企业设置的会计科目作出了规定，以保证不同企业对外提供的会计信息的可比性。对于企业会计准则规定的会计科目，企业可以根据自身的生产经营特点，在不影响统一会计核算要求以及对外提供统一的财务报表的前提下，自行增设、减少或合并某些会计科目。

2. 相关性原则

相关性原则，是指所设置的会计科目应当为提供有关各方所需要的会计信息服务，满足对外报告与对内管理的要求。根据企业会计准则的规定，企业财务报告提供的信息必须满足对内对外各方面的需要，而设置会计科目必须服务于会计信息的提供，必须与财务报告的编制相协调、相关联，必须符合会计科目适用范围的要求。例如，"存放中央银行款项"科目，科目适用范围为银行专用；"应收保户储金"科目，科目适用范围为保险专用；"代理承销证券款"科目，科目适用范围为证券和银行共用。

3. 实用性原则

实用性原则,是指所设置的会计科目应符合单位自身特点,满足单位实际需要。企业的组织形式、所处行业、经营内容及业务分类等不同,在会计科目的设置上亦应有所区别。在合法性的基础上,企业应根据自身特点,设置符合企业需要的会计科目。

(二) 会计科目的分类

1. 会计科目按其内容分类

会计科目按其所反映的经济内容不同,分为资产类、负债类、共同类、所有者权益类、成本类、损益类等科目。会计科目是会计要素的具体分类,因此,某个会计科目的内容也就是其反映的会计要素的内容。会计要素分为资产、负债、所有者权益、收入、费用和利润,会计科目也就相应地分为资产类、负债类、所有者权益类、收入类、费用类和利润类。从会计核算的角度来看,收入和费用都是用来反映企业损益的会计科目,可将其合并为损益类会计科目;企业实现的利润或发生的亏损,会计导致所有者权益的增加或减少,最终承担者是所有者,因而可将其归到所有者权益会计科目。为了满足企业经营者管理决策的需要,《企业会计准则应用指南》单独设置了成本类科目。《企业会计准则应用指南》将会计科目分为资产类、负债类、共同类[①]、所有者权益类、成本类、损益类六大类共计162个科目。根据《企业会计准则应用指南》得出制造业企业会计科目简表如表3-1所示。

表3-1 会计科目简表

编号	会计科目名称	编号	会计科目名称
	一、资产类	2205	预收账款
1001	库存现金	2211	应付职工薪酬
1002	银行存款	2221	应交税费
1101	交易性金融资产	2231	应付利息
1121	应收票据	2232	应付股利
1122	应收账款	2241	其他应付款
1123	预付账款	2501	长期借款
1131	应收股利	2502	应付债券
1132	应收利息	2701	长期应付款
1221	其他应收款	2801	预计负债
1231	坏账准备		三、所有者权益
1401	材料采购	4001	实收资本
1402	在途物资	4002	资本公积
1403	原材料	4101	盈余公积
1404	材料成本差异	1403	本年利润
1405	库存商品	4104	利润分配

---

① 《企业会计准则》中的共同类科目是指既有资产性质又有负债性质的科目。共同类科目的特点是需要从其期末余额所在方向界定其性质,共同类科目多为金融、保险、投资、基金等公司使用,包括清算资金往来、货币兑换、衍生工具、套期工具、被套期项目。

(续表)

编 号	会计科目名称	编 号	会计科目名称
1411	周转材料		四、成本类
1412	包装物及低值易耗品	5001	生产成本
1471	存货跌价准备	5101	制造费用
1511	长期股权投资		五、损益类
1512	长期股权投资减值准备	6001	主营业务收入
1601	固定资产	6051	其他业务收入
1602	累计折旧	6101	公允价值变动损益
1603	固定资产减值准备	6111	投资收益
1604	在建工程	6301	营业外收入
1606	固定资产清理	6401	主营业务成本
1701	无形资产	6402	其他业务成本
1702	累计摊销	6403	营业税金及附加
1703	无形资产减值准备	6601	销售费用
1801	长期待摊费用	6602	管理费用
1901	待处理财产损溢	6603	财务费用
	二、负债类	6701	资产减值准备
2001	短期借款	6711	营业外支出
2201	应付票据	6801	所得税费用
2202	应付账款	6901	以前年度损益调整

(二) 会计科目按级次分类

会计科目按其所提供信息的详细程度及其统驭关系不同,又分为总分类科目和明细分类科目。

1. 总分类科目

总分类科目也称一级科目。它是对会计要素具体内容进行总括分类,提供总括信息的会计科目,如"应收账款""原材料"等科目。会计科目和主要账务处理依据《企业会计准则》中确认和计量的规定制定,涵盖了各类企业的交易或者事项。企业在不违反会计准则中确认、计量和报告规定的前提下,可以根据本单位的实际情况自行增设、分拆、合并会计科目。企业不存在的交易或者事项,可不设置相关会计科目。

2. 明细分类科目

明细分类科目是对总分类科目作进一步分类,提供更详细、更具体的会计信息科目,如"应收账款"科目按债务人名称设置明细科目,反映应收账款的具体对象。《企业会计准则》规定,明细科目除会计制度规定设置的以外,企业可以根据实际情况自行设置。

二、账户

(一) 账户的意义

会计科目是对会计对象的组成内容进行科学分类而规定的名称。对会计对象划分类别并规定名称是必要的,但要全面、系统地记录和反映各项经济业务所引起的资产变动情况,还必须在分类的基础上借助于具体的形式和方法,这就是开设和运用账户。

账户是根据会计科目设置的,它是对各种经济业务进行分类和系统、连续的记录,反映资产、负债和所有者权益增减变动的记账实体。会计科目的名称就是账户的名称,会计科目规定的核算内容就是账户应记录反映的经济内容,因而账户应该根据会计科目的分类进行相应的设置。如企业要开设资产类账户、负债类账户、所有者权益类账户、成本类账户和损益类账户,从需要和科目的特点出发,根据总分类科目、二级科目和明细分类科目开设相应的账户,以便于分类、归集、总括和具体、详细地核算数据。

资本运动的信息,可具体化为资产、负债、所有者权益、收入、费用、利润6个要素的信息,这对资本运动的信息已作了初步分类,具有很大作用。但这种分类仍然比较粗略,不能适应编制会计报表的要求和满足会计信息使用者的需要。为此,还应对会计要素预先进行科学再分类,也就是设置账户。

(二) 账户的基本结构

账户作为记录和反映经济业务活动的一种形式,其基本功能是便于对各项经济业务所引起的企业资产、负债、所有者权益、成本、损益的变动数额进行分类、归集、汇总。要使账户发挥其功能,不仅要确定其名称和进行分类,还要使其具备相应的结构。所有经济业务的发生所引起的企业资产、负债、所有者权益等的变动,从数量上看,不外乎"增加"和"减少"两种情况。因此,每个账户起码要划分出两个方位:一方登记增加额,另一方登记减少额。这是一切账户的基本结构。为了便于说明问题,账户的基本结构可简化为左右两方,即"丁字形"。账户分为左方、右方两个方向,一方登记增加,另一方登记减少,其决定因素是账户所反映的经济内容。资产、成本、费用类账户左方登记增加额,右方登记减少额;负债、所有者权益、收入类账户左方登记减少额,右方登记增加额,如图3-1和图3-2所示。账户中登记本期增加的金额,称为本期增加发生额;登记本期减少的金额,称为本期减少发生额;增减相抵后的差额,称为余额。余额按照时间不同,分为期初余额和期末余额,其基本关系如下:

期末余额=期初余额+本期增加发生额-本期减少发生额

左方(增加方)	会计科目(账户名称)	右方(减少方)
期初余额 发生额(增加数)		发生额(减少数)
本期发生额(增加合计) 期末余额		本期发生额(减少合计)

图3-1 资产账户和费用、成本账户的基本结构

左方(减少方)	会计科目(账户名称)	右方(增加方)
发生额(减少数)		期初余额 发生额(增加数)
本期发生额(减少合计)		本期发生额(增加合计) 期末余额

图3-2 负债、所有者权益账户和收入、利润账户的基本结构

上图如属费用、成本账户或收入、成果账户,在通常情况下,期末没有余额。

(三) 账户与会计科目的联系和区别

理论上，会计科目与账户存在差别。会计科目是对会计要素的具体内容进行科学分类的项目名称，如对资产要素的具体内容进行分类，产生现金、银行存款、原材料等项目，这些项目的名称即为"会计科目"。就账户本身而言，账户作为一种用来记录会计要素的具体内容及其变化情况的"工具"，具有特定的结构和物质形式，而不仅仅是"分类的结果"。

实务中，账户是按照会计科目设立的，因而使得会计科目仅仅以"账户的名称"出现。有什么会计科目，就会有什么账户。因此，我国会计实务中并未严格区分"会计科目"与"账户"的概念，二者甚至是相互混用的。会计科目与账户的联系和区别，如表3-2所示。

表3-2 会计科目与账户的联系和区别

项 目	账 户	会计科目
相同	会计账户所登记的经济内容与会计科目所反映的经济内容是一致的	
联系	会计账户是根据会计科目开设的是会计科目的具体运用	会计科目是设置会计账户的依据，是会计账户的名称
区别	会计账户具有一定的结构，能具体反映会计要素的增减变动情况	会计科目只是会计要素具体内容的分类，本身无结构

第二节 借贷记账法

一、复式记账原理

(一) 复式记账法的含义

复式记账法是"单式记账法"的对称。所谓复式记账法，是指以资产与权益平衡关系作为记账基础，对于每一项经济业务，都要在两个或两个以上的账户中相互联系进行登记，系统地反映资金运动变化结果的一种记账方法。复式记账按记账符号、记账规则、试算平衡方法的不同，可分为借贷记账法、增减记账法和收付记账法。借贷记账法是一种最复杂、当今运用最广泛的复式记账法，也是目前我国法定的记账方法。《企业会计准则——基本准则》第十一条规定："企业应当采用借贷记账法记账。"

(二) 复式记账的理论依据和原则

1. 复式记账的理论依据

"会计恒等式"是复式记账的原理，即"资产=负债+所有者权益"所反映的资金平衡关系。任何一笔经济业务的发生，都会引起至少两个项目的资金增减变动，而两个项目的变动金额相等。经营业务中客观存在的这种现象，通过会计核算把它全面地反映出来，就需要在两个以上相互联系的账户中进行相等的登记。

复式记账的经济内容是会计要素，它们是相互联系、相互依存的，各自具有独立的含义，并以不同的具体形式存在着。企业发生的经济业务，都会引起每一个具体形式的价值数量变化，因而设置相应的账户进行登记，就使复式记账组成一个完整的、系统的记账组织体系。有了这样一个记账组织体系，不仅反映了资产、负债和所有者权益的增减变化和结存情况，而且还能确知收入、费用和利润的数额及其形成原因。这是复式记账能够全面地核算和监督企业经济活动的根本原因。复式记账通过价值形式的计算和记录，为经济管理提供核算指标，因而，复式记账必然有一定的记账技术方法。

2. 复式记账法的基本原则

复式记账是从单式记账法发展起来的一种比较完善的记账方法。复式记账法的基本原则有：

(1) 以会计恒等式作为记账基础。会计恒等式是将会计对象的内容即会计要素之间的相互关系，运用数学方程式的原理进行描述而形成的。它是客观存在的必然经济现象，同时也是资金运动规律的具体化。为了揭示资金运动的内在规律性，复式记账必须以会计恒等式作为其记账的基础。

(2) 对每项经济业务，必须在来龙与去脉两个方面的两个或两个以上相互对应账户中进行等额记录。经济业务的发生必然要引起资金的增减变动，而这种变动势必导致会计方程式中有两个要素或同一要素中至少两个项目发生等量变动。为反映这种等量变动关系，会计上就必须在来龙与去脉两个方面的账户中进行等额记录。

(3) 经济业务记录的结果应符合会计事项的发生对会计恒等式的影响类型。尽管企业单位发生的经济业务复杂多样，但对会计恒等式的影响无外乎两种类型：一类会计事项的发生，仅引起等式一边发生增减变化，但增减金额相等，总额不变，等式保持平衡；另一类会计事项的发生，引起等式两边都发生同时增加或减少的变化，但增加或减少的金额相等，等式保持平衡，而两边的总额或增加或减少。这就决定了会计上对第一类业务，应在方程式等号一边的账户中等额记录有增有减；对第二类经济业务，应在方程式等号两边的账户中等额记同增或同减。

二、借贷记账法的账户结构

借贷记账法的账户基本结构分为左、右两方，左方称之为借方，右方称之为贷方。一般在账户借方记录的经济业务称之为"借记某账户"；在账户贷方记录的经济业务称之为"贷记某账户"。对于每一个账户来说，如果借方登记增加额，则贷方就登记减少额。反之，如果借方登记减少额，则贷方就登记增加额。在一个会计期间，借方登记的合计数称为借方发生额；贷方登记的合计数称为贷方发生额。借贷双方相抵后的差额若在借方，则称为借方余额；相抵后的差额若在贷方，则称为贷方余额。至于借方和贷方究竟哪一方用来记录金额的增加，哪一方用来记录金额的减少，则要根据账户的性质，也就是账户所要反映的经济内容来决定，不同性质的账户，其结构是不同的。下面分析6类不同账户的结构特点与登记规则。

(一) 资产、负债、所有者权益类账户

资产、负债、所有者权益账户是反映企业财务状况的账户，期末有余额，通常称为实账户。从会计基本等式可以看出，资产、负债、所有者权益账户有着不同的性质，这就决定了资产、负债、所有者权益具有不同的账户结构。

资产类账户的结构是：账户借方记录资产的增加额，贷方记录资产的减少额。在一个

会计期间内,借方记录的合计数额称作借方发生额,贷方记录的合计数是贷方发生额,在每一会计期间的期末借贷方的差额称作期末余额。资产类账户的期末余额一般在借方。借方期末余额转到下一期就成为借方期初余额。

资产类账户用公式表示如下:

资产类账户借方期末余额=借方期初余额+借方本期发生额—贷方本期发生额

资产类账户的内容和登记方法如图3-3所示。

借方	资产类账户	贷方
期初借方余额		
本期增加额	本期减少额	
本期借方发生额	本期贷方发生额	
期末借方余额		

图3-3 资产类账户的结构

由于会计平衡公式"资产=负债+所有者权益",负债及所有者权益类账户的结构与资产类账户相反,贷方记增加额,借方记减少额,并且期末余额一般在贷方。负债及所有者权益类账户用公式表示如下:

负债及所有者权益账户贷方期末余额=贷方期初余额+贷方本期发生额—借方本期发生额

负债及所有者权益类账户的内容和登记方法如图3-4所示。

借方	负债及所有者权益账户	贷方
	期初贷方余额	
本期减少额	本期增加额	
本期借方发生额	本期贷方发生额	
	期末贷方余额	

图3-4 负债及所有者权益类账户结构

(二) 收入、费用、利润类账户

收入、费用、利润类账户是用来反映企业一定时期内经成果的账户,期末一般经过结转没有余额,通常称为虚账户。

费用类账户的结构与资产类账户的结构基本相同,借方记费用增加额,贷方记减少额。费用类账户的内容和登记方法如图3-5所示。

借方	费用类账户	贷方
本期增加额	本期减少额	
本期借方发生额	本期贷方发生额	

图3-5 费用类账户结构

收入、利润类账户的结构则与负债及所有者权益的结构基本相同,贷方记增加额,借方记减少额,期末余额一般没有余额。收入、利润类账户的内容和登记方法如图3-6所示。

借方	收入、利润类账户	贷方
本期减少额	本期增加额	
本期借方发生额	本期贷方发生额	

图3-6 收入、利润类账户结构

三、记账规则与会计分录

(一) 记账规则

所谓记账规则，就是指记录经济业务时所应遵循的规则。运用借贷记账法登记经济业务时，首先应根据经济业务的内容，确定它所涉及的资产、负债和所有者权益的变动是增加还是减少；然后确定应将其记入有关账户的借方或贷方。举例说明如下。

【例3-1】用银行存款购买原材料5 000元。

这项经济业务的发生，使原材料这一资产项目增加了5 000元，银行存款这一资产项目减少了5 000元。因此，它涉及"原材料"和"银行存款"这两个账户，应登记在"原材料"账户的借方和"银行存款"账户的贷方。

【例3-2】从银行借入资金40 000元，归还以前所欠的应付账款。

这项经济业务的发生，使短期借款项目增加了40 000元，应付账款这一项目相应地减少了40 000元。因此，它涉及"短期借款"和"应付账款"这两个账户，应登记在"短期借款"账户的贷方和"应付账款"账户的借方。

【例3-3】发行债券收到款项5 000 000元，存入银行。

这项经济业务的发生，使银行存款增加了5 000 000元，相应地各负债类科目应付债券增加了5 000 000元。因此，它涉及资产类"银行存款"账户和负债类"应付债券"账户，应登记在"银行存款"账户的借方和"应付债券"账户的贷方。

【例3-4】用银行存款归还银行短期借款6 000 000元。

这项经济业务的发生，使银行存款减少了6 000 000元，相应地短期借款减少了6 000 000元。因此，它涉及资产类"银行存款"和负债类"短期借款"这两个账户，应登记在"银行存款"账户的贷方和"短期借款"账户的借方。

【例3-5】用现金1 900元购买办公用品。

这项经济业务的发生，使管理费用增加了1 900元，库存现金减少了1 900元。因此，它涉及费用类"管理费用"账户和资产类"库存现金"账户，应登记在"管理费用"账户的借方和"库存现金"账户的贷方。

【例3-6】收到投资者的投资4 000 000元，存入银行。

这项经济业务的发生，使银行存款增加了4 000 000元，所有者权益增加了4 000 000元。因此，它涉及资产类"银行存款"账户和所有者权益类"实收资本"账户，应登记在"银行存款"账户的借方和"实收资本"账户的贷方。

【例3-7】用银行存款80 000元，从某单位购买原材料20 000元，剩余的60 000元用于偿还前欠该单位的货款。

这项经济业务的发生，使原材料增加了20 000元，银行存款减少了80 000元，应付账款减少了60 000元。因此，它涉及资产类"银行存款"和"原材料"账户，负债类"应付账款"账户，应登记在"原材料""应付账款"账户的借方和"银行存款"账户的贷方。

【例3-8】生产车间领用材料7 000元，用于车间一般耗用，并用银行存款3 000元支付本月水电费。

这项经济业务的发生，使制造费用增加了10 000元，银行存款减少了3 000元，原材料减少了7 000元。因此，它涉及资产类"银行存款""原材料"账户和费用类"管理费用"账户，应登记在"制造费用"账户的借方和"银行存款""原材料"账户的贷方。

以上所举各例说明，在借贷记账法下，对任何类型的经济业务，都是一律采用"有借必有贷、借贷必相等"的记账规则。

对有些复杂的经济业务，在运用借贷记账法记账时，则需要将其登记在一个账户的借方和几个账户的贷方，或者登记在一个账户的贷方和几个账户的借方。借贷双方的金额也必须相等。

总之，运用借贷记账法记账，要求对发生的每一笔经济业务都要以相等的金额，借贷相反的方向，在两个或两个以上相互联系的账户中进行连续、分类的登记。即记入一个账户的借方，同时记入一个或几个账户的贷方；或者记入一个账户的贷方，同时记入一个或几个账户的借方。记入借方的金额同记入贷方的金额必须相等。概括地说，"有借必有贷，借贷必相等"，就是借贷记账法的记账规则。

(二) 会计分录

会计分录是指对某项经济业务标明其应借应贷账户及其金额的记录，简称分录。会计分录是由应借应贷方向、对应账户(科目)名称及应记金额三要素构成。如企业用银行存款归还银行短期借款20 000元，会计分录为：

借：短期借款　　　　　20 000
　　贷：银行存款　　　　　20 000

初学者在编制会计分录时，可以按以下步骤进行：

第一，分析经济业务涉及的是资产、负债、所有者权益，还是收入、费用、利润；
第二，确认会计科目、记账方向(借或贷)；
第三，确定记入哪个(或哪些)账户的借方、哪个(或哪些)账户的贷方；
第四，确定应借应贷账户是否正确，借贷方金额是否相等；
第五，根据"有借必有贷，借贷必相等"的记账规则，编制会计分录。

会计分录在实际工作中是通过填制记账凭证来实现的，它是保证会计记录正确可靠的重要环节。会计核算中，不论发生什么样的经济业务，都需要在登记账户以前，按照记账规则，通过填制记账凭证来确定经济业务的会计分录，以便正确地进行账户记录和事后检查。

(三) 简单会计分录和复合会计分录

按照所涉及账户的多少，分为简单会计分录和复合会计分录。简单会计分录，指只涉及一个账户借方和另一个账户贷方的会计分录，即一借一贷的会计分录；复合会计分录，指由两个以上(不含两个)对应账户所组成的会计分录，即一借多贷、一贷多借或多借多贷的会计分录。复合会计分录可以分解为两个以上的简单会计分录，这可以作为判断复合会计分录是否正确的标准。

【例3-9】生产车间领用材料7 000元，用于车间一般耗用，并用银行存款3 000元支付本月水电费。复合会计分录如下(一借多贷)：

借：制造费用　　　　　　　10 000
　　贷：原材料　　　　　　7 000
　　　　银行存款　　　　　3 000

分解为相应的简单会计分录：

(1) 生产车间领用材料7 000元，用于车间一般耗用。会计分录如下：
借：制造费用　　　　　　　7 000
　　贷：原材料　　　　　　7 000

(2) 用银行存款3000元支付车间本月水电费。会计分录如下：
借：制造费用　　　　　　　3 000
　　贷：银行存款　　　　　3 000

【例3-10】以银行存款60 000元，偿还短期借款40 000元，和前欠某单位货款20 000元。复合会计分录如下(一贷多借)：

借：短期借款　　　　　　　40 000
　　应付账款　　　　　　　20 000
　　贷：银行存款　　　　　60 000

分解为相应的简单会计分录：

(1) 以银行存款偿还短期借款40 000元。会计分录如下：
借：短期借款　　　　　　　40 000
　　贷：银行存款　　　　　40 000

(2) 以银行存款偿还前欠某单位货款20 000元。会计分录如下：
借：应付账款　　　　　　　20 000
　　贷：银行存款　　　　　20 000

四、试算平衡

试算平衡，就是指利用"资产=负债+所有者权益"的平衡原理，按照记账规则的要求，通过汇总、计算和比较来检查会计账户处理和账簿记录的正确性、完整性的一种方法。

试算平衡的理论基础就是会计基本恒等式，即"资产=负债+所有者权益"。

在借贷记账法下，试算平衡内容包括：①检查每次会计分录的借贷金额是否平衡；②检查总分类账户的借贷发生额是否平衡；③检查总分类账户的借贷余额是否平衡。

在借贷记账法，试算平衡的基本公式是：

全部账户本期借方发生额合计数=全部账户本期贷方发生额合计数
全部账户借方期末余额合计数=全部账户贷方期末余额合计数

如果上述两个方面都能保持平衡，说明记账工作基本上是正确的，否则就是说明记账工作发生了差错。在实际工作中，这种试算平衡通常是通过编制试算平衡表来进行的。

试算平衡表可以分为两种：一种是将本期发生额和期末余额分别编制列表；另一种是将本期发生额和期末余额合并在一张表上进行试算平衡。通过试算平衡表来检查账簿记录是否正确，一般情况下是可行的，但这并不意味着绝对正确。从某种意义上讲，如果借贷不平衡，就可以肯定账户的记录计算有错误，但是如果借贷平衡，我们也不能肯定账户记录没有错误,因为有些错误根本不影响借贷双方的平衡关系。这些错误包括:①借贷双方发生同等金额的记录错误;②全部漏记或重复记录同一项经济业务;③账户记录发生借贷方向错误;④用错有关账户名称。以上错误均不能通过试算平衡被发现。

在实际生活中,会计人员一般按照下面的方法进行试算平衡:第一步,期末把全部账户应记录的经济业务登记入账,并计算出各账户本期借方发生额、贷方发生额和期末余额;第二步,编制"总分类账户本期发生额及余额表"。

【例3-11】长城公司2015年3月初有关账户余额如表3-3所示。

表3-3 长城公司2015年3月初账户余额

账户名称	期初余额	
	借 方	贷 方
银行存款	700 000	
原材料		
固定资产	1 000 000	
短期借款		200 000
应付账款		160 000
应付票据		
实收资本		1 000 000
资本公积		340 000
合计	1 700 000	1 700 000

该公司3月份发生下列业务:

(1) 收到某单位投入的资本800 000元存入银行。

(2) 用银行存款100 000元偿还前欠某企业货款。

(3) 用银行存款200 000元购买一台不需要安装的设备(不考虑增值税)。

(4) 将资本公积金200 000元按法定程序转增资本

(5) 签发并承兑一张面额40 000元、为期两个月的商业汇票,以抵付应付账款。

(6) 购进原材料30 000元,其中20 000元货款已用银行存款支付,其余10 000元货款尚未支付,按实际成本计价(不考虑增值税)。

(7) 以银行存款60 000元,偿还短期借款40 000元和前欠某单位货款20 000元。

根据上述经济业务编制会计分录,并登记丁字账,结出丁字账余额,编制总分类账发生额及余额试算平衡表。

1. 编制会计分录

(1) 借:银行存款　　　　　　　800 000
　　　贷:实收资本　　　　　　　　　800 000

(2) 借:应付账款　　　　　　　100 000
　　　贷:银行存款　　　　　　　　　100 000

(3) 借:固定资产　　　　　　　200 000
　　　贷:银行存款　　　　　　　　　200 000

(4) 借:资本公积　　　　　　　200 000
　　　贷:实收资本　　　　　　　　　200 000

(5) 借：应付账款　　　　　　40 000
　　　贷：应付票据　　　　　　　　40 000
(6) 借：在途物资　　　　　　30 000
　　　贷：银行存款　　　　　　　　20 000
　　　　　应付账款　　　　　　　　10 000
(7) 借：短期借款　　　　　　40 000
　　　　应付账款　　　　　　20 000
　　　贷：银行存款　　　　　　　　60 000

2. 将会计分录记入有关账户

银行存款			
期初余额	700 000	(2)	100 000
(1)	800 000	(3)	200 000
		(6)	20 000
		(7)	60 000
本期发生额	800 000	本期发生额	380 000
期末余额	1 120 000		

在途物资			
期初余额	0		
(6)	30 000		
本期发生额	30 000	本期发生额	0
期末余额	30 000		

固定资产			
期初余额	1 000 000		
(3)	200 000		
本期发生额	200 000	本期发生额	0
期末余额	1 200 000		

短期借款			
(7)	40 000	期初余额	20 0000
本期发生额	40 000	本期发生额	0
		期末余额	160 000

应付账款			
(2)	100 000	期初余额	160 000
(5)	40 000	(6)	10 000
(7)	20 000		
本期发生额	160 000	本期发生额	10 000
		期末余额	10 000

应付票据			
(7)	40 000	期初余额	0
		(5)	40 000
本期发生额	0	本期发生额	40 000
		期末余额	40 000

实收资本			
		期初余额	1 000 000
		(1)	800 000
		(4)	200 000
本期发生额	0	本期发生额	1 000 000
		期末余额	2 000 000

资本公积			
(4)	200 000	期初余额	340 000
本期发生额	200 000	本期发生额	0
		期末余额	140 000

3. 编制总分类账户本期发生额及余额试算平衡表(如表3-4)

表3-4　总分类账户本期发生额及余额试算平衡表

账户名称	期初余额		本期发生额		期末余额	
	借　方	贷　方	借　方	贷　方	借　方	贷　方
银行存款	700 000		800 000	380 000	1 120 000	
在途物资			30 000		30 000	
固定资产	1 000 000		200 000		1 200 000	
短期借款		200 000	40 000			160 000
应付账款		160 000	160 000	10 000		10 000
应付票据				40 000		40 000
实收资本		1 000 000		1 000 000		2 000 000
资本公积		340 000	200 000			140 000
合计	1 700 000	1 700 000	1 430 000	1 430 000	2 350 000	2 350 000

第三节　记账凭证

一、记账凭证的基本内容

记账凭证是会计人员根据审核无误的原始凭证或汇总原始凭证，用来确定经济业务应借、应贷的会计科目和金额而填制的，作为登记账簿直接依据的会计凭证。在实际工作中，为了便于登记账簿，需要将来自不同的单位、种类繁多、数量庞大、格式大小不一的原始凭证加以归类、整理，填制具有统一格式的记账凭证，确定会计分录并将相关的原始凭证附在记账凭证后面。

记账凭证种类甚多，格式不一，但其主要作用都在于对原始凭证进行分类、整理，按照复式记账的要求，运用会计科目，编制会计分录，据以登记账簿。因此，记账凭证必须具备以下基本内容：①记账凭证的名称；②填制记账凭证的日期；③记账凭证的编号；④经济业务事项的内容摘要；⑤经济业务事项所涉及的会计科目及其记账方向；⑥经济业务事项的金额；⑦记账标记；⑧所附原始凭证张数；⑨会计主管、记账、审核、出纳、制单等有关人员的签章。

二、记账凭证的种类

(一)记账凭证按其适用的经济业务分为专用记账凭证和通用记账凭证

1. 专用记账凭证

专用记账凭证是用来专门记录某一类经济业务的记账凭证。专用凭证按其所记录的经济业务与现金和银行存款的收付有无关系，又分为收款凭证、付款凭证和转账凭证3种。

(1) 收款凭证。收款凭证是用于记录库存现金和银行存款收款业务的会计凭证。它是根据有关现金和银行存款收入业务的原始凭证填制，是登记现金日记账、银行存款日记账以及有关明细账和总账等账簿的依据，也是出纳人员收讫款项的依据。其具体格式如表3-5所示。

(2) 付款凭证。付款凭证是用于记录库存现金和银行存款付款业务的会计凭证。它是根据有关现金和银行存款支付业务的原始凭证填制，是登记现金日记账、银行存款日记账以及有关明细账和总账等账簿的依据，也是出纳人员付讫款项的依据。其具体格式如表3-6所示。

(3) 转账凭证。转账凭证是用于记录不涉及库存现金和银行存款业务的会计凭证。它是根据有关转账业务的原始凭证填制。转账凭证是登记总分类账及有关明细分类账的依据。其具体格式如表3-7所示。

2. 通用记账凭证

通用记账凭证是用来记录各种经济业务的记账凭证。在经济业务比较简单的经济单位，为了简化凭证，可以使用通用记账凭证记录所发生的各种经济业务。

通用记账凭证是相对于专用记账凭证而言的。专用记账凭证按其反映经济业务的内容不同，分为收款凭证、付款凭证和转账凭证。而通用记账凭证没有将记账凭证按照内容进行分类，而是发生什么样的经济业务就直接做会计分录，不用再进行详细分类了。通用记账凭证是一种适合所有经济业务的记账凭证。采用通用记账凭证，将经济业务所涉及的会计科目全部填列在一张凭证内，借方在前，贷方在后，将各会计科目所记应借应贷的金额填列在"借方金额"和"贷方金额"栏内，借贷要相等。其具体格式如表3-8所示。

(二) 记账凭证按其包括的会计科目是否单一分为复式记账凭证和单式记账凭证

1. 复式凭证

复式凭证又叫多科目凭证，将每一笔经济业务事项所涉及的全部会计科目及其发生额均在同一张记账凭证中反映的一种凭证。优点：可以集中反映一项经济业务的科目对应关系，便于了解有关经济业务的全貌，减少凭证数量，节约纸张等。缺点：不便于汇总计算每一个会计科目的发生额。

2. 单式凭证

单式凭证又叫单科目记账凭证。每一张记账凭证只填列经济业务事项所涉及的一个会计科目及其金额的记账凭证。优点：内容单一，便于汇总计算每一会计科目的发生额，便于分工记账。缺点：制证工作量大，且不能在一张凭证上反映经济业务的全貌，内容分散，也不便于查账，还易出差错。

(三) 记账凭证按其是否经过汇总可以分为汇总记账凭证和非汇总记账凭证

1. 汇总记账凭证

汇总记账凭证是根据同类记账凭证定期加以汇总而重新编制的记账凭证，目的是为了简化登记总分类账的手续。汇总的记账凭证根据汇总方法的不同，可分为分类汇总和全部汇总两种。分类汇总凭证是根据一定期间的记账凭证按其种类分别汇总填制的。全部汇总凭证是根据一定期间的记账凭证全部汇总填制的。

2. 非汇总记账凭证

非汇总记账凭证是没有经过汇总的记账凭证，前面介绍的收款凭证、付款凭证和转账凭证以及通用记账凭证都是非汇总记账凭证。

三、专用记账凭证的填制

专用记账凭证包括收款凭证、付款凭证和转账凭证,下面对各种专用凭证的填制方法进行阐述。

(一) 收款凭证的填制方法

收款凭证是用来记录现金、银行存款收款业务的凭证,是会计人员根据审核无误的原始凭证填制的。其格式和填制方法举例如下。

收款凭证的填制方法是:凭证左上角"借方科目"处,按照业务内容选填"银行存款"或"库存现金"科目;凭证上方的"×年×月×日"处,填写财会部门受理经济业务事项制证的日期;凭证右上角的"×字第×号"处,填写"银收"或"收"字和已填制凭证的顺序编号;"摘要"栏填写能反映经济业务性质和特征的简要说明;"贷方一级科目"和"二级科目"栏填写与银行存款或现金收入相对应的一级科目及其二级科目;"金额"栏填写与同一行科目对应的发生额;"合计金额"栏填写各发生额的合计数;凭证右边"附件 张"处需填写所附原始凭证的张数,应用中文大写"壹、贰、叁、肆、伍、陆、柒、捌、玖、拾"书写张数;凭证下边分别由相关人员签字或盖章;"记账"栏则应在已经登记账簿后画"√"符号,表示已经入账,以免发生漏记或重记错误。

【例3-12】2015年3月20日,长城公司收到投资者张明的投资款1 000 000元,款项当即存入银行。填制的银行存款收款凭证格式和内容如表3-5所示。

表3-5 收款凭证

借方科目:银行存款　　　　　　2015年3月20日　　　　　　银收字第003号
　　　　　　　　　　　　　　　　　　　　　　　　　　　　附件 贰 张

摘　要	贷方科目		记账	金　额								
	总账科目	明细科目		千	百	十	万	千	百	十	元	角	分
收到投资款	实收资本	张明	√		1	0	0	0	0	0	0	0	0
合计金额			¥		1	0	0	0	0	0	0	0	0

会计主管:李文　　　记账:黄平　　　出纳:张环　　　审核:李平　　　制单:刘玉

(二) 付款凭证的填制方法

付款凭证是用来记录现金、银行存款付款业务的凭证,是会计人员根据审核无误的原始凭证填制的。其格式及填制方法举例如下。

【例3-13】2015年3月20日,长城公司职工王平预借差旅费2 000元,以现金付讫。填制的现金付款凭证格式和内容如表3-6所示。

表3-6　付款凭证

现付字第019号
贷方科目：库存现金　　　　　2015年3月20日　　　　　　　　　　附件 壹张

摘要	借方科目		记账	金额								
	总账科目	明细科目		千	百	十	万	千	百	十	元	角	分
王平借差旅费	其他应收款	王平	√					2	0	0	0	0	0
合计金额							¥	2	0	0	0	0	0

会计主管：李文　　　记账：黄平　　　出纳：张环　　　审核：李平　　　制单：刘玉

付款凭证的格式及填制方法与收款凭证基本相同，只是将凭证的"借方科目"与"贷方科目"栏目交换位置；填制时先填写"贷方科目"的"库存现金"或"银行存款"科目，再填写作为与付出现金或银行存款相对应的一级科目和二级科目。对于现金和银行存款之间以及各种银行存款之间相互划转业务的，一般只填制一张付款凭证。如从银行取出现金备用，根据该项经济业务的原始凭证，只填制一张银行存款付款凭证。记账时，根据该凭证同时记入"库存现金"和"银行存款"账户。这种方法不仅可以减少记账凭证的编制，而且可以避免重复记账。

【例3-14】2015年3月20日，长城公司从银行提取现金8 000元。填制的付款凭证格式和内容如表3-7所示。

表3-7　付款凭证

银付字第018号
贷方科目：银行存款　　　　　2015年3月20日　　　　　　　　　　附件 壹张

摘要	借方科目		记账	金额								
	总账科目	明细科目		千	百	十	万	千	百	十	元	角	分
提现备用	库存现金		√					8	0	0	0	0	0
合计金额							¥	8	0	0	0	0	0

会计主管：李文　　　记账：黄平　　　出纳：张环　　　审核：李平　　　制单：刘玉

收款凭证和付款凭证既是记账人员登记日记账和有关总账及明细账的依据，同时又是出纳人员收款、付款的依据。因此，出纳人员必须根据由会计主管人员审核的收款凭证和付款凭证办理收款、付款业务，借以通过会计人员填制、审核收款凭证和付款凭证，监督企业单位的现金、银行存款的收付业务，加强对货币资金的管理。

(三) 转账凭证的填制方法

转账凭证是根据不涉及现金和银行存款的转账业务的原始凭证填制的。转账凭证的格式与收、付款凭证格式的不同之处在于，凭证左上角不设主体科目(或称设证科目)，而将经济业务的对应科目按先借后贷的顺序全部填入"总账科目"和"明细科目"栏目，并通过将各科目金额按记账方向填入相应的"借方金额"或"贷方金额"来确定科目间的对应关系。转账凭证其他栏目的填写方法与收、付款凭证相同，举例如下。

【例3-15】2015年3月20日，长城公司从B公司购入甲材料一批，同时取得B公司开出的增值税专用发票，其上注明价款100 000元，增值税进项税额17 000元，材料已到达企业，尚未验收入库，货款未支付(按计划成本计价)。会计人员根据审核无误的原始凭证填制转账凭证。其格式和内容如表3-8所示。

表3-8 转账凭证

2015年3月20日

转字第08号 附件 叁 张

摘要	科目名称		记账	借方金额									贷方金额								
	总账科目	明细科目		千	百	十	万	千	百	十	元	角	分	十	百	十	万	千	百	十	元	角	分
购入甲材料	材料采购	甲材料	√		¥	1	0	0	0	0	0	0	0										
款未付	应交税金	应交增值税(进项)					¥	1	7	0	0	0	0										
	应付账款	B公司													¥	1	1	7	0	0	0	0	0
合计金额					¥	1	1	7	0	0	0	0	0		¥	1	1	7	0	0	0	0	0

会计主管：李文　　　　　记账：黄平　　　　　审核：李平　　　　　制单：刘玉

四、记账凭证的审核

为了正确登记账簿和监督经济业务，除编制记账凭证的人员应当认真负责、正确填制、加强自审以外，同时还应建立专人审核制度。只有经过审核无误的记账凭证，才能据以登记账簿。对记账凭证的审核，除了需要对原始凭证进行复审外，还应注意审核以下几点：

(1) 内容是否真实。记账凭证是否附有原始凭证，原始凭证是否齐全，内容是否合法，记账凭证所记录的经济业务与所附原始凭证所反映的经济业务是否相符。

(2) 项目是否齐全。记账凭证各项目的填写是否齐全，如日期、凭证编号、摘要、会计科目、金额、所附原始凭证张数及有关人员签章等。

(3) 科目是否正确。记账凭证的应借、应贷会计科目是否正确，账户对应关系是否清晰，所使用的会计科目及其核算内容是否符合国家统一的会计制度的规定等。

(4) 金额是否准确。记账凭证与原始凭证的有关金额是否一致，计算是否准确，记账凭证汇总表的金额与记账凭证的金额是否相符等。

(5) 书写是否正确。文字、数字是否工整、清晰，是否按规定进行更正等。

在审核过程中，如果记账前发现记账凭证填制有错误，或者不符合要求，则需要由填制人员重新填制。若已记账，应查明原因，按规定的方法及时更正。

对会计凭证进行审核，是保证会计信息质量、实施会计监督的重要手段，专业性和政策性很强。要做好会计凭证的审核，正确发挥会计的监督作用，会计人员既要掌握国家政策、法令、规章制度和计划、预算的有关规定，又要熟悉本单位的经营情况。只有这样才能明辨是非，准确判断哪些经济业务合理、合法，哪些经济业务不合理、不合法。与此同时，会计人员还应自觉地执行政策、遵守制度，正确处理各种经济关系，以利于凭证审核工作的顺利进行。

第四节 会计账簿

一、会计账簿的种类

(一) 账簿按用途划分

账簿按用途可分为序时账簿、分类账簿和备查账簿等。

1. 序时账簿

序时账簿又称日记账，是按经济业务发生或完成的时间顺序，逐日逐笔登记的账簿。按其记录的经济业务内容不同，分为普通日记账和特种日记账两种。

(1) 普通日记账，也称通用日记账，是用来登记各单位全部经济业务的日记账。在账簿中，按照每日发生的经济业务的先后顺序，逐项编制会计分录，因而这种日记账也称为分录日记账。由于普通日记账不利于记账分工，不利于登账，工作量较大，难以比较清晰地反映各类经济业务的情况，因此，我国各单位一般都不设置普通日记账。

(2) 特种日记账，是专门用来记录某一特定项目经济业务发生情况的日记账。将该类经济业务，按其发生的先后顺序记入账簿中，反映这一特定项目的详细情况。如在会计实务中，各经济单位为了对现金和银行存款加强管理，会设置库存现金日记账和银行存款日记账。

2. 分类账簿

分类账簿，简称分类账，是对全部经济业务按总分类账户和明细分类账户进行分类登记的账簿。根据反映经济业务的详细程度的不同，又分为总分类账簿和明细分类账簿。

(1) 总分类账簿(总分类账、总账)，是指按照总分类账户分类登记经济业务的账簿。总分类账簿根据总分类科目分设账户，对全部经济业务进行分类登记，提供总括核算资料。

(2) 明细分类账簿(明细分类账、明细账)，是指按照明细分类账户分类登记某一类经济业务的账簿。明细分类账簿根据明细分类科目分设账户，对某一经济业务进行分类登记，提供明细核算资料。

3. 备查账簿

备查账簿，又称辅助账簿，是用来对某些在序时账簿和分类账簿中未能登记或登记不详细的经济业务进行补充登记的账簿。如"租入固定资产的登记簿""委托外部加工材料登记簿"等可根据单位实际需要开设，没有固定格式。

(二) 账簿按形式划分

账簿按形式可分为订本式账簿、活页式账簿和卡片式账簿等。

1. 订本式账簿

订本式账簿又称订本账，是在账簿启用前按顺序编号并固定装订成册的账簿。采用订本式账簿，可以避免账页散失，并防止抽换账页。但由于账页、页码已固定，不能增减，因而在登账时，必须为每一账户预留账页，在使用中可能出现某些账户预留账页不足，而另外一些账户预留账页过多，造成浪费。另外，采用订本式账簿，在同一时间里，只能由一人登账，不能分工同时记账。订本式账簿一般用于现金日记账、银行日记账和总分类账。

2. 活页式账簿

活页式账簿又称活页账，是把账页装订在账夹内，随时增添或取出账页的账簿。采用活页式账簿，账页不固定地装订在一起，可以根据实际需要，随时将空白加入账簿，在同一时间内，可由多人分工登账，以提高效率。但活页式账簿中的账页容易失散和被抽换，空白账页码在使用时必须按顺序编号并装在账夹内，在更换新账后，要装订成册并妥善保管。活页式账簿一般适用于明细账。

3. 卡片式账簿

卡片式账簿又称卡片账，是由专门格式、分散的卡片作为账页组成的账簿，实际上也是一种活页账。采用卡片式账簿的优缺点与活页式账簿相同。卡片式账簿一般适用于固定资产明细账、低值易耗品明细账等账簿。

(三) 会计账簿按其账页格式分类

1. 三栏式账簿

三栏式账簿是指设有借方(或收入)、贷方(或支出)和余额(或结存)3个基本栏目的账簿。日记账、总分类账及资本、债权、债务明细账多采用三栏式账簿。

2. 多栏式账簿

多栏式账簿是指在账簿的借方和贷方两个基本栏目按需要分设若干专栏的账簿。生产成本、销售费用、管理费用、财务费用等明细账多采用多栏式账簿。

3. 数量金额式账簿

数量金额式账簿是指采用数量与金额双重记录的账簿。原材料、库存商品等多采用数量金额式账簿。

二、会计账簿的登记

(一) 日记账的设置与登记

1. 现金日记账的设置与登记

现金日记账是专门用来记录现金收支业务的一种特种日记账。现金日记账通常是根据审核后的现金收款、付款凭证逐日逐笔按照经济业务发生的顺序进行登记的。为了加强对企业现金的监管，现金日记账采用订本式账簿，其账页格式一般采用"收入"(借方)、"支出"(贷方)和"余额"三栏式，如表3-9所示。现金日记账通常由出纳人员根据审核后的现金收款凭证和现金付款凭证，逐日逐笔顺序登记。但由于从银行提取现金的业务只填制银行存款付款凭证、不填制现金收款凭证，因而从银行提取现金的现金收入数额应根据有关的银行存款付款凭证登记。每日业务终了时，应计算、登记当日现金收入合计数、现金支出合计数以及账面结余额,并将现金日记账的账面余额与库存现金实有数核对,借以检查每日现金收入、付出和结存情况。

表3-9 现金日记账

20××年		凭证字号		摘要	对方科目	收入	支出	结余
月	日	种类	编号					
7	1			期初余额				200
	3	现付	1	支付广告费	销售费用		120	80
	4	现付	3	提现备用	银行存款	1 000		1 080
	6	现付	4	张平预借出差费	其他应收款		500	580
	9	现付	8	厂部购买办公用品	管理费用		270	310
	18	现付	5	提现备发工资	银行存款	31 800		32 110
	20	现付	6	支付职工工资	应付职工薪酬		31 800	310
	28	现付	9	张平报销差旅费	管理费用		28	282
7	31			本期发生额及余额		32 800	32 718	282

现金日记账也可以采用多栏式的格式,即将收入栏和支出栏分别按照对方科目设置若干专栏。多栏式现金日记账按照现金收、付的每一对应科目设置专栏进行序时、分类登记,月末根据各对应科目的本月发生额一次过记总分类账,因而不仅可以清晰地反映现金收、付的来龙去脉,而且可以简化总分类账的登记工作。在采用多栏式现金日记账的情况下,如果现金收、付的对应科目较多,为了避免账页篇幅过大,可分设现金收入日记账和现金支出日记账。

2.现金日记账的启用

现金日记账是各单位重要的经济档案之一,为保证账簿使用的合法性,明确经济责任,防止舞弊行为,保证账簿资料的完整和便于查找,各单位在启用时,首先要按规定内容逐项填写账簿启用表和账簿目录表。在账簿启用表中,应写明单位名称、账簿名称、账簿编号和启用日期;在"经管人员"一栏中写明经管人员姓名、职别、接管或移交日期,由会计主管人员签名盖章,并加盖单位公章。在一本日记账中设置两个以上现金账户的,应在第二页"账户目录表"中注明各账户的名称和页码,以方便登记和查核。

现金日记账通常由出纳人员根据审核后的现金收、付款凭证,逐日逐笔顺序登记。登记现金日记账总的要求是:分工明确,专人负责,凭证齐全,内容完整,登记及时,账款相符,数字真实,表达准确,书写工整,摘要清楚,便于查阅,不重记,不漏记,不错记,按期结账,不拖延积压,按规定方法更正错账等。

现金日记账是用来核算和监督库存现金每天的收入、支出和结存情况的账簿。由出纳人员根据与现金收付有关的记账凭证,如现金收款、现金付款、银行付款(提现业务)凭证,逐日逐笔进行登记,并随时结出余额。登记现金日记账时,除了遵循账簿登记的基本要求外,还应注意以下栏目的填写方法:

(1)日期。"日期"栏中填入的应为据以登记账簿的会计凭证上的日期,现金日记账一般依据记账凭证登记,因此,此处日期为编制该记账凭证的日期。不能填写原始凭证上记载的发生或完成该经济业务的日期,也不是实际登记该账簿的日期。

(2)凭证编号。"凭证字号"栏中应填入据以登账的会计凭证类型及编号。如企业采用通用凭证格式,根据记账凭证登记现金日记账时,应填入"记×号";如企业采用专用凭证格式,根据现金收款凭证登记现金日记账时,应填入"收×号"。

(3) 摘要。"摘要"栏简要说明入账的经济业务的内容,力求简明扼要。

(4) 对应科目。"对应科目"栏应填入会计分录中"库存现金"科目的对应科目,用以反映库存现金增减变化的来龙去脉。

(5) 借方、贷方。"借方金额"栏、"贷方金额"栏应根据相关凭证中记录的"库存现金"科目的借贷方向及金额记入。

(6) 余额。"余额"栏应根据"本行余额=上行余额+本行借方-本行贷方"公式计算填入。

正常情况下,库存现金不允许出现贷方余额,因此,现金日记账"余额"栏前未印有借贷方向,其余额方向默认为借方。若在登记现金日记账过程中,由于登账顺序等特殊原因出现了贷方余额,则在余额栏用红字登记,表示贷方余额。

3. 银行存款日记账的设置与登记

银行存款日记账是专门用来记录银行存款收支业务的一种特种日记账。银行存款日记账必须采用订本式账簿,其账页格式一般采用"收入"(借方)、"支出"(贷方)和"余额"三栏式,如表3-10所示。每日业务终了时,应计算、登记当日的银行存款收入合计数、银行存款支出合计数以及账面结余额,以便检查监督各项收入和支出款项,避免坐支现金的出现,并便于定期同银行送来的对账单核对。

表3-10 银行存款日记账

20××年		凭证字号		摘 要	对方科目	收 入	支 出	结 余
月	日	种类	编号					
7	1			期初余额				60 000
	4	银付	1	提现备用	库存现金		1 000	59 000
	5	银付	2	支付购料费	材料采购		15 000	44 000
	18	银付	3	提现备发工资	库存现金		31 800	12 200
	21	银收	8	收到货款	应收账款	20 000		32 200
	30	银付	5	付短期借款利息	财务费用		600	31 600
7	31			本期发生额及余额		20 000	48 400	31 600

银行存款日记账可以采用多栏式的格式,即将"收入"栏和"支出"栏分别按照对方科目设置若干专栏。多栏式银行存款日记账按照银行存款收、付的每一对应科目设置专栏进行序时、分类登记,月末根据各对应科目的本月发生额一次过记总账有关账户,因而不仅可以清晰地反映银行存款收、付的来龙去脉,而且可以简化总分类账的登记工作。在采用多栏式银行存款日记账的情况下,如果银行存款收、付的对应科目较多,为了避免账页篇幅大,可以分设银行存款收入日记账和银行存款支出日记账。银行日记账是用来反映银行存款增加、减少和结存情况的账簿。企业应按币种设置银行存款日记账进行明细分类核算,其格式也有三栏式、多栏式和收付分页式3种。

银行存款日记账是各单位重要的经济档案之一,在启用账簿时,应按有关规定和要求填写账簿启用表,具体内容和要求可参照现金日记账的启用。银行存款日记账通常也是由出纳员根据审核后的有关银行存款收、付款凭证,逐日逐笔顺序登记的。登记银行存款日记账总的要求是:银行存款日记账由出纳人员专门负责登记,登记时必须做到反映经济业务的内容完整,登记账目及时,凭证齐全,账证相符,数字真实、准确,书写工整,摘要清楚明了，便于查阅，不重记，不漏记，不错记，按期结算，不拖延积压，按规定方法更正错账，从而使账目既能明确经济责任又清晰美观。

(二) 分类账的设置与登记

1. 总分类账的设置与登记

按照总分类账户进行的总括性的会计核算，称为总分类核算。各企业、机关和事业单位等，均应按一级会计科目开设总分类账户，进行总分类核算。总分类核算是明细分类核算和序时核算的概括和综合，它可以全面、概括地反映和监督各单位的资金运动。总分类账户所提供的资料是编制会计报表的主要依据。总分类账户的核算采取货币形式，进行金额核算，提供货币指标。由于总分类账户没有实物指标，所以不可能对各种实物的动态进行核算和监督。为了保证每一种物资不仅在价值表现上而且在实物表现上都能通过账户得到反映，也为了保证每一种非实物的资产和权益也在账户中得到反映，在应用总分类账户的同时，还必须应用明细分类账户。总分类账可分为以下几种类型：

(1) 三栏式。在采用借贷记账法的情况下，可以采用按借方、贷方和余额设栏的总账。其账页格式又有两种，一种是在"借方金额"栏和"贷方金额"栏内再设"对方科目"栏，另一种则是不在借贷栏内设"对方科目"栏。

(2) 多栏式。为了适应将序时记录和总分类记录结合在一起登记的需要，可以采用多栏式的总账。这种总账叫作日记总账。

(3) 棋盘式。为了简化记账工作，也可以采用棋盘式总账，即按照总账科目对应关系反映本期发生额和期初、期末余额的总账。一般是纵向设"应借科目名称"，横向依次设"期初余额(分借、贷两栏)""应贷科目名称""期末余额(分借、贷两栏)"等。棋盘式的分类账有利于体现账户间的对应关系，但账页庞大，工作量也很大，仅适用于业务量少、运用科目也少的企业。

(4) 科目汇总表。采用科目汇总表代替总账，应是具有期初余额、本期发生额和期末余额的科目汇总表，只有本期发生额的科目汇总表不能用来代替总账。总账一般应采用订本式，这有利于保护总账记录的安全和完整，但科目汇总表总账也可以是活页式。

综上，三栏式是企业普遍采用的总分类账基本格式，三栏式的基本格式(不在借贷栏内设"对方科目"栏)如表3-11所示。

表3-11 总分类账

会计科目：银行借款

20××年		凭证字号		摘　要	借方金额	贷方金额	借或贷	余　额
月	日	种类	编号					
7	1			期初余额			借	36 000
	4	银付	7	归还银行借款	20 000		借	16 000
	20	银收	23	向银行借款		10 000	借	26 000
	31			本期发生额及余额	20 000	10 000	借	26 000

总分类账的登记方法很多，可以根据各种记账凭证逐笔登记，也可以先把各种记账凭证汇总编制成科目汇总表或汇总记账凭证，再据以登记总分类账。

2. 明细分类账设置与登记

明细分类账是按照明细科目开设的用来分类登记某一类经济业务、提供明细核算资料的分类账户。它所提供的有关经济活动的详细资料,是对总分类账所提总括核算资料的必要补充,同时也是编制会计报表的依据。明细账的格式应根据各单位经营业务的特点和管理需要来确定,常用的格式主要有:

(1) 三栏式明细分类账。三栏式明细分类账的账页格式同总分类账的格式基本相同,它只设"借方""贷方"和"余额"3个金额栏,适用于"应收账款""应付账款"等只需进行金额核算的明细账。

(2) 数量金额式明细分类账。数量金额式明细分类账的账页,其基本结构为"收入""发出"和"结存"3栏,在这些栏内再分别设有"数量""单价""金额"等项目,以分别登记实物的数量和金额。这种格式的明细账适用于既要进行金额明细核算,又要进行数量明细核算的财产物资项目,如"原材料""产成品"等账户的明细核算。它能提供各种财产物资收入、发出、结存等的数量和金额资料,便于开展业务和加强管理。下面以原材料明细账为例,说明数量金额式明细分类账的基本格式(见表3-12)。

表3-12 原材料明细账

材料类别:原材料
材料名称或规格:圆钢 计量单位:千克
材料编号:0186 存放地点:8号仓库

20××年		凭证号数	摘要	收入			发出			结存		
月	日			数量	单价	金额	数量	单价	金额	数量	单价	金额
7	1									12 000	1.8	21 600
	9	转10	入库	3 000	1.8	5 400				15 000	1.8	27 000
	20	转32	发出				6 000	1.8	10 800	9 000	1.8	16 200
	31		本月合计	3 000	—	5 400	6 000		10 800	9 000	1.8	16 200

(3) 多栏式明细账。多栏式明细账的格式视管理需要而呈多种样式,它在一张账页上,按照明细科目分设若干专栏,集中反映有关明细项目的核算资料。这种格式的明细账适用于费用成本、收入成果类的明细核算。如制造费用明细账,它只设一栏借方,按费用项目设置专栏,贷方发生额用红字在有关专栏内登记。其基本格式如表3-13所示。

表3-13 制造费用明细账
(按借方发生额设置专栏的多栏式)

20××年		凭证号数	摘要	借方					合计
月	日			工资	福利费	折旧费	办公费	…	
7	5	转5	分配工资	8 500					8 500
	9	转10	提取福利费		1 190				9 690
	20	转32	购办公用品				300		9 990
	21	转33	提取折旧			6 000			15 990
	31	转36	分配	8 500	1 190	6 000	300		15 990

3. 总分类账和明细分类账的平行登记

总分类账户与明细分类账户二者之间是密切相关的:总分类账户对所属明细分类账户起着控制和统驭作用,是明细分类账户的综合化;明细分类账户对其应属的总分类账户起详细的补充说明作用,是总分类账户的具体化。二者结合,构成了完整的账户应用体系。

总分类账户与明细分类账户的密切关系,决定了总分类账户与其所属的明细分类账户应该进行平行登记。所谓平行登记,是指对所发生的每项交易或事项都要以会计凭证为依据,一方面记入有关总分类账户,另一方面记入有关总分类账户所属明细分类账户的方法。总分类账户与明细分类账户平行登记要求做到以下几点:

(1) 同依据。即将发生的交易或事项记入总分类账户及其所属明细分类账户时,所依据的会计凭证(特别是指原始凭证)相同。虽然登记总分类账户及其所属明细分类账户的直接依据不一定相同,但原始依据是相同的。

(2) 同方向。即将发生的交易或事项记入总分类账户及其所属的明细分类账户时,记账的借贷方向应当一致。如果记入总分类账户的借方(或贷方),记入其所属的明细分类账户时,也应记入借方(或贷方)。

(3) 同期间。即对发生每一交易或事项,既要记入有关的总分类账户,又要在同一会计期间内记入其所属的明细分类账户。尽管登记总账与明细账的具体日期不一定相同,但都要在同一会计期间内进行登记。

(4) 同金额。即对发生的每一交易或事项,记入总分类账户的金额与记入其所属的明细分类账户的金额之和相等。

下面举例说明总分类账户和明细分类账户平行登记的方法。

【例3-16】2015年3月1日,长城公司的"原材料"和"应付账款"总分类账户及其所属的明细分类账户的余额如下:

(1) "原材料"总账账户为借方余额350 000元,其所属明细账户结存情况为:
① "甲材料"明细账户,结存2 000千克,单位成本为100元,金额计200 000元;
② "乙材料"明细账户,结存500千克,单位成本为300元,金额计150 000元。
(2) "应付账款"总账账户为贷方余额100 000元,其所属明细账户余额为:
① "A工厂"明细账户,贷方余额60 000元;
② "B工厂"明细账户,贷方余额40 000元。
2015年3月份,企业发生的有关交易或事项及其会计处理如下:

(1) 3月9日,向A工厂购入甲材料5 000千克,单价100元,金额为500 000元;向B工厂购入乙材料1 000千克,单价300元,金额为300 000元。甲、乙材料已验收入库,货款均尚未支付。(原材料采用实际成本计价,为了简要地说明平等登记原理,假定不考虑增值税)

对发生的该交易或事项,企业应编制会计分录如下:
借:原材料——甲材料　　500 000
　　　　　——乙材料　　300 000
　　贷:应付账款——A工厂 500 000
　　　　　　　——B工厂 300 000

(2) 3月12日,向A工厂购入甲材料4 000千克,单价100元,金额为400 000元;乙材料500千克,单价300元,金额为150 000元。材料均已验收入库,货款尚未支付。对发生的该交易或事项,企业应编制会计分录如下:
借:原材料——甲材料　　　400 000
　　　　　——乙材料　　　150 000
　　贷:应付账款——A工厂　　550 000

(3) 3月20日,以银行存款偿付前欠A工厂的货款200 000元,B工厂货款300 000元。对发生的该交易或事项，企业应编制会计分录如下：

  借：应付账款——A工厂 200 000
       ——B工厂 300 000
   贷：银行存款   500 000

（4）3月26日，生产车间为生产产品从仓库领用甲材料2 000千克，单价100元，金额为200 000元；领用乙材料1 000千克，单价300元，金额为300 000元。对发生的该交易或事项，企业应编制会计分录如下：

  借：生产成本   500 000
   贷：原材料——甲材料 200 000
       ——乙材料 300 000

根据平行登记的要求，将上述交易或事项在"原材料"和"应付账款"总账账户及其所属的明细账户中进行登记。平行登记结果如表3-14、表3-15、表3-16、表3-17、表3-18和表3-19所示。

表3-14　总分类账

会计科目：原材料

2015年		凭证号数	摘　要	借方金额	贷方金额	借或贷	余　额
月	日						
3	1		期初余额			借	350 000
	9	(1)	购入材料	800 000		借	1 150 000
	12	(2)	购入材料	550 000		借	1 700 000
	26	(4)	发出材料		500 000	借	1 200 000
	31		发生额及余额	1 350 000	500 000	借	1 200 000

表3-15　总分类账

会计科目：应付账款

2014年		凭证号数	摘　要	借方金额	贷方金额	借或贷	余　额
月	日						
3	1		期初余额			贷	100 000
	9	(1)	购料欠款		800 000	贷	900 000
	12	(2)	购料欠款		550 000	贷	1 450 000
	20	(3)	偿还欠款	500 000		贷	950 000
	31		发生额及余额	500 000	1 350 000	贷	950 000

表3-16　原材料明细账

计量单位：千克
金额：元

明细账户：甲材料

2015年		凭证号数	摘要	收入			发出			结存		
月	日			数量	单价	金额	数量	单价	金额	数量	单价	金额
3	1									2 000	100	200 000
	9	(1)	购入材料	5 000	100	500 000				7 000	100	700 000
	12	(2)	购入材料	4 000	100	400 000				11 000	100	1 100 000
	26	(4)	发出材料				2 000	100	200 000	9 000	100	900 000
	31		本月合计	9 000	—	900 000	2 000	—	200 000	9 000	100	900 000

表3-17 原材料明细账

计量单位：吨
明细账户：乙材料
金额：元

2015年		凭证号数	摘要	收入			发出			结存		
月	日			数量	单价	金额	数量	单价	金额	数量	单价	金额
3	1									500	300	150 000
	9	(1)	购入材料	1 000	300	300 000				1 500	300	450 000
	12	(2)	购入材料	500	300	150 000				2 000	300	600 000
	26	(4)	发出材料				1 000	300	300 000	1 000	300	300 000
	31		本月合计	1 500	—	450 000	1 000	—	300 000	1 000	300	300 000

表3-18 应付账款明细账

明细科目：A工厂
单位：元

2015年		凭证号数	摘要	借方金额	贷方金额	借或贷	余额
月	日						
3	1		期初余额			贷	60 000
	9	(1)	购料欠款		500 000	贷	560 000
	12	(2)	购料欠款		550 000	贷	1 110 000
	20	(3)	偿还欠款	200 000		贷	910 000
	31		发生额及余额	200 000	1 050 000	贷	910 000

表3-19 应付账款明细账

明细科目：B工厂
单位：元

2015年		凭证号数	摘要	借方金额	贷方金额	借或贷	余额
月	日						
3	1		期初余额			贷	40 000
	9	(1)	购料欠款		300 000	贷	340 000
	20	(3)	偿还欠款	300 000		贷	40 000
	31		发生额及余额	300 000	300 000	贷	40 000

总分类账户与其所属明细分类账户之间平行登记的结果是，总分类账户与其所属明细分类账户之间必然形成相互核对的关系，可用公式表示如下：

总分类账户期初借(或贷)方余额=所属明细分类账户期初借(或贷)方余额之和

总分类账户本期借(或贷)方发生额=所属明细分类账户本期借(或贷)方余发生额之和

总分类账户期末借(或贷)方余额=所属明细分类账户期末借(或贷)方余额之和

利用总分类账与其所属的明细分类账平行登记所形成的对应关系，可以通过定期核对总分类账与其所属的明细分类账来检查账户记录是否正确、完整。如果核对时发现有关数字不等，则表明账户的登记必有差错，应及时查明原因，予以更正。在实际工作中，这项核对工作通常是采用月末编制明细分类账本期发生额及余额表的形式进行的。例如，根据【例3-16】明细分类账户中的记录，编制其本期发生额及余额表，如表3-20、3-21所示。

表3-20 "原材料"明细分类账本期发生额及余额表

明细账户名称	期初余额	本期借方发生额	本期贷方发生额	期末余额
甲材料	200 000	900 000	200 000	900 000
乙材料	150 000	450 000	300 000	300 000
合计	350 000	1 350 000	500 000	1 200 000

表3-21 "应付账款"明细分类账本期发生额及余额表

明细账户名称	期初余额	本期借方发生额	本期贷方发生额	期末余额
A工厂	60 000	200 000	1 050 000	910 000
B工厂	40 000	300 000	300 000	40 000
合计	100 000	500 000	1 350 000	950 000

由表3-20、3-21可以看出，表中"合计"栏各项数额分别与总分类账的期初余额、本期发生额、期末余额相等，表明总分类账与其所属的明细分类账的平等登记未发现错误。

三、错账的更正

记账以后，通过检查核对，如果发现账簿记录或据以记账的记账凭证有错误，不得涂改、刮擦、挖补或用褪色药水更正字迹，而应根据错误的性质和发现时间等具体情况，分别按照下列纠正错账的方法予以更正。

(一) 划线更正法

会计人员根据审核无误的记账凭证记账后，在结账之前，若发现账簿记录中有文字笔误和数字笔误或计算差错，如数字移位、邻数倒置、记反方向等错误，可采用划线更正法进行更正。更正时，先在错误的文字或数字正中划一条红线，表示注销，并使原来记录的字迹仍可辨认；然后在红线上方空白处作出正确的记录，并由记账人员在更正处盖章。划线时，对于文字，可只在个别错字上划红线；而对于数字，应将一个数的整体全部划去，不能只划线更正个别错了的数字。如果是记错了栏次或行次，划线注销后，将文字或数字填入应记的栏内或行内即可。

注意：①注销部分应保持清晰可辨，以备日后考查；②对于错误数字，应全部划线注销，不能仅划线更正个别数字。

【例3-17】会计人员在登账时，将573.55元错登为578.55元，用划线更正法更正错账。

正确的方法：　　　573.55
　　　　　　　　　~~578.55~~

错误的方法：　　　578.55

(二) 红字更正法(也称红字冲账法)

记账后，若发现据以记账的会计凭证中应借、应贷科目或金额有误，并已造成账簿记录的错误，可采用红字更正法更正。更正时，先用红字填制一张与错误的记账凭证内容完全相同的记账凭证，并据以用红字金额登记入账，以冲销原错误的记录；然后用蓝字填制一张正确的记账凭证，并据以登记入账，这样错账就得到了更正。

【例3-18】制造产品领用材料一批计2 000元。在填制记账凭证时,"生产成本"科目填为"制造费用"科目,并已登记入账。其会计分录如下:

　　借:制造费用　　　　2 000
　　　　贷:原材料　　　　2 000

通过查账更正记账凭证的错误时,应先用红字金额填制内容完全相同的记账凭证,在凭证的摘要栏内注明"冲销某年某月某日第×号凭证",并登记入账,以冲销错账。其会计分录如下:

　　借:制造费用　　　　2 000(红字)
　　　　贷:原材料　　　　2 000(红字)

然后再用蓝字填制一张正确的记账凭证,在凭证的摘要栏内注明"某月某日第×号凭证",并登记入账。其会计分录如下:

　　借:生产成本　　　　2 000
　　　　贷:原材料　　　　2 000

【例3-19】将本月发生的制造费用总额3 000元转入"生产成本"账户。在填制记账凭证时,应借、应贷科目无错误,只是凭证所填金额大于应填金额,并已登记入账。其会计分录如下:

　　借:生产成本　　　　5 000
　　　　贷:制造费用　　　　5 000

经核对,发现记账凭证所记金额比应记金额多2 000元,对于这种情况,只要将多记金额2 000元用红字填制一张与原有凭证相同的会计科目的记账凭证,在凭证的摘要栏内注明"冲销某年某月某日第×号凭证多记金额",并登记入账,就可以将多记数冲销。其会计分录如下:

　　借:生产成本　　　　2 000(红字)
　　　　贷:制造费用　　　　2 000(红字)

(三) 补充登记法

在记账后,如果发现记账凭证上应借、应贷科目无错误,只是所填金额小于应填金额,可以用补充登记法更正。更正时,按照原记账凭证上的会计科目和少记金额,用蓝字填制一张记账凭证,在凭证摘要栏注明"更正某年某月某日第×号凭证少记金额",并登记入账,将少记金额补充登记。

【例3-20】计算结转本月产品销售成本170 000元。误将金额170 000元记为110 000元,并已登记入账。其会计分录如下:

　　借:主营业务成本　　110 000
　　　　贷:库存商品　　　　110 000

经核对发现错误后,应先计算出少记金额60 000元,然后再以此金额和原记账凭证上的会计科目用蓝字填制一张记账凭证,在凭证摘要栏注明"更正某年某月某日第×号凭证少记金额",并登记入账,这样少记金额就得到了补充登记。其会计分录如下:

　　借:主营业务成本　　60 000
　　　　贷:库存商品　　　　60 000

四、对账与结账

登记账簿作为会计核算的方法之一,除了包括记账外,还包括对账和结账两项工作。

(一) 对账

对账,就是核对账目,是保证会计账簿记录质量的重要程序。在会计工作中,由于种种原因,难免会发生记账、计算等差错,也难免会出现账实不符的现象。为了保证各账簿记录和会计报表的真实、完整和正确,如实地反映和监督经济活动,各单位必须做好对账工作。

账簿记录的准确与真实可靠,不仅取决于账簿的本身,还涉及账簿与凭证的关系、账簿记录与实际情况是否相符的问题等。所以,对账应包括账簿与凭证的核对、账簿与账簿的核对、账簿与实物的核对。把账簿记录的数字核对清楚,做到账证相符、账账相符和账实相符。对账工作至少每年进行一次。对账的主要内容有:

1. 账证核对

账证核对是指将会计账簿记录与会计凭证(包括记账凭证和原始凭证)有关内容进行核对。由于会计账簿是根据会计凭证登记的,两者之间存在勾稽关系,因此,通过账证核对,可以检查、验证会计账簿记录与会计凭证的内容是否正确无误,以保证账证相符。各单位应当定期将会计账簿记录与其相应的会计凭证记录(包括时间、编号、内容、金额、记录方向等)逐项核对,检查是否一致。如有不符之处,应当及时查明原因,予以更正。保证账证相符,是会计核算的基本要求之一,也是账账相符、账实相符和账表相符的基础。

2. 账账核对

账账核对是指将各种会计账簿之间相对应的记录进行核对。由于会计账簿之间相对应的记录存在着内在联系,因此,通过账账相对,可以检查、验证会计账簿记录的正确性,以便及时发现错账,予以更正,保证账账相符。账账核对的内容主要包括:

(1) 总分类账各账户借方余额合计数与贷方余额合计数核对相符。

(2) 总分类账各账户余额与其所属明细分类账各账户余额之和核对相符。

(3) 现金日记账和银行存款日记账的余额与总分类账中"现金"和"银行存款"账户余额核对相符。

(4) 会计部门有关财产物资的明细分类账余额与财产物资保管或使用部门登记的明细账核对相符。

3. 账实核对

账实核对是在账账核对的基础上,将各种财产物资的账面余额与实存数额进行核对。由于实物的增减变化、款项的收付都要在有关账簿中如实反映,因此,通过会计账簿记录与实物、款项的实有数进行核对,可以检查、验证款项、实物会计账簿记录的正确性,以便及时发现财产物资和货币资金管理中存在的问题,查明原因,分清责任,改善管理,保证账实相符。账实核对的主要内容包括:

(1) 现金日记账账面余额与现金实际库存数核对相符。

(2) 银行存款日记账账面余额与开户银行对账单核对相符。

(3) 各种材料、物资明细分类账账面余额与实存数核对相符。

(4) 各种债权债务明细账账面余额与有关债权、债务单位或个人的账面记录核对相符。

实际工作中,账实核对一般要结合财产清查进行。财产清查是指通过实地盘点、核对、查询等方法,确定各项财产物资、货币资金、往来款项的实际结存数,并与账面结存数相核对,以确定账实是否相符的一种会计核算的专门方法。企业的各项经济活动,都是根据审核无误的会计凭证登记账簿来进行反映的,定期核对账簿记录,做到账证相符、账账相符。但是在实际工作中,即使账簿记录正确,保证了账证、账账相符,也会由于多种原因不能完全保证各项财产物资、货币资金和债权的账实相符。因此,财产清查是证实账实相符唯一的会计处理方法。

(二) 结账

结账,是在把一定时期内发生的全部经济业务登记入账的基础上,按规定的方法将各种账簿的记录进行小结,计算并记录本期发生额和期末余额。

为了正确反映一定时期内在账簿中已经记录的经济业务,总结有关经济活动和财务状况,为编制会计报表提供资料,各单位应在会计期末进行结账。会计期间一般按日历时间划分为年、季、月,结账于各会计期末进行,所以分为月结、季结、年结。

1. 结账的基本程序

结账前,必须将属于本期内发生的各项经济业务和应由本期受益的收入、负担的费用全部登记入账。在此基础上才可保证结账的有用性,确保会计报表的正确性;不得把将要发生的经济业务提前入账,也不得把已经在本期发生的经济业务延至下期(甚至以后期)入账。

结账的基本程序具体表现为:

(1) 将本期发生的经济业务事项全部登记入账,并保证其正确性。

(2) 根据权责发生制的要求,调整有关账项,合理确定本期应计的收入和应计的费用。

① 应计收入和应计费用的调整。应计收入是指那些已在本期实现、因款项未收而未登记入账的收入。企业发生的应计收入,主要是本期已经发生且符合收入确认标准,但尚未收到相应款项的商品或劳务。对于这类调整事项,应确认为本期收入,借记"应收账款"等科目,贷记"营业收入"等科目;待以后收妥款项时,再借记"现金"或"银行存款"等科目,贷记"应收账款"等科目。

② 收入分摊和成本分摊的调整。收入分摊是指企业已经收取有关款项,但未完成或未全部完成销售商品或提供劳务,需在期末按本期已完成的比例,分摊确认本期已实现收入的金额,并调整以前预收款项时形成的负债,如企业销售商品预收订金、提供劳务预收佣金。在收到预收款项时,应借记"银行存款"等科目,贷记"预收账款"等科目;在以后提供商品或劳务、确认本期收入时,借记"预收账款"等科目,贷记"营业收入"等科目。成本分摊是指企业的支出已经发生、能使若干个会计期间受益,为正确计算各个会计期间的盈亏,将这些支出在其受益期间进行分配,如企业已经支出但应由本期或以后各期负担的待摊费用、购建固定资产和无形资产的支出等。企业在发生这类支出时,应借记"长期待摊费用""固定资产""无形资产"等科目,贷记"银行存款"等科目。在会计期末进行摊销时,应借记"制造费用""管理费用""销售费用"等科目,贷记"长期

待摊费用""累计折旧""累计摊销"等科目。

(3) 将损益类账户转入"本年利润"账户，结平所有损益类账户。

(4) 结算出资产、负债和所有者权益账户的本期发生额和余额，并结转下期。

2. 结账的基本方法

结账时，应当结出每个账户的期末余额。需要结出当月(季、年)发生额的账户，如各项收入、费用账户等，应单列一行登记发生额，在摘要栏内注明"本月(季)合计"或"本年累计"。结出余额后，应在余额前的"借或贷"栏内写"借"或"贷"字样，没有余额的账户，应在余额栏前的"借或贷"栏内写"平"字，并在余额栏内用"0"表示。为了突出本期发生额及期末余额，表示本会计期间的会计记录已经截止或者结束，应将本期与下期的会计记录明显分开，结账一般都划"结账线"。划线时，月结、季结划单线，年结划双线。划线应划红线并应划通栏线，不能只在账页中的金额部分划线。

结账时应根据不同的账户记录，分别采用不同的结账方法：

(1) 总账账户的结账方法。总账账户平时只需结计月末余额，不需要结计本月发生额。每月结账时，应将月末余额计算出来并写在本月最后一笔经济业务记录的同一行内，并在下面通栏划单红线。年终结账时，为了反映全年各会计要素增减变动的全貌，便于核对账目，要将所有总账账户结计全年发生额和年末余额，在摘要栏内注明"本年累计"字样，并在"本年累计"行下的通栏划双红线。

(2) 现金日记账、银行存款日记账和需要按月结计发生额的收入、费用等明细账的结账方法。现金日记账、银行存款日记账和需要按月结计发生额的各种明细账，每月结账时，要在每月的最后一笔经济业务下面通栏划单红线，结出本月发生额和月末余额写在红线下面，并在摘要栏内注明"本月合计"字样，再在下面通栏划单红线。

(3) 不需要按月结计发生额的债权、债务和财产物资等明细分类账的结账方法。对这类明细账，每次记账后，都要在该行余额栏内随时结出余额，每月最后一笔余额即为月末余额。也就是说，月末余额就是本月最后一笔经济业务记录的同一行内的余额。月末结账时只需在最后一笔经济业务记录之下的通用栏划单红线即可，无须再结计一次余额。

(4) 需要结计本年累计发生额的收入、成本等明细账的结账方法。对这类明细账，先按照需按月结计发生额的明细账的月结方法进行结算，再在"本月合计"行下的摘要栏内注明"本年累计"字样，并结出自年初起至本月末止的累计发生额，再在下面通栏划单红线。12月末的"本年累计"就是全年累计发生额，全年累计发生额下面通栏划双红线。

(5) 年度终了结账时，有余额的账户，要将其余额结转到下一会计年度，并在摘要栏内注明"结转下年"字样；在下一会计年度新建有关会计账簿的第一行余额栏内填写上年结转的余额，并在摘要栏内注明"上年结转"字样。结转下年时，既不需要编制记账凭证，也不必将余额再记入本年账户的借方或贷方，使本年有余额的账户的余额变为零，而是使有余额的账户的余额如实反映在账户中，以免混淆有余额账户和无余额的账户的区别。

若由于会计准则或会计制度改变而需要在新账中改变原有账户名称及其核算内容的，可将年末余额按新会计准则或会计制度的要求编制余额调整分录，或编制余额调整工作底稿，将调整后的账户余额抄入新账的有关账户余额栏内。

本章小结

会计科目是按照经济业务的内容和经济管理的要求，对会计要素的具体内容进行分类核算的科目。企业在设置会计科目时应遵循合法性、相关性和实用性原则。账户是根据会计科目设置的，它是对各种经济业务进行分类和系统、连续的记录，反映资产、负债和所有者权益增减变动的记账实体。会计科目的名称就是账户的名称。账户中登记本期增加的金额，称为本期增加发生额；登记本期减少的金额，称为本期减少发生额；增减相抵后的差额，称为余额。复式记账法是指以资产与权益平衡关系作为记账基础，对于每一项经济业务，都要在两个或两个以上的账户中相互联系进行登记，系统地反映资金运动变化结果的一种记账方法。会计分录是指对某项经济业务标明其应借应贷账户及其金额的记录。会计分录是由应借应贷方向、对应账户(科目)名称及应记金额三要素构成。试算平衡，就是指利用"资产=负债+所有者权益"的平衡原理，按照记账规则的要求，通过汇总、计算和比较来检查会计账户处理和账簿记录的正确性、完整性的一种方法。试算平衡的理论基础就是会计基本恒等式。在实际工作中，这种试算平衡通常是通过编制试算平衡表来进行的。试算平衡表可以分为两种：一种是将本期发生额和期末余额分别编制列表；另一种是将本期发生额和期末余额合并在一张表上进行试算平衡。

主要概念

会计科目；总分类科目；明细分类科目；复式记账法；账户；借贷记账法；会计分录；试算平衡；记账凭证；会计账簿；对账；结账。

思考题

1. 什么是会计科目？设置会计科目的原则有哪些？
2. 会计科目按其所反映的经济内容不同可分为哪些种类？会计科目与会计要素有何关系？
3. 什么是账户？账户与会计科目是什么关系？
4. 账户的基本结构是什么？四项金额之间的关系怎样？？
5. 什么是复式记账法？复式记账法的特点是什么？
6. 什么是会计分录？会计分录有哪几种？
7. 什么是记账凭证？记账凭证应具备哪些基本要素？
8. 涉及现金和银行存款之间的收付款业务应填制什么凭证？为什么？
9. 账簿按用途分为哪几类？简要说明各类账簿的作用。
10. 简述现金日记账与银行存款日记账的内容和登记方法。
11. 错账更正的方法有哪几种？各种方法的特点和适用范围是什么？
12. 什么是对账？对账工作包括哪些内容？
13. 什么是结账？结账工作包括哪些内容？

练习题

一、单项选择题

1. 会计科目是( )。
 A. 账户的名称　　　　　　　　B. 账簿的名称
 C. 报表项目的名称　　　　　　D. 会计要素的名称

2. 账户结构一般分为( )。
 A. 左右两方　　　　　　　　　B. 上下两部分
 C. 发生额、余额两部分　　　　D. 前后两部分

3. 账户的贷方反映的是( )。
 A. 费用的增加　　　　　　　　B. 所有者权益的减少
 C. 收入的增加　　　　　　　　D. 负债的减少

4. "应收账款"账户初期余额为5 000元，本期借方发生额为6 000元，贷方发生额为4 000元，则期末余额为( )元。
 A. 借方5 000　　　　　　　　 B. 贷方3 000
 C. 借方7 000　　　　　　　　 D. 贷方2 000

5. 银行存款账户本月月末余额表示( )。
 A. 上月末企业在银行的存款余额　　B. 本月企业存入银行的款项
 C. 本月企业通过银行支付的款项　　D. 本月末企业在银行的存款余额

6. 记账凭证是根据( )填制的。
 A. 经济业务　　　　　　　　　B. 原始凭证
 C. 账簿记录　　　　　　　　　D. 审核无误的原始凭证

7. 从银行提取现金500元，应编制( )。
 A. 银行存款的收款凭证　　　　B. 银行存款的付款凭证
 C. 现金的收款凭证　　　　　　D. 现金的付款凭证

8. 租入固定资产备查登记簿按用途分类属于( )。
 A. 分类账簿　　　　　　　　　B. 通用日记账
 C. 备查账簿　　　　　　　　　D. 专用日记账

9. 原材料明细账一般采用的格式是( )。
 A. 三栏式　　　B. 数量金额式　　　C. 多栏式　　　D. 卡片式

10. 会计人员在结转前发现，在根据记账凭证登记入账时，误将600元记成6 000元，而记账凭证无误，应采用( )。
 A. 补充登记法　　　　　　　　B. 划线更正法
 C. 红字更正法　　　　　　　　D. 蓝字登记法

二、计算分析题

(一)练习简单会计分录的编制。

资料：A公司2015年3月份发生下列经济业务：

(1) 3日，将库存现金2 000元送存银行；

(2) 7日，收到国家投入资本金300 000元，存入银行；

(3) 9日，向东风厂购入原材料60 000元，货款尚未支付；
(4) 15日，向天池厂销售产品80 000元，货款尚未收到；
(5) 18日，用库存现金600元购入厂部办公用品；
(6) 20日，以现金支付厂办人员出差预借差旅费1 300元；
(7) 23日，向银行借入短期借款100 000元，存入银行；
(8) 25日，用银行存款购入固定资产一批，价值500 000元；
(9) 27日，向天山厂销售产品40 000元，货款收到存入银行；
(10) 29日，结转本月完工产品的生产成本98 000元。

【要求】根据上列资料编制会计分录。

(二) 练习复合会计分录的编制。

资料：A公司2015年1月份发生下列经济业务：

(1) 4日，向红光工厂购入材料90 000元，60 000元已通过银行支付，其余尚欠；
(2) 5日，用银行存款3 600元支付办公费，其中厂部2 000元，车间1 600元；
(3) 7日，领用材料73 800元，其中生产产品领料70 000元，车间一般性消耗领料3 000元，厂部修理领料800元；
(4) 9日，报销厂办人员差旅费1 380元，出差时预借1 300元，不足部分用现金补付；
(5) 13日，向银行取得借款850 000元，存入银行，其中长期借款500 000元，短期借款350 000元；
(6) 15日，向红星工厂销售产品126 000元，货款100 000元已收到存入银行，其余对方尚欠；
(7) 18日，向红旗工厂销售产品35 700元，货款35 000元通过银行已收妥，700元收到现金；
(8) 20日，用银行存款归还到期的长期借款200 000元、短期借款50 000元。

【要求】根据上列资料编制会计分录。

(三) 练习借贷记账法的运用。

资料：

1. A公司2015年7月31日有关账户的余额如下：

库存现金	800	应付账款	54 000
银行存款	30 000	短期借款	13 000
原材料	90 000	应交税费	8 800
生产成本	40 000	实收资本	680 000
库存商品	20 000	盈余公积	40 000
应收账款	35 000	本年利润	20 000
固定资产	600 000		

2. 该公司7月份发生下列经济业务：

(1) 4日从银行提取现金500元；
(2) 5日以现金支付采购员张良出差预借款700元；
(3) 15日生产产品领用原材料21 000元；
(4) 16日用银行存款缴清上月欠缴税金8 800元；

(5) 18日收回昆山厂前欠货款15 000元，存入银行；

(6) 20日向银行借入长期借款200 000元，存入银行；

(7) 23日用银行存款购入机器一台，计价180 000元(不考虑增值税)；

(8) 25日向东风厂购入原材料34 000元，货款尚未支付(不考虑增值税)；

(9) 27日用银行存款偿还前欠振东厂货款24 000元；

(10) 31日本月完工产品验收入库，成本38 000元。

【要求】(1) 开设有关账户，登记期初余额；

(2) 根据所提供的经济业务，编制会计分录，并据以登记各有关账户；

(3) 结出各账户的本期发生额和期末余额，并编制试算平衡表。

(四) 练习错账的更正方法。

资料：A公司在会计核算中发生如下错误：

(1) 购进包装物一批，计价款5 000元，增值税850元，货已验收入库，货款以银行存款支付。编制如下记账凭证，并已记入账簿：

借：固定资产　　　　　　　　　　　　5 000

　　应交税费——应交增值税(进项税额)　850

　　　贷：银行存款　　　　　　　　　　5 850

(2) 以银行存款8 700元，归还之前欠款。编制如下记账凭证，并已记入账簿：

借：应付账款　　　　　　　　7 800

　　贷：银行存款　　　　　　　7 800

(3) 生产车间生产产品领用材料6 800元。编制如下记账凭证，并已记入账簿：

借：生产成本　　　　　　　　8 600

　　贷：原材料　　　　　　　　8 600

(4) 计提本月应负担的借款利息1 000元。编制如下记账凭证，并已记入账簿：

借：财务费用　　　　　　　　10 000

　　贷：应付利息　　　　　　　10 000

(5) 以现金暂付采购人员差旅费2 000元。编制如下记账凭证，并已记入账簿：

借：其他应付款　　　　　　　2 000

　　贷：库存现金　　　　　　　2 000

(6) 计提本月管理部门固定资产折旧费4 000元。编制如下记账凭证，并已记入账簿：

借：制造费用　　　　　　　　4 000

　　贷：累计折旧　　　　　　　4 000

(7) 假定月底结账前发现4月20日记账凭证汇总表中"应付账款"科目的贷方发生额为4 800元，而登记总账时误记为48 000元。

【要求】分析以上错误，说明应采用哪一种改错方法，并编制正确的会计分录。

第四章 企业主要经济业务的核算
——以制造业为例

> **学习目标**
> 1.了解制造业主要经济业务内容;2.掌握权益资金筹集、负债资金筹集业务的核算;3.掌握固定资产购置、材料采购业务的核算;4.掌握生产费用的归集与分配;5.掌握主营业务收支、其他业务收支的核算;6.掌握营业税金及附加的核算;7.掌握营业外收支的核算;8.掌握企业净利润形成的核算;9.掌握利润分配业务的核算。

第一节 制造业主要经济业务概述

制造业企业完整的生产经营过程必须由供应过程、生产过程和销售过程构成。制造业企业是产品的生产单位,企业为了进行其生产经营活动,生产出适销对路的产品,就必须拥有一定数量的经营资金,而这些经营资金都是从一定的来源渠道取得的。经营资金在生产经营过程中被具体运用时表现为不同的占用形态,而且随着生产经营过程的不断进行,其资金形态不断转化,形成经营资金的循环与周转。

企业要从各种渠道筹集生产经营所需要的资金,企业筹集到的资金最初一般表现为货币资金形态,也可以说,货币资金形态是资金运动的起点。企业筹资的渠道主要包括接受投资人的投资和向债权人借入各种款项,完成筹资任务即接受投资或形成负债。资金筹集业务的完成意味着资金投入企业,因而,企业就可以运用筹集到的资金开展正常的经营业务,进入供、产、销过程。

(1) 供应过程是企业产品生产的准备过程。在这个过程中,企业用货币资金购买机器设备等劳动资料形成固定资产,购买原材料等劳动对象形成储备资金,为生产产品做好物资上的准备,货币资金分别转化为固定资产形态和储备资金形态。由于固定资产一旦购买完成将长期供企业使用,因而供应过程的主要核算内容是用货币资金(或形成结算债务)购买原材料的业务,包括支付材料价款和税款、发生采购费用、计算采购成本、材料验收入库结转成本等,完成了供应过程的核算内容,为生产产品做好了各项准备,进入生产过程。

(2) 生产过程是制造业企业经营过程的中心环节。在生产过程中,劳动者借助劳动资料对劳动对象进行加工,生产出各种各样适销对路的产品,以满足社会的需要。生产过程既是产品的制造过程,又是物化劳动和活劳动的耗费过程,即费用、成本的发生过程。从消耗或加工对象的实物形态及其变化过程看,原材料等劳动对象通过加工形成在产品,随着生产过程不断进行,在产品终究要转化为产成品;从价值形态来看,生产过程中发生的各种耗费,形成企业的生产费用。具体而言,为生产产品要耗费材料形成材料费用,耗费活劳动形成工资及福利等费用，使用厂房、机器设备等劳动资料形成折旧费用等等，生产过程中发生的这些生产费用总和构成产品的生产成本(或称制造成本)。其资金形态从固定资产、储备资金和一部分货币资金形态转化为生产资金形态，随着生产过程的不断进行，产成品生产出来并验收入库之后，其资金形态又转化为成品资金形态。生产费用的发生、归集、分配以及完工产品生产成本的计算等，就构成了生产过程核算的基本内容。产品生产出来还不是我们的最终目的，还需要将产品销售出去，实现其价值，进入销售过程。

(3) 销售过程是产品价值的实现过程。在销售过程中，企业通过销售产品，并按照销售价格与购买单位办理各种款项的结算、收回货款，从而使得成品资金形态转化为货币资金形态，回到了资金运动的起点状态，完成了一次资金的循环。另外，销售过程中还要发生各种诸如包装、广告等销售费用，计算并及时缴纳各种销售税金，结转销售成本，这些都属于销售过程的核算内容。

对于制造业企业而言，生产产品并销售产品是其主要的经营业务即主营业务，但还不是其全部业务。除主营业务之外，制造业企业还要发生一些其他诸如销售材料、出租固定资产等业务；在对外投资活动过程中还会产生投资损益，在非营业活动中产生营业外的收支净额等。这些业务内容综合在一起，形成制造业企业的全部会计核算内容。企业在生产经营过程中所获得的各项收入遵循配比原则，抵偿了各项成本、费用之后的差额，形成了企业的所得即利润。企业实现的利润，一部分要以所得税的形式上缴国家，形成国家的财政收入；另一部分即税后利润，要按照规定的程序在各有关方面进行合理的分配，如果发生了亏损，还要按照规定的程序进行弥补。通过利润分配，一部分资金要退出企业，一部分资金要以公积金等形式继续参加企业的资金周转。综合上述内容，企业在经营过程中发生的主要经济业务内容包括：①资金筹集业务；②供应过程业务；③生产过程业务；④产品销售过程业务；⑤利润形成与分配业务。

第二节　资金筹集业务的核算

对于任何一个企业而言，其资产形成的资金来源主要有两条渠道：一是投资者的投资及其增值，形成投资者的权益，该部分业务可以称之为权益资金筹集业务；二是向债权人借入的，形成债权人的权益，该部分业务可以称之为负债资金筹集业务。投资者将资金投入企业进而对企业资产的要求权形成企业的所有者权益，债权人将资金借给企业进而对企业资产的要求权形成企业的负债。通过对所有者权益和负债业务的核算，一方面可以反映企业权益资本和负债资金的具体来源，揭示企业法定资本的具体构成；另一方面还可以对利润分配、公积金的使用等构成限制，可以说，对所有者权益和负债的核算有助于向投资者、债权人等有关利害关系各方提供有关企业资本来源及其构成、净资产的增减变动、盈余分配能力、偿债能力和支付能力等与其决策有关的各种会计信息。

一、权益资金筹集业务的核算

企业从投资者处筹集到的资金形成企业所有者权益的重要组成部分，企业的所有者权益包括实收资本、资本公积金、盈余公积金和未分利润配四部分。其中，实收资本和资本公积是所有者直接投入企业的资本和资本溢价等，一般也将实收资本和资本公积称之为投入资本；盈余公积和未分配利润则是企业在经营过程中所实现的利润留存于企业的部分，也称为留存收益。在本节的学习中，将着重介绍所有者权益中的实收资本和资本公积金业务的核算，盈余公积和未分配利润即留存收益的内容将在本章第六节中进行阐述。

(一) 实收资本业务的核算

1. 实收资本的含义

实收资本，是指企业的投资者按照企业章程或合同、协议的约定，实际投入企业的资本金。实收资本代表着一个企业的实力，是创办企业的"本钱"，也是一个企业维持正常的经营活动、以本求利、以本负亏的最基本条件和保障，是企业独立承担民事责任的资金保证。它反映了企业的不同所有者通过投资而投入企业的外部资金来源。这部分资金是企业进行经营活动的原动力，正是有了这部分资金的投入，才有了企业的存在和发展。

我国《民法通则》规定，设立企业法人必须要有必要的财产；《中华人民共和国企业法人登记管理条例》也规定，申请企业法人登记的单位应当具备的条件之一是，符合国家规定并与其生产经营和服务规模相适应的资金数额和从业人员[①]；另外，《中华人民共和国公司法》(以下简称《公司法》)也对不同类型的企业组织形式的最低资金数额作了限制。这些都是对企业实收资本所作的具体规定。

2. 实收资本的分类

所有者向企业投入资本，即形成企业的资本金。企业的资本金按照投资主体的不同可以分为：国家资本金、法人资本金、个人资本金、外商资本金。企业的资本金按照投资者投入资本的不同物质形态又可以分为接受货币资金投资、接受实物投资、接受有价证券投资和接受无形资产投资等。注册资本是企业法人经营管理的财产或者企业法人所有的财产的货币表现。我国目前实行的是注册资本制度，要求企业的实收资本应与注册资本相一致[②]。企业接受各方投资者投入的资本金应遵守资本保全制度的要求，除法律、法规有规定者外，不得随意抽回。如《企业法人登记管理条例实施细则(2014)》第三十九条规定："企业法人实有资金比原注册资金数额增加或者减少超过20%时，应持资金信用证明或者验资证明，向原登记主管机关申请变更登记。"企业在经营过程中实现的收入、发生的费用以及在财产清查中发现的盘盈、盘亏等，都不得直接增减投入资本。

3. 实收资本入账价值的确定

企业收到各方投资者投入资本金的入账价值的确定，是实收资本核算中一个比较重要的问题。总体来说，投入资本是按照实际收到的投资额入账。对于实际收到的货币资金额或投资各方确认的资产价值超过其在注册资本中所占的份额部分，作为超面额缴入资本，计入资本公积金。

4. 实收资本(股本)的核算

由于企业资本金的来源及其运用受企业组织形式和相关法律约束较多，所以，对实收资本的核算，不同的企业组织形式要求不同。一般来说，企业的组织形式主要有独资、合伙和公司制3种类型。投资者投入企业的资本金在独资和合伙企业中，表现为业主资本的形式，在有限责任公司表现为实收资本，在股份有限公司则表现为股本。由于股份有限公

---

① 参见《中华人民共和国企业法人登记管理条例(2014修订)》第七条。
② 参见《企业法人登记管理条例实施细则(2014)》第二十九条。

司的投入资本最能体现所有者权益的特征,其会计处理也最为复杂和最具代表性。

股份公司与其他企业相比较,最显著的特点就是将公司的全部资本划分为等额股份,并通过发行股票的方式来筹集资本。股份量化的结果是公司的一项很重要的指标,具体表现为股票面值和超面值两部分。股票的面值与股份总数的乘积为股本。为了反映股本的形成及其以后的变化情况,在会计核算上股份公司应设置"股本"账户[①],"股本"账户的性质是所有者权益类,用来核算股东投入公司的股本变化过程及其结果,其贷方登记股东已认购股票的面值、资本公积和盈余公积转增的股本额以及由于分派股票股利而增加的股本,其借方登记股本的减少(发还的股本或回购股票的面值等)。公司应将核定的股本总额、股份总数、每股面值及已认购股本等,在股本备查账簿中做备查记录。为提供公司股份的构成情况,公司还应在"股本"账户下,按普通股和优先股及股东单位或姓名设置明细账户,进行明细核算。其他类型的企业应设置"实收资本"账户。"实收资本(股本)"账户的结构如下:

实收资本(股本)

实收资本(股本)的减少额	实收资本(股本)的增加额
	期末余额:实收资本(股本)的实有额

股份有限公司发行股票筹集股本时,其发行价格一般应根据公司的预期获利能力和当时的资本市场利率等相关因素计算确定。《公司法》规定,股票发行价格可以按票面金额,也可以超过票面金额,但不得低于票面金额[②]。而实际上大多数股份公司特别是上市公司,通常都是溢价发行股票。当股份公司溢价发行股票时,实际收到的认股款中,高于股票面值的差额就是超面值缴入股本,仍然属于公司的所有者权益,归属股东所有;但是,基于我国注册资本制度的限制,在会计核算上,一般不将其直接计入"股本"账户,而是作为公司的资本公积金单独进行核算,反映在"资本公积"账户中。公司收到投资者投入的资本,借记"银行存款""其他应收款""固定资产""无形资产"等账户,按其在注册资本或股本中所占份额,贷记"实收资本(股本)"账户,按其差额,贷记"资本公积——资本溢价或股本溢价"账户。与发行权益性证券直接相关的手续费、佣金等交易费用,借记"资本公积——资本溢价或股本溢价"账户,贷记"银行存款"等账户。

以下举例说明实收资本(股本)的核算过程。

【例4-1】ABC股份有限公司发行普通股2 000 000股,每股面值1元,发行价格7.8元/股,发行手续费为发行收入的3%,股款已全部存入银行。

股票的总面值为2 000 000(2 000 000×1)元,发行费用为468 000(2 000 000×7.8×3%)元,溢价额为13 600 000(2 000 000×6.8)元。这项经济业务的发生,一方面使得公司的银行存款增加15 132 000(2 000 000+13 600 000-468 000)元,另一方面使得公司股东对公司的股本投资增加2 000 000元,资本公积增加13 132 000(13 600 000-468 000)元。因此,这项经济业务涉及"银行存款""股本"和"资本公积"3个账户。银行存款的增加是资产的增加,应记入"银行存款"账户的借方;股东对公司投资的增加是所有者权益的增加,其中面值部分应记入"股本"账户的贷方,溢价额作为超面值缴入股本应记入"资本公积"账

---

① 《企业会计准则科目应用指南》规定股份有限公司应将"实收资本"科目改为"股本"。
② 参见2014年3月1日生效的《中华人民共和国公司法(2013修订)》第一百二十七条。

户的贷方。编制的会计分录如下：

借：银行存款　　　　　　　　　15 600 000
　　贷：股本　　　　　　　　　　　2 000 000
　　　　资本公积——股本溢价　　　13 600 000
借：资本公积——股本溢价　　　　468 000
　　贷：银行存款　　　　　　　　　468 000

【例4-2】长城公司收到某公司投入设备一套入股，设备经双方确认其公允价值为600 000元。

这项业务的发生，一方面使得公司的固定资产增加600 000元，另一方面使得公司的实收资本增加600 000元。该项业务涉及"固定资产"和"实收资本"两个账户。固定资产的增加是资产的增加，应记入"固定资产"账户的借方，股本的增加是所有者权益的增加，应记入"实收资本"账户的贷方。编制的会计分录如下：

借：固定资产　　　　　　　　　600 000
　　贷：实收资本　　　　　　　　　600 000

【例4-3】长城公司接受某公司的投资5 000 000元，款项通过银行划转。

这项业务的发生，一方面使得公司的银行存款增加5 000 000元，另一方面使得公司接受投资增加5 000 000元。因此，该项业务涉及"银行存款"和"实收资本"两个账户。"银行存款"的增加是资产的增加，应记入"银行存款"账户的借方；所有者对公司投资的增加是所有者权益的增加，应记入"实收资本"账户的贷方。编制的会计分录如下：

借：银行存款　　　　　　　　　5 000 000
　　贷：实收资本　　　　　　　　　5 000 000

(二) 资本公积业务的核算

1. 资本公积的含义

资本公积是投资者或者他人投入企业、所有权归属投资者并且金额上超过法定资本部分的资本，是企业所有者权益的重要组成部分。由此可见，资本公积从本质上讲属于投入资本的范畴，其形成的主要原因是由于我国采用注册资本制度，限于法律的规定而无法将资本公积直接以实收资本(或股本)的名义出现。所以，资本公积从其实质上看是一种准资本，它是资本的一种储备形式。但是，资本公积与实收资本(或股本)又有一定的区别，股本是股东为谋求价值增值而对公司的一种原始投入，从法律上讲属于公司的法定资本，而资本公积可以来源于投资者的额外投入，也可以来源于除投资者之外的其他企业或个人，如接受捐赠等。

2. 资本公积的来源

资本公积的形成来源主要包括资本溢价、直接计入所有者权益的利得和损失等。资本溢价是指投资者缴付的出资额大于注册资本而产生的差额，它是资本公积中最常见的项目。直接计入所有者权益的利得和损失，是指不应计入当期损益、会导致所有者权益发生增减变动的、与所有者投入资本或者向所有者分配利润无关的利得或者损失。其中，利得是指由企业非日常活动所形成的、会导致所有者权益增加的、与所有者投入资本无关的经济利益的流入。利得包括直接计入所有者权益的利得和直接计入当期利润的利得。损失是指由企业非日常活动所发生的、会导致所有者权益减少的、与向所有者分配利润无关的经济利益的流出。损失包括直接计入所有者权益的损失和直接计入当期利润的损失。直接计入所有者权益的利得和损失，主要包括可供出售金融资产的公允价值变动额、现金流量套期中套期工具公允价值变动额(有效套期部分)等。

3. 资本公积的用途

资本公积的主要用途就在于转增资本，即在办理增资手续后用资本公积转增股本，按股东原有股份比例发给新股或增加每股面值①。虽然资本公积转增资本并不能导致所有者权益总额的增加，但资本公积转增资本，一方面可以改变企业投入资本结构，体现企业稳健、持续发展的潜力；另一方面，对股份有限公司而言，它会增加投资者持有的股份，从而增加公司股票的流通量，进而激活股价，提高股票的交易量和资本的流动性。此外，对于债权人来说，实收资本是所有者权益最本质的体现，是其考虑投资风险的重要影响因素。所以，将资本公积转增资本不仅可以更好地反映投资者的权益，也会影响到债权人的信贷决策。

4. 资本公积的核算

股份公司的资本公积一般都有其特定的来源。不同来源形成的资本公积金，其核算的方法不同。为了反映和监督资本公积金的增减变动及其结余情况，应设置"资本公积"账户，核算企业收到投资者出资额超出其在注册资本或股本中所占份额的部分，分别按"资本溢价"或"股本溢价""其他资本公积"等科目进行明细核算。企业收到投资者投入的资本，借记"银行存款""其他应收款""固定资产""无形资产"等账户，按其在注册资本或股本中所占份额，贷记"实收资本"或"股本"账户，按其差额，贷记"资本公积"账户(资本溢价或股本溢价)。"资本公积"账户期末贷方余额，反映企业资本公积的余额。"资本公积"账户的结构如下：

资本公积

资本公积金的减少数(使用数)	资本公积金的增加数
	期末余额：资本公积金的结余数

以下举例说明资本公积的核算过程。

【例4-4】长城公司接受某投资者的投资10 000 000元，其中9 000 000元作为实收资本，另1 000 000元作为资本公积金，公司收到该投资者的投资后存入银行，相关手续已办妥。

这项业务的发生，涉及接受投资而又超过法定份额资本的业务处理。其中，属于法定份额的部分应计入实收资本，超过部分作为资本公积金。该项业务涉及"银行存款""实收资本"两个账户。这项业务所编制的会计分录如下：

借：银行存款　　　　　　　　　　100 000 000
　　贷：实收资本　　　　　　　　　　9 000 000
　　　　资本公积——资本溢价　　　　1 000 000

【例4-5】长城公司经股东大会批准，将公司的资本公积金3 000 000元转增资本。

---

① 企业用资本公积转增股本时应注意优先股股东的股本不能增加，因为优先股股东不能享有公积金的权益，只有普通股股东才可拥有公积金的权益。

这项业务使所有者权益结构发生变化，所有者权益总额不变。这项经济业务的发生，一方面使得公司的实收资本增加3 000 000元，另一方面使得公司的资本公积金减少了3 000 000元。因此，这项经济业务涉及"实收资本"和"资本公积"两个账户。资本公积的减少是所有者权益的减少，应记入"资本公积"账户的借方；实收资本的增加是所有者权益的增加，应记入"实收资本"账户的贷方。这项经济业务编制的会计分录如下：

借：资本公积——资本溢价　　　　3 000 000
　　贷：实收资本　　　　　　　　　　　3 000 000

二、负债资金筹集业务的核算

企业从债权人那里筹集到的资金形成企业的负债，它表示企业的债权人对企业资产的要求权利即债权人权益。作为一项负债，必须要有确切的债权人、到期日和确切的金额。到期必须还本付息是负债不同于所有者权益的一个明显特征。将负债分为流动负债和长期负债，便于会计信息使用者分析企业的财务状况，判断企业的偿债能力和近、远期支付能力，以便于作出有关的决策。这里仅以流动负债中的短期借款和长期负债中的长期借款为例，介绍负债资金筹集业务的核算内容。

(一) 短期借款业务的核算

1. 短期借款的含义

短期借款是指企业为了满足其生产经营对资金的临时需要而向银行或其他金融机构等借入的偿还期限在一年以内(含一年)的各种借款。一般情况下，企业取得短期借款是为了维持正常的生产经营所需的资金或者为了抵偿某项债务。企业取得各种短期借款时，应遵守银行或其他金融机构的有关规定，根据企业的借款计划及确定的担保形式，经贷款单位审核批准订立借款合同后方可取得借款。每笔借款在取得时可根据借款借据上的金额来确认和计量。

2. 短期借款利息的确认与计量

短期借款必须按期归还本金并按时支付利息。短期借款的利息支出属于企业在理财活动过程中为筹集资金而发生的一项耗费，在会计核算中，企业应将其作为期间费用(财务费用)加以确认。由于短期借款利息的支付方式和支付时间不同，会计处理的方法也有一定的区别：如果银行对企业的短期借款按月计收利息，或者虽在借款到期收回本金时一并收回利息，但利息数额不大，企业可以在收到银行的计息通知或在实际支付利息时，直接将发生的利息费用计入当期损益(财务费用)；如果银行对企业的短期借款采取按季或半年等较长期间计收利息，或者是在借款到期收回本金时一并计收利息且利息数额较大的，为了正确地计算各期损益额，保持各个期间损益额的均衡性，则通常按权责发生制原则的要求，直接计入当期损溢(财务费用)，同时确认一项负债(应付利息)，待季度或半年等结息期终了或到期支付利息时，再冲销应付利息这项负债。短期借款利息的计算式子为：

$$短期借款利息=借款本金×利率×时间$$

由于按照权责发生制原则的要求，应于每月末确认当月的利息费用，因而这里的"时间"是一个月，利率往往都是年利率，所以应将其转化为月利率，方可计算出一个月的利息额，年利率除以12即为月利率。如果在月内的某一天取得借款，该日作为计息的起点时间,对于借款当月和还款月则应按实际经历天数计算(不足整月),在将月利率转化为日利率时,为简化起见,一个月一般按30天计算,一年按360天计算。

3. 短期借款的核算

对于短期借款本金和利息的核算需要设置以下账户。

(1) "短期借款"账户。该账户的性质是负债类,用来核算企业向银行或其他金融机构等借入的期限在一年以下(含一年)的各种借款。该账户的贷方登记取得的短期借款即短期借款本金的增加,借方登记短期借款的偿还即短期借款本金的减少,期末余额在贷方,表示企业尚未偿还的短期借款的本金结余额。短期借款应按照债权人的不同设置明细账户,并按照借款种类进行明细分类核算。"短期借款"账户的结构如下:

短期借款

短期借款的偿还(减少)	短期借款的取得(增加)
	期末余额:短期借款结余额

(2) "财务费用"账户。该账户的性质是损益类,用来核算企业为筹集生产经营所需资金等而发生的各种筹资费用,包括利息支出(减利息收入)、佣金、汇兑损失(减汇兑收益)以及相关的手续费等,企业在赊销产品过程中产生的现金折扣也在该账户核算。"财务费用"账户的借方登记发生的财务费用,贷方登记发生的应冲减财务费用的利息收入、汇兑收益以及期末转入"本年利润"账户的财务费用净额(即财务费用支出大于收入的差额,如果收入大于支出则进行反方向的结转)。经过结转之后,该账户期末没有余额。"财务费用"账户应按照费用项目设置明细账户,进行明细分类核算。"财务费用"账户的结构如下:

财务费用

发生的费用	利息收入
利息支出	期末转入"本年利润"
手续费	账户的财务费用额
汇兑损失	

(3) "应付利息"账户。该账户的性质是负债类,用来核算企业按照合同约定应支付的利息,包括吸收存款、分期付息到期还本的长期借款、企业债券等应支付的利息。

企业采用合同约定的名义利率计算确定利息费用时,应按合同约定的名义利率计算确定的应付利息的金额,借记"利息支出""在建工程""财务费用""研发支出"等账户,贷记"应付利息"账户。采用实际利率计算确定利息费用时,应按摊余成本和实际利率计算确定的利息费用,借记"利息支出""在建工程""制造费用""财务费用""研发支出"账户,按合同约定的名义利率计算确定的应付利息的金额,贷记"应付利息"账户,按本期应摊销的交易费用金额,借记或贷记"长期借款——交易费用""吸收存款——交易费用"账户,按其差额,借记或贷记"长期借款——溢折价""吸收存款"等账户。实际支付利息时,借记"应付利息"账户,贷记"银行存款"等账户。"应付利息"账户期末贷方余额反映企业按照合同约定应支付但尚未支付的利息。"应付利息"账户的结构如下:

应付利息	
应付利息的减少额	应付利息的增加额
	期末余额：尚未支付的利息

企业取得短期借款时，借记"银行存款"账户，贷记"短期借款"账户；期末计算借款利息时，借记"财务费用"账户，贷记"银行存款"或"应付利息"账户；偿还借款本金、支付利息时，借记"短期借款""应付利息"账户，贷记"银行存款"账户。

下面举例说明短期借款的借入、计息和归还的核算过程。

【例4-6】长城公司因生产经营的临时性需要，于2015年4月15日向银行申请取得期限为6个月的借款1 000 000元，存入银行。

这项经济业务的发生，一方面使得公司的银行存款增加1 000 000元，另一方面使得公司的短期借款增加1 000 000元。因此，这项经济业务涉及"银行存款"和"短期借款"两个账户。银行存款的增加是资产的增加，应记入"银行存款"账户的借方；短期借款的增加是负债的增加，应记入"短期借款"账户的贷方。所以，这项经济业务编制的会计分录如下：

借：银行存款　　　　1 000 000
　　贷：短期借款　　　　1 000 000

【例4-7】承前例，假如上述长城公司取得的借款年利率为6%，利息按季度结算，计算4月份应负担的利息。

这项经济业务的发生，首先应按照权责发生制原则的要求，计算本月应负担的利息额，即本月应负担的借款利息为2 500(1 000 000×6%÷12×15/30)元。借款利息属于企业的一项财务费用，由于利息是按季度结算的，所以本月的利息虽然在本月计算并由本月来负担，但却不在本月实际支付，因而形成企业的一项负债，这项负债属于企业的应付利息。因此，这项经济业务涉及"财务费用"和"应付利息"两个账户。财务费用的增加属于费用的增加，应记入"财务费用"账户的借方；应付利息的增加属于负债的增加，应记入"应付利息"账户的贷方。这项经济业务应编制的会计分录如下：

借：财务费用　　　　2 500
　　贷：应付利息　　　　2 500

【例4-8】承前例，长城公司在6月末用银行存款12 500元(2 500+5 000+5 000)支付本季度的银行借款利息(5月份利息和6月份利息的计算、处理方法基本同于4月份，故这里省略)。

这项经济业务实际上是偿还银行借款利息这项负债的业务。一方面使得公司的银行存款减少12 500元，另一方面使得公司的应付利息减少12 500元。因此，这项经济业务涉及"银行存款"和"应付利息"两个账户。银行存款的减少是资产的减少，应记入"银行存款"账户的贷方；应付利息的减少是负债的减少，应记入"应付利息"账户的借方。这项经济业务应编制的会计分录如下：

借：应付利息　　　　12 500
　　贷：银行存款　　　　12 500

【例4-9】承前例，长城公司在10月16日用银行存款1 000 000元偿还到期的银行临时借款。

这项经济业务的发生,一方面使得公司的银行存款减少1 000 000元,另一方面又使得公司的短期借款减少1 000 000元。因此,这项经济业务涉及"银行存款"和"短期借款"两个账户。银行存款的减少是资产的减少,应记入"银行存款"账户的贷方;短期借款的减少是负债的减少,应记入"短期借款"账户的借方。所以,这项经济业务应编制的会计分录如下:

借:短期借款　　　　1 000 000
　　贷:银行存款　　　　1 000 000

(二) 长期借款业务的核算

长期借款是企业向银行及其他金融机构借入的偿还期限在一年以上或超过一年的一个营业周期以上的各种借款。一般来说,企业举借长期借款,主要是为了增添大型固定资产、购置地产、增添或补充厂房等,也就是为了扩充经营规模而增加各种长期耐用的固定资产的需要。在会计核算中,应当区分长期借款的性质,按照申请获得贷款时实际收到的贷款数额进行确认和计量,并按照规定的利率和使用期限定期计息并确认为长期借款入账。贷款到期,企业应当按照借款合同的规定按期清偿借款本息。

关于长期借款利息费用的处理,按照企业会计准则的规定,长期借款的利息费用等,应按照权责发生制原则的要求,按期计算计入所购建资产的成本(即予以资本化)或直接计入当期损益(财务费用)。具体地说,就是在该长期借款所进行的长期工程项目完工之前发生的利息,应将其资本化,计入该工程成本;在工程完工达到可使用状态之后产生的利息支出,应停止借款费用资本化而予以费用化,在利息费用发生的当期直接计入当期损益(财务费用)。

为了核算长期借款本金及利息的取得和偿还情况,需要设置"长期借款"账户。该账户的性质属于负债类,用来核算企业向银行或其他金融机构借入的期限在一年以上(不含一年)的各项借款。其贷方登记长期借款的增加数(包括本金和各期计算出来的未付利息),借方登记长期借款的减少数(偿还的借款本金和利息)。期末余额在贷方,表示尚未偿还的长期借款本息结余额。"长期借款"账户应当按照贷款单位和贷款种类如"本金""溢折价""交易费用"等进行明细核算。"长期借款"账户的结构如下:

长期借款

长期借款本息的偿还(减少)	长期借款本金的取得和利息的计算(增加)
期末余额:长期借款本息的结余	

企业取得长期借款时,借记"银行存款"账户,贷记"长期借款"账户;计算利息时借记"在建工程""财务费用"等账户,贷记"长期借款"账户;偿还借款、支付利息时借记"长期借款"账户,贷记"银行存款"账户。

下面举例说明长期借款本金和利息的核算过程。

【例4-10】长城公司为购建一条新的生产线(工期两年),于2014年1月1日向中国工商银行取得期限为3年的人民币借款9 000 000元,存入银行。长城公司当即将该借款投入到生产线的购建工程中。

这项经济业务的发生，一方面使得公司的银行存款增加9 000 000元，另一方面使得公司的长期借款增加9 000 000元。该项经济业务涉及"银行存款"和"长期借款"两个账户。银行存款的增加是资产的增加，应记入"银行存款"账户的借方，长期借款的增加是负债的增加，应记入"长期借款"账户的贷方。这项经济业务应编制的会计分录如下：

  借：银行存款　　　　9 000 000
    贷：长期借款　　　　9 000 000

【例4-11】承前例，假如上述借款年利率为8%，合同规定到期一次还本付息，单利计息。计算确定2014年应由该工程负担的借款利息。

在固定资产建造工程交付使用之前，用于工程的借款利息属于一项资本性支出，应计入固定资产建造工程成本。单利计息的情况下，其利息的计算方法与短期借款利息计算方法相同，即2014年的利息为720 000(9 000 000×8%)元。所以，这项经济业务的发生，一方面使得公司的在建工程成本增加720 000元，另一方面使得公司的长期借款利息这项负债增加720 000元。该项经济业务涉及"在建工程"和"长期借款"两个账户。工程成本的增加是资产的增加，应记入"在建工程"账户的借方，借款利息的增加是负债的增加，应记入"长期借款"账户的贷方。编制的会计分录如下：

  借：在建工程　　　　720 000
    贷：长期借款　　　　720 000

【例4-12】承前例，假如长城公司在2016年年末全部偿还该笔借款的本金和利息。

该笔长期借款在存续期间的利息计为2 160 000元(注意：由于工程已经在2015年年末完工，所以2016年的利息不能计入工程成本，而应计入当年财务费用，关于2015年利息费用的处理略)，借款本金9 000 000元，合计为11 160 000元(9 000 000+720 000×3)，在2014年年末一次付清。所以，这项经济业务的发生，一方面使得公司的银行存款减少11 160 000元，另一方面使得公司的长期借款(包括本金和利息)减少11 160 000元。该项经济业务涉及"银行存款"和"长期借款"两个账户。银行存款的减少是资产的减少，应记入"银行存款"账户的贷方，长期借款的减少是负债的减少，应记入"长期借款"账户的借方。编制的会计分录为：

  借：长期借款　　　　11 160 000
    贷：银行存款　　　　11 160 000

2015年年末工程完工后发生的利息属于收益性支出，所以，2016年的利息不能计入工程成本，而应计入当年的财务费用。编制的会计分录为：

  借：财务费用　　　　720 000
    贷：长期借款　　　　720 000

这里需要指出，以上举例是以长期借款单利计息的方式来说明问题的。在实际工作中，长期借款也可以采用复利计息的方法。在长期借款复利计息的情况下，尽管长期借款的本金、利率和偿还期限可能都相同，但在不同的偿付条件下(到期一次还本付息、分期偿还本息和分期付息到期还本3种方式)，企业真正使用长期借款的时间长短是不同的，所支付的利息费用也就不同(有时可能差距很大)，因此，长期借款到底采用哪种还本付息方式以及能否按时还清借款本息，就成为企业的一项重要的财务决策。

第三节 供应过程业务的核算

资金在企业经营过程的不同阶段，其运动的方式和表现的形态不同，因而核算的内容也就不同。制造业企业的经营过程可划分为供应过程、生产过程和销售过程。企业要进行正常的生产经营活动，就必须要用筹集来的资金采购材料等生产物资，即进入供应过程，也就是说，供应过程需要准备劳动手段(例如机器设备)和劳动对象(例如原材料)。供应过程是生产经营过程的第一阶段，主要任务是进行物资采购、储备生产需要的各项材料物资。

一、固定资产购置业务的核算

(一) 固定资产的含义

《企业会计准则第4号——固定资产》规定，固定资产是指同时具有下列特征的有形资产：①为生产商品提供劳务、出租或经营管理而持有的；②使用寿命超过一个会计年度。从固定资产的定义看，固定资产具有以下3个特征。

(1) 固定资产是为生产商品、提供劳务、出租或经营管理而持有。企业持有固定资产的目的是为了生产商品、提供劳务、出租或经营管理。这意味着，企业持有的固定资产是企业的劳动工具或手段，而不是直接用于出售的产品。其中，"出租"的固定资产，指用以出租的机器设备类固定资产，不包括以经营租赁方式出租的建筑物，后者属于企业的投资性房地产，不属于固定资产。

(2) 固定资产使用寿命超过一个会计年度。固定资产的使用寿命，是指企业使用固定资产的预计期间，或者该固定资产所能生产产品或提供劳务的数量。通常情况下，固定资产的使用寿命是指使用固定资产的预计期间，如自用房屋建筑物的使用寿命或使用年限。某些机器设备或运输设备等固定资产，其使用寿命往往以该固定资产所能生产产品或提供劳务的数量来表示，例如，发电设备按其预计发电量估计使用寿命，汽车或飞机等按其预计行驶里程估计使用寿命。固定资产使用寿命超过一个会计年度，意味着固定资产属于长期资产，随着使用和磨损，通过计提折旧方式逐渐减少账面价值。

(3) 固定资产为有形资产。固定资产具有实物特征，这一特征将固定资产与无形资产区别开来。有些无形资产可能同时符合固定资产的某些特征，但是，由于其没有实物形态，所以不属于固定资产。工业企业所持有的工具、用具、备品备件、维修设备等资产，施工企业所持有的模板、挡板、架料等周转材料，以及地质勘探企业所持有的管材等资产，尽管该类资产也具有固定资产的某些特征，如使用期限超过一年，也能够带来经济利益，但由于数量多、单价低，考虑到成本效益原则，在实务中通常确认为存货。

固定资产是企业资产中比较重要的资产，从一定程度上说，它代表着企业的生产能力和生产规模，因此，对其正确地加以确认与计量就成为会计核算过程中一个非常重要的内容。固定资产的确认应考虑：一是与该资产相联系的未来经济利益可能流入企业；二是取得该资产的成本能够可靠地计量。

(二) 企业取得固定资产时入账价值的确定

企业外购固定资产的成本，包括购买价款，相关税费[①]，使固定资产达到预定可使用状态前所发生的可归属于该项资产的运输费、装卸费、安装费和专业人员服务费等。

外购固定资产是否达到预定可使用状态，需要根据具体情况进行分析判断。如果购入不需安装的固定资产，购入后即可发挥作用，因此，购入后即可达到预定可使用状态。如果购入需安装的固定资产，只有安装调试后达到设计要求或合同规定的标准，该项固定资产才可发挥作用，达到预定可使用状态。

固定资产准则规定，自行建造固定资产的成本，由建造该项资产达到预定可使用状态前所发生的必要支出构成。这些支出包括工程用物资成本、人工成本、交纳的相关税费、应予资本化的借款费用以及应分摊的间接费用等。

企业自行建造固定资产包括自营建造和出包建造两种方式。无论采用何种方式，所建工程都应当按照实际发生的支出确定其工程成本。

1. 自营方式建造固定资产

企业以自营方式建造固定资产，是指企业自行组织工程物资采购、自行组织施工人员从事工程施工完成固定资产建造。实务中，企业较少采用自营方式建造固定资产，多数情况下采用出包方式。企业如有以自营方式建造固定资产，其成本应当按照直接材料、直接人工、直接机械施工费等计量。

企业为建造固定资产准备的各种物资应当按照实际支付的买价、运输费、保险费等相关税费作为实际成本，并按照各种专项物资的种类进行明细核算。工程完工后，剩余的工程物资转为本企业存货的，按其实际成本或计划成本进行结转。建设期间发生的工程物资盘亏、报废及毁损，减去残料价值以及保险公司、过失人等赔款后的净损失，计入所建工程项目的成本；盘盈的工程物资或处置净收益，冲减所建工程项目的成本。工程完工后发生的工程物资盘盈、盘亏、报废、毁损，计入当期营业外收支。

建造固定资产领用工程物资、原材料或库存商品，应按其实际成本转入所建工程成本。自营方式建造固定资产应负担的职工薪酬，辅助生产部门为之提供的水、电、修理、运输等劳务，以及其他必要支出等也应计入所建工程项目的成本。

企业以自营方式建造固定资产，发生的工程成本应通过"在建工程"账户核算，工程完工达到预定可使用状态时，从"在建工程"账户转入"固定资产"账户。

2. 出包方式建造固定资产

采用出包方式建造固定资产，企业要与建造承包商签订建造合同，企业是建造合同的甲方，负责筹集资金和组织管理工程建设，通常称为建设单位。建造承包商是建造合同的乙方，负责建筑安装工程施工任务。企业的新建、改建、扩建等建设项目，通常均采用出包方式。一个建设项目通常由若干单项工程构成，如新建一个火电厂包括建造发电车间、冷却塔、安装发电设备等，新建的火电厂即为建设项目，建造的发电车间、冷却塔、安装发电设备均为单项工程。

企业以出包方式建造固定资产，其成本由建造该项固定资产达到预定可使用状态前所

[①] 2009年1月1日开始实行增值税转型改革后，企业构建(包括购进、接受捐赠、实物投资、自制、改扩建和安装)生产用固定资产发生的增值税进项税额，可以从销项税额中抵扣，不计入固定资产成本。

发生的必要支出构成，包括发生的建筑工程支出、安装工程支出以及需分摊计入各固定资产价值的待摊支出。

(三) 固定资产购置的核算

为了核算企业购买和自行建造完成固定资产价值的变动过程及其结果，需要设置以下账户。

1. "固定资产"账户

该账户的性质属于资产类，用来核算企业固定资产取得成本的增减变动及其结余情况。该账户的借方登记固定资产取得成本的增加，贷方登记固定资产取得成本的减少，期末余额在借方，表示固定资产原价的结余额。该账户应按照固定资产的种类设置明细账户，进行明细分类核算。在使用该账户时，必须注意固定资产达到预定可使用状态，其取得成本已经形成，才可以记入"固定资产"账户。"固定资产"账户的结构如下：

固定资产

固定资产取得成本的增加	固定资产取得成本的减少
期末余额：原价的结余	

2. "在建工程"账户

该账户的性质属于资产类，用来核算企业单位为进行固定资产基建、安装、技术改造以及大修理等工程而发生的全部支出(包括安装设备的价值)，并据以计算确定各该工程成本的账户。该账户的借方登记工程支出的增加，贷方登记结转完工工程的成本。期末余额在借方，表示未完工工程的成本。"在建工程"账户应按工程内容如建筑工程、安装工程、技术改造工程、大修理工程等设置明细账户，进行明细核算。"在建工程"账户的结构如下：

在建工程

工程发生的全部支出收入	结转完工工程成本
期末余额：未完工工程成本	

企业购入不需要安装的固定资产，按应计入固定资产成本的金额，借记"固定资产"账户，贷记"银行存款""其他应付款""应付票据"等账户。

购入需要安装的固定资产，先记入"在建工程"账户，安装完毕交付使用时再转入"固定资产"账户。自行建造完成的固定资产，借记"固定资产"账户，贷记"在建工程"账户。已达到预定可使用状态但尚未办理竣工决算手续的固定资产，可先按估计价值记账，待确定实际价值后再进行调整。企业购入固定资产，分为需要安装和不需要安装这两种情况，在会计核算上是有区别的。所以，在对固定资产进行核算时，一般将其区分为不需要安装固定资产和需要安装固定资产进行处理。

以下分别举例说明企业购买的不需要安装和需要安装固定资产的核算内容。

【例4-13】长城公司购入一台不需要安装的设备，该设备的买价125 000元，增值税21 250元，包装运杂费等2 000元，全部款项通过银行支付，设备当即投入使用。

这是一台不需要安装的设备，购买完成之后就意味着达到了预定可使用状态。这项经济业务的发生，一方面使得公司固定资产取得成本增加127 000元，增值税进项税额增加了20 125元；另一方面使得公司的银行存款减少148 250元。该项经济业务涉及"固定资产""银行存款"和"应交税费——应交增值税"3个账户。固定资产的增加是资产的增加，应记入"固定资产"账户的借方；增值税进项税额的增加是负债的减少，应记入"应交税费——应交增值税"账户的借方；银行存款的减少是资产的减少，应记入"银行存款"账户的贷方。这项经济业务应编制的会计分录如下：

  借：固定资产   127 000
    应交税费——应交增值税(进项税额) 21 250
    贷：银行存款   148 250

【例4-14】长城公司用银行存款购入一台需要安装的设备，有关发票等凭证显示其买价500 000元，增值税85 000元，包装运杂费等5 000元，设备投入安装。

由于这是一台需要安装的设备，因而购买过程中发生的各项支出构成购置固定资产安装工程成本，在设备达到预定可用状态前这些支出应先在"在建工程"账户中进行归集。因而，这项经济业务的发生，一方面使得公司的在建工程支出增加505 000(500 000+5 000)元，增值税进项税额增加85 000元；另一方面使得公司的银行存款减少566 600元。该项经济业务涉及"在建工程""应交税费——应交增值税"和"银行存款"3个账户。在建工程支出的增加是资产的增加，应记入"在建工程"账户的借方；增加税进项税额的增加是负债的减少，应记入"应交税费——应交增值税"账户的借方；银行存款的减少是资产的减少，应记入"银行存款"账户的贷方。这项经济业务应编制的会计分录如下：

  借：在建工程   505 000
    应交税费——应交增值税(进项税额) 85 000
    贷：银行存款   590 000

【例4-15】承前例，长城公司的上述设备在安装过程中发生的安装费如下：领用本公司的原材料22 000元，应付本公司安装工人的工资20 000元。

设备在安装过程中发生的安装费也构成固定资产安装工程支出。对于其中消耗的原材料，应将其购入时的增值税进项税额自"应交税费"账户的贷方转出，但为了简化核算，我们这里假设不考虑增值税。这项经济业务的发生，一方面使得公司固定资产安装工程支出(安装费)增加42 000(22 000+20 000)元，另一方面使得公司的原材料成本减少22 000元，应付职工工资增加20 000元。该项经济业务涉及"在建工程""原材料"和"应付职工薪酬"3个账户。在建工程支出的增加是资产的增加，应记入"在建工程"账户的借方；原材料的减少是资产的减少，应记入"原材料"账户的贷方；应付工资的增加是负债的增加，应记入"应付职工薪酬"账户的贷方。这项经济业务应编制的会计分录如下：

  借：在建工程   42 000
    贷：原材料   22 000
      应付职工薪酬——工资 20 000

【例4-16】承前例，上述设备安装完毕，达到预定可使用状态，并经验收合格办理竣工决算手续，现已交付使用，结转工程成本。

工程安装完毕，交付使用，意味着固定资产的取得成本已经形成，就可以将该工程全部支出转入"固定资产"账户，其工程的全部成本为547 000(505 000+42 000)元。这项经济业务的发生，一方面使得公司固定资产取得成本增加547 000元，另一方面使得公司的在建工程成本减少547 000元。该项经济业务涉及"固定资产"和"在建工程"两个账户。固定资产取得成本的增加是资产的增加，应记入"固定资产"账户的借方；在建工程支出的结转是资产的减少，应记入"在建工程"账户的贷方。这项经济业务应编制的会计分录如下：

借：固定资产　　　　　　547 000
　　贷：在建工程　　　　　547 000

二、材料采购业务的核算

企业要进行正常的产品生产经营活动，就必须购买和储备一定品种和数量的原材料，原材料是产品制造企业生产产品不可缺少的物质要素，在生产过程中，材料经过加工而改变其原来的实物形态，构成产品实体的一部分，或者实物消失而有助于产品的生产。因此，产品制造企业要有计划地采购材料，既要保证及时、按质、按量地满足生产上的需要，同时又要避免储备过多不必要的占用资金。

在材料采购过程中，一方面是企业从供应单位购进各种材料，要计算购进材料的采购成本；另一方面，企业要按照经济合同和约定的结算办法支付材料的买价和各种采购费用，并与供应单位发生货款结算关系。在材料采购业务的核算过程中，还涉及增值税进项税额的计算与处理问题。

按照《企业会计准则第1号——存货》的要求，存货应当按照成本进行初始计量。存货成本包括采购成本、加工成本和其他成本。其中，存货的采购成本包括购买价款、相关税费、运输费、装卸费、保险费以及其他可归属于存货采购成本的费用[①]。关于取得原材料成本的确定，不同方式取得的原材料，其成本的确定方法不同，成本构成内容也不同。其中，购入的原材料，其实际采购成本由以下几项内容组成：①买价，是指购货发票所注明的货款金额；②采购过程中发生的运输费、包装费、装卸费、保险费、仓储费等；③材料在运输途中发生的合理损耗[②]；④材料入库之前发生的整理挑选费用；⑤按规定应计入材料采购成本的各种税金，如从国外进口材料支付的关税等；⑥其他费用，如大宗物资的市内运杂费等。但这里需要注意的是市内零星运杂费、采购人员的差旅费以及采购机构的经费等不构成材料的采购成本，而是计入期间费用。

在会计实务中，企业的材料可以按照实际成本计价组织收发核算，也可以按照计划成本计价组织收发核算，具体采用哪一种方法，由企业根据具体情况自行决定。

(一) 材料按实际成本计价的核算

当企业的经营规模较小，原材料的种类不是很多，而且原材料收、发业务的发生也不是很频繁的情况下，可以按照实际成本计价方法组织原材料的收、发核算。原材料按照实际成本计价方法进行日常的收发核算，其特点是从材料的收、发凭证到材料明细分类账和总分类账全部按实际成本计价。其公式为：

---

① 参见《企业会计准则第1号——存货》第五条、第六条。
② 材料在运输途中发生的损耗包括合理损耗、不合理损耗和意外损耗等。其中，合理损耗计入材料采购成本；不合理损耗应向责任人或责任单位索取赔偿；意外损耗扣除保险公司给予的赔偿以及残值后的净损失计入营业外支出；除以上各项以外的其他损失计入管理费用。

购入材料的实际成本=实际买价+采购费用

原材料按实际成本计价组织收、发核算时应设置以下几个账户。

1. "在途物资"账户

该账户的性质属于资产类,用来核算企业采用实际成本(或进价)进行材料(或商品)日常核算,货款已付尚未验收入库的购入材料或商品的采购成本。企业购入材料、商品,按应计入材料、商品采购成本的金额,借记"在途物资"账户;按可抵扣的增值税额,借记"应交税费——应交增值税(进项税额)"账户;按实际支付或应付的款项,贷记"银行存款""应付票据"等账户。所购材料、商品到达验收入库,借记"原材料""库存商品——进价"等账户,贷记"在途物资"账户。"在途物资"账户应按照购入材料的品种或种类设置明细账户,进行明细分类核算。"在途物资"账户的结构如下:

在途物资

购入材料的: 　买价 　采购费用	结转验收入库材料的实际采购成本
期末余额:在途材料成本	

购入材料过程中发生的除买价之外的采购费用,如果能够分清是某种材料直接负担的,可直接计入该材料的采购成本,否则就应进行分配。分配时,首先根据材料的特点确定分配的标准,一般来说可以选择的分配标准有材料的重量、体积、买价等,然后计算材料采购费用分配率,最后计算各种材料的采购费用负担额。其公式为:

材料采购费用分配率=共同性采购费用额÷分配标准的合计

某材料应负担的采购费用额=采购费用分配率×该材料的分配标准

2. "原材料"账户

该账户的性质属于资产类,用来核算企业库存的各种材料,包括原料及主要材料、辅助材料、外购半成品(外购件)、修理用备件(备品备件)、包装材料、燃料等的计划成本或实际成本。收到来料加工装配业务的原料、零件等,应当设置备查簿进行登记。其借方登记已验收入库材料实际成本的增加,贷方登记发出材料的实际成本(即库存材料成本的减少),期末余额在借方,表示库存材料实际成本的期末结余额。"原材料"账户应按照材料的保管地点、材料的种类或类别设置明细账户,进行明细分类核算。"原材料"账户的结构如下:

原材料

验收入库材料实际成本的增加	库存材料实际成本的减少
期末余额:库存材料实际成本结余	

3. "应付账款"账户

该账户的性质属于负债类,用来核算企业因购买材料、商品和接受劳务供应等经营活动应支付的款项。其贷方登记应付供应单位款项(买价、税金和代垫运杂费等)的增加,借方登记应付供应单位款项的减少(即偿还)。期末余额一般在贷方,表示尚未偿还的应付款的结余额。该账户应当按照不同的债权人进行明细核算。"应付账款"账户的结构如下:

应付账款	
偿还应付供应单位款项(减少)	应付供应单位款项的增加
	期末余额：尚未偿还的应付款

4. "预付账款"账户

该账户的性质属于资产类，用来核算企业按照购货合同规定预付给供应单位的款项。其借方登记结算债权的增加即预付款的增加，贷方登记收到供应单位提供的材料物资而应冲销的预付款债权(即预付款的减少)。期末余额一般在借方，表示尚未结算的预付款的结余额。预付款项情况不多的，也可以不设置"预付账款"账户，将预付的款项直接记入"应付账款"科目的借方。该账户应按照供应单位的名称设置明细账户，进行明细分类核算。"预付账款"账户的结构如下：

预付账款	
预付供应单位款项的增加	冲销预付供应单位的款项
期末余额：尚未结算的预付款	

5. "应付票据"账户

该账户的性质属于负债类，用来核算企业购买材料、商品和接受劳务供应等开出、承兑的商业汇票，包括银行承兑汇票和商业承兑汇票。其贷方登记企业开出、承兑商业汇票的增加，借方登记到期商业汇票的减少。期末余额在贷方，表示尚未到期的商业汇票的期末结余额。该账户不设置明细账户，但要设置"应付票据备查簿"登记其具体内容。"应付票据"账户的结构如下：

应付票据	
到期应付票据的减少(不论是否已经付款)	开出、承兑商业汇票的增加
	期末余额：尚未到期商业汇票的结余额

6. "应交税费"账户

该账户的性质属于负债类，用来核算企业按照税法规定计算应交纳的各种税费，包括增值税、消费税、营业税、所得税、资源税、土地增值税、城市维护建设税、房产税、土地使用税、车船使用税、教育费附加、矿产资源补偿费等。其贷方登记计算出的各种应交而未交税金的增加，借方登记实际缴纳的各种税金，包括支付的增值税进项税额。期末余额方向不固定，如果在贷方，表示未交税金的结余额；如果在借方，表示多交的税金。"应交税费"账户应按照税种设置明细账户，进行明细分类核算。

在物资采购业务中设置"应交税费"账户，主要是核算增值税。增值税是对在我国境内销售货物或者提供劳务以及进口货物的单位和个人，就其取得的货物或应税劳务销售额计算税款，并实行税款抵扣制的一种流转税。增值税是一种价外税，采取两段征收法，分为增值税进项税额和销项税额。当期应纳税额计算公式为：

$$当期应纳税额=当期销项税额-当期进项税额$$

其中，销项税额是指纳税人销售货物或应税劳务，按照销售额和规定的税率计算并向购买方收取的增值税额。其计算公式为：

$$销项税额=销售额\times 增值税税率$$

进项税额是指纳税人购进货物或接受应税劳务所支付或负担的增值税额。其计算公式为:

$$进项税额=购进货物或劳务价款\times 增值税税率$$

增值税的进项税额与销项税额是相对应的,销售方的销项税额就是购买方的进项税额。

"应交税费"账户的结构如下:

应交税费

实际缴纳的各种税金(增值税进项税额)	计算出的应交而未交的税金(增值税销项税额)
期末余额:多交的税金	期末余额:未交的税金

以下举例说明原材料按实际成本计价业务的总分类核算。

【例4-17】长城公司从A工厂购入下列材料:甲材料5 000千克,单价24元;乙材料2 000千克,单价19元,增值税率17%,全部款项通过银行付清。

对于这项经济业务,首先要计算购入材料的买价和增值税进项税额。甲材料的买价为120 000(24×5 000)元,乙材料的买价为38 000(19×2 000)元,甲、乙两种材料的买价计为158 000元,增值税进项税额为26 860(158 000×17%)元。这项经济业务的发生,一方面使得公司购入甲材料的买价增加120 000元,乙材料的买价增加38 000元,增值税进项税额增加26 860元;另一方面使得公司的银行存款减少184 860(120 000+38 000+26 860)元。该项经济业务涉及"物资采购""应交税费——应交增值税""银行存款"3个账户。材料买价的增加是资产的增加,应记入"物资采购"账户的借方;增值税进项税额的增加是负债的减少,应记入"应交税费——应交增值税"明细账户的借方;银行存款的减少是资产的减少,应记入"银行存款"账户的贷方。这项业务编制的会计分录如下:

借:在途物资——甲材料　　　　　120 000
　　　　　　——乙材料　　　　　 38 000
　　应交税费——应交增值税(进项税额)　26 860
　贷:银行存款　　　　　　　　　184 860

【例4-18】长城公司用银行存款3 500元支付上述购入甲、乙材料的外地运杂费,按照材料的重量比例进行分配。

首先需要对甲、乙材料应共同负担的3 500元外地运杂费进行分配:

分配率=3 500÷(5 000+2 000) =0.5(元/千克)

甲材料负担的采购费用=0.5×5 000=2 500(元)

乙材料负担的采购费用=0.5×2 000=1 000(元)

这项经济业务的发生,一方面使得公司的材料采购成本增加3 500元,其中甲材料采购成本增加2 500元,乙材料采购成本增加1 000元;另一方面使得公司的银行存款减少3 500元。该项经济业务涉及"物资采购"和"银行存款"两个账户。材料采购成本的增加是资产的增加,应记入"物资采购"账户的借方;银行存款的减少是资产的减少,应记入"银行存款"账户的贷方。这项业务编制的会计分录如下:

借:在途物资——甲材料　　2 500
　　　　　　——乙材料　　1 000
　贷:银行存款　　　　　　3 500

【例4-19】长城公司从B工厂购进丙材料7 000千克,发票注明的价款216 000元,增值税额36 720元,B工厂代本公司垫付材料的运杂费5 000元。材料已运达企业。账单、发票已到,但材料价款、税金及运杂费尚未支付。

这项经济业务的发生,一方面使得公司的材料采购支出增加221 000(216 000+5 000)元,增值税进项税额增加36 720元;另一方面使得公司应付供应单位款项增加257 720(221 000+36 720)元。因此,这项经济业务涉及"物资采购""应交税费——应交增值税"和"应付账款"3个账户。材料采购支出的增加是资产的增加,应记入"物资采购"账户的借方;增值税进项税额的增加是负债的减少,应记入"应交税费——应交增值税"账户的借方;应付账款的增加是负债的增加,应记入"应付账款"账户的贷方。这项经济业务编制的会计分录如下:

借:在途物资——丙材料　　　　　　　　221 000
　　应交税费——应交增值税(进项税额)　 36 720
　　贷:应付账款——B工厂　　　　　　　　257 720

【例4-20】长城公司按照合同规定用银行存款预付给B工厂订货款200 000元。

这项经济业务的发生,一方面使得公司预付的订货款增加200 000元,另一方面使得公司的银行存款减少200 000元。该项经济业务涉及"预付账款"和"银行存款"两个账户。预付订货款的增加是资产(债权)的增加,应记入"预付账款"账户的借方;银行存款的减少是资产的减少,应记入"银行存款"账户的贷方。这项经济业务编制的会计分录如下:

借:预付账款——B工厂　　　　200 000
　　贷:银行存款　　　　　　　　　200 000

【例4-21】承前例,长城公司收到B工厂发运来的、前已预付货款的丙材料,并验收入库。随货物附来的发票注明该批丙材料的价款420 000元,增值税进项税额71 400元,除冲销原预付款200 000元外,不足款项立即用银行存款支付。另发生运杂费5 000元,用现金支付。

这项经济业务的发生,一方面使得公司的材料采购支出增加425 000(420 000+5 000)元,增值税进项税额增加71 400元;另一方面使得公司的预付款减少200 000元,银行存款减少291 400(420 000+71 400-200 000)元,现金减少5 000元。该项经济业务涉及"物资采购""应交税费——应交增值税""预付账款""银行存款"和"库存现金"5个账户。材料采购支出的增加是资产的增加,应记入"物资采购"账户的借方;增值税进项税额的增加是负债的减少,应记入"应交税费——应交增值税"账户的借方;预付款的减少是资产的减少,应记入"预付账款"账户的贷方;银行存款的减少是资产的减少,应记入"银行存款"账户的贷方;现金的减少是资产的减少,应记入"库存现金"账户的贷方。这项经济业务编制的会计分录如下:

借:在途物资——丙材料　　　　　　　　425 000
　　应交税费——应交增值税(进项税额)　 71 400
　　贷:预付账款——B工厂　　　　　　　　200 000
　　　　银行存款　　　　　　　　　　　　291 400
　　　　库存现金　　　　　　　　　　　　　5 000

【例4-22】长城公司签发并承兑一张商业汇票购入丁材料,该批材料的含税总价款

585 000元，增值税率17%。

这笔业务中出现的是含税总价款585 000元，应将其分解为不含税价款和税额两部分：

不含税价款=含税价款÷(1+税率)=585 000÷(1+17%)=500 000(元)

增值税额=500 000×17%=85 000(元)

这项经济业务的发生，一方面使得公司的材料采购支出增加500 000元，增值税进项税额增加85 000元；另一方面使得公司的应付票据增加585 000元。该项经济业务涉及"在途物资""应交税费——应交增值税""应付票据"3个账户。材料采购支出的增加是资产的增加，应记入"在途物资"账户的借方；增值税进项税额的增加是负债的减少，应记入"应交税费——应交增值税"账户的借方；应付票据的增加是负债的增加，应记入"应付票据"账户的贷方。所以，编制的会计分录如下：

借：在途物资——丁材料　　　　　　500 000
　　应交税费——应交增值税(进项税额)　85 000
　　贷：应付票据　　　　　　　　　　585 000

【例4-23】承【例4-19】长城公司签发并承兑一张商业汇票，用以抵付本月从B工厂购入丙材料的价税款和代垫的运杂费。

这项经济业务的发生，一方面使得公司的应付账款减少257 720元，另一方面使得公司的应付票据增加257 720元。该项经济业务涉及"应付账款"和"应付票据"两个账户。应付账款的减少是负债的减少，应记入"应付账款"账户的借方；应付票据的增加是负债的增加，应记入"应付票据"账户的贷方。所以，编制的会计分录如下：

借：应付账款——B工厂　　　257 720
　　贷：应付票据　　　　　　257 720

【例4-24】长城公司本月购入的甲、乙、丙、丁材料已经验收入库，结转各种材料的实际采购成本。

首先计算本月购入的各种材料的实际采购成本：

甲材料实际采购成本=120 000+2 500=122 500(元)

乙材料实际采购成本=38 000+1 000=39 000(元)

丙材料实际采购成本=221 000+425 000=646 000(元)

丁材料实际采购成本=500 000(元)

这项经济业务的发生，一方面使得公司已验收入库材料的实际采购成本增加1 307 500元，另一方面使得公司的材料采购支出结转1 307 500元。该项经济业务涉及"原材料"和"在途物资"两个账户。库存材料实际成本的增加是资产的增加，应记入"原材料"账户的借方；材料采购支出的结转是资产的减少，应记入"物资采购"账户的贷方。所以，这项经济业务应编制的会计分录如下：

借：原材料——甲材料　　　122 500
　　　　　——乙材料　　　 39 000
　　　　　——丙材料　　　646 000
　　　　　——丁材料　　　500 000
　　贷：在途物资——甲材料　122 500
　　　　　　　　——乙材料　 39 000

——丙材料　　646 000
　　——丁材料　　500 000

(二) 原材料按计划成本计价的核算

材料按照实际成本进行计价核算，能够比较全面、完整地反映材料资金的实际占用情况，可以准确地计算出所生产产品的成本中的材料费用额。但是，当企业材料的种类比较多、收发次数又比较频繁的情况下，其核算的工作量就比较大，而且也不便于考核材料采购业务成果及分析材料采购计划的完成情况。为了强化材料成本管理、降低材料采购成本，在一些大、中型企业里，材料就按照计划成本计价组织收、发核算。材料按计划成本计价进行核算，就是材料的收发凭证按计划成本计价，材料总账及明细账均按计划成本登记，通过增设"材料成本差异"账户来核算材料实际成本与计划成本之间的差异额，并在会计期末对计划成本进行调整，以确定库存材料的实际成本和发出材料应负担的差异额，进而确定发出材料的实际成本。

原材料按计划成本组织收、发核算时，应设置以下几个账户。

1. "原材料"账户

原材料按计划成本核算所设置的"原材料"账户与按实际成本核算设置的"原材料"账户基本相同，只是将其实际成本改为计划成本，即"原材料"账户的借方、贷方和期末余额均表示材料的计划成本。

2. "材料采购"账户

该账户的性质是资产类，用来核算企业采用计划成本进行材料日常核算而购入材料的采购成本。其借方登记购入材料的实际成本和结转入库材料实际成本小于计划成本的节约差异，贷方登记入库材料的计划成本和结转入库材料的实际成本大于计划成本的超支差异。期末余额在借方，反映企业已经收到发票账单付款或已开出、承兑商业汇票，但尚未到达或尚未验收入库的在途材料的采购成本。该账户应按照材料的种类设置明细账户，进行明细分类核算。"材料采购"账户的结构如下：

材料采购

(1) 购入材料的实际采购成本	(1) 结转入库材料的计划成本
(2) 结转入库材料的节约差异额	(2) 结转入库材料的超支差异额
期末余额：在途材料成本	

3. "材料成本差异"账户

该账户的性质是资产类，用来核算企业各种材料的实际成本与计划成本的差异。其借方登记结转入库材料的超支(实际成本大于计划成本)差异额，贷方登记结转入库材料的节约差异额(实际成本小于计划成本)和发出材料应负担的超支差异额。期末余额如果在借方，表示库存材料的超支差异额；如果在贷方，表示库存材料的节约差异额。"材料成本差异"账户的结构如下：

材料成本差异

结转验收入库材料的超支差异额	(1) 结转验收入库材料的节约差异额
	(2) 结转发出材料负担的差异额(超支用蓝字，节约用红字)
期末余额：库存材料的超支差异	期末余额：库存材料的节约差异

以下举例说明原材料按计划成本计价的总分类核算。

【例4-25】长城公司用银行存款购入甲材料5 000千克,发票注明其价款600 000元,增值税额102 000元。另用现金1 200元支付该批甲材料的运杂费。

这项经济业务的发生,一方面使得公司的材料采购支出增加601 200(600 000+1 200)元,增值税进项税额增加102 000元;另一方面使得公司的银行存款减少702 000(600 000+102 000)元,现金减少1 200元。该项经济业务涉及"材料采购""应交税费——应交增值税""银行存款"和"库存现金"4个账户。材料采购支出的增加是资产的增加,应记入"材料采购"账户的借方;增值税进项税额的增加是负债的减少,应记入"应交税费——应交增值税"账户的借方;银行存款的减少是资产的减少,应记入"银行存款"账户的贷方;现金的减少是资产的减少,应记入"库存现金"账户的贷方。所以,编制的会计分录如下:

借:材料采购——甲材料　　　　　　601 200
　　应交税费——应交增值税(进项税额)　102 000
　贷:银行存款　　　　　　　　　　　702 000
　　库存现金　　　　　　　　　　　　1 200

【例4-26】承前例,上述甲材料验收入库,其计划成本为600 000元,结转该批甲材料的计划成本和差异额。

由于该批甲材料的实际成本为601 200元,计划成本为600 000元,因而可以确定甲材料成本的超支差异额为1 200(601 200-600 000)元。结转验收入库材料的计划成本时,使得公司的材料采购支出(计划成本)减少600 000元和库存材料计划成本增加600 000元;结转入库材料成本超支差异额,使得库存材料成本超支差异额增加1 200元和材料采购支出减少1 200元。该项经济业务涉及"原材料""材料采购"和"材料成本差异"3个账户,库存材料成本的增加是资产的增加,应记入"原材料"账户的借方;材料采购成本的结转是资产的减少,应记入"材料采购"账户的贷方。该项经济业务应编制的会计分录如下:

借:原材料——甲材料　　　　　　　600 000
　　材料成本差异　　　　　　　　　　1 200
　贷:材料采购——甲材料　　　　　　601 200

假如本例中甲材料的计划成本为602 200元,则可以确定甲材料成本的节约差异额为-1 000(601 200-602 200)元,其会计分录为:

借:原材料——甲材料　　　　　　　602 200
　贷:材料采购——甲材料　　　　　　601 200
　　材料成本差异　　　　　　　　　　1 000

【例4-27】长城公司本月生产产品领用甲材料计划成本总额为300 000元(领用材料的会计分录略)。月末计算确定发出甲材料应负担的差异额,并予以结转。假设期初库存甲材料计划成本为400 000元,成本差异额为超支差异10 000元。

为了计算产品的实际生产成本,在会计期末就需要将计划成本调整为实际成本。其方法是运用差异率对计划成本进行调整,以求得实际成本。材料成本差异率的计算方法有两种:

$$月初材料成本差异率 = \frac{月初库存材料成本差异额}{月初库存材料的计划成本} \times 100\%$$

本月材料成本差异率=$\dfrac{\text{月初库存材料差异额}+\text{本月购入材料差异额}}{\text{月初库存材料计划成本}+\text{本月入库材料计划成本}}\times 100\%$

注意：上述公式中的材料成本差异额如为节约差异，则用负数表示。

发出材料应负担的差异额=成本差异率×发出材料的计划成本

根据本例资料，采用本月差异率，我们可以计算如下：

本月材料成本差异率=$\dfrac{10\,000+1\,200}{400\,000+600\,000}=\dfrac{11\,200}{1\,000\,000}=0.011\,2$

发出材料应负担的差异额=300 000×0.011 2=3 360(元)

结转发出材料应负担的差异额时，一方面应记入"生产成本"等账户的借方(超支用蓝字，节约用红字)，另一方面应记入"材料成本差异"账户的贷方(超支用蓝字，节约用红字)。编制的会计分录如下：

借：生产成本　　　　　3 360
　　贷：材料成本差异　　3 360

注意：如果是节约差异，用红字作相同的会计分录。☐表示红字。假定本例中本月材料成本差异率为-0.011 2(节约差异)，编制的会计分录如下：

借：生产成本　　　　　| 3 360 |
　　贷：材料成本差异　　　　| 3 360 |

第四节　生产过程业务的核算

企业在其经营过程中要发生各种各样的费用，不仅包括生产过程，供应过程和销售过程也是如此，生产过程核算与费用的关系更密切。从收入与费用的内在联系来看，企业之所以要发生各种资产的耗费，其内在的动因就是要取得各种收入，所以，费用的确认就应该与收入的确认保持一致。

一、生产过程业务概述

制造业企业的主要经济活动是生产符合社会需要的产品，产品的生产过程同时也是生产的耗费过程。企业在生产经营过程中发生的各项耗费，是企业为获得收入而预先垫支并需要得到补偿的资金耗费，因而也是收入形成、实现的必要条件。制造业企业在生产过程中发生的、用货币额表现的生产耗费叫作生产费用。这些费用最终都要归集、分配到一定种类的产品上去，从而形成各种产品的成本。由此可见，费用与成本有着密切的联系，费用的发生过程也就是成本的形成过程，费用是产品成本形成的基础。但是，费用与成本也有一定的区别，费用是在一定期间为了进行生产经营活动而发生的各项耗费，费用与发生的期间直接相关，即费用强调"期间"；而成本则是为生产某一产品或提供某一劳务所消耗的费用，成本与负担者直接相关，即成本强调"对象"。

生产费用按其计入产品成本的方式不同，可以分为直接费用和间接费用。直接费用是指企业生产产品过程中实际消耗的直接材料、直接工资和其他直接支出。间接费用是指企业为生产产品和提供劳务而发生的各项间接支出，也称为制造费用。生产费用按其经济用途所进行的分类，在会计上一般将其称为成本项目。各个产品成本项目的具体构成内容可以分述如下：

直接材料，是指企业在生产产品和提供劳务的过程中所消耗的、直接用于产品生产，构成产品实体的各种原材料及主要材料、外购半成品以及有助于产品形成的辅助材料等。

直接人工，是指企业在生产产品和提供劳务过程中，直接从事产品生产的工人工资、津贴、补贴等。

制造费用，是指企业为生产产品和提供劳务而发生的各项间接费用。其构成内容比较复杂，包括间接的工资费、福利费、折旧费、修理费、办公费、水电费、物料消耗、季节性停工损失等。

在会计核算过程中，必须按照划分收益性支出和资本性支出原则、历史成本原则和权责发生制原则的要求，对各项费用的发生额及其应归属的期间加以确认与计量，并按照各项费用的构成内容和经济用途进行反映。因此，在产品生产过程中费用的发生、归集和分配以及产品成本的形成，就构成了生产业务核算的主要内容。

二、生产费用的归集与分配

(一) 材料费用的归集与分配

产品制造企业通过供应过程采购的各种原材料，经过验收入库之后，就形成了生产产品的物资储备；生产产品及其他方面领用时，就形成了材料费。在确定材料费用时，应根据领料凭证区分车间、部门和不同用途后，按照确定的结果将发出材料的成本分别计入"生产成本""制造费用""管理费用"等账户和产品生产成本明细账。对于直接用于某种产品生产的材料费，应直接计入该产品生产成本明细账中的直接材料费项目；对于由几种产品共同耗用、应由这些产品共同负担的材料费，应选择适当的标准在各种产品之间进行分配之后，计入各有关成本计算对象；对于为创造生产条件等需要而间接消耗的各种材料费，应先在"制造费用"账户中进行归集，再同其他间接费用一起分配计入有关产品成本中。材料是构成产品实体的一个重要组成部分，对材料费的归集与分配的核算是生产过程核算的一项重要内容。

为了反映和监督产品在生产过程中各项材料费用的发生、归集和分配情况，正确地计算产品生产成本中的材料费用，应设置以下账户。

1. "生产成本"账户

该账户的性质属于成本类，用来核算企业进行工业性生产发生的各项生产费用，包括生产各种产品(包括产成品、自制半成品等)、自制材料、自制工具、自制设备等。其借方登记应计入产品生产成本的各项费用，包括直接计入产品生产成本的直接材料费、直接人工，以及期末按照一定的分配方法计入产品生产成本的制造费用；贷方登记结转完工入库产成品的生产成本。期末如有余额在借方，表示尚未完工产品(在产品)的成本即生产资金的占用额。该账户应当按照基本生产成本和辅助生产成本进行明细核算。基本生产成本应当分别按照基本生产车间和成本核算对象(如产品的品种、类别、订单、批别、生产阶段等)设置明细账，并按照规定的成本项目设置专栏。生产成本账户的结构如下：

生产成本

发生的生产费用： (1) 直接材料 (2) 直接人工 (3) 制造费用	结转完工验收入库产成品成本
期末余额：在产品成本	

2. "制造费用"账户

该账户的性质属于成本类，用来核算企业生产车间、部门为生产产品和提供劳务而发生的各项间接费用。制造费用主要包括车间范围内发生的间接工资(车间管理人员的工资)及福利费、折旧费、修理费、办公费、水电费、物料消耗等。其借方登记实际发生的各项制造费用，贷方登记期末经分配转入"生产成本"账户借方应计入产品制造成本的制造费用额。期末在费用结转后该账户一般没有余额。该账户应按不同车间设置明细账户，按照费用项目设置专栏进行明细分类核算。"制造费用"账户的结构如下：

制造费用

归集车间范围内发生的各项间接费用	期末分配转入"生产成本"账户的制造费用

产品制造企业采购到的原材料，经验收入库，形成生产的物资储备。生产部门领用时，填制领料单，向仓库办理领料手续，领取所需材料。仓库发出材料后，要将领料凭证传递到会计部门。会计部门将领料单汇总，编制发出材料汇总表，据以将本月发生的材料费用按其用途分配计入生产费用和其他有关费用。

以下举例说明材料费用归集与分配的总分类核算过程。

【例4-28】长城公司本月仓库发出材料，按材料用途编制发出材料汇总表，如表4-1所示。

表4-1 发出材料汇总表

单位：元

用途	甲材料		乙材料		材料耗用合计
	数量	金额	数量	金额	
制造产品领用： A产品耗用 B产品耗用	8 000 10 000	560 000 550 000	5 000 4 000	320 000 90 000	880 000 640 000
小计	18 000	1 110 000	9 000	410 000	1 520 000
车间一般耗用	4 000	326 000	2 000	54 000	380 000
合计	22 000	1 436 000	11 000	464 000	1 900 000

从表4-1可以看出，该企业的材料费用可以分为两个部分：一部分为直接用于产品制造的直接材料费用，A、B两种产品共耗用1 520 000元，其中A产品耗用880 000元，B产品耗用640 000元；另一部分为车间一般性消耗的材料费380 000元。这项经济业务的发生，一方面使得公司生产产品的直接材料费增加1 520 000元，间接材料费增加380 000元；另一方面使得公司的库存材料减少计1 900 000元。该项经济业务涉及"生产成本""制造费用""原材料"3个账户。生产产品的直接材料费和间接材料费的增加是费用的增加，应分别记入"生产成本"和"制造费用"账户的借方，库存材料的减少是资产的减少，应记

入"原材料"账户的贷方。这项经济业务应编制的会计分录如下:

  借:生产成本——A产品   880 000
       ——B产品   640 000
    制造费用   380 000
   贷:原材料——甲材料   1 436 000
       ——乙材料   464 000

(二) 人工费用的归集与分配

1. 职工及职工薪酬的范围

职工,是指与企业订立劳动合同的所有人员,含全职、兼职和临时职工,也包括虽未与企业订立劳动合同但由企业正式任命的人员。未与企业订立劳动合同或未由其正式任命,但向企业所提供服务与职工所提供服务类似的人员,也属于职工的范畴,包括通过企业与劳务中介公司签订用工合同而向企业提供服务的人员[①]。职工薪酬准则所称的"职工"包括以下三类人员:

(1) 与企业订立劳动合同的所有人员,含全职、兼职和临时职工。按照《劳动法》和《劳动合同法》的规定,企业作为用人单位与劳动者应当订立劳动合同,职工薪酬准则中的职工首先包括这部分人员,即与企业订立了固定期限、无固定期限和以完成一定的工作为期限的劳动合同的所有人员。

(2) 未与企业订立劳动合同但由企业正式任命的人员,如董事会成员、监事会成员等。按照《公司法》的规定,公司应当设立董事会和监事会,董事会、监事会成员为企业的战略发展提出建议、进行相关监督等,目的是提高企业整体经营管理水平,对其支付的津贴、补贴等报酬从性质上属于职工薪酬。因而,尽管有些董事会、监事会成员不是本企业职工,未与企业订立劳动合同,但是属于职工薪酬准则所称的职工。

(3) 在企业的计划和控制下,虽未与企业订立劳动合同或未由其正式任命,但为其提供与职工类似服务的人员,也属于职工薪酬准则所称的职工。比如,企业与有关中介机构签订劳务用工合同,虽然企业并不直接与合同下雇佣的人员订立单项劳动合同,也不任命这些人员,但通过劳务用工合同,这些人员在企业相关人员的领导下,按照企业的工作计划和安排,为企业提供与本企业职工类似的服务。

企业为了获得职工的劳动,应向职工支付一定的薪酬。职工薪酬,是指企业为获得职工提供的服务或解除劳动关系而给予的各种形式的报酬或补偿。职工薪酬包括短期薪酬、离职后福利、辞退福利和其他长期职工福利。企业提供给职工配偶、子女、受赡养人、已故员工遗属及其他受益人等的福利,也属于职工薪酬。①短期薪酬,是指企业在职工提供相关服务的年度报告期间结束后12个月内需要全部予以支付的职工薪酬,因解除与职工的劳动关系给予的补偿除外。短期薪酬具体包括:职工工资、奖金、津贴和补贴,职工福利费,医疗保险费、工伤保险费和生育保险费等社会保险费,住房公积金,工会经费和职工教育经费,短期带薪缺勤,短期利润分享计划[②],非货币性福利以及其他短期薪酬。②离

---

① 参见2014年7月1日起施行的《企业会计准则第9号——职工薪酬》第三条。
② 带薪缺勤,是指企业支付工资或提供补偿的职工缺勤,包括年休假、病假、短期伤残、婚假、产假、丧假、探亲假等。利润分享计划,是指因职工提供服务而与职工达成的、基于利润或其他经营成果提供薪酬的协议。

职后福利，是指企业为获得职工提供的服务而在职工退休或与企业解除劳动关系后，提供的各种形式的报酬和福利，短期薪酬和辞退福利除外。③辞退福利，是指企业在职工劳动合同到期之前解除与职工的劳动关系，或者为鼓励职工自愿接受裁减而给予职工的补偿。④其他长期职工福利，是指除短期薪酬、离职后福利、辞退福利之外所有的职工薪酬，包括长期带薪缺勤、长期残疾福利、长期利润分享计划等①。

2. 人工费用的核算

为了核算人工费用的发生和分配的内容，需要设置"应付职工薪酬"账户。

该账户的性质是负债类，用来核算企业应付给职工薪酬的计算与实际发放，反映和监督企业与职工薪酬结算情况的账户。该账户贷记本月计算的应付职工薪酬，包括各种工资、奖金、津贴等，同时对应付的工资额，应作为一项费用按其经济用途分别记入有关的成本、费用账户；借记本月实际发放的薪酬数。月末如有余额，表示应付薪酬与实发薪酬之间的差额。该账户通常为贷方余额，表示本月应付薪酬大于实发薪酬的差额，反映企业应付职工薪酬的结余。"应付职工薪酬"应当按照"工资""职工福利""社会保险费""住房公积金""工会经费""职工教育经费""解除职工劳动关系补偿"等应付职工薪酬项目进行明细核算。"应付职工薪酬"账户的结构如下：

应付职工薪酬

实际发放的工资额	月末计算分配的工资
	期末余额：应付未付的工资

3. 应付职工薪酬的主要账务处理

(1) 企业按照有关规定向职工支付工资、奖金、津贴等，借记"应付职工薪酬"账户，贷记"银行存款""库存现金"等账户；企业从应付职工薪酬中扣还的各种款项(代垫的家属药费、个人所得税等)，借记"应付职工薪酬"账户，贷记"其他应收款""应交税费——应交个人所得税"等账户；企业向职工支付职工福利费，借记"应付职工薪酬"账户，贷记"银行存款""库存现金"账户。

(2) 企业支付工会经费和职工教育经费用于工会运作和职工培训，借记"应付职工薪酬"账户，贷记"银行存款"等账户；企业按照国家有关规定缴纳社会保险费和住房公积金，借记"应付职工薪酬"账户，贷记"银行存款"账户；企业因解除与职工的劳动关系向职工给予的补偿，借记"应付职工薪酬"账户，贷记"银行存款""库存现金"等账户。

(3) 企业应当根据职工提供服务的受益对象，对发生的职工薪酬按以下情况进行处理：生产部门人员的职工薪酬，借记"生产成本""制造费用""劳务成本"账户，贷记"应付职工薪酬"账户；管理部门人员的职工薪酬，借记"管理费用"账户，贷记"应付职工薪酬"账户；销售人员的职工薪酬，借记"销售费用"账户，贷记"应付职工薪酬"账户；应由在建工程、研发支出负担的职工薪酬，借记"在建工程""研发支出"账户，贷记"应付职工薪酬"账户。

(4) 因解除与职工的劳动关系给予的补偿，借记"管理费用"账户，贷记"应付职工薪酬"账户；外商投资企业按规定从净利润中提取的职工奖励及福利基金，借记"利润分配——提取的职工奖励及福利基金"账户，贷记"应付职工薪酬"账户。

---

① 2014年7月1日起施行的《企业会计准则第9号——职工薪酬》第二条。

以下举例说明生产过程人工费用的归集与分配业务的总分类核算。

(1) 货币性职工薪酬。对于货币性薪酬，企业应当根据职工提供服务情况和工资标准计算应计入职工薪酬的工资总额按照受益对象计入相关资产的成本或当期费用，借记"生产成本""管理费用"等账户，贷记"应付职工薪酬"账户。发放时，借记"应付职工薪酬"，贷记"银行存款"等账户。对于职工福利费，企业应当根据历史经验数据和当期福利计划，预计当期应计入职工薪酬的福利费金额；每一资产负债表日，企业应当对实际发生的福利费金额和预计金额进行调整。

对于国务院有关部门、省、自治区、直辖市人民政府或经批准的企业年金计划，规定了计提基础和计提比例的职工薪酬项目，企业应当按照规定的计提标准，计量企业承担的职工薪酬义务和计入成本费用的职工薪酬。其中：①"五险一金"，即医疗保险费、养老保险费、失业保险费、工伤保险费、生育保险费和住房公积金。企业应当按照国务院、所在地政府或企业年金计划规定的标准，计量应付职工薪酬义务和应相应计入成本费用的薪酬金额[①]。②工会经费和职工教育经费。企业应当按照财务规则等相关规定，分别按照职工工资总额的2%和1.5%，计提应付职工薪酬(工会经费、职工教育经费)义务金额和应计入成本费用的薪酬金额；从业人员技术要求高、培训任务重、经济效益好的企业，可根据国家相关规定，按照职工工资总额的 2.5%，计提应计入成本费用的职工教育经费。按照明确标准计算确定应承担的职工薪酬义务后，再根据受益对象计入相关资产的成本或当期费用。

【例4-29】长城公司当月应发工资1 000 000元，其中：生产部门直接生产人员工资5 00 000元；生产部门管理人员工资100 000元；公司管理部门人员工资180 000元；公司专设产品销售机构人员工资50 000元；建造厂房人员工资110 000元；内部开发存货管理系统人员工资60 000元。根据所在地政府规定，公司分别按照职工工资总额的10%、12%、2%和10.5%计提医疗保险费、养老保险费、失业保险费和住房公积金，缴纳给当地社会保险经办机构和住房公积金管理机构。根据2014年实际发生的职工福利费情况，公司预计 2015年应承担的职工福利费义务金额为职工工资总额的 2%，职工福利的受益对象为上述所有人员。公司分别按照职工工资总额的2%和1.5%计提工会经费和职工教育经费。假定公司存货管理系统已处于开发阶段并符合资本化为无形资产的条件，不考虑所得税影响。

这项经济业务的发生，一方面使得公司的应付职工薪酬增加了1 400 000元，另一方面使得各项费用增加了1 400 000元，其中，计入生产成本的职工薪酬700 000元，计入制造费用的职工薪酬140 000元，计入管理费用的职工薪酬252 000元，计入销售费用的职工薪酬70 000元，计入在建工程成本的职工薪酬154 000元，计入无形资产成本的职工薪酬84 000元。这项业务涉及"生产成本""制造费用""管理费用""销售费用""在建工程""研发支出""应付职工薪酬"7个账户，公司在分配工资、职工福利费、各种社会保险费、住房公积金、工会经费和职工教育经费等职工薪酬时，应记入"生产成本""制造费用""管理费用""销售费用""在建工程""研发支出"等账户的借方，同时作为一项负债记入"应付职工薪酬"账户的贷方。这项经济业务应编制的会计分录如下：

[①] "五险一金"中的养老保险、医疗保险和失业保险，这三种险是由企业和个人共同缴纳的保费，工伤保险和生育保险完全是由企业承担的，个人不需要缴纳。

应计入生产成本的职工薪酬金额=50+50×(10%+12%+2%+10.5%+2%+2%+1.5%)= 700 000(元)

应计入制造费用的职工薪酬金额=10+10×(10%+12%+2%+10.5%+2%+2%+1.5%)= 140 000(元)

应计入管理费用的职工薪酬金额=18+18×(10%+12%+2%+10.5%+2%+2%+1.5%)= 252 000(元)

应计入销售费用的职工薪酬金额=5+5×(10%+12%+2%+10.5%+2%+2%+1.5%)= 70 000(元)

应计入在建工程成本的职工薪酬金额=11+11×(10%+12%+2%+10.5%+2%+2%+1.5%)= 154 000(元)

应计入无形资产成本的职工薪酬金额=6+6×(10%+12%+2%+10.5%+2%+2%+1.5%)= 84 000(元)

公司在分配工资、职工福利费、各种社会保险费[①]、住房公积金、工会经费和职工教育经费等职工薪酬时，应做如下账务处理：

```
借：生产成本                    700 000
    制造费用                    140 000
    管理费用                    252 000
    销售费用                     70 000
    在建工程                    154 000
    研发支出——资本化支出         84 000
    贷：应付职工薪酬——工资      1 000 000
              ——职工福利          20 000
              ——社会保险费       240 000
              ——住房公积金       105 000
              ——工会经费          20 000
              ——职工教育经费      15 000
```

(2) 非货币性职工薪酬。企业向职工提供的非货币性职工薪酬，应当通过"应付职工薪酬"账户核算。企业以其生产的产品作为非货币性福利提供给职工的，应当按照该产品的公允价值和相关税费，计量应计入成本费用的职工薪酬金额，相关收入的确认、销售成本的结转和相关税费的处理，与正常商品销售相同。以外购商品作为非货币性福利提供给职工的，应当按照该商品的公允价值和相关税费计入成本费用。需要注意的是，在以自产产品或外购商品发放给职工作为福利的情况下，企业在进行账务处理时，应当先通过"应付职工薪酬"账户归集当期应计入成本费用的非货币性薪酬金额，以确定完整准确的企业人工成本金额。

【例4-30】长城公司共有职工200名，2015年2月公司以其生产的成本为1 000元的液晶彩电作为春节福利发放给公司每名职工。该型号液晶彩电的售价为每台1 400元，长城公司适用的增值税率为17%，已开具了增值税专用发票。假定200名职工中170名为直接参

---

① 各种社会保险费包括医疗保险费、养老保险费、失业保险费。

加生产的职工，30名为总部管理人员。

企业以自己生产的产品作为福利发放给职工，应计入成本费用的职工薪酬金额以公允价值计量，计入主营业务收入，产品按照成本结转，但要根据相关税收规定，视同销售计算增值税销项税额。这项业务涉及"生产成本""管理费用""主营业务收入""应交税费——应交增值税""主营业务成本""库存商品""应付职工薪酬"等7个账户，成本费用及工程成本的增加是费用和资产的增加，应记入"生产成本""管理费用""主营业务成本""库存商品"等账户的借方，主营业务收入的增加是收入的增加，应记入"主营业务收入"账户的贷方，增值税销项税额的增加是负债的增加，应记入"应交税费——应交增值税"账户的贷方。这项经济业务应编制的会计分录如下：

彩电的售价总额=1 400×170+1 400×30=238 000+42 000=280 000(元)

彩电的增值税销项税额=238 000×17%+ 42 000×17%= 40 460+7 140 =47 600(元)

应计入生产成本的职工薪酬=238 000+40 460=278 460(元)

应计入管理费用的职工薪酬=42 000+7 140=49 140(元)

公司决定发放非货币性福利时，应做如下会计分录：

借：生产成本　　　　　　　　　　278 460
　　管理费用　　　　　　　　　　 49 140
　　　贷：应付职工薪酬——非货币性福利　　327 600

视同销售，应做如下账务处理：

借：应付职工薪酬——非货币性福利　　327 600
　　　贷：主营业务收入　　　　　　　　280 000
　　　　　应交税费——应交增值税(销项税额)　47 600

实际发放彩电时，应做如下会计分录：

借：主营业务成本　　　　　　　　200 000
　　　贷：库存商品　　　　　　　　　200 000

(3) 工资的提取与发放。根据当月的考勤记录与产量记录，确定本月发放工资的金额，并进行工资的提取与发放的会计处理。

【例4-31】长城公司开出现金支票，从银行提取现金1 000 000元，准备发放工资。

这项经济业务的发生，一方面使得公司的库存现金增加1 000 000元，另一方面使得公司的银行存款减少1 000 000元。该项经济业务涉及"现金"和"银行存款"两个账户。现金的增加是资产的增加，应记入"现金"账户的借方；银行存款的减少是资产的减少，应记入"银行存款"账户的贷方。编制的会计分录如下：

借：库存现金　　　　　1 000 000
　　　贷：银行存款　　　　　1 000 000

【例4-32】长城公司用现金1 000 000元发放工资。

这项经济业务的发生，一方面使得公司的现金减少1 000 000元，另一方面使得公司的应付工资减少1 000 000元。该项经济业务涉及"现金"和"应付工资"两个账户。现金的减少是资产的减少，应记入"现金"账户的贷方；应付工资的减少是负债的减少，应记入"应付职工薪酬"账户的借方。编制的会计分录如下：

借：应付职工薪酬——工资　　　　　1 000 000
　　贷：库存现金　　　　　　　　　　　　1 000 000

(三) 制造费用的归集与分配

制造费用是产品制造企业为了生产产品和提供劳务而发生的各种间接费用。其主要内容是企业的生产部门(包括基本生产车间和辅助生产车间)为组织和管理生产活动以及为生产活动服务而发生的费用，如车间管理人员的工资及提取的福利费、办公费、水电费等。在生产多种产品的企业里，制造费用在发生时一般无法直接判定其应归属的成本核算对象，因而不能直接计入所生产的产品成本中，必须将上述各种费用按照发生的不同空间范围在"制造费用"账户中予以归集汇总，然后选用一定的标准(如生产工人工资、生产工时、机器工时、直接材料成本或数量、标准产量等)，在各种产品之间进行合理的分配，以便于准确地确定各种产品应负担的制造费用额。

制造费用包括的具体内容又可以分为三部分：

(1) 间接用于产品生产的费用，如物料消耗费用，车间生产用固定资产的折旧费、修理费、保险费，车间生产用的照明费、劳动保护费等。

(2) 直接用于产品生产，但管理上不要求或者不便于单独核算，因而没有单独设置成本项目进行核算的某些费用，如生产工具的摊销费、设计制图费、试验费以及生产工艺用的动力费等。

(3) 车间用于组织和管理生产的费用，如车间管理人员的工资及福利费，车间管理用的固定资产折旧费、修理费，车间管理用具的摊销费，车间管理用的水电费、办公费、差旅费等。

为了归集和分配各种间接费用的发生情况，需要设置以下账户：

(1) "制造费用"账户。该账户的性质是成本类，用来核算企业生产车间、部门为生产产品和提供劳务而发生的各项间接费用。其借方登记制造费用的实际发生数，用于归集企业生产车间、部门为生产产品和提供劳务而发生的各项间接费用；贷方登记期末按一定的标准进行分配的制造费用。除季节性的生产企业外，"制造费用"账户期末应无余额。该账户应按不同的车间、部门设立明细账，然后再按照费用项目设立专栏，分别反映各车间、部门制造费用的发生情况。"制造费用"账户的结构如下：

制造费用

制造费用的实际发生数	制造费用的分配数

(2) "累计折旧"账户。该账户的性质是资产类，用来核算企业固定资产已提折旧累计情况的账户。其贷方登记按月提取的折旧额即累计折旧的增加，借方登记因减少固定资产而减少的累计折旧。期末余额在贷方，表示已提折旧的累计额。该账户只进行总分类核算，不进行明细分类核算。如果要查明某项固定资产已提折旧的具体情况，可以通过固定资产卡片(台账)来了解。"累计折旧"账户的结构如下：

累计折旧

固定资产折旧的减少(注销)	提取的固定资产折旧的增加
	期末余额：现有固定资产折旧额

(3)"长期待摊费用"账户。该账户的性质是资产类,用来核算企业已经发生但应由本期和以后各期负担的分摊期限在一年以上的各项费用。其借方登记企业发生的长期待摊费用,贷方登记摊销长期待摊费用。该账户的期末借方余额,反映企业尚未摊销完毕的长期待摊费用的摊余价值。"长期待摊费用"账户的结构如下:

长期待摊费用

发生的长期待摊费用	摊销的长期待摊费用
期末余额:尚未摊销完毕的长期待摊费用的摊余价值	

为了给固定资产的管理提供有用的会计信息,真实、准确地反映企业固定资产价值的增减变动及其结存情况,在会计核算过程中设置了"固定资产"账户。由于固定资产在其较长的使用期限内保持原有实物形态,而其价值却随着固定资产的损耗而逐渐减少。但其实物未被报废清理之前,总有一部分价值固定在实物形态上,固定资产管理要求原价与实物口径相一致,以考核固定资产的原始投资规模。固定资产由于损耗而减少的价值就是固定资产的折旧。

基于固定资产的上述特点,为了使"固定资产"账户能按固定资产的取得成本反映其增减变动和结存情况,并便于计算和反映固定资产的账面净值(折余价值),就需要专门设置一个用来反映固定资产损耗价值(即折旧额)的账户即"累计折旧"账户。每月计提的固定资产折旧记入该账户的贷方,表示固定资产因损耗而减少的价值;对于固定资产因出售、报废等原因引起的取得成本的减少,在注销固定资产的取得成本时,贷记"固定资产"账户,同时还应借记"累计折旧"账户,注销其已提取的折旧额。"累计折旧"账户期末应为贷方余额,表示现有固定资产已提取的累计折旧额。将"累计折旧"账户的贷方余额抵减"固定资产"账户的借方余额,即可求得固定资产的净值。

以下举例说明制造费用的归集与分配的总分类核算。

【例4-33】2015年1月1日长城公司租用厂房,用银行存款24 000元支付两年的房租。

按照权责发生制原则的要求,企业应按支出的义务是否属于本期来确认费用的入账时间,也就是凡本期发生的费用,不论款项是否在本期支付,都应作为本期的费用入账,凡不属本期的费用,即使款项在本期支付,也不应作为本期的费用处理。公司用银行存款支付两年的房租,款项虽然在本期支付,但其付款的义务显然不在本期发生,而是在明年产生付款责任,所以本期付款时,应将其作为一种等待摊销的费用处理。因此,这项经济业务的发生,一方面使得公司等待摊销的费用增加了,属于资产增加,应记入"长期待摊费用"账户的借方;另一方面用银行存款支付款项,意味着银行存款这项资产的减少,应记入"银行存款"账户的贷方。编制的会计分录如下:

借:长期待摊费用　　24 000
　　贷:银行存款　　　　24 000

【例4-34】承前例,长城公司月末摊销应由本月负担的厂房房租1 000元。

这项经济业务实际上是一笔权责发生制原则应用的业务。房租的款项虽然在以前已经支付,但其责任却是在本期产生,因而应将其作为本期的费用入账。所以摊销厂房房租时,一方面使得公司的制造费用增加1 000元,另一方面使得公司的以前期付款等待摊销的费用减少1 000元。该项银行业务涉及"制造费用"和"长期待摊费用"两个账户。制造费用的增加是费用的增加,应记入"制造费用"账户的借方;待摊费用的减少是资产的

减少,应记入"长期待摊费用"账户的贷方。编制的会计分录如下:

借:制造费用　　　　　　　1 000
　贷:长期待摊费用　　　　　　1 000

【例4-35】长城公司于月末计提本月固定资产折旧,其中车间固定资产折旧额146 000元,厂部固定资产折旧额9 500元。

提取固定资产折旧时,一方面意味着当期的费用成本增加,应区分不同的空间范围记入不同的费用成本类账户,其中车间固定资产提取的折旧额应记入"制造费用"账户的借方,厂部用固定资产提取的折旧额应记入"管理费用"账户的借方;另一方面,固定资产已提折旧额的增加,实际上是固定资产价值的减少,本应记入"固定资产"账户,但是由于"固定资产"账户只能记录固定资产的取得成本(在固定资产使用期内,一般是不变的),所以,对于固定资产提取的折旧额应记入"累计折旧"账户的贷方,表示固定资产已提折旧的增加。这项业务应编制的会计分录如下:

借:制造费用　　　　　　　146 000
　　管理费用　　　　　　　　95 000
　贷:累计折旧　　　　　　　241 000

【例4-36】长城公司用现金960元购买车间的办公用品。

这项经济业务的发生,使得公司车间的办公用品费增加960元,同时现金减少960元,涉及"制造费用"和"库存现金"两个账户。其中,车间办公用品费的增加是费用的增加,应记入"制造费用"账户的借方;现金的减少是资产的减少,应记入"库存现金"账户的贷方。这项业务应编制的会计分录如下:

借:制造费用　　　　　　　960
　贷:库存现金　　　　　　　960

【例4-37】长城公司用银行存款6 000元购买厂部办公用品。

这项经济业务的发生,使得公司厂部的办公用品费增加6 000元,同时银行存款减少6 000元,涉及"管理费用"和"银行存款"两个账户。其中,厂部办公用品费的增加是费用的增加,应记入"管理费用"账户的借方;银行存款的减少是资产的减少,应记入"银行存款"账户的贷方。这项业务应编制的会计分录如下:

借:管理费用　　　　　　　6 000
　贷:银行存款　　　　　　　6 000

【例4-38】长城公司在月末将本月发生的制造费用1 126 000元,按照生产工时比例分配计入甲、乙产品生产成本。其中,甲产品生产工时6 000个,乙产品生产工时4 000个。

企业发生的制造费用属于间接费用,所以,需要采用一定的标准在各种产品之间进行合理的分配。制造费用的分配标准可以采用的有:按生产工人工资比例分配;按生产工人工时比例分配;按机器设备运转台时分配;按耗用原材料的数量或成本分配;按产品产量分配等。企业可以根据自身管理的需要、产品的特点等选择采用某种标准,但是,标准一经确定,应遵循一贯性原则的要求,不得随意变更。期末分配制造费用时,需要编制制造费用分配表,如表4-2所示。

$$\text{制造费用分配率} = \frac{\text{制造费用总额}}{\text{分配标准总和}} = \frac{1\ 126\ 000}{6\ 000 + 4\ 000} = 112.6 \text{(元/工时)}$$

甲产品负担的制造费用额=112.6×6 000=675 600(元)

乙产品负担的制造费用额=112.6×4 000=450 400(元)

将分配的结果计入产品成本时,一方面使得产品生产费用增加1 126 000元,另一方面使得公司的制造费用减少1 126 000元。该项经济业务涉及"生产成本"和"制造费用"两个账户。产品生产费用的增加应记入"生产成本"账户的借方;制造费用的减少是费用的结转,应记入"制造费用"账户的贷方。编制的会计分录如下:

借:生产成本——甲产品　　　675 600
　　　　　　——乙产品　　　450 400
　　贷:制造费用　　　　　　　　1 112 600

表4-2　制造费用分配表

生产车间:基本生产车间

产品名称	生产工时	分配率	分配额
甲产品	6 000		675 600
乙产品	4 000		450 400
合计	10 000	112.6	1 126 000

(四) 完工产品生产成本的计算与结转

在将制造费用分配由各种产品成本负担之后,"生产成本"账户的借方归集了各种产品所发生的直接材料、直接工资、其他直接支出和制造费用的全部内容。在此基础上就可以进行产品成本的计算了。进行产品生产成本的计算就是将企业生产过程中为制造产品所发生的各种费用按照所生产产品的品种、类别等(即成本计算对象)进行归集和分配,以便计算各种产品的总成本和单位成本。计算产品生产成本,既为入库产成品提供了计价的依据,也是确定各会计期间盈亏的需要。

企业应设置产品生产成本明细账,用来归集应计入各种产品的生产费用。如果月末某种产品全部完工,该种产品生产成本明细账所归集的费用总额,就是该种完工产品的总成本,用完工产品总成本除以该种产品的完工总产量,即可计算出该种产品的单位成本。如果月末某种产品全部未完工,该种产品生产成本明细账所归集的费用总额就是该种产品在产品的总成本。如果月末某种产品一部分完工、一部分未完工,这时归集在产品成本明细账中的费用总额还要采取适当的分配方法在完工产品和在产品之间进行分配,然后才能计算出完工产品的总成本和单位成本。完工产品成本的计算公式为:

完工产品生产成本=期初在产品成本+本期发生的生产费用-期末在产品成本

企业生产的产品经过各道工序的加工生产之后,就成为企业的完工产成品。所谓产成品,是指已经完成全部生产过程并已验收入库,可以作为商品对外销售的产品。根据完工产品生产成本计算单的资料就可以结转完工、验收入库产品的生产成本。

为了核算完工产品成本结转及其库存商品成本情况,需要设置"库存商品"账户。该账户的性质是资产类账户,用来核算企业库存的各种商品的实际成本(或进价)或计划成本(或售价),包括库存产成品、外购商品、存放在门市部准备出售的商品、发出展览的商品以及寄存在外的商品等。接受来料加工制造的代制品和为外单位加工修理的代修品,在制造和修理完成验收入库后，视同企业的产成品，通过本科目核算。其借方登记验收入库商品成本的增加，包括外购、自产、委外加工等；贷方登记库存商品成本的减少(发出)。期末余额在借方，表示库存商品成本的期末结余额。"库存商品"账户应按照商品的种类、名称以及存放地点等设置明细账，进行明细分类核算。"库存商品"账户的结构如下：

库存商品

验收入库商品成本的增加	库存商品成本的减少
期末余额：结存的商品成本	

以下举例说明完工入库商品成本结转的总分类核算。

【例4-39】长城公司生产车间本月生产完工甲、乙两种产品，其中甲产品完工总成本为2 842 000元，乙产品完工总成本为2 265 000元。甲、乙产品现已验收入库，结转成本。

产品生产完工入库结转成本时，一方面使得公司的库存商品成本增加，其中甲产品成本增加2 842 000元，B产品成本增加2 265 000元；另一方面由于结转入库商品、产品实际成本而使生产过程中占用的资金减少计5 107 000(2 842 000+2 265 000)元。该项经济业务涉及"生产成本"和"库存商品"两个账户。库存商品成本的增加是资产的增加，应记入"库存商品"账户的借方；结转入库商品成本使生产成本减少，应记入"生产成本"账户的贷方。这项业务应编制的会计分录如下：

借：库存商品——甲产品　　2 842 000
　　　　　　——乙产品　　2 265 000
　贷：生产成本——甲产品　　2 842 000
　　　　　　——乙产品　　2 265 000

第五节　销售过程业务的核算

企业经过了产品生产过程，生产出符合要求、可供对外销售的产品，形成了存货，接下来就要进入销售过程。企业在销售过程中，通过销售产品，按照销售价格收取产品价款，形成商品销售收入。在销售过程中结转的商品销售成本，以及发生的运输、包装、广告等销售费用，按照国家税法的规定计算缴纳的各种销售税金等，都应该从销售收入中得到补偿，补偿之后的差额即为企业销售商品的业务成果即利润或亏损。企业在销售过程中除了发生销售商品、自制半成品以及提供工业性劳务等业务即主营业务外，还可能发生一些其他业务如销售材料、出租包装物、出租固定资产等。在市场经济条件下，商品销售收入作为影响利润指标的重要因素，越来越受到企业和投资者等众多信息使用者的重视。

一、主营业务收支的核算

制造业企业的主营业务范围包括销售商品、自制半成品、代制品、代修品以及提供工业性劳务等。主营业务核算的主要内容就是主营业务收入的确认与计量、主营业务成本的计算与结转、销售费用的发生与归集、主营业务税金的计算与缴纳、主营业务利润或亏损的确定以及货款的收回等。

(一) 商品销售收入的确认与计量

销售过程的核算首先需要解决的就是销售收入的确认与计量的问题。收入的确认实际上就是解决收入在什么时间入账的问题,而收入的计量就是收入以多大的金额入账的问题。企业生产经营活动所获得的收入应当以权责发生制原则为基础,根据收入实现原则[①]加以确认与计量。由于商品销售收入是制造业企业收入的重要组成部分,作为企业经营业绩的重要表现形式,对商品销售收入到底应该如何确认和计量,直接关系到企业经营成果和财务状况能否得到准确报告的问题。按照《企业会计准则第14号——收入》的要求,企业销售商品收入的确认,必须同时符合以下条件。

1. 企业已将商品所有权上的主要风险和报酬转移给购货方

这里的风险主要指商品由于贬值、损坏、报废等造成的损失。报酬是指商品中包含的未来经济利益,包括商品因升值等给企业带来的经济利益。如果一项商品发生的任何损失均不需要本企业承担,带来的经济利益也不归本企业所有,则意味着该商品所有权上的风险和报酬已移出该企业。在大多数情况下,所有权上的风险和报酬的转移伴随着所有权凭证的转移或实物的交付而转移,如零售交易等;有些情况下,企业已将所有权凭证或实物交付给买方,但商品所有权上的主要风险和报酬并未转移,如企业销售的商品在质量、品种、规格等方面不符合合同规定的要求,又未根据正当的保证条款予以弥补,因而仍负有责任;有些情况下,企业已将商品所有权上的主要风险和报酬转移给买方,但实物尚未交付,在这种情况下,应在所有权上的主要风险和报酬转移时确认收入,而不管实物是否交付,如交款提货销售等。判断企业是否已将商品所有权上的主要风险和报酬转移给购货方,应当关注交易的实质而不是形式,同时考虑所有权凭证的转移或实物的交付。如果与商品所有权有关的任何损失均不需要销货方承担,与商品所有权有关的任何经济利益也不归销货方所有,就表明商品所有权上的主要风险和报酬转移给了购货方。

【例4-40】甲公司销售一批商品给丙公司。丙公司已根据甲公司开出的发票账单支付了货款,取得了提货单,但甲公司尚未将商品移交丙公司。是否确认收入?

根据本例的资料,甲公司采用交款提货的销售方式,即购买方已根据销售方开出的发票账单支付货款,并取得卖方开出的提货单。在这种情况下,购买方支付货款并取得提货单,说明商品所有权上的主要风险和报酬已转移给购买方,虽然商品未实际交付,甲公司仍可以认为商品所有权上的主要风险和报酬已经转移,应当确认收入。

【例4-41】甲公司为推销一种新产品,承诺凡购买新产品的客户均有一个月的试用期,在试用期内如果对产品使用效果不满意,甲公司无条件给予退货。该种新产品已交付买方,货款已收讫。是否确认收入?

根据本例的资料,甲公司虽然已将产品售出,并已收到货款。但由于是新产品,甲公司无法估计退货的可能性,这表明产品所有权上的主要风险和报酬并未随实物的交付而发生转移,不能确认收入。只有在试用期结束后,才表明与该产品有关的风险和报酬已经转移给客户,在满足收入确认的其他条件时,甲公司才能确认收入。

2. 企业既没有保留通常与所有权相联系的继续管理权,也没有对已售出的商品实施有

---

① 收入实现原则亦称实现原则、变现原则,是会计核算的又一项重要原则,是指资产在销售之后取得现金或收取现金的权利时才被确认收入。

效控制

企业将商品所有权上的主要风险和报酬转移给买方后，如仍然保留通常与所有权相联系的继续管理权，或仍然对售出的商品实施控制，则此项销售不能成立，不能确认相应的销售收入(要注意这里所说的与所有权相联系的管理权)。如果对售出商品保留了与所有权无关的管理权，则不受本条件的限制，如房产售后的物业管理权等。在有的情况下，企业商品售出后，由于各种原因仍保留与商品所有权相联系的继续管理权，或仍对商品可以实施有效控制，如售后回购、售后租回等，则说明此项销售交易没有完成，销售不能成立，不应确认销售商品收入。

【例4-42】乙公司采用售后租回方式将一栋办公楼销售给丙公司，租回的办公楼仍作为本公司的办公用房[①]。是否确认收入？

根据本例的资料，乙公司将办公楼销售给丙公司后，又将其租回仍作为办公用房，表明乙公司能继续对该办公楼实施有效控制，乙公司不能确认与销售该办公楼有关的收入，销售价款与该办公楼账面价值的差额应当确认为递延收益，并按照该办公楼的折旧进度进行分摊，作为办公楼折旧费用的调整。

3. 相关的经济利益很可能流入企业

经济利益，是指直接或间接流入企业的现金或现金等价物。在销售商品的交易中，与交易相关的经济利益即为销售商品的价款。销售商品的价款能否有把握地收回，是收入确认的一个重要条件。相关的经济利益很可能流入企业，是指销售商品价款收回的可能性大于不能收回的可能性，即销售商品价款收回的可能性超过 50%。企业销售的商品符合合同或协议要求，已将发票账单交付买方，买方承诺付款，通常表明满足本确认条件(相关的经济利益很可能流入企业)。如果企业根据以前与买方交往的直接经验判断买方信誉较差，或销售时得知买方在另一项交易中发生了巨额亏损，资金周转十分困难；或在出口商品时不能肯定进口企业所在国政府是否允许将款项汇出等，就可能会出现与销售商品相关的经济利益不能流入企业的情况，不应确认收入。如果企业判断销售商品收入满足确认条件确认了一笔应收债权，以后由于购货方资金周转困难无法收回该债权时，不应调整原确认的收入，而应对该债权计提坏账准备、确认坏账损失。

4. 收入的金额能够可靠地计量

收入能否可靠计量即予以量化，是确认收入的基本前提。收入不能可靠地计量，则无法确认收入。企业在销售商品时，售价通常已经确定，但销售过程中由于某种不确定因素，也有可能出现售价变动的情况，则新的售价未确定前不应确认收入。到目前为止，有很多内容如企业自创的商誉等，应该说其风险和报酬可以转移，但由于其难以可靠地计量而无法对其进行会计反映。因而在对收入予以确认时，就应该按照配比原则要求的时间上的配比和因果关系上的配比，必须在成本能够可靠地计量的同一期间确认收入。有时，由于销售商品过程中某些不确定因素的影响，也有可能存在商品销售价格发生变动的情况，如附有销售退回条件的商品销售。如果企业不能合理估计退货的可能性，则无法确定销售商品的价格，也就不能合理地估计收入的金额，不应在发出商品时确定收入，而应当在售出商品退货期满后商品销售价格能够可靠计量时确定收入。

---

① 财政部会计司编写组. 企业会计准则讲解2010[M]. 北京：人民出版社，2010：185.

5. 相关的已发生或将发生的成本能够可靠地计量

按照配比原则的要求，企业实现的收入必须与发生费用相互配比，以正确计算在一定会计期间某会计主体所获得的净损益。而按照权责发生制算出的费用并非全部都是期间费用或产品成本，只有按照配比原则确定的与本期收入或产品收入相对应的费用才是期间费用或产品成本。通常情况下，销售商品相关的已发生或将发生的成本能够合理地估计，如库存商品的成本、商品运输费用等。如果库存商品是本企业生产的，其生产成本能够可靠地计量；如果是外购的，购买成本能够可靠地计量。有时，销售商品相关的已发生或将发生的成本不能够合理地估计，此时企业不应确认收入，已收到的价款应确认为负债，如企业销售过程中发生的预收账款。

在销售过程中发生的销售退回、销售折让和现金折扣的业务处理方法如下。

(1) 销售退回。销售退回是指企业售出的商品，由于质量、品种等不符合要求而发生的退货。销售退回如果发生在收入确认之前，其处理非常简单，只需转回库存商品即可。如果发生在收入确认之后，应分别视情况处理：本年度或以前年度销售的商品，在年度终了前(12月31日)退回，应冲减退回月份的收入，同时转回相关的成本、税金；报告年度或以前年度销售的商品，在年度财务报告批准报出前退回的，冲减报告年度的收入及相关的成本、税金。

(2) 销售折让。销售折让是企业因销售商品的质量不合格等原因而在售价上给予购买方的减让，实际发生销售折让时应直接冲减当期的销售商品收入。对于销售折让，企业应分别按不同情况进行处理：①已确认收入的售出商品发生销售折让的，通常应当在发生时冲减当期销售商品收入；②已确认收入的销售折让属于资产负债表日后事项的，应当按照有关资产负债表日后事项的相关规定进行处理。

(3) 商业折扣。商业折扣是指企业为促进商品销售而在商品标价上给予的价格扣除。企业销售商品涉及商业折扣的，应当按照扣除商业折扣后的金额确定销售商品收入金额。

(4) 现金折扣。现金折扣是指债权人为鼓励债务人在规定的期限内付款而向债务人提供的债务扣除。企业销售商品涉及现金折扣的，应当按照扣除现金折扣前的金额确定销售商品收入金额。现金折扣在实际发生时计入财务费用。

由上可见，在计量销售商品收入的金额时，应将销售退回、销售折让等作为销售收入的抵减项目记账。其公式为：

$$销售净收入=不含税单价×销售数量-销售退回-销售折让$$

(二) 销售商品业务的会计处理

销售商品业务属于企业的主营业务，为了核算这种主营业务收入的实现、销售成本的结转、销售税金的计算等内容，需要设置"主营业务收入""主营业务成本""营业税金及附加"等账户，分别核算收入的实现及其结转、成本的发生及其转销、税金的计算及其转销的具体内容。对于货款的结算还应设置"应收账款"等往来账户。具体核算过程如下。

1. 主营业务收入的核算

为了反映和监督企业销售商品和提供劳务所实现的收入，以及因销售商品而与购买单位之间发生的货款结算业务，应设置下列账户：

(1) "主营业务收入"账户。该账户的性质是损益类，用来核算企业根据收入准则确认的销售商品、提供劳务等主营业务的收入。其贷方登记企业实现的主营业务收入即主营业务收入的增加，借方登记发生销售退回和销售折让时应冲减本期的主营业务收入和期末转入"本年利润"账户的主营业务收入额，结转后该账户月末应没有余额。"主营业务收入"账户应按照主营业务的种类设置明细账，进行明细分类核算。"主营业务收入"账户的结构如下：

主营业务收入

(1) 销售退回等 (2) 期末转入"本年利润"账户的净收入	实现的主营业务收入(增加)

(2) "应收账款"账户。该账户的性质是资产类，用来核算企业因销售商品、产品、提供劳务等经营活动应收取的款项。代购买单位垫付的各种款项也在该账户中核算。其借方登记由于销售商品及提供劳务等而发生的应收账款(即应收账款的增加)，包括应收取的价款、税款和代垫款等；贷方登记已经收回的应收账款(即应收账款的减少)。期末余额如在借方，表示尚未收回的应收账款；期末余额如在贷方，表示预收的账款。该账户应按不同的购货单位或接受劳务单位设置明细账户，进行明细分类核算。"应收账款"账户的结构如下：

应收账款

发生的应收账款(增加)	收回的应收账款(减少)
期末余额：应收未收款	期末余额：预收款

(3) "预收账款"账户。该账户的性质是负债类，用来核算企业按照合同的规定预收购买单位订货款的增减变动及其结余情况。其贷方登记预收购买单位订货款的增加，借方登记销售实现时冲减的预收货款。期末余额如在贷方，表示企业预收款的结余额；期末余额如在借方，表示购货单位应补付给本企业的款项。本账户应按照购货单位设置明细账户，进行明细分类核算。"预收账款"账户的结构如下：

预收账款

预收货款的减少	预收货款的增加
期末余额：购货单位应补付的款项	期末余额：预收款的结余

注意：对于预收账款业务不多的企业，可以不单独设置"预收账款"账户，而将预收的款项直接记入"应收账款"账户的贷方，此时，应收账款账户就成为双重性质的账户。

(4) "应收票据"账户。该账户的性质是资产类，用来核算企业因销售商品、产品、提供劳务等而收到的商业汇票，包括银行承兑汇票和商业承兑汇票。企业收到购买单位开出并承兑的商业汇票，表明企业票据应收款的增加，应记入"应收票据"账户的借方；票据到期收回款项表明企业应收票据款的减少，应记入"应收票据"账户的贷方，期末该账户如有余额应在借方，表示尚未到期的票据应收款项的结余额。该账户不设置明细账户。为了了解每一应收票据的结算情况，企业应当设置"应收票据备查簿"，逐笔登记每一商业汇票的种类、号数和出票日、票面金额、交易合同号和付款人、承兑人、背书人的姓名或单位名称、到期日、背书转让日、贴现日、贴现率和贴现净额及收款日和收回金额、退票情况等资料，商业汇票到期结清票款或退票后，应当在备查簿内逐笔注销。"应收票

据"账户的结构如下:

应收票据	
本期收到的商业汇票的增加	到期(或提前贴现)票据应收款的减少
期末余额:尚未收回的票据应收款	

商业汇票是由收款人或付款人(或承兑申请人)签发,由承兑人承兑,并于到期日向收款人或持票人无条件支付款项的票据。商业汇票结算方式适用于企业先发货、后收款,或者是双方约定近期付款的商品交易,同城和异地均可使用。《银行结算办法》规定,商业汇票承兑期限,由交易双方商定,最长不超过9个月。持票人如果急需资金,可以持未到期的票据到银行办理贴现①。

商业汇票是出票人签发的,委托付款人在指定日期无条件支付确定的金额给收款人或者持票人的票据。商业汇票按照承兑人的不同可以分为商业承兑汇票和银行承兑汇票两种。商业承兑汇票是由银行以外的付款人承兑。银行承兑汇票是商业汇票的一种,是由在承兑银行开立存款账户的存款人出票,向开户银行申请并经银行审查同意承兑的,保证在指定日期无条件支付确定的金额给收款人或持票人的票据。

对于正常的销售商品活动,应按照收入确认的条件进行确认和计量,然后再对计量的结果进行会计处理。按确认的收入金额与应收取的增值税额,借记"银行存款""应收账款""应收票据"等账户,按确定的收入金额,贷记"主营业务收入"账户,按应收取的增值税额,贷记"应交税费——应交增值税"账户。

增值税销项税额应按照增值税专用发票记载的货物售价和规定的税率进行计算,其公式为:

$$增值税销项税额=销售货物的不含税售价×增值税税率$$

增值税的销项税额计算出来之后,应在"应交税费——应交增值税"账户的贷方反映,以便用以抵扣其借方的增值税进项税额,确定增值税的应交额。为了核算增值税的进、销项税额以及增值税的已交和未交情况,需要在应交增值税明细账中设置"进项税额""已交税金""销项税额""出口退税""进项税额转出""转出未交增值税""转出多交增值税"等专栏对其进行明细核算。

以下举例说明主营业务收入的实现及其有关款项结算的核算过程如下。

【例4-43】长城公司向A工厂销售甲产品50台,每台售价5 000元,发票注明该批甲产品的价款250 000元,增值税额42 500元,全部款项收到一张已承兑的商业汇票。

这项经济业务的发生,一方面使得公司的应收票据款增加292 500(250 000+42 500)元,另一方面使得公司的主营业务收入增加250 000元、应交增值税销项税额增加42 500元。该项经济业务涉及"应收票据""主营业务收入""应交税费——应交增值税"3个账户。应收票据款的增加是资产的增加,应记入"应收票据"账户的借方;主营业务收入的增加是收入的增加,应记入"主营业务收入"账户的贷方;增值税销项税额的增加是负债的增加,应记入"应交税费——应交增值税"账户的贷方。这项经济业务应编制的会计分录如下:

---

① 票据贴现是持票人在需要资金时,将其收到的未到期承兑汇票,经过背书转让给银行,先向银行贴付利息,银行以票面余额扣除贴现利息后的票款付给收款人,汇票到期时,银行凭票向承兑人收取现款。

借：应收票据　　　　　　　　　　　　292 500
　　贷：主营业务收入　　　　　　　　　　250 000
　　　　应交税费——应交增值税(销项税额)　42 500

【例4-44】长城公司按照合同规定预收B工厂订购乙产品的货款800 000元，存入银行。

这项经济业务的发生，一方面使得公司的银行存款增加800 000元，另一方面使得公司的预收款增加800 000元。该项经济业务涉及"银行存款"和"预收账款"两个账户。银行存款的增加是资产的增加，应记入"银行存款"账户的借方；预收款的增加是负债的增加，应记入"预收账款"账户的贷方。这项业务应编制的会计分录如下：

借：银行存款　　　　　　　　　　800 000
　　贷：预收账款——B工厂　　　　　800 000

【例4-45】长城公司赊销给A工厂甲产品120台，发票注明的价款600 000元，增值税额102 000元。为及早收回货款，公司和A工厂约定的现金折扣条件为：2/10，1/20，n/30。

这项经济业务的发生，一方面使得公司的应收款增加计702 000(600 000+102 000)元，另一方面使得公司的主营业务收入增加600 000元，增值税销项税额增加102 000元。该项经济业务涉及"应收账款""主营业务收入"和"应交税费——应交增值税"3个账户。应收款的增加是资产的增加，应记入"应收账款"账户的借方；主营业务收入的增加是收入的增加，应记入"主营业务收入"账户的贷方；增值税销项税额的增加是负债的增加，应记入"应交税费——应交增值税"账户的贷方。编制的会计分录如下：

借：应收账款——A工厂　　　　　　702 000
　　贷：主营业务收入　　　　　　　　　600 000
　　　　应交税费——应交增值税(销项税额)　102 000

【例4-46】长城公司本月预收B工厂货款的乙产品70台，现已发货，发票注明的价款1 400 000元，增值税销项税额238 000元。原预收款不足，其差额部分当即收到存入银行。

公司原预收B工厂的货款800 000元，而现在发货的价税款为1 638 000(1 400 000+238 000)元，不足款项的差额为838 000(1 638 000-800 000)元。这项经济业务的发生，一方面使得公司的预收款减少800 000元，银行存款增加838 000元；另一方面使得公司的主营业务收入增加1 400 000元，增值税销项税额增加238 000元。该项经济业务涉及"预收账款""银行存款""主营业务收入"和"应交税费——应交增值税"4个账户。预收款的减少是负债的减少，应记入"预收账款"账户的借方，银行存款的增加是资产的增加，应记入"银行存款"账户的借方；主营业务收入的增加是收入的增加，应记入"主营业务收入"账户的贷方；增值税销项税额的增加是负债的增加，应记入"应交税费——应交增值税"账户的贷方。这项业务应编制的会计分录如下：

借：预收账款——B工厂　　　　　　800 000
　　银行存款　　　　　　　　　　　838 000
　　贷：主营业务收入　　　　　　　　1 400 000
　　　　应交税费——应交增值税(销项税额)　238 000

【例4-47】承【例4-45】，长城公司收到A工厂开出并承兑的商业汇票702 000元，用以抵偿其所欠本公司的货款。

这项经济业务的发生，一方面使得公司的应收票据款增加702 000元，另一方面使得公司的应收款减少702 000。该项经济业务涉及"应收票据"和"应收账款"两个账户。应收票据款的增加是资产的增加，应记入"应收票据"账户的借方；应收款的减少是资产的减少，应记入"应收账款"账户的贷方。编制的会计分录如下：

借：应收票据　　　　　　　　　702 000
　　贷：应收账款——A工厂　　702 000

对于收到的A工厂的商业汇票，应在"应收票据备查簿"中进行备查登记。

【例4-48】长城公司赊销给C商店52台甲产品，发票注明的货款260 000元，增值税44 200元。另外，公司用银行存款代C商店垫付甲产品运费1 500元。

这项经济业务的发生，一方面使得公司的应收款增加305 700(260 000+44 200+1 500)元；另一方面使得公司的主营业务收入增加260 000元，增值税额增加44 200元，银行存款减少1 500元。所以，这项业务涉及"应收账款""主营业务收入""应交税费——应交增值税"和"银行存款"4个账户。应收款的增加是资产的增加，应记入"应收账款"账户的借方；主营业务收入的增加是收入的增加，应记入"主营业务收入"账户的贷方；增值税销项税额的增加是负债的增加，应记入"应交税费——应交增值税"账户的贷方；银行存款的减少是资产的减少，应记入"银行存款"账户的贷方。所以，这项业务应编制的会计分录如下：

借：应收账款——C商店　　　　　　　　　　　305 700
　　贷：主营业务收入　　　　　　　　　　　　260 000
　　　　应交税费——应交增值税(销项税额)　　44 200
　　　　银行存款　　　　　　　　　　　　　　1 500

【例4-49】长城公司上个月销售给A工厂的甲产品由于质量问题本月被退回10台，按照规定应冲减本月的收入50 000元和增值税额8 500元，有关款项通过银行付清。假设该批B产品的单位销售成本与本月相同。

由于上个月销售给A工厂的甲产品在本月被退回，这批产品虽然在上个月确认了收入和增值税额，但按照规定应在退货时冲减本月的收入和增值税额。所以，这项经济业务的发生，一方面使得公司的主营业务收入减少50 000元、增值税销项税额减少8 500元；另一方面使得公司的银行存款减少58 500元。该项经济业务涉及"主营业务收入""应交税费——应交增值税"和"银行存款"3个账户。主营业务收入的减少是收入的减少，应记入"主营业务收入"账户的借方；增值税销项税额的减少是负债的减少，应记入"应交税费——应交增值税"账户的借方；银行存款的减少是资产的减少，应记入"银行存款"账户的贷方。所以这项业务应编制的会计分录如下：

借：主营业务收入　　　　　　　　　　　　　50 000
　　应交税费——应交增值税(销项税额)　　　8 500
　　贷：银行存款　　　　　　　　　　　　　58 500

【例4-50】承【例4-45】，假定A工厂在当月9日已付清货款，则按销售总价的2%享受现金折扣，长城公司收到A工厂扣除现金折扣后的货款690 000元。

A工厂在当月10日前付清货款，应享受现金折扣，按销售总价600 000元的2%享受现金折扣12 000(600 000元×2%)元，长城公司实际收到款项690 000(702 000-12 000)元。这项经济业务的发生，一方面使得公司的财务费用增加12 000元、银行存款增加690 000元；另一方面使得公司的应收账款减少702 000元。该项经济业务涉及"银行存款""财务费用"和"应收账款"3个账户。银行存款的增加是资产的增加，应记入"银行存款"账户的借方；财务费用的增加是费用的增加，应记入"财务费用"账户的借方；应收账款的减少是资产的减少，应记入"应收账款"账户的贷方。这项业务应编制的会计分录如下：

借：银行存款　　　　　　　　　　690 000
　　财务费用　　　　　　　　　　 12 000
　贷：应收账款——A工厂　　　　　　　702 000

2. 主营业务成本的核算

企业在销售过程中通过销售商品等，一方面减少了库存的存货；另一方面作为取得主营业务收入而垫支的资金，表明企业发生了费用，我们把这项费用称为主营业务成本。将销售发出的商品成本转为主营业务成本，应遵循配比原则的要求。也就是说，不仅主营业务成本的结转应与主营业务收入在同一会计期间加以确认，而且应与主营业务收入在数量上保持一致。主营业务成本的计算确定公式如下：

本期应结转的主营业务成本＝本期销售商品的数量×单位商品的生产成本

《企业会计准则第1号——存货》第十四条规定，企业应当采用先进先出法、加权平均法或者个别计价法确定发出存货的实际成本。存货计价方法一经确定，不得随意变动。

为了核算主营业务成本的发生和结转情况，需要设置"主营业务成本"账户，该账户的性质是损益类，是用来核算企业根据收入准则确认销售商品、提供劳务等主营业务收入时应结转的成本。其借方登记主营业务发生的实际成本，贷方登记期末转入"本年利润"账户的主营业务成本。经过结转之后，该账户期末没有余额。"主营业务成本"账户应按照主营业务的种类设置明细账户，进行明细分类核算。"主营业务成本"账户的结构如下：

主营业务成本

发生的主营业务成本	期末转入"本年利润"账户的主营业务成本

以下举例说明主营业务成本的总分类核算。

【例4-51】 长城公司在本月末(假定7月末)结转本月已销售的甲、乙产品的销售成本。其中甲产品销售212台，乙产品销售70台。公司对销售产品单位成本的确定采用全月一次加权平均法。甲、乙两种产品的成本资料如表4-3和表4-4所示。

表4-3　库存商品明细账

产品名称：甲产品

20××年		摘要	收入			发出			结存		
月	日		数量	单价	金额	数量	单价	金额	数量	单价	金额
7	1	期初余额							200	4 000	800 000
		本月完工入库	200	3 900	780 000						
		本月销售				212	3 950	837 400			
	31	期末余额							188	3 950	742 600

表4-4 库存商品明细账

产品名称：乙产品

20××年		摘 要	收 入			发 出			结 存		
月	日		数量	单价	金额	数量	单价	金额	数量	单价	金额
7	1	期初余额							150	18 000	2 700 000
		本月完工入库	50	17 900	895 000						
		本月销售				70	17 975	1 258 250			
	31	期末余额							130	17 975	2 336 750

$$\text{全月一次加权平均单位成本} = \frac{\text{期初库存商品成本} + \text{本期入库商品成本}}{\text{期初库存商品数量} + \text{本期入库商品数量}}$$

根据库存商品明细资料资料，甲、乙产品加权平均单位成本的计算如下：

$$\text{甲产品加权平均单位成本} = \frac{800\,000 + 780\,000}{200 + 200} = 3\,950(元)$$

$$\text{乙产品加权平均单位成本} = \frac{2\,700\,000 + 895\,000}{150 + 50} = 17\,975(元)$$

根据上述甲、乙产品的加权平均单位成本和已售甲、乙产品的数量，即可计算已售甲、乙产品的主营业务成本。

甲产品主营业务成本 = 212×3 950 = 837 400(元)

乙产品主营业务成本 = 70×17 975 = 1 258 250(元)

这项经济业务的发生，一方面使得公司的主营业务成本增加2 095 650(837 400+1 258 250)元，另一方面使得公司的库存商品产品成本减少2 095 650元。该项经济业务涉及"主营业务成本"和"库存商品"两个账户。主营业务成本的增加是费用成本的增加，应记入"主营业务成本"账户的借方；库存商品成本的减少是资产的减少，应记入"库存商品"账户的贷方。这项业务应编制的会计分录如下：

```
借：主营业务成本——甲产品      837 400
              ——乙产品    1 258 250
    贷：库存商品——甲产品        837 400
              ——乙产品      1 258 250
```

3. 营业税金及附加的核算

企业在销售商品产品过程中，实现了商品的销售额，就应该向国家税务机关缴纳各种销售税金及附加，包括消费税、营业税、城市维护建设税、资源税以及教育费附加等。这些税金及附加一般是根据当月销售额或税额，按照规定的税率计算于下月初缴纳。其中：

$$\text{消费税额} = \text{应税消费品的销售额} \times \text{消费税率}$$

$$\text{城建税额} = (\text{当期的营业税} + \text{消费税} + \text{增值税的应交额}) \times \text{城建税税率}$$

教育费附加的计算方式同于城建税，只是比例不同。由于这些税金及附加是在当月计算而在下个月缴纳，因而计算税金及附加时，一方面形成企业的一项负债，另一方面作为企业发生的一项费用支出。

为了核算企业销售商品的税金及附加情况，需要设置"营业税金及附加"账户。该账户的性质是损益类，用来核算核算企业经营活动发生的营业税、消费税、城市维护建设税、资源税和教育费附加等相关税费。房产税、车船使用税、土地使用税、印花税在"管理费用"等科目核算，不在本科目核算。其借方登记按照有关的计税依据计算出的各种税金及附加额，贷方登记期末转入"本年利润"账户的主营业务税金及附加额。经过结转之后，该账户期末没有余额。"营业税金及附加"账户的结构如下：

营业税金及附加

按照计税依据计算出的营业税、消费税、城建税等	期末转入"本年利润"账户的主营业务税金及附加额

以下举例说明营业税金及附加业务的总分类核算。

【例4-52】 长城公司经计算，本月销售甲、乙产品应缴纳的城建税24 400元，教育费附加13 000元，另外甲产品应缴纳的消费税为45 000元(假设甲产品为应税消费品)。

这项经济业务的发生，一方面使得公司的主营业务税金及附加增加82 400(24 400+13 000+45 000)元，另一方面使得公司的应交税费增加82 400元。该项经济业务涉及"主营业务税金及附加"和"应交税费"两个账户。主营业务税金及附加的增加是费用支出的增加，应记入"主营业务税金及附加"账户的借方；应交税费的增加是负债的增加，应记入"应交税费"账户的贷方；其他应交款的增加是负债的增加，应记入"其他应交款"账户的贷方。这项业务应编制的会计分录如下：

借：营业税金及附加　　　　　　　　　82 400
　　贷：应交税费——应交消费税　　　　　　24 400
　　　　　　——应交城建税　　　　　　　　13 000
　　　　　　——应交教育费附加　　　　　　45 000

二、其他业务收支的核算

企业在经营过程中，除了要发生主营业务之外，还会发生一些非经常性的、具有兼营性的其他业务。其他业务(也称附营业务)是指企业在经营过程中发生的除主营业务以外的其他销售业务，包括销售材料、出租包装物、出租固定资产、代购代销以及提供非工业性劳务等活动。对于不同的企业而言，主营业务和其他业务的内容划分并不是绝对的，一个企业的主营业务可能是另一个企业的其他业务，即便在一个企业里，不同期间的主营业务和其他业务的内容也不是固定不变的。其他业务收入和支出的确认原则和计量方法与主营业务基本相同，但相对而言，没有主营业务的要求严格。

(一) 其他业务收入的核算

在会计核算过程中，对于其他业务而实现的收入是通过"其他业务收入"账户进行核算的。"其他业务收入"账户的性质是损益类，用来核算企业根据收入准则确认的除主营业务以外的其他经营活动实现的收入，包括出租固定资产、出租无形资产、出租包装物和商品、销售材料等实现的收入。其贷方登记其他业务收入的实现即增加，借方登记期末转入"本年利润"账户的其他业务收入额，经过结转之后，期末没有余额。本账户应按照其他业务的种类设置明细账户，进行明细分类核算。"其他业务收入"账户的结构如下：

其他业务收入

期末转入"本年利润"账户的其他业务收入	其他业务收入的实现(增加)

以下举例说明其他业务收入的核算。

【例4-53】长城公司销售一批原材料，价款280 000元，增值税47 600元，款项收到存入银行。

按照企业会计准则的规定，销售材料的收入属于其他业务收入。这项经济业务的发生，一方面使得公司的银行存款增加计327 600(280 000 +476 000)元；另一方面使得公司的其他业务收入增加280 000元，增值税销项税额增加47 600元。该项经济业务涉及"银行存款""其他业务收入"和"应交税费——应交增值税"3个账户。银行存款的增加是资产的增加，应记入"银行存款"账户的借方；其他业务收入的增加是收入的增加，应记入"其他业务收入"账户的贷方；增值税销项税额的增加是负债的增加，应记入"应交税费——应交增值税"账户的贷方。所以，这项业务应编制的会计分录如下：

借：银行存款　　　　　　　　　　　　327 600
　　贷：其他业务收入　　　　　　　　　280 000
　　　　应交税费——应交增值税(销项税额)　47 600

【例4-54】长城公司向某单位转让商标的使用权，获得收入300 000元，存入银行。

转让商标的使用权，实质上就是让渡资产的使用权，属于出租无形资产的业务处理，因而其收入属于其他业务收入的范围。这项经济业务的发生，一方面使得公司的银行存款增加300 000元，另一方面使得公司的其他业务收入增加300 000元。该项经济业务涉及"银行存款"和"其他业务收入"两个账户。银行存款的增加是资产的增加，应记入"银行存款"账户的借方；其他业务收入的增加是收入的增加，应记入"其他业务收入"账户的贷方。所以，这项业务应编制的会计分录如下：

借：银行存款　　　　　　　　　300 000
　　贷：其他业务收入　　　　　　300 000

【例4-55】长城公司出租一批包装物，收到租金11 700元存入银行。

出租包装物的租金同样属于让渡资产使用权，其收入应列入其他业务收入范围。由于租金中包括增值税额，因此应进行分离，即不含税租金为10 000〔11 700÷(1+17%)〕元，增值税额为1 700元。这项经济业务的发生，一方面使得公司的其他业务收入增加10 000元，增值税销项税额增加1 700元；另一方面使得公司的银行存款增加11 700元。该项经济涉及"银行存款""其他业务收入"和"应交税费——应交增值税"3个账户。银行存款的增加是资产的增加，应记入"银行存款"账户的借方；其他业务收入的增加是收入的增加，应记入"其他业务收入"账户的贷方；增值税销项税额的增加是负债的增加，应记入"应交税费——应交增值税"账户的贷方。所以，这项业务应编制的会计分录如下：

借：银行存款　　　　　　　　　　　　11 700
　　贷：其他业务收入　　　　　　　　　10 000
　　　　应交税费——应交增值税(销项税额)　1 700

(二) 其他业务成本的核算

企业在实现其他业务收入的同时，往往还要发生一些其他业务支出，包括与其他业务有关的成本、费用和税金等，如销售材料的成本支出，出租包装物应摊销的成本支出以及计算的营业税等。为了核算这些支出，需要设置"其他业务成本"账户。该账户的性质属于损益类，用来核算企业确认的除主营业务活动以外的其他经营活动所发生的支出，包括销售材料的成本、出租固定资产的折旧额、出租无形资产的摊销额、出租包装物的成本或摊销额等。其借方登记其他业务支出包括材料销售成本、提供劳务的成本费用以及相关的税金及附加等的发生，即其他业务支出的增加；贷方登记期末转入"本年利润"账户的其他业务支出额；经过结转后，期末没有余额。本账户应按照其他业务的种类设置明细账户，进行明细分类核算。"其他业务成本"账户的结构如下：

其他业务成本

其他业务支出的发生(增加)	期末转入"本年利润"账户的其他业务支出

以下举例说明其他业务支出的总分类核算过程。

【例4-56】 长城公司月末结转本月销售材料的成本190 000元。

这项经济业务的发生，一方面使得公司的其他业务支出增加190 000元，另一方面使得公司的库存材料成本减少190 000元。该项经济业务涉及"其他业务成本"和"原材料"两个账户。其他业务支出的增加是费用成本的增加，应记入"其他业务成本"账户的借方；库存材料成本的减少是资产的减少，应记入"原材料"账户的贷方。所以，这项业务应编制的会计分录如下：

借：其他业务成本　　　　　　　190 000
　　贷：原材料　　　　　　　　　　　190 000

【例4-57】 长城股份公司结转本月出租包装物的成本5 680元。

企业出租包装物发生的成本费用支出属于其他业务支出的内容。企业会计准则规定，周转使用的包装物属于周转材料[①]中的一类。这项经济业务的发生，一方面使得公司的其他业务支出增加5 680元，另一方面使得公司的库存包装物成本减少5 680元。涉及"其他业务成本"和"包装物"两个账户。包装物成本的摊销是费用支出的增加，应记入"其他业务成本"账户的借方，库存包装物成本的减少是资产的减少，应记入"周转材料"账户的贷方。所以这项业务应编制的会计分录如下：

借：其他业务成本　　　　　　　5 680
　　贷：周转材料——包装物　　　　　5 680

【例4-58】 长城公司按5%的税率计算本月转让商标使用权收入应缴纳的营业税。

按照税法的规定，企业转让无形资产使用权的收入应缴纳营业税，营业税额=转让收入×税率=300 000×5%=15 000元，营业税属于企业的其他业务支出。这项经济业务的发生，一方面使得公司的其他业务支出增加15 000元；另一方面，由于税金计算出来的当时并没有缴纳，因而使得公司的应交税费增加15 000元。该项经济业务涉及"其他业务支出"和"应交税费"两个账户。其他业务支出的增加是费用支出的增加，应记入"其他业务支出"账户的借方；应交税费的增加是负债的增加，应记入"应交税费"账户的贷方。这项业务应编制的会计分录如下：

借：其他业务成本　　　　　　　15 000
　　贷：应交税费——应交营业税　　　15 000

---

① 《企业会计准则第1号——存货》应用指南规定，周转材料指企业能够多次使用、但不符合固定资产定义的材料，如为了包装本企业商品而储备的各种包装物，各种工具、管理用具、玻璃器皿、劳动保护用品以及在经营过程中周转使用的容器等低值易耗品和建造承包商的钢模板、木模板、脚手架等其他周转材料。

第六节　利润的形成与分配业务的核算

一、利润的含义

《企业会计准则——基本准则》第三十七条规定，利润是指企业在一定会计期间的经营成果。利润包括收入减去费用后的净额、直接计入当期利润的利得和损失等。利润是按照配比原则的要求，将一定时期内存在因果关系的收入与费用进行配比而产生的结果。收入大于费用支出的差额部分为利润，反之则为亏损。利润是综合反映企业在一定时期生产经营成果的重要指标。企业各方面的情况，诸如劳动生产率的高低、产品是否适销对路、产品成本和期间费用的节约与否，都会通过利润指标得到综合反映。盈利是企业生存和发展的基础，只有盈利，不断实现价值增值，企业才能够实现稳健发展。因此，实现盈利，既是企业一切工作的出发点，也是企业一切工作的归宿点。所以，企业必须采取一切措施，增收节支，增强企业的盈利能力，提高经济效益。

二、利润的构成与计算

由于利润是一个综合指标，它综合了企业在经营过程中的所费与所得，因而对于利润的确认与计量，是以企业生产经营活动过程中所实现的收入和发生的费用的确认与计量为基础，同时还要包括通过投资活动而获得的投资收益，以及与生产经营活动没有直接关系的营业外收支等。制造业企业的利润一般包括营业利润、投资净收益、补贴收入和营业外收支等内容。也就是说，企业在生产经营过程中通过销售活动将产品卖给购买方，实现收入，扣除当初的投入成本以及其他一系列费用，再加减非经营性质的收支和投资收益等，就形成了企业的利润或亏损总额。根据《企业会计准则第30号——财务报表列报》应用指南中的利润表项目，有关利润指标各个层次的计算公式表达如下。

上述式子中的营业利润是企业利润的主要来源，营业利润反映企业管理者的经营业绩。营业利润等于营业收入(包括主营业务收入和其他业务收入)减去营业成本(包括主营业务成本和其他业务成本)、营业税金及附加、期间费用、资产减值损失，再加上投资收益等。用公式表示：

营业利润=营业收入-营业成本-营业税金及附加-销售费用-管理费用-

财务费用-资产减值损失+公允价值变动+投资收益

与直接计入当期利润的利得和损失相关的概念是：

(1) 营业外收入，是指与企业正常的生产经营活动没有直接关系的各项收入，包括固定资产盘盈收入、处置固定资产净收益、出售无形资产收益、非货币性交易收益、罚款收入、教育费附加返还款等。营业外收入是企业的一种纯收入，不需要也不可能与有关费用进行配比，事实上企业为此并没有付出代价，因此，在会计核算中应严格区分营业外收入与营业收入的界限。发生营业外收入时，应按其实际发生数进行核算，并直接增加企业的利润总额。

(2) 营业外支出，是指与企业正常生产经营活动没有直接关系的各项支出，包括固定资产盘亏支出、处置固定资产净损失、出售无形资产损失、非常损失、罚款支出、债务重组损失、捐赠支出、提取固定资产减值准备、提取无形资产减值准备等。营业外支出与营业外收入应当分别核算,不允许坐支,也就是说,不能以营业外支出直接冲减营业外收入,同样,也不能以营业外收入直接冲减营业外支出。在实际发生营业外支出时,直接冲减企业当期的利润总额。其计算公式为:

$$利润或亏损总额=营业利润+营业外收入-营业外支出$$

企业实现了利润总额之后,首先应向国家缴纳所得税,所得税后的利润即为净利润,净利润的计算公式为:

$$净利润=利润总额-所得税费用$$

三、净利润形成过程的核算

(一) 期间费用的核算

期间费用是指不能直接归属于某个特定的产品成本,而应直接计入当期损益的各种费用。它是企业在经营过程中随着时间的推移而不断发生、与产品生产活动的管理和销售有一定的关系,但与产品的制造过程没有直接关系的各种费用。一般来说,我们能够很容易地确定期间费用应归属的会计期间,但难以确定其应归属的产品,期间费用不计入产品制造成本,而是从当期损益中予以扣除。

期间费用包括管理费用、财务费用和销售费用。这些费用的发生对企业取得收入有很大的影响,但很难与各类收入直接配比,所以将其视为与某一期间的营业收入相关的期间费用,按其实际发生额予以确认。有关期间费用中财务费用的具体内容在本章第二节负债资金筹集业务中已经做了全面的阐述,这里只对期间费用中的管理费用和销售费用的内容作介绍。

管理费用是指企业行政管理部门为组织和管理企业的生产经营活动而发生的各种费用。它包括企业在筹建期间内发生的开办费、董事会和行政管理部门在企业的经营管理中发生的或者应由企业统一负担的公司经费(包括行政管理部门职工工资及福利费、物料消耗、低值易耗品摊销、办公费和差旅费等)、工会经费、董事会费(包括董事会成员津贴、会议费和差旅费等)、聘请中介机构费、咨询费(含顾问费)、诉讼费、业务招待费、房产税、车船使用税、土地使用税、印花税、技术转让费、矿产资源补偿费、研究费用、排污费等。

销售费用是指企业在销售商品产品、提供劳务等日常经营过程中发生的各项费用以及专设销售机构(含销售网点、售后服务网点等)的各项经费。它包括保险费、包装费、展览费和广告费、商品维修费、预计产品质量保证损失、运输费、装卸费等以及为销售本企业商品而专设的销售机构(含销售网点、售后服务网点等)的职工薪酬、业务费、折旧费等经营费用。

为了核算期间费用的发生情况,需要设置以下账户(财务费用除外)。

1. "管理费用"账户

该账户的性质是损益类,用来核算企业为组织和管理企业生产经营所发生的管理费用。其借方登记发生的各项管理费用,贷方登记期末转入"本年利润"账户的管理费用额,经过结转之后,本账户期末没有余额。管理费用账户应按照费用项目设置明细账中的专栏,进行明细分类核算。"管理费用"账户的结构如下:

管理费用	
发生的管理费用	期末转入"本年利润"账户的管理费用

2. "销售费用"账户

该账户的性质是损益类,用来核算企业销售商品和材料、提供劳务的过程中发生的各种费用。企业发生的与专设销售机构相关的固定资产修理费用等后续支出,也在本科目核算。其借方登记发生的各项营业费用,贷方登记期末转入"本年利润"账户的营业费用额,经结转后,该账户期末没有余额。"销售费用"账户应按照费用项目设置明细账户,进行明细分类核算。"销售费用"账户的结构如下:

销售费用	
发生的营业费用(营业费用增加)	期末转入"本年利润"账户的营业费用额

以下举例说明期间费用的总分类核算。

【例4-59】 长城公司的公出人员王一明出差归来报销差旅费3 760元,原借款4 000元,余额退回现金。

差旅费属于企业的期间费用,在"管理费用"账户核算。这项经济业务的发生,一方面使得公司的管理费用增加3 760元,现金增加240(4 000-3 760)元;另一方面使得公司的其他应收款这项债权减少3 760元。该项经济业务涉及"管理费用""库存现金"和"其他应收款"3个账户。管理费用的增加是费用的增加,应记入"管理费用"账户的借方;现金的增加是资产的增加,应记入"库存现金"账户的借方;其他应收款的减少是资产(债权)的减少,应记入"其他应收款"账户的贷方。这项业务应编制的会计分录如下:

借:管理费用　　　　　　　　3 760
　　库存现金　　　　　　　　 240
　贷:其他应收款——王一明　　4 000

【例4-60】 长城用现金250 000元支付董事会成员津贴及咨询费。

董事会成员津贴及咨询费属于企业的期间费用,在"管理费用"账户核算。这项经济业务的发生,一方面使得公司的管理费用增加250 000元,另一方面使得公司的现金减少250 000元。该项经济业务涉及"管理费用"和"库存现金"两个账户。管理费用的增加是费用的增加,应记入"管理费用"账户的借方;现金的减少是资产的减少,应记入"库存现金"账户的贷方。这项业务应编制的会计分录如下:

借:管理费用　　　　　　　　250 000
　贷:库存现金　　　　　　　250 000

【例4-61】 长城公司用银行存款10 000元支付销售产品的运输费。

销售产品的运输费属于销售费用。这项经济业务的发生,一方面使得公司的销售费用增加10 000元,另一方面使得公司的银行存款减少10 000元。该项经济业务涉及"营业费用"和"银行存款"两个账户。销售费用的增加是费用的增加,应记入"销售费用"账户的借方;银行存款的减少是资产的减少,应记入"银行存款"账户的贷方。这项业务应编制的会计分录如下:

借:销售费用　　　　　　　　10 000
　贷:银行存款　　　　　　　10 000

【例4-62】长城公司下设一个销售网点，经计算确定该网点销售人员的工资86 500元。

销售机构人员的工资及福利费属于销售费用。这项经济业务的发生，一方面使得公司的销售费用增加86 500元，另一方面使得公司的应付工资增加86 500元。该项经济业务涉及"销售费用"和"应付职工薪酬"两个账户。销售费用的增加是费用的增加，应记入"销售费用"账户的借方；应付工资的增加是负债的增加，应记入"应付职工薪酬"账户的贷方。这项业务应编制的会计分录如下：

借：销售费用　　　　　　　　　　85 600
　　贷：应付职工薪酬　　　　　　　　85 600

【例4-63】长城公司经计算，本月应缴纳的车船使用税16 200元，房产税22 000元。另外用银行存款支付本月的印花税2 700元。

根据管理费用所包括的具体内容可知，这里的各项税金都属于管理费用核算的内容，前两种税金需要预计金额，因而在本月形成一项负债，而印花税[①]是随时发生随时交纳，不通过"应交税费"账户核算。所以，这项经济业务的发生，一方面使得公司的管理费用增加40 900(16 200+22 000+2 700)元，另一方面使得公司的应交税费增加38 200(16 200+22 000)元，银行存款减少2 700元。该项经济业务涉及"管理费用""应交税费"和"银行存款"3个账户。管理费用的增加是费用支出的增加，应记入"管理费用"账户的借方；应交税费的增加是负债的增加，应记入"应交税费"账户的贷方；银行存款的减少是资产的减少，应记入"银行存款"账户的贷方。所以，这项业务应编制的会计分录如下：

借：管理费用　　　　　　　　　　　　　　40 900
　　贷：应交税费——应交车船使用税　　　16 200
　　　　　　　　——应交房产税　　　　　22 000
　　　　银行存款　　　　　　　　　　　　 2 700

(二) 投资收益的核算

企业为了合理有效地使用资金以获取更多的经济利益，除了进行正常的生产经营活动外，还可以将资金投放于债券、股票或其他财产等，形成企业的对外投资。企业的投资一般分为短期投资和长期投资两种。短期投资的收益按取得时间划分为存续期间的持有收益和转让或兑付时的收益。持有期间产生的收益在转让或兑付之前收到，应冲减投资成本，转让或兑付时的收益计入当期损益，增加投资收益。长期股权投资收益可以在宣告分派或发放股利时确认(成本法)，也可以在年末按照投资比例分享被投资单位的净利润或负担净损失时确认(权益法)。投资收益的实现或投资损失的发生都会影响企业当期的经营成果。

为了核算投资损益的发生情况，需要设置"投资收益"账户。该账户的性质是损益类，用来核算企业核算企业确认的投资收益或投资损失。其贷方登记实现的投资收益和期末转入"本年利润"账户的投资净损失，借方登记发生的投资损失和期末转入"本年利润"账户的投资净收益，经过结转之后该账户期末没有余额。"投资收益"账户应按照投

---

① 印花税是以经济活动中签立的各种合同、产权转移书据、营业账簿、权利许可证照等应税凭证文件为对象所征的税。因采用在应税凭证上粘贴印花税票作为完税的标志而得名。

资的种类设置明细账户，进行明细分类核算。"投资收益"账户的结构如下：

投资收益

| (1) 发生的投资损失 | (1) 实现的投资收益 |
| (2) 期末转入"本年利润"账户的投资净收益 | (2) 期末转入"本年利润"账户的投资净损失 |

以下举例说明投资收益的总分类核算。

【例4-64】长城公司将日前购入的为交易目的所持有的股票出售，买价为2 200 000元，卖价为2 314 000元，所得款项存入银行(假设不考虑税收)。

为交易目的所持有的有价证券属于交易性金融资产，出售价格与该项交易性金融资产账面余额之间的差额应确认为企业的投资收益。这项经济业务的发生，一方面使得公司的银行存款增加2 314 000元，投资收益增加114 000(2 314 000-2 200 000)元；另一方面使得公司的交易性金融资产减少2 200 000元。该项经济业务涉及"银行存款""交易性金融资产"和"投资收益"3个账户。银行存款的增加是资产的增加，应记入"银行存款"账户的借方；交易性金融资产的减少是资产的减少，应记入"交易性金融资产"账户的贷方；投资收益的增加是收益的增加，应记入"投资收益"账户的贷方。这项业务应编制的会计分录如下：

借：银行存款　　　　　　　2 314 000
　　贷：交易性金融资产　　　　　　2 200 000
　　　　投资收益　　　　　　　　　　114 000

【例4-65】长城公司持有某单位股票作为长期投资，被投资单位宣告分派当年的现金股利，其中本公司应得70 000元，本公司对于股票投资的核算采用成本法。

这项经济业务的发生，一方面使得公司的应收股利增加70 000元，另一方面使得公司的投资收益增加70 000元。该项经济业务涉及"应收股利"和"投资收益"两个账户。应收股利的增加是资产(债权)的增加，应记入"应收股利"账户的借方；投资收益的增加是收益的增加，应记入"投资收益"账户的贷方。这项业务应编制的会计分录如下：

借：应收股利　　　　　　　70 000
　　贷：投资收益　　　　　　　　　70 000

(三) 营业外收支的核算

企业的营业外收支是指与企业正常的生产经营业务没有直接关系的各项收入和支出，包括营业外收入和营业外支出。营业外收入包括固定资产盘盈收入、处置固定资产净收益、处置无形资产净收益、罚款收入、教育费附加返还款等；营业外支出包括固定资产盘亏支出、处置固定资产的净损失、处置无形资产的净损失、非常损失、罚款支出、债务重组损失、捐赠支出、计提的无形资产减值准备、计提的固定资产减值准备等。

营业外收支虽然与企业正常的生产经营活动没有直接关系，但从企业主体考虑，营业外收支同样能够增加或减少企业的利润，对利润或亏损总额以及净利润会产生一定的影响。在会计核算过程中，一般按照营业外收支具体项目发生的时间，按其实际数额在当期作为利润的加项或减项分别予以确认和计量。营业外收入减去营业外支出后的余额即为企业的营业外收支净额。净额如为正数，则增加当期的利润总额；如为负数，则减少当期的利润总额。

为了核算营业外收支的具体内容，需要分别设置"营业外收入"和"营业外支出"账户。

1. "营业外收入"账户

该账户的性质是损益类，用来核算企业发生的与其经营活动无直接关系的各项净收入，主要包括处置非流动资产利得、非货币性资产交换利得、债务重组利得、罚没利得、政府补助利得、确实无法支付而按规定程序经批准后转作营业外收入的应付款项等。其贷方登记营业外收入的实现即营业外收入的增加，借方登记会计期末转入"本年利润"账户的营业外收入额，经过结转之后，该账户期末没有余额。该账户应按照收入的具体项目设置明细账户，进行明细分类核算。"营业外收入"账户的结构如下：

营业外收入

期末转入"本年利润"账户的营业外收入	实现的营业外收入(增加)

2. "营业外支出"账户

该账户的性质是损益类，用来核算企业发生的与其经营活动无直接关系的各项净支出，包括处置非流动资产损失、非货币性资产交换损失、债务重组损失、罚款支出、捐赠支出、非常损失等。其借方登记营业外支出的发生即营业外支出的增加，贷方登记期末转入"本年利润"账户的营业外支出额，经过结转之后，该账户期末没有余额。该账户应按照支出的具体项目设置明细账户，进行明细分类核算。"营业外支出"账户的结构如下：

营业外支出

营业外支出的发生(增加)	期末转入"本年利润"账户的营业外支出

以下举例说明营业外收支的总分类核算。

【例4-66】长城公司收到某单位的违约罚款收入95 800元，存入银行。

罚款收入属于企业的营业外收入。这项经济业务的发生，一方面使得公司的银行存款增加84 800元，另一方面使得公司的营业外收入增加95 800元。该项经济业务涉及"银行存款"和"营业外收入"两个账户。银行存款的增加是资产的增加，应记入"银行存款"账户的借方；营业外收入的增加是收益的增加，应记入"营业外收入"账户的贷方。这项业务应编制的会计分录如下：

借：银行存款　　　　　　　　95 800
　　贷：营业外收入　　　　　　　　95 800

【例4-67】长城公司用银行存款32 000元支付税收罚款滞纳金。

企业的税收罚款滞纳金属于营业外支出。这项经济业务的发生，一方面使得公司的银行存款减少32 000元，另一方面使得公司的营业外支出增加32 000元。该项经济业务涉及"银行存款"和"营业外支出"两个账户。营业外支出的增加是费用支出的增加，应记入"营业外支出"账户的借方；银行存款的减少是资产的减少，应记入"银行存款"账户的贷方。这项业务应编制的会计分录如下：

借：营业外支出　　　　　　　　32 000
　　贷：银行存款　　　　　　　　32 000

(四) 企业净利润形成的核算

企业的净利润是由利润总额减去所得税计算而得的，利润总额的各个构成项目——营业利润和营业外收支净额确定后,就可以计算确定企业的利润总额。在利润总额的基础上,进行适当的调整,结合税率就可以计算所得税,进而计算确定净利润。

1. 利润总额的计算

【例4-68】长城公司本期实现的营业收入5 576 000元,其中主营业务收入5 246 000元、其他业务收入330 000元;结转的营业成本为2 526 400元,其中主营业务成本2 366 400元、其他业务成本160 000元;营业税金及附加为55 000元。期间费用共计为665 000元,其中管理费用600 000元、财务费用5 000元、销售费用60 000元、投资收益为80 400元;营业外收支净额为70 000元,其中营业外收入100 000元、营业外支出30 000元。计算长城公司本月利润总额。(假定未发生资产减值损失和公允价值变动)

(1) 计算营业利润

营业利润=营业收入-营业成本-营业税金及附加-销售费用-管理费用-
财务费用-资产减值损失+公允价值变动+投资收益
=5 576 000-2 526 400-55 000-665 000+80 400=2 410 000(元)

(2) 计算利润总额

利润总额=营业利润+营业外收入-营业外支出
=2 410 000+100 000-30 000=2 480 000(元)

2. 所得税费用的核算

企业所得税是企业按照国家税法的有关规定,对企业某一经营年度实现的经营所得和其他所得,按照规定的所得税税率计算缴纳的一种税款。企业作为一个经营实体,向国家缴纳了所得税,意味着其资源的流出、经济利益的减少,而且税收又具有强制性和无偿性,所以应将所得税作为经营实体的一种费用看待,这不仅符合费用要素的定义,也符合配比原则的要求。

所得税是根据企业的所得额征收的,而企业的所得额又可以依据不同的标准分别计算确定,即所谓的会计所得和纳税所得。会计所得是由企业的会计人员根据会计准则、制度等的要求确认的收入与费用进行配比计算得出的税前会计利润。纳税所得是根据税收法规规定的收入和准予扣除的费用计算得出的企业纳税所得,即应税利润。由于会计法规和税收法规是两个不同的经济范畴,两者的适度分离被认为是允许的。按照会计法规计算确定的会计利润与按照税收法规计算确定的应税利润对同一个企业的同一个会计期间来说,其计算的结果往往不一致,在计算口径和确认时间方面存在一定的差异,即计税差异,我们一般将这个差异称为纳税调整项目。企业的所得税通常是按年计算,分期预交,年末汇算清缴的,其计算公式为:

所得税额=应纳税所得额×所得税率
应纳税所得额=利润总额+所得税前利润中予以调整的项目

公式中的所得税前利润中的调整项目包括纳税调整增加项目和纳税调整减少项目两部分。纳税调整增加项目主要包括税法规定允许扣除项目,企业已计入当期费用但超过税法规定扣除标准的金额,如超过税法规定标准的工资支出、业务招待费支出,税收罚款滞纳金,捐赠支出等;纳税调整减少项目主要包括按税法规定允许弥补的亏损和准予免税的项目,如5年内未弥补完的亏损、国债的利息收入等。由于纳税调整项目的内容比较复杂，在本书中为了简化核算，我们一般假设纳税调整项目为零，因而就可以会计上的利润总额为基础计算所得税额，企业所得税的税率为25%。各期预交所得税的计算公式为：

当前期累计应纳所得税额=当前期累计应纳税所得额×所得税率

当前期应纳所得税额=当前期累计应纳所得税额-上期累计已纳所得税额

为了核算所得税费用的发生情况，在会计上需要设置"所得税费用"账户，该账户的性质是损益类，用来核算企业确认的应从当期利润总额中扣除的所得税费用。其借方登记按照应纳税所得额计算出的所得税费用额，贷方登记期末转入"本年利润"账户的所得税费用额，经过结转之后，该账户期末没有余额。"所得税费用"账户可按"当期所得税费用""递延所得税费用"进行明细核算。"所得税费用"账户的结构如下：

所得税费用	
计算出的所得税费用额	期末转入"本年利润"账户的所得税费用额

以下举例说明所得税费用的总分类核算。

【例4-69】 根据前述内容，长城公司本期实现的利润总额为2 480 000元，按照25%的税率计算本月的所得税费用。(假设没有纳税调整项目)

本期应纳所得税税额为620 000(2 480 000×25%)元。所得税额计算出来之后，一般在当期并不实际缴纳，所以在形成所得税费用的同时也产生了企业的一项负债。这项经济业务的发生，一方面使得公司的所得税费用增加620 000元，另一方面使得公司的应交税费增加620 000元。该项经济业务涉及"所得税费用"和"应交税费"两个账户。所得税费用的增加是费用支出的增加，应记入"所得税"账户的借方；应交税费的增加是负债的增加，应记入"应交税费"账户的贷方。所以这项业务应编制的会计分录如下：

　　借：所得税费用　　　　　　　　　　620 000
　　　　贷：应交税费——应交所得税　　　　　620 000

3. 净利润形成的核算

企业在经营过程中实现了各项收入，相应地也发生了各项支出，对于这些收入和支出都已经在各有关的损益类账户中得到了相应的反映。根据前面介绍的内容我们已经知道，企业的利润总额、净利润额是由企业的收益与其相关的支出进行配比、抵减而确定的，这里就涉及何时配比、抵减和怎样配比、抵减的问题。

企业一般应当按月核算利润，按月核算利润有困难的，经批准也可以按季或者按年核算利润。企业计算确定本期利润总额、净利润和本年累计利润总额、累计净利润的具体方法有账结法和表结法两种。其中，账结法是在每个会计期末(一般是指月末)将各损益类账户记录的金额全部转入"本年利润"账户，通过"本年利润"账户借、贷方的记录结算出本期损益总额和本年累计损益额，在这种方法下需要在每个会计期末通过编制结账分录结清各损益类账户。表结法是在每个会计期末(月末)各损益类账户余额不做转账处理，而是通过编制利润表进行利润的结算，根据损益类项目的本期发生额、本年累计数额填报会计报表(主要是指利润表)，在会计报表中直接计算确定损益额即利润总额、净利润额，年终在年度会计决算时再用账结法，将各损益类账户全年累计发生额通过编制结账分录转入"本年利润"账户。"本年利润"账户集中反映了全年累计净利润的实现或亏损的发生情况。

为了核算企业一定时期内财务成果的具体形成情况，在会计上需要设置"本年利润"

账户,该账户的性质是所有者权益类,用来核算企业当期实现的净利润(或发生的净亏损)。其贷方登记会计期末转入的各项收入,包括主营业务收入、其他业务收入、营业外收入和投资净收益等;借方登记会计期末转入的各项支出,包括主营业务成本、主营业务税金及附加、其他业务支出、管理费用、财务费用、营业费用、营业外支出、投资净损失和所得税等。该账户年内期末余额如果在贷方,表示实现的累计净利润;如果在借方,表示累计发生的亏损。年末应将该账户的余额转入"利润分配"账户(如果是净利润,应自该账户的借方转入"利润分配"账户的贷方;如果是亏损,应自该账户的贷方转入"利润分配"账户的借方),经过结转之后,该账户年末没有余额。关于"本年利润"账户的核算内容,应结合利润形成核算的账结法和表结法加以理解。"本年利润"账户的结构如下:

本年利润

期末转入的各项支出: (1) 主营业务成本 (2) 营业税金及附加 (3) 其他业务成本 (4) 管理费用 (5) 财务费用 (6) 营业费用 (7) 投资净损失 (8) 营业外支出 (9) 所得税费用	期末转入的各项收入: (1) 主营业务收入 (2) 其他业务收入 (3) 营业外收入 (4) 投资净收益
期末余额:累计亏损	期末余额:累计净利润

会计期末(月末或年末)结转各项收入时,借记"主营业务收入""其他业务收入""投资收益""营业外收入"等账户,贷记"本年利润"账户;结转各项支出时,借记"本年利润"账户,贷记"主营业务成本""主营业务税金及附加""其他业务支出""管理费用""财务费用""营业费用""营业外支出""所得税"等账户。如果"投资收益"账户反映的为投资损失,则应进行相反的结转。

以下举例说明利润总额和净利润额形成业务的总分类核算。

【例4-70】会计期末,长城公司将本期实现的各项收入包括主营业务收入5 246 000元、其他业务收入330 000元、投资收益80 400元、营业外收入100 000元转入"本年利润"账户。

会计期末,企业未结转各种损益类账户之前,本期实现的各项收入以及与之相配比的成本费用是分散反映在不同的损益类账户上。为了遵循配比原则的要求,使本期的收支相抵减,以便确定本期经营成果,就需要编制结账分录,结清各损益类账户。这项经济业务的发生,一方面使得公司的有关损益类账户所记录的各种收入减少了,另一方面使得公司的利润额增加了。该项业务涉及"主营业务收入""其他业务收入""投资收益""营业外收入"和"本年利润"5个账户。各项收入的结转是收入的减少,应记入"主营业务收入""其他业务收入""投资收益""营业外收入"账户的借方;利润的增加是所有者权益的增加,应记入"本年利润"账户的贷方。所以,这项业务应编制的会计分录如下:

借：主营业务收入　　　　　　5 246 000
　　其他业务收入　　　　　　　330 000
　　投资收益　　　　　　　　　 80 400
　　营业外收入　　　　　　　　100 000
　　贷：本年利润　　　　　　　　　5 756 400

【例4-71】会计期末，长城公司将本期发生的各项支出包括主营业务成本2 366 400元、其他业务成本160 000元、主营业务税金及附加55 000元、管理费用600 000元、财务费用5 000元、营业费用60 000元、营业外支出30 000元转入"本年利润"账户。

这项经济业务的发生，一方面需要将记录在有关损益类账户中的各项支出予以转销，另一方面结转支出会使得公司的利润减少。该项业务涉及"本年利润""主营业务成本""其他业务支出""管理费用""财务费用""营业费用""营业外支出"7个账户。各项支出的结转是费用支出的减少，应记入"主营业务成本""其他业务支出""管理费用""财务费用""营业费用""营业外支出"账户的贷方；利润的减少是所有者权益的减少，应记入"本年利润"账户的借方。这项业务应编制的会计分录如下：

借：本年利润　　　　　　　　3 276 400
　　贷：主营业务成本　　　　　　　2 366 400
　　　　其他业务成本　　　　　　　　160 000
　　　　主营业务税金及附加　　　　　 55 000
　　　　管理费用　　　　　　　　　　600 000
　　　　财务费用　　　　　　　　　　　5 000
　　　　营业费用　　　　　　　　　　 60 000
　　　　营业外支出　　　　　　　　　 30 000

通过上项结转，本月的各项收入和支出都汇集于"本年利润"账户，遵循配比原则将收入与费用进行抵减，就可以根据"本年利润"账户的借、贷方的记录确定利润总额。本期长城公司实现的利润总额为2 480 000(5 756 400-3 276 400)元。所得税费用作为一项费用，应在会计期末转入"本年利润"账户，以便计算净利润。

【例4-72】承【例4-69】，长城公司在会计期末将计算出的所得税费用转入"本年利润"账户。

长城公司本期计算出的所得税费用为620 000元。这项经济业务的发生，一方面使得公司的所得税费用减少620 000元，另一方面使得公司的利润额减少620 000元。所得税费用的减少是费用支出的减少，应记入"所得税费用"账户的贷方；利润的减少是所有者权益的减少，应记入"本年利润"账户的借方。所以，这项业务应编制的会计分录如下：

借：本年利润　　　　　　　　　 620 000
　　贷：所得税费用　　　　　　　　　 620 000

所得税费用转入"本年利润"账户之后，就可以根据"本年利润"账户的借、贷方记录的各项支出和收入计算确定企业的净利润额：

净利润=利润总额-所得税费用=2 480 000-620 000=1 860 000(元)

企业通过净利润形成过程的核算，实现了一定时期内的财务成果即净利润。对于实现的净利润，应按照国家的有关规定在各相关方面进行合理的分配。

四、企业利润分配业务的核算

利润分配就是企业根据法律、董事会或类似权力机构提请股东大会或类似批准机构批准的、对企业可供分配利润指定其特定用途和分配给投资者的行为。股份公司实现的净利润应按《公司法》、公司章程以及股东大会决议的要求进行分配。利润分配的过程和结果不仅关系到每个股东的权益是否得到保障，而且还关系到企业的未来发展问题，所以，必须做好企业利润分配工作，正确地对利润分配的具体内容进行会计核算。

(一) 利润分配的顺序

企业实现的净利润，应按照国家的规定和投资者的决议进行合理的分配。企业净利润的分配涉及各个方面的利益关系，包括投资人、企业以及企业内部职工的经济利益，所以必须遵循兼顾投资人利益、企业利益以及企业职工利益的原则对净利润进行分配。根据《公司法》等有关法规的规定[①]，企业当年实现的净利润，首先应弥补以前年度尚未弥补的亏损，对于剩余部分，应按照下列顺序进行分配：

(1) 弥补企业以前年度亏损。公司的法定公积金不足以弥补以前年度亏损的，在提取法定公积金之前，应当先用当年利润弥补亏损。

(2) 提取法定盈余公积。公司分配当年税后利润时，应当提取利润的10%列入公司法定盈余公积金。公司法定公积金累计额为公司注册资本的50%以上的，可以不再提取。

(3) 提取任意盈余公积。公司从税后利润中提取法定盈余公积金后，经股东会或者股东大会决议，还可以从税后利润中提取任意盈余公积金。

(4) 向股东(投资者)分配股利(利润)。公司弥补亏损和提取公积金后所余税后利润，可以向股东(投资者)分配股利(利润)。其中，有限责任公司股东按照实缴的出资比例分取红利，全体股东约定不按照出资比例分取红利的除外；股份有限公司按照股东持有的股份比例分配，但股份有限公司章程规定不按持股比例分配的除外。

可供投资者分配的利润的计算公式为：

可供投资者分配的利润=净利润-弥补以前年度的亏损-提取的法定公积金-提取任意公积金+以前年度未分配利润+公积金转入数

可供投资者分配的利润，应按下列顺序进行分配：

(1) 支付优先股股利，是指企业按照利润分配方案分配给优先股股东的现金股利。优先股股利是按照约定的股利率计算支付的。

(2) 支付普通股股利，是指企业按照利润分配方案分配给普通股股东的现金股利。普通股股利一般按各股东持有股份的比例进行分配。如果是非股份制企业，则为分配给投资人的利润。

(3) 转作资本(或股本)的普通股股利，是指企业按照利润分配方案以分派股票股利的形式转作的资本(或股本)。

可供投资者分配的利润经过上述分配之后，为企业的未分配利润(或未弥补亏损)，年末未分配利润可用下式计算：

---

① 参见2014年3月1日生效的《中华人民共和国公司法(2013修订)》第一百六十六条。

本年末未分配利润=可供投资者分配的利润-优先股股利-普通股股利

未分配利润是企业留待以后年度进行分配的利润或等待分配的利润。它是所有者权益的一个重要组成部分。相对于所有者权益的其他部分来说，企业对于未分配利润的使用分配有较大的自主权。

(二) 利润分配业务的核算

为了核算企业利润分配的具体过程及结果，全面贯彻企业利润分配政策，以便于更好地进行利润分配业务的核算，需要设置以下几个账户。

1. "利润分配"账户

该账户的性质是所有者权益类，用来核算企业利润的分配(或亏损的弥补)和历年分配(或弥补)后的余额。其借方登记实际分配的利润额，包括提取的盈余公积金和分配给投资人的利润以及年末从"本年利润"账户转入的全年累计亏损额；贷方登记用盈余公积金弥补的亏损额等其他转入数，以及年末从"本年利润"账户转入的全年实现的净利润额。年内期末余额如果在借方，表示已分配的利润额。年末余额如果在借方，表示未弥补的亏损额；期末余额如果在贷方，表示未分配利润额。"利润分配"账户应当分别按"提取法定盈余公积""提取任意盈余公积""应付现金股利或利润""转作股本的股利""盈余公积补亏"和"未分配利润"等进行明细核算。年末，应将"利润分配"账户下的其他明细科目的余额转入"未分配利润"明细科目，经过结转后，除"未分配利润"明细科目有余额外，其他各个明细科目均无余额。"利润分配"账户的结构如下：

利润分配

已分配的利润额： (1) 提取法定盈余公积 (2) 提取法定公益金 (3) 应付优先股股利 (4) 应付普通股股利年末转入的亏损	(1) 盈余公积转入 (2) 年末从"本年利润"账户转入的全年净利润
年内余额：已分配利润额 年末余额：未弥补亏损额	期末余额：未分配利润

在会计核算中，设置"利润分配"账户，用以提供企业已分配的利润额。这样就可以根据需要，将"本年利润"账户的贷方余额即累计净利润与"利润分配"账户的借方余额即累计已分配的利润额相抵减，以求得未分配利润这项管理上所需要的指标。因而，对于"利润分配"账户，一定要结合"本年利润"账户加以深刻理解。

2. "盈余公积"账户

该账户的性质是所有者权益类，用来核算企业从净利润中提取的盈余公积。其贷方登记提取的盈余公积金即盈余公积金的增加，借方登记实际使用的盈余公积金即盈余公积金的减少。期末余额在贷方，表示结余的盈余公积金。该账户应设置下列"法定盈余公积"和"任意盈余公积"进行明细核算。"盈余公积"账户的结构如下：

盈余公积

实际使用的盈余公积金(减少)	年末提取的盈余公积金(增加)
	期末余额：结余的盈余公积金

3. "应付股利"账户

该账户的性质是负债类,用来核算企业按照董事会或股东大会决议分配给投资人股利(现金股利)或利润的增减变动及其结余情况的账户。其贷方登记应付给投资人股利(现金股利)或利润的增加,借方登记实际支付给投资人的股利(现金股利)或利润即应付股利的减少。期末余额在贷方,表示尚未支付的股利(现金股利)或利润。这里需要注意的是,企业分配给投资人的股票股利不在本账户核算。"应付股利"账户的结构如下:

应付股利

实际支付的利润或股利	应付未付的利润或股利
	期末余额:尚未支付的利润或股利

以下举例说明利润分配业务的总分类核算。

【例4-73】长城公司按净利润的10%提取法定盈余公积金,经股东大会决议,决定按净利润的5%提取任意盈余公积金。

根据前述业务可知,长城公司本年实现的净利润为1 860 000元。因而,提取的法定盈余公积金为186 000(1 860 000×10%)元,提取的任意盈余公积金为93 000(1 860 000×5%)元。公司提取盈余公积金业务的发生,一方面使得公司已分配的利润额增加195 300(186 000+93 000)元,另一方面使得公司的盈余公积金增加了195 300元。该项经济业务涉及"利润分配"和"盈余公积"两个账户。已分配利润额的增加是所有者权益的减少,应记入"利润分配"账户的借方;盈余公积金的增加是所有者权益的增加,应记入"盈余公积"账户的贷方。这项业务应编制的会计分录如下:

借:利润分配——提取法定盈余公积　　　186 000
　　　　　——提取任意盈余公积　　　　 93 000
　　贷:盈余公积——法定盈余公积　　　　186 000
　　　　　——任意盈余公积　　　　　　　93 000

【例4-74】长城公司按照股东大会决议,决定分配给股东的现金股利为120 000元,股票股利为220 000元。

这里首先需要说明,股票股利和现金股利是有区别的。对于现金股利,在董事会确定利润分配方案之后,立即进行账务处理,而股票股利在董事会确定利润分配方案并办理了增资手续之后,才能进行相应的账务处理。这项经济业务的发生,需要处理两部分内容:对于现金股利的分配,一方面使得公司的已分配利润额增加120 000元,另一方面现金股利虽然已决定分配给股东,但在分配的当时并不实际支付,所以形成公司的一项负债,使得公司的应付股利增加120 000元;对于股票股利的分配,一方面使得公司的已分配利润额增加220 000元,另一方面使得公司的实收资本增加220 000元。该项经济业务涉及"利润分配"和"应付股利"两个账户。已分配利润的增加是所有者权益的减少,应记入"利润分配"账户的借方;应付股利的增加是负债的增加,应记入"应付股利"账户的贷方;对于股票股利,在分配时应按面值记入"实收资本"或"股本"科目(如有超面值部分应增加资本公积)。这项业务应编制的会计分录如下:

(1) 对于现金股利:

借:利润分配——应付现金股利　　　120 000
　　贷:应付股利　　　　　　　　　　120 000

(2) 实际支付现金股利：

借：应付股利　　　　　　　　　　　120 000
　　贷：银行存款　　　　　　　　　　　　120 000

(3) 对于股票股利：

借：利润分配——转作股本的股利　　220 000
　　贷：实收资本　　　　　　　　　　　　220 000

【例4-75】长城股份公司以前年度累计未弥补亏损800 000元，已经超过了用税前利润弥补的期限。经股东大会决议，用盈余公积金全额弥补。

企业发生的亏损，可以用实现的利润弥补，也可以用积累的盈余公积金弥补。用盈余公积金补亏损，相当于增加可供分配的利润。这项经济业务的发生，一方面使得公司的盈余公积金减少800 000元，另一方面使得公司的可供分配利润增加800 000元。该项业务涉及"盈余公积"和"利润分配"两个账户。盈余公积金的减少是所有者权益的减少，应记入"盈余公积"账户的借方；可供分配利润的增加是所有者权益的增加，应记入"利润分配"账户的贷方。所以，这项业务应编制的会计分录如下：

借：盈余公积　　　　　　　　　　　800 000
　　贷：利润分配——盈余公积补亏　　　　800 000

【例4-76】长城公司在期末结转本期实现的净利润。

长城公司本期实现的净利润为1 860 000元。结转净利润这项经济业务的发生，一方面使得公司记录在"本年利润"账户的累计净利润减少1 860 000元，另一方面使得公司可供分配的利润增加1 860 000元。该项业务涉及"本年利润"和"利润分配"两个账户。结转净利润时，应将净利润从"本年利润"账户的借方转入"利润分配"账户的贷方(如果结转亏损，则进行相反的处理)。这项业务应编制的会计分录如下：

借：本年利润　　　　　　　　　　　1 860 000
　　贷：利润分配——未分配利润　　　　　1 860 000

【例4-77】长城公司在会计期末结清利润分配账户所属的各有关明细科目。

通过前述有关的经济业务的处理，可以确定长城公司"利润分配"所属有关明细科目的记录分别为："提取法定盈余公积"明细科目余额为186 000元(借方)，"提取任意盈余公积"明细科目的余额为93 000元(借方)，"应付现金股利"明细科目的余额为120 000元(借方)，"转作资本(或股本)的股利"为220 000元(借方)，"盈余公积补亏"明细科目的余额为800 000元(贷方)。结清时，应将各个明细科目的余额从其相反方向分别转入"未分配利润"明细科目中。也就是借方的余额从贷方结转，贷方的余额从借方结转。所以，这项业务应编制的会计分录如下：

(1) 借：利润分配——未分配利润　　　　　　619 000
　　　贷：利润分配——提取法定盈余公积　　　　186 000
　　　　　　　　　——提取法定公益金　　　　　　93 000
　　　　　　　　　——应付普通股股利　　　　　120 000
　　　　　　　　　——转作资本(或股本)的普通股股利　220 000

(2) 借：利润分配——盈余公积补亏　　　　　800 000
　　　贷：利润分配——未分配利润　　　　　　　800 000

本章小结

企业在经营过程中发生的主要经济业务内容包括：①资金筹集业务；②供应过程业务；③生产过程业务；④产品销售过程业务；⑤财务成果形成与分配业务。企业从投资人处筹集到的资金形成企业所有者权益的重要组成部分，企业的所有者权益包括实收资本、资本公积金、盈余公积金和未分利润配四部分。企业从债权人那里筹集到的资金形成企业的负债，它表示企业的债权人对企业资产的要求权利即债权人权益。固定资产是指同时具有下列特征的有形资产：①为生产商品提供劳务、出租或经营管理而持有的；②使用寿命超过一个会计年度。企业的材料可以按照实际成本计价组织收发核算，也可以按照计划成本计价组织收发核算。产品生产费用归集与分配包括材料费用、人工费用和间接费用等归集与分配的具体内容。对于直接用于某种产品生产的材料费，应直接计入该产品生产成本明细账中的直接材料费项目；对于由几种产品共同耗用、应由这些产品共同负担的材料费，应选择适当的标准在各种产品之间进行分配之后，计入各有关成本计算对象；对于为创造生产条件等需要而间接消耗的各种材料费，应先在"制造费用"账户中进行归集，然后再同其他间接费用一起分配后计入有关产品成本中。主营业务中商品销售业务的核算内容，包括商品销售收入的确认与计量、商品销售成本的计算与结转以及销售税金的计算和缴纳等内容。财务成果是指企业在一定会计期间所实现的最终经营成果，也就是企业所实现的利润或亏损总额。在利润总额的基础上，进行适当的调整，结合税率就可以计算所得税，进而计算确定净利润。利润分配核算主要介绍提取盈余公积金和向投资人分配利润的核算内容。

主要概念

实收资本；资本公积；短期借款；长期借款；职工薪酬；利润；营业外收入；营业外支出；期间费用；财务费用；管理费用；销售费用；账结法；表结法；销售退回；销售折让；现金折扣；利润分配；材料采购；材料成本差异；累计折旧；应付职工薪酬；预收账款。

思考题

1. 制造业企业的主要经济业务包括哪些内容？
2. 实收资本在核算上有哪些要求？
3. 资本公积金的主要用途是什么？其来源有哪些？
4. 短期借款利息的会计处理与长期借款有何区别？
5. 材料采购成本由哪些项目构成？
6. 采用计划成本计价与采用实际成本计价的会计处理有何区别？
7. 产品生产成本由哪些成本项目所组成？
8. 进行产品生产业务核算为什么要分别开设"生产成本"和"制造费用"账户？核算的主要内容和相应的会计分录都包括哪些？
9. 如何确认和计量企业的产品销售收入？
10. 现金折扣与商业折扣的会计处理有何区别？
11. 如何计算企业的营业利润、利润总额和净利润？

12. 简述企业当年实现的净利润的分配程序。
13. "本年利润"账户与"利润分配"账户之间有何关系?
14. 现金股利与股票股利的会计处理有何区别?
15. 简述利润分配的会计处理。

练习题

一、单项选择题

1. 下列采购费用中应记入"采购成本"科目的是( )。
   A. 市内采购材料的运杂费　　　　　B. 运输途中的合理损耗
   C. 采购人员的差旅费　　　　　　　D. 专设采购机构的经费

2. 甲企业购进材料100吨,货款计1 000 000元,途中发生定额内损耗1 000元,并以银行存款支付该材料的运杂费1 000元,保险金5 000元,增值税进项税为170 000元,则该材料的采购成本为( )元。
   A. 1 000 000　　　B. 1 005 000　　　C. 1 006 000　　　D. 1 175 000

3. 下列各项目中,应记入"制造费用"账户的是( )。
   A. 生产产品耗用的材料　　　　　　B. 机器设备的折旧费
   C. 生产工人的工资　　　　　　　　D. 行政管理人员的工资

4. "生产成本"账户的期末借方余额表示( )。
   A. 完工产品成本　　　　　　　　　B. 半成品成本
   C. 本月生产成本合计　　　　　　　D. 期末在产品成本

5. 产品在生产车间发生的制造费用经过分配之后,一般应记入的科目是( )。
   A. "库存商品"　B. "生产成本"　C. "原材料"　D. "主营业务成本"

6. 核算企业应付短期借款利息时,应贷记的账户是( )。
   A. "应付利息"　B. "财务费用"　C. "短期借款"　D. "银行存款"

7. 下列项目中属于营业外收入的有( )。
   A. 产品销售的收入　　　　　　　　B. 出售废料收入
   C. 出租固定资产的收入　　　　　　D. 固定资产盘盈

8. 年末结转后,"利润分配"账户的贷方余额表示( )。
   A. 利润实现额　B. 利润分配额　C. 未分配利润　D. 未弥补亏损

9. 对外捐赠支出应记入的科目是( )。
   A. "管理费用"　B. "营业外支出"　C. "销售费用"　D. "其他业务成本"

10. 一般纳税人应交纳的增值税是( )。
    A. 进项税额　　　　　　　　　　　B. 销项税额
    C. 销项税额+进项税额　　　　　　 D. 销项税额-进项税额

二、计算分析题

(一) 练习资金筹集业务的核算

资料:A公司发生下列经济业务。

1. 某单位投入一批原材料,总成本200 000元。
2. 向银行借入3个月期借款100 000元存入银行。

3. 向银行借入3年期借款800 000元存入银行。

4. 计算确定长期借款利息90 000元，其中固定资产在建期间的借款利息70 000元，固定资产完工交付使用并已办理竣工手续后的利息20 000元。

5. 以银行存款偿还短期借款50 000元，长期借款100 000元。

6. 收到某公司投入本企业商标权一项，投资双方确认的价值为200 000元。

7. 按规定将盈余公积金30 000元转作资本金。

8. 接受外商捐赠汽车1辆，价值120 000元。

【要求】根据上述资料编制会计分录。

(二) 练习供应过程业务的核算

1. 资料：A公司某年10月份发生下列经济业务：

(1) 购进1台设备，买价80 000元，运输费400元，包装费300元，所有款项均以银行存款支付，设备交付使用。

(2) 向大明工厂购进甲材料1 500千克，单价30元，计45 000元，增值税7 650元；乙材料2 000千克，单价15元，计30 000元，增值税5 100元，全部款项以银行存款支付。

(3) 用银行存款支付上述甲、乙材料的运杂费7 000元。

(4) 向宏天工厂购进丙材料3 000千克，单价25元，计75 000元，增值税12 750元，款项尚未支付。

(5) 用现金支付丙材料的运费及装卸费3 000元。

(6) 甲、乙、丙3种材料发生入库前的挑选整理费3 250元(按材料重量比例分摊)，用现金支付。

(7) 本期购进的甲、乙、丙材料均已验收入库，现结转实际采购成本。

【要求】

(1) 根据上述经济业务编制会计分录(运杂费和挑选整理费按材料重量分摊)。

(2) 根据有关会计分录，登记"在途物资"总账和明细账。

2. 资料：某公司2014年3月1日库存材料的计划成本为120 000元，实际成本为122 320元，本月收入材料的计划成本合计为500 000元，实际成本合计为480 320元，本月发出材料的计划成本为300 000元。

【要求】

(1) 计算本月材料成本差异率。

(2) 计算发出材料应负担的材料成本差异率。

(3) 计算发出材料的实际成本。

(4) 计算月末结存材料的计划成本。

(5) 计算月末结存材料的实际成本。

2. 资料：某公司为增值税一般纳税人，原材料按计划成本组织收发核算。甲材料计划单位成本10元/千克。该公司2015年5月份有关资料如下：

(1) "原材料"账户月初借方余额200 000元，"材料成本差异"账户月初贷方余额7 000元，"材料采购"账户月初借方余额338 000元(上述账户核算的均为甲材料)。

(2) 5月6日，公司上个月已付款的甲材料40 400千克如数收到，已验收入库。

(3) 5月18日，从外地A公司购入甲材料80 000千克，发票注明的材料价款845 000元，增值税143 650元，运杂费10 000元(按10%计算增值税)，公司已用银行存款支付各种款项，材料尚未到达。

(4) 5月23日，从A公司购入的甲材料到达，验收入库时发现短缺400千克，经查明输途中合理损耗，按实收数量入库。

(5) 5月30日，汇总本月发料凭证，本月共发出甲材料110 000千克，全部用于产品生产。

【要求】

(1) 计算本月发生的增值税进项税额。

(2) 计算本月材料成本差异率。

(3) 计算月末库存材料的实际成本。

(三) 练习产品生产业务的核算

资料：某工厂某年10月份发生下列经济业务：

(1) 本月生产领用材料情况如下：

单位：元

用　途	甲材料	乙材料	合　计
A产品	32 000	45 000	77 000
B产品	68 000	38 000	106 000
车间一般耗用	2 000	500	2 500
合计	102 000	83 500	185 500

(2) 当月应发工资68 000元，其中生产A产品生产工人工资30 000元，生产B产品生产工人工资20 000元，车间管理人员工资10 000元，厂部管理人员工资8 000元。

(3) 按照职工工资总额的10%、12%、2%和10.5%分别计提医疗保险费、养老保险费、失业保险费和住房公积金，缴纳给当地社会保险经办机构和住房公积金管理机构。

(4) 从银行存款提取现金68 000元。

(5) 用现金发放上月职工工资68 000元。

(6) 用银行存款支付车间机器设备的修理费1 200元。

(7) 用银行存款支付本月水电费计5 200元，其中各车间分配3 700元，厂部分配1 500元。

(8) 按规定标准计提本月固定资产折旧费4 830元，其中生产用固定资产折旧费为3 800元，厂部固定资产折旧费1 030元。

(9) 按生产工人工资的比例分摊并结转本月制造费用。

(10) 本月投产A产品100件，全部完工；B产品300件，全部未完工。A产品已全部完工入库，结转完工产品成本。

【要求】

(1) 根据上述经济业务编制会计分录。

(2) 根据有关的会计分录，登记"生产成本"总账、明细账和"制造费用"总账。

(四) 练习销售过程和财务成果业务的核算

资料：某工厂10月份发生下列经济业务：

(1) 销售A产品10件，单价1 920元，货款19 200元，销项税3 264元，款项已存入银行。

(2) 销售B产品150件，单价680元，计102 000元，销项税17 340元，款项尚未收到。

(3) 用银行存款支付销售费用计1 350元。

(4) 用银行存款支付本月银行借款利息1 200元。

(5) 计算应交城市维护建设税1 100元，教育费附加610元。

(6) 销售丙材料200千克，单价26元，计5 200元，货款已存入银行，其采购成本为4 900元。

(7) 盘盈1台设备，其重置完全价值8 000元，估计折旧额5 200元，经批准作营业外收入处理。

(8) 以现金260元，支付延期提货的罚款。

(9) 月末将"主营业务收入""其他业务收入""营业外收入"账户结转"本年利润"账户。

(10) 月末将"主营业务成本""主营业务税金及附加""其他业务支出""营业费用""管理费用(账户余额为7 600元)""财务费用""营业外支出"结转到"本年利润"账户。

(11) 计算并结转本月应交所得税，税率为33%。

(12) 将本月实现的净利润转入"利润分配"账户。

(13) 按税后利润的10%提取法定盈余公积。

(14) 按税后利润的5%计提任意盈余公积。

(15) 该企业决定向投资者分配利润15 000元。

【要求】

(1) 根据经济业务做会计分录。

(2) 登记"主营业务收入""主营业务成本""本年利润"和"利润分配"账户。

(五) 练习期末"本年利润""利润分配"账户结转

资料：某企业年末结转"本年利润"和"利润分配"账户余额之前，有关账户余额如下：

"本年利润"总账贷方余额3 560 000元；

"利润分配"总账借方余额2 800 000元；

"利润分配——提取法定盈余公积"356 000元；

"利润分配——提取公益金"178 000元；

"利润分配——应付利润"2 266 000元。

【要求】编制有关会计分录。

(1) 将"本年利润"账户余额结转"利润分配——未分配利润"账户；

(2) 将"利润分配——提取法定盈余公积""利润分配——提取公益金""利润分配——应付利润"明细账余额结转"利润分配——未分配利润"账户；

(3) 开设"本年利润""利润分配"的总账，登记结转前余额；

(4) 将编制的会计分录登记入账，并结出"本年利润""利润分配"账户的本期发生额和余额。

第五章　财务会计报告

> **学习目标**
> 1.了解财务会计报告的概念及编制财务会计报告的意义；2.熟悉财务报表的组成及其内容；3.熟悉财务报表的分类与财务报表列报的基本要求；4.熟悉资产负债表、利润表、现金流量表的结构与内容；5.掌握资产负债表、利润表的编制；6.了解所有者权益变动表的结构与内容；7.了解附注的概念与附注披露的基本要求。

第一节　财务会计报告概述

一、编制财务会计报告的意义

《企业会计准则——基本准则》第四十四条规定："财务会计报告是指企业对外提供的反映企业某一特定日期的财务状况和某一会计期间的经营成果、现金流量等会计信息的文件。财务会计报告包括会计报表及其附注和其他应当在财务会计报告中披露的相关信息和资料。"在企业日常的会计核算中，企业所发生的各项经济业务都已按照一定的会计程序，在有关会计账簿中进行全面、连续、分类汇总的记录和计算。企业的财务状况、经营成果、现金流量在日常会计记录中已有所反映，但是，这些日常核算资料比较分散，不能集中地、概括地反映企业的财务状况、经营成果和现金流量。为了向企业的管理者、投资者、债权人以及税收、证券等政府管理机构和其他有关方面提供必要的财务资料，就必须把日常核算资料定期地加以归类、加工、汇总，编制成各种财务会计报告。

财务会计报告使用者主要包括投资者、债权人、政府及其有关部门和社会公众等。满足投资者的信息需要是企业财务报告编制的首要出发点。近年来，我国企业改革持续深入，产权日益多元化，资本市场快速发展，机构投资者及其他投资者队伍日益壮大，对会计信息的要求日益提高，在这种情况下，投资者更加关心其投资的风险和报酬，他们需要会计信息来帮助其作出决策，比如决定是否应当买进、持有或者卖出企业的股票或者股权，他们还需要信息来帮助其评估企业支付股利的能力等。财务报告所提供的会计信息，是投资者、债权人、政府部门等外部信息使用者了解企业的财务状况、经营成果和现金流量，进而了解投资报酬以及债权能否实现的依据，也是其评估投资风险的债务风险的重要依据。

根据投资者决策有用目标，财务会计报告所提供的信息应当如实反映企业所拥有或者控制的经济资源、对经济资源的要求权以及经济资源及其要求权的变化情况；如实反映企业的各项收入、费用、利得和损失的金额及其变动情况；如实反映企业各项经营活动、投资活动和筹资活动等所形成的现金流入和现金流出情况等，从而有助于现在的或者潜在的投资者正确、合理地评价企业的资产质量、偿债能力、营利能力和营运效率等；有助于投资者根据相关会计信息作出理性的投资决策;有助于投资者评估与投资有关的未来现金流量的金额、时间和风险等。财务会计报告如实反映企业各项经营活动、投资活动和筹资活动等所形成的现金流入和现金流出情况等,从而有助于现在的或者潜在的投资者正确、合理地评价企业的资产质量、偿债能力、营利能力和营运效率等;有助于投资者根据相关会计信息作出理性的投资决策;有助于投资者评估与投资有关的未来现金流量的金额、时间和风险等。企业贷款人、供应商等债权人通常十分关心企业的偿债能力和财务风险,他们需要信息来评估企业能否如期支付贷款本金及其利息,能否如期支付所欠购货款等;政府及其有关部门作为经济管理和经济监管部门,通常关心经济资源分配的公平、合理,市场经济秩序的公正、有序,宏观决策所依据信息的真实可靠等,他们需要信息来监管企业的有关活动(尤其是经济活动)、制定税收政策、进行税收征管和国民经济统计等;社会公众也关心企业的生产经营活动,包括对所在地经济作出的贡献,如增加就业、刺激消费、提供社区服务等,因此,在财务报告中提供有关企业发展前景及其能力、经营效益及其效率等方面的信息,可以满足社会公众的信息需要。应当讲,这些使用者的许多信息需求是共同的。由于投资者是企业资本的主要提供者,通常情况下,如果财务报告能够满足这一群体的会计信息需求,也就可以满足其他使用者的大部分信息需求。

财务会计报告所提供的会计信息,还是企业内部管理人员了解本企业经营成果的重要信息来源。现代企业制度强调企业所有权和经营权相分离,企业管理层是受委托人之托经营管理企业及其各项资产,负有受托责任,企业管理层有责任妥善保管并合理、有效运用这些资产。企业投资者和债权人等也需要及时或者经常性地了解企业管理层保管、使用资产的情况,以便于评价企业管理层的责任情况和业绩,并决定是否需要调整投资或者信贷政策,是否需要加强企业内部控制和其他制度建设,是否需要更换管理层等。因此,财务报告应当反映企业管理层受托责任的履行情况,以有助于外部投资者和债权人等评价企业的经营管理责任和资源使用的有效性。

除此之外,社会上还存在许多企业潜在的投资者。这些潜在的投资者的投资目的不一定完全相同,但他们对未来投资对象的财务状况、经营情况等信息表现出浓厚的兴趣。为了对自己的投资风险和收益作出合理的判断,他们也要通过阅读企业财务会计报告了解其所需信息。财务会计报告核心内容是财务报表。

二、财务报表的组成

财务报表是对企业财务状况、经营成果和现金流量的结构性表述。财务报表至少应当包括下列组成部分[①]。

(一) 资产负债表

资产负债表,是反映企业在某一特定日期的财务状况的会计报表。例如,公历每年12月31日的财务状况,反映的就是该日的情况。资产负债表主要提供有关企业财务状况方面的信息,即某一特定日期关于企业资产、负债、所有者权益及其相互关系。资产负债表的作用包括:①可以提供某一日期资产的总额及其结构,表明企业拥有或控制的资源及其分布情况,使用者可以一目了然地从资产负债表上了解企业在某一特定日期所拥有的资产总

---

① 2014年7月1日起施行的《企业会计准则第30号——财务报表列报》第二条。

量及其结构;②可以提供某一日期的负债总额及其结构,表明企业未来需要用多少资产或劳务清偿债务以及清偿时间;③可以反映所有者所拥有的权益,据以判断资本保值、增值的情况以及对负债的保障程度。

(二) 利润表

利润表,是反映企业在一定会计期间的经营成果的会计报表。例如,某年1月1日至12月31日经营成果的利润表,反映的就是该期间的情况。利润表的列报必须充分反映企业经营业绩的主要来源和构成,有助于使用者判断净利润的质量及其风险,有助于使用者预测净利润的持续性,从而作出正确的决策。通过利润表,可以反映企业一定会计期间收入的实现情况,如实现的营业收入有多少、实现的投资收益有多少、实现的营业外收入有多少等等;可以反映一定会计期间的费用耗费情况,如耗费的营业成本有多少,营业税金及附加有多少,销售费用、管理费用、财务费用各有多少,营业外支出有多少等;可以反映企业生产经营活动的成果,即净利润的实现情况,据以判断资本保值、增值等情况。

(三) 现金流量表

现金流量表,是反映企业一定会计期间现金和现金等价物流入和流出的报表。编制现金流量表的主要目的,是为财务报表使用者提供企业一定会计期间内现金和现金等价物流入和流出的信息,以便于财务报表使用者了解和评价企业获取现金和现金等价物的能力,并据以预测企业未来现金流量。现金流量表的作用主要体现在以下几个方面:一是有助于评价企业支付能力、偿债能力和周转能力;二是有助于预测企业未来现金流量;三是有助于分析企业收益质量及影响现金净流量的因素,掌握企业经营活动、投资活动和筹资活动的现金流量,可以从现金流量的角度了解净利润的质量,为分析和判断企业的财务前景提供信息。

(四) 所有者权益或股东权益变动表

所有者权益变动表,是反映构成所有者权益的各组成部分当期的增减变动情况的报表。所有者权益变动表应当全面反映一定时期所有者权益变动的情况,不仅包括所有者权益总量的增减变动,还包括所有者权益增减变动的重要结构性信息,特别是要反映直接计入所有者权益的利得和损失,让报表使用者准确理解所有者权益增减变动的根源。所有者权益变动表应当反映构成所有者权益的各组成部分当期的增减变动情况。综合收益和与所有者(或股东,下同)的资本交易导致的所有者权益的变动,应当分别列示[①]。

(五) 附注

附注是对在资产负债表、利润表、现金流量表和所有者权益变动表等报表中列示项目的文字描述或明细资料,以及对未能在这些报表中列示项目的说明等。附注由若干附表和对有关项目的文字性说明组成。企业编制附注的目的是通过对财务报表本身做补充说明,以更加全面、系统地反映企业财务状况、经营成果和现金流量的全貌,从而有助于向使用者提供更为有用的决策信息,帮助其作出更加科学合理的决策。

财务报表上述组成部分具有同等的重要程度。

---

① 详见2014年7月1日起施行的《企业会计准则第30号——财务报表列报》第三十五条。

三、财务报表的分类

企业的会计报表按照其服务对象、报表的编制时间、编制单位等可分为不同的种类。

(一) 会计报表按其服务对象分为外部报表和内部报表

外部报表是企业向外部的会计信息使用者报告经济活动和财务收支情况的会计报表，如资产负债表、利润表、现金流量表和所有者权益变动表。这类报表一般有统一的格式和编制要求。

内部报表是用来反映经济活动和财务收支的具体情况，为管理者进行决策提供信息的会计报表。这类报表无规定的格式和种类。

(二) 会计报表按其编制的时间分为中期报表和年报

年报是年度终了以后编制的，全面反映企业财务状况、经营成果及其分配、现金流量等方面的报表。

中期报表是指短于1年的会计期间编制的会计报表，如半年末报表、季报、月报。半年末报表是指每个会计年度的前6个月结束后对外提供的财务会计报告。季报是季度终了以后编制的报表，种类比年报少一些。月报是月终编制的会计报表，只包括一些主要的报表，如资产负债表、利润表等。

(三) 会计报表按其编制的单位分为单位会计报表、汇总会计报表和合并会计报表

单位会计报表是由独立核算的会计主体编制的，用以反映某一会计主体的财务状况、经营成果的会计报表。

汇总会计报表是由上级主管部门、专业公司根据基层所属企业所编制的并加以汇总编制的报表。汇总编制时还包括主管部门、专业公司本身的业务。

合并会计报表是控股公司把其本身与其附属公司看作是一个统一的经济实体，用一套会计报表来反映其拥有或控制的所有资产和负债，以及其控制范围内的经营成果的会计报表。合并报表反映的是控股公司与其附属公司共同的财务状况和经营成果。

四、财务报表列报的基本要求

(一) 财务报表应以持续经营为基础编制

企业应当以持续经营为基础，根据实际发生的交易和事项，按照《企业会计准则——基本准则》和其他各项会计准则的规定进行确认和计量，在此基础上编制财务报表。管理层应对是否能够持续经营进行评估，若某些重大不确定因素可能导致对主体持续经营产生严重怀疑时，应对不确定因素充分披露，但企业不能以附注披露代替确认和计量。以持续经营为基础编制财务报表不再合理的，企业应当采用其他基础编制财务报表，并在附注中披露这一事实。企业在当期已经决定或正式决定下一个会计期间进行清算或停止营业，表明其处于非持续经营状态，应当采用其他基础编制财务报表，如破产企业的资产应当采用可变现净值计量等，并在附注中声明财务报表未以持续经营为基础列报，披露未以持续经营

为基础的原因以及财务报表的编制基础。

(二) 列报的一致性

列报一致性要求财务报表中的列报和分类应在各期间之间保持一致。财务报表项目的列报应当在各个会计期间保持一致，不得随意变更，但下列情况除外：①会计准则要求改变财务报表项目的列报；②企业经营业务的性质发生重大变化或对企业经营影响较大的交易或事项发生后，变更财务报表项目的列报能够提供更可靠、更相关的会计信息。

(三) 重要性项目单独列报

性质或功能类似的项目，其所属类别具有重要性的，应当按其类别在财务报表中单独列报。某些项目的重要性程度不足以在资产负债表、利润表、现金流量表或所有者权益变动表中单独列示，但对附注却具有重要性，则应当在附注中单独披露。

重要性，是指如果项目的省略或误报会单独或共同影响内外部使用者作出的经济决策，则该项目是重要的。判断项目性质的重要性，应当考虑该项目在性质上是否属于企业日常活动、是否显著影响企业的财务状况、经营成果和现金流量等因素；判断项目金额大小的重要性，应当考虑该项目金额占资产总额、负债总额、所有者权益总额、营业收入总额、营业成本总额、净利润、综合收益总额等直接相关项目金额的比重或所属报表单列项目金额的比重。会计准则规定在财务报表中单独列报的项目，应当单独列报；其他会计准则规定单独列报的项目，应当增加单独列报项目[①]。

(四) 会计要素项目金额不得相互抵销

财务报表中的资产项目和负债项目的金额、收入项目和费用项目的金额不得相互抵销，单独列报资产和负债、收益和费用，以便使用者理解已发生的交易、其他事项的情况以及评估主体未来的现金流量。但以下情况不属于抵销：①资产项目按扣除减值准备后的净额列示，不属于抵销。如存货跌价准备与存货项目、应收账款计提的坏账准备与应收账款项目按抵减后的余额列报不属于抵销。②非日常活动产生的损益，以收入扣减费用后的净额列示，不属于抵销。如非流动资产处置产生的利得与损失，按处置收入扣除该资产账面金额与相关销售费用后的余额列报不属于抵销。若这些利得与损失是重要的，则应单独列报。

(五) 财务报告中应列报所有金额的前期比较信息

当期财务报表的列报，至少应当提供所有列报项目上一个可比会计期间的比较数据以及与理解当期财务报表相关的说明，其他会计准则另有规定的除外。当财务报表项目的列报发生变更的，应当对上期比较数据按照当期的列报要求进行调整，并在附注中披露调整的原因和性质及各项目金额。对可比数据进行调整不切实可行的，应当在附注中披露不能调整的原因。不切实可行，是指企业在作出所有合理努力后仍然无法采用某项会计准则规定[②]。

---

① 参见2014年7月1日起施行的《企业会计准则第30号——财务报表列报》第十条。
② 参见2014年7月1日起施行的《企业会计准则第30号——财务报表列报》第十二条。

第二节　资产负债表

资产负债表是反映企业在某一特定日期财务状况的报表，是一张静态报表。它根据"资产=负债+所有者权益"这一恒等式，按照一定的标准分类和一定的结构，把某一特定日期的资产、负债和所有者权益予以适当编制而成。

一、资产负债表的结构与内容

(一) 结构

资产负债表应当按照资产、负债和所有者权益分类分项列示。

1. 资产类项目

资产类项目按其流动性的大小或资产变现能力的强弱，分为流动资产和非流动资产。流动资产包括现金、银行存款、应收账款、预付账款、其他应收款、存货等。非流动资产按其性质分类列示，包括长期投资、固定资产、无形资产和其他资产等。

2. 负债类项目

负债类项目按企业承担责任期限的长短，分为流动负债和长期负债。预计在一个正常营业周期中清偿的义务归类为流动资产。流动负债包括应付账款、预收账款、应付职工薪酬、应交税费、应付利润、其他应付款等。除流动资产外的负债应当归类为长期负债。

3. 所有者权益类项目

所有者权益是企业资产扣除负债后的剩余权益，反映在某特定日期，股东拥有的净资产的总额。按来源划分，所有者权益分为实收资本(股本)、资本公积、盈余公积、未分配利润等。

(二) 结构

报表由表头、表身和表尾组成。表头列明报表名称、编制单位、编制日期和金额计量单位；表身反映资产、负债和所有者权益的内容，是整张报表的核心；表尾可以做补充说明。

报表一般采用账户式结构(见表5-1)。该格式左边排列资产类项目，右边排列负债和所有者权益，左右两边的总计金额相等。

表5-1 资产负债表

企会01表

编制单位：　　　　　　　　　　　　　　年　月　　　　　　　　　　　　　单位：元

资　产	行次	期末余额	年初余额	负债及所有者权益（或股东权益）	行次	期末余额	年初余额
流动资产：	1			流动负债：	34		
货币资金	2			短期借款	35		
交易性金融资产	3			交易性金融负债	36		
应收票据	4			应付票据	37		
应收账款	5			应付账款	38		
预付款项	6			预收款项	39		
应收利息	7			应付职工薪酬	40		
应收股利	8			应交税费	41		
其他应收款	9			应付利息	42		
存货	10			应付股利	43		
一年内到期的非流动资产	11			其他应付款	44		
其他流动资金	12			一年内到期的长期负债	45		
流动资产合计	13			其他流动负债	46		
非流动资产：	14			流动负债合计	47		
可供出售金融资产	15			非流动负债：	48		
持有至到期投资	16			长期借款	49		
长期应收款	17			应付债券	50		
长期股权投资	18			长期应付款	51		
投资性房地产	19			专项应付款	52		
固定资产	20			预计负债	53		
在建工程	21			递延所得税负债	54		
工程物资	22			其他非流动负债	55		
固定资产清理	23			非流动负债合计	56		
生产性生物资产	24			负债合计	57		
油气资产	25			所有者权益(或股东权益)：	58		
无形资产	26			实收资本(或股本)	59		
开发支出	27			资本公积	60		
商誉	28			减：库存股	61		
长摊待摊费用	29			专项储备	62		
递延所得税资产	30			盈余公积	63		
其他非流动资产	31			未分配利润	64		
非流动资产合计	32			所有者权益(或股东权益)合计	65		
资产总计	33			负债及所有者权益(或股东权益)总计	66		

单位负责人：　　　　　　财会负责人：　　　　　　复核：　　　　　　制表：

二、资产负债表的编制方法

各项目需要填列"年初余额"和"期末余额"两栏。

(一)"年初余额"的填列

根据上期资产负债表的"期末余额"填列。

(二)"期末余额"的填列

通过对本会计期间内会计核算资料的有关数据进行归集整理而得,主要有以下几种方法。

1. 根据"总账"科目期末余额直接填列

如"交易性金融资产""短期借款""应付职工薪酬"等。

2. 根据"总账"科目期末余额合并计算填列

如"货币资金"根据"库存现金""银行存款""其他货币资金"账户的期末余额合并计算后填列;"存货"根据"材料采购""原材料""包装物""低值易耗品""委托加工材料""库存商品"等账户的期末借方余额合计,减去"存货跌价准备"余额后的金额填列。如果材料采用计划成本计价,则还应加上或减去"材料成本差异"后的金额填列。

3. 根据"总账"科目余额减去备抵项目后的净额填列

(1)"应收账款""应收票据""其他应收款"科目分别根据"应收账款""应收票据""其他应收款"期末余额,减去相应的"坏账准备"后的余额分别填列。

(2)"固定资产"科目根据"固定资产"账户的期末余额,减去"累计折旧"和"固定资产减值准备"账户期末余额后的金额填列。

(3)"无形资产"科目根据"无形资产"项目期末余额,减去"无形资产减值准备"账户期末余额后的金额填列。

(4)"未分配利润"科目根据"本年利润"和"利润分配"账户余额计算填列。未弥补的亏损,以"-"号表示。

4. 根据有关明细账户期末余额计算分析调整填列

(1)"应收账款"科目应根据"应收账款"和"预收账款"账户所属各明细账户的期末借方余额合计,减去"坏账准备"账户中有关应收账款计提的坏账准备期末余额后的金额填列。如果"应收账款"账户所属明细账户期末有贷方余额,应在"预收账款"科目内填列。

(2)"预付账款"科目根据"预付账款"和"应付账款"账户所属各明细账户的期末借方余额合计,减去"坏账准备"账户中有关预付账款计提的坏账准备期末余额后的金额填列。如果"预付账款"明细账有贷方余额的,应在"预收账款"项目内填列。

(3)"应付账款"科目根据"应付账款"和"预付账款"账户所属各明细账户的期末贷方余额合计填列。如果"应付账款"明细账有借方余额的,应在"预付账款"项目内填列。

(4)"预收账款"科目根据"预收账款"和"应收账款"账户所属各明细账户的期末贷方余额合计填列。如果"预收账款"明细账有借方余额的,应在"应收账款"项目内填列。

三、资产与负债的确认

(一) 资产

资产满足下列条件之一的,应当归类为流动资产:①预计在一个正常营业周期中变现、出售或耗用;②主要为交易目的而持有;③预计在资产负债表日起一年内变现;④自资产负债表日起一年内,交换其他资产或清偿负债的能力不受限制的现金或现金等价物。

正常营业周期,是指企业从购买用于加工的资产起至实现现金或现金等价物的期间。正常营业周期通常短于一年。因生产周期较长等导致正常营业周期长于一年的,尽管相关资产往往超过一年才变现、出售或耗用,仍应当划分为流动资产。正常营业周期不能确定的,应当以一年(12个月)作为正常营业周期。流动资产以外的资产应当归类为非流动资产,并应按其性质分类列示。被划分为持有待售的非流动资产应当归类为流动资产。

(二) 负债

负债满足下列条件之一的,应当归类为流动负债:①预计在一个正常营业周期中清偿;②主要为交易目的而持有;③自资产负债表日起一年内到期应予以清偿;④企业无权自主地将清偿推迟至资产负债表日后一年以上。企业对资产和负债进行流动性分类时,应当采用相同的正常营业周期。企业正常营业周期中的经营性负债项目,即使在资产负债表日后超过一年才予以清偿的,仍应当划分为流动负债。经营性负债项目包括应付账款、应付职工薪酬等,这些项目属于企业正常营业周期中使用的营运资金的一部分。流动负债以外的负债应当归类为非流动负债,并按其性质分类列示。被划分为持有待售的非流动负债,应当归类为流动负债[①]。

第三节 利润表

利润表是反映企业一定会计期间的经营成果的会计报表。有关项目根据"收入-费用=利润"这一恒等式,按照一定的标准和次序排列编制而成的,是动态报表。

一、利润表的结构与内容

利润表一般有表首、正表两部分。其中,表首说明报表名称编制单位、编制日期、报表编号、货币名称、计量单位等;正表是利润表的主体,反映形成经营成果的各个项目和计算过程。

利润表正表的格式一般有两种:单步式利润表和多步式利润表。单步式利润表是先将当期所有的收入列在一起,然后将所有的费用列在一起,再将两者相减,得出当期净损益。多步式利润表是通过对当期的收入、费用、支出项目按性质加以归类,按利润形成的主要环节列示一些中间性利润指标,如主营业务利润、营业利润、利润总额、净利润,分步计算当期净损益。在我国,利润表采用多步式。多步式利润表的具体格式,如表5-2所示[②]。

[①] 详见2014年7月1日施行的《企业会计准则第30号——财务报表列报》第十七条至二十条。
[②] 2014年7月1日施行的《企业会计准则第30号——财务报表列报》利润表项目增加了其他综合收益和综合收益总额。

表5-2 利润表

会企02表

编制单位：_____　　　____年____月　　　　　　　　　　　单位：元

项目	本期金额	上期金额(略)
一、营业收入		
减：营业成本		
营业税金及附加		
销售费用		
管理费用		
财务费用		
资产减值损失		
加：公允价值变动收益(损失以"－"号填列)		
投资收益(损失以"－"号填列)		
其中：对联营企业和合营企业的投资收益		
二、营业利润(亏损以"－"号填列)		
加：营业外收入		
减：营业外支出		
其中：非流动资产处置损失		
三、利润总额(亏损总额以"－"号填列)		
减：所得税费用		
四、净利润(净亏损以"－"号填列)		
五、每股收益		
(一)基本每股收益		
(二)稀释每股收益		
六、其他综合收益		
七、综合收益总额		

多步式利润表按照以下4个步骤计算当期损益：

(1) 从营业利润开始，依次减去营业成本、营业税金及附加、销售费用、管理费用、财务费用和资产减值损失，再加上公允价值变动收益和投资收益，得到营业利润。

(2) 在营业利润的基础上，加上营业外收入，减去营业外支出，得到利润总额。利润总额又称税前利润。

(3) 在利润总额的基础上，扣除企业所得税费用后，得到净利润，即税后利润。

(4) 根据税后利润，计算每股收益。

二、利润表的编制

年度利润表各项目需要填列"上期金额"和"本期金额"两栏。

(一)"上期金额"的填列

根据上年度利润表"本期金额"栏内的所列数字填列。

(二)"本期金额"的填列

根据损益类账户的发生额分析填列。

(1)"营业收入"科目,反映企业经营主要业务和其他业务所确认的收入总额。本科目应根据"主营业务收入"和"其他业务收入"账户的发生额分析填列。

(2)"营业成本"科目,反映企业经营主要业务和其他业务所发生的成本总额。本科目应根据"主营业务成本"和"其他业务成本"账户的发生额分析填列。

(3)"营业税金及附加"科目,反映企业经营业务应负担的消费税、营业税、城市建设维护税、资源税、土地增值税和教育费附加等。本科目应根据"营业税金及附加"账户的发生额分析填列。

(4)"销售费用"科目,反映企业在销售商品过程中发生的包装费、广告费等费用和为销售本企业商品而专设的销售机构的职工薪酬、业务费等经营费用。本科目应根据"销售费用"账户的发生额分析填列。

(5)"管理费用"科目,反映企业为组织和管理生产经营发生的管理费用。本科目应根据"管理费用"账户的发生额分析填列。

(6)"财务费用"科目,反映企业筹集生产经营所需资金等而发生的筹资费用。本科目应根据"财务费用"账户的发生额分析填列。

(7)"资产减值损失"科目,反映企业各项资产发生的减值损失。本科目应根据"资产减值损失"账户的发生额分析填列。

(8)"公允价值变动收益"科目,反映企业应当计入当期损益的资产或负债公允价值变动收益。本科目应根据"公允价值变动损益"账户的发生额分析填列,如为净损失则本科目以负号填列。

(9)"投资收益"科目,反映企业以各种方式对外投资所取得的收益。本科目应根据"投资收益"账户的发生额分析填列,如为投资损失则本科目以负号填列。

(10)"营业利润"科目,反映企业实现的营业利润。如为亏损则本科目以负号填列。

(11)"营业外收入"科目,反映企业发生的与经营业务无直接关系的各项收入。本科目应根据"营业外收入"账户的发生额分析填列。

(12)"营业外支出"科目,反映企业发生的与经营业务无直接关系的各项支出。本科目应根据"营业外支出"账户的发生额分析填列。

(13)"利润总额"科目,反映企业实现的利润。如为亏损则本科目以负号填列。

(14)"所得税费用"科目,反映企业应从当期利润总额中扣除的所得税费用。本科目应根据"所得税费用"账户的发生额分析填列。

(15)"净利润"科目,反映企业实现的净利润。如为亏损则本科目以负号填列。

(16)"基本每股收益"和"稀释每股收益"科目,反映普通股股东持有的每股所享有的利润或承担的亏损。

(17)"其他综合收益"科目,是指企业根据其他会计准则规定未在当期损益中确认的各项利得和损失。

(18)"综合收益总额"科目,反映净利润和其他综合收益扣除所得税影响后的净额相加后的合计金额[①]。

---

① 详见2014年7月1日施行的《企业会计准则第30号——财务报表列报》第三十二条、三十三条。

第四节 现金流量表

现金流量表,是反映企业一定会计期间现金和现金等价物(以下简称现金)流入和流出的报表。现金流量表应当按照经营活动、投资活动和筹资活动的现金流量分类分项列示。它是一张动态报表。其中,现金包括库存现金、银行存款和其他货币资金;现金等价物主要是指企业持有的流动性强、能随时转换为可靠现金的有价证券。在现金流量表中,现金及现金等价物被视为一个整体,企业现金(含现金等价物)形式的转换不会产生现金的流入和流出。例如,企业从银行提取现金,是企业现金存放形式的转换,并未流出企业,不构成现金流量。同样,现金与现金等价物之间的转换也不属于现金流量,如企业用现金购买3个月内到期的国库券。现金流量表能够说明企业现金流入和流出的原因,有助于信息相关者了解企业创造现金流量的能力,运用现金的能力和筹集现金的能力,以及全面了解和分析企业的偿债能力、周转能力和营利能力及相关影响因素,进而评价企业未来获取现金的能力。

一、现金流量表的内容

现金流量分为三大类,即经营活动产生的现金流量,投资活动产生的现金流量,筹资活动产生的现金流量。

(一) 经营活动产生的现金流量

经营活动,是指除企业投资活动和筹资活动以外的其他所有交易和活动事项。经营活动产生的现金流量主要包括销售商品、提供劳务购买商品、接受劳务、支付工资、推销产品、缴纳税款等流入和流出的现金。

(二) 投资活动产生的现金流量

投资活动,是指企业长期资产的购建和不包括在现金等价物范围内的投资及其处置活动。投资活动产生的现金流量主要包括购建固定资产、无形资产和其他长期资产,取得和收回投资等产生的现金。

(三) 筹资活动产生的现金流量

筹资活动,是指导致企业资本及债务规模和构成发生变化的活动。筹资活动产生的现金流量主要包括吸收股权投资和债权投资、分配利润、偿还债务等活动产生的现金。注意,偿还应付账款、应付票据等应付款项属于经营活动范围,不属于筹资活动。

二、现金流量表的编制基础

现金流量表的编制采取收付发生制,以资产负债表和利润表为基础,对每一项目进行分析并调整而得到的。编制的方法有直接法和间接法两种。直接法是按照其三大类活动的现金流入和流出的性质分项列示,直接根据有关项目分析填列。间接法是根据利润表中的净利润,调整成为经营活动产生的现金流;根据资产负债表和利润表中的投资和筹资项目,调整成现金流量表中的投资和筹资项目产生的现金流。采用直接法编报的现金流量表，便于分析企业经营活动产生的现金流量的来源和用途，预测企业现金流量的未来前景；采用间接法编报现金流量表，便于将净利润与经营活动产生的现金流量净额进行比较，了解净利润与经营活动产生的现金流量差异的原因，从现金流量的角度分析净利润的质量。所以，现金流量表准则规定企业应当采用直接法编报现金流量表，同时要求在附注中提供以净利润为基础调节到经营活动现金流量的信息。

三、现金流量表的格式

现金流量表分为表头、表体和补充材料三部分，其中表体是核心部分。

(1) 表头。表头包括表名、编制单位、时年和货币单位。

(2) 表体。表体包括五大部分：一是经营活动产生的现金流量；二是投资活动产生的现金流量；三是投资活动产生的现金流量；四是汇率变动对现金的影响；五是现金及现金等价物净增加额。

现金流量表的具体格式，如表5-3所示。

表5-3 现金流量表

会企03表

编制单位：　　　　　　　　　　　　年度　　　　　　　　　　　　单位：元

项 目	行次	金额	补充资料	行次	金额
一、经营活动产生的现金流量：			1.将净利润调节为经营活动现金流量：		
出售商品、提供劳务收到的现金	1		净利润	57	
收到的税费返还	3		加：计提的资产减值准备	58	
收到的其他与经营活动有关的现金	8		固定资产折旧	59	
现金流入小计	9		无形资产摊销	60	
购买商品、接受劳务支付的现金	10		长期待摊费用摊销	61	
支付给职工以及为职工支付的现金	12		待摊费用减少(减：增加)	64	
支付的各项税费	13		预提费用增加(减：减少)	65	
支付的其他与经营活动有关的现金	18		处置固定资产、无形资产和其他长期资产的损失(减：收益)	66	
现金流出小计	20		固定资产报废损失	67	
经营活动产生的现金流量净额	21		财务费用	68	
二、投资活动产生的现金流量：			投资损失(减：收益)	69	
收回投资所收到的现金	22		递延税款贷项(减：借项)	70	
取得投资收益所收到的现金	23		存货的减少(减：增加)	71	
处置固定资产、无形资产和其他长期资产所收回的现金净额	25		经营性应收项目的减少(减：增加)	72	
收到的其他与投资活动有关的现金	28		经营性应付项目的增加(减：减少)	73	
现金流入小计	29		其他	74	
购建固定资产、无形资产和其他长期资产所支付的现金	30		经营活动产生的现金流量净额	75	
投资所支付的现金	31				
支付的其他与投资活动有关的现金	35				

(续表)

项 目	行次	金额	补充资料	行次	金额
现金流出小计	36				
投资活动产生的现金流量净额	37		2. 不涉及现金收支的投资和筹资活动：		
三、筹资活动产生的现金流量：			债务转为资本	76	
吸收投资所收到的现金	38		一年内到期的可转换公司债券	77	
借款所收到的现金	40		融资租入固定资产	78	
收到的其他与筹资活动有关的现金	43				
现金流入小计	44				
归还债务所支付的现金	45				
分配股利、利润或偿付利息所支付的现金	46		3. 现金及现金等价物净增加情况：		
支付的其他与筹资活动有关的现金	52		现金的期末余额	79	
现金流出小计	53		减：现金的期初余额	80	
筹资活动产生的现金流量净额	54		加：现金等价物的期末余额	81	
四、汇率变动对现金的影响	55		减：现金等价物的期初余额	82	
五、现金及现金等价物净增加额	56		现金及现金等价物净增加额	83	

四、现金流量表的编制

现金流量表的项目主要有：经营活动产生的现金流量、投资活动产生的现金流量、筹资活动产生的现金流量、汇率变动对现金及现金等价物的影响、现金及现金等价物净增加额、期末现金及现金等价物余额等项目。

(一) 经营活动产生的现金流量有关项目的编制

1. 销售商品、提供劳务收到的现金

本项目反映企业销售商品、提供劳务实际收到的现金，包括销售收入和应向购买者收取的增值税销项税额，具体包括：本期销售商品、提供劳务收到的现金，以及前期销售商品、提供劳务本期收到的现金和本期预收的款项，减去本期销售本期退回的商品和前期销售本期退回的商品支付的现金。企业销售材料和代购代销业务收到的现金，也在本项目反映。本项目可以根据"库存现金""银行存款""应收票据""应收账款""预收账款""主营业务收入""其他业务收入"科目的记录分析填列。

2. 收到的税费返还

本项目反映企业收到返还的各种税费，如收到的增值税、营业税、所得税、消费税、关税和教育费附加返还款等。本项目可以根据有关科目的记录分析填列。

3. 收到的其他与经营活动有关的现金

本项目反映企业除上述各项目外，收到的其他与经营活动有关的现金，如罚款收入、经营租赁固定资产收到的现金、投资性房地产收到的租金收入、流动资产损失中由个人赔偿的现金收入、除税费返还外的其他政府补助收入等。其他与经营活动有关的现金，如果价值较大的，根据"库存现金""银行存款""管理费用""销售费用"等科目的记录分析填列。

4. 购买商品、接受劳务支付的现金

本项目反映企业购买材料、商品、接受劳务实际支付的现金，包括支付的货款以及与货款一并支付的增值税进项税额，具体包括：本期购买商品、接受劳务支付的现金，以及本期支付前期购买商品、接受劳务的未付款项和本期预付款项，减去本期发生的购货退回收到的现金。为购置存货而发生的借款利息资本化部分，应在"分配股利、利润或偿付利息支付的现金"项目中反映。本项目可以根据"库存现金""银行存款""应付票据""应付账款""预付账款""主营业务成本""其他业务支出"等科目的记录分析填列。

5. 支付给职工以及为职工支付的现金

本项目反映企业实际支付给职工的现金以及为职工支付的现金，包括企业为获得职工提供的服务，本期实际给予各种形式的报酬以及其他相关支出，如支付给职工的工资、奖金、各种津贴和补贴等，以及为职工支付的其他费用；不包括支付给在建工程人员的工资。支付的在建工程人员的工资，在"购建固定资产、无形资产和其他长期资产所支付的现金"项目中反映。

企业为职工支付的医疗、养老、失业、工伤、生育等社会保险基金、补充养老保险、住房公积金，企业为职工交纳的商业保险金，因解除与职工劳动关系给予的补偿，现金结算的股份支付，以及企业支付给职工或为职工支付的其他福利费用等，应根据职工的工作性质和服务对象，分别在"购建固定资产、无形资产和其他长期资产所支付的现金"和"支付给职工以及为职工支付的现金"项目中反映。本项目可以根据"库存现金""银行存款""应付职工薪酬"等科目的记录分析填列。

6. 支付的各项税费

本项目反映企业按规定支付的各项税费，包括本期发生并支付的税费，以及本期支付以前各期发生的税费和预交的税金，如支付的营业税、增值税、消费税、所得税教育费附加、印花税、房产税、土地增值税、车船使用税等；不包括本期退回的增值税、所得税。本期退回的增值税、所得税等，在"收到的税费返还"项目中反映。本项目可以根据"应交税费""库存现金""银行存款"等科目分析填列。

7. 支付的其他与经营活动有关的现金

本项目反映企业除上述各项目外，支付的其他与经营活动有关的现金，如罚款支出、支付的差旅费、业务招待费、保险费、经营租赁支付的现金等。其他与经营活动有关的现金，如果金额较大的，应单列项目反映。本项目可以根据有关科目的记录分析填列。

(二) 投资活动产生的现金流量有关项目的编制

1. 收回投资收到的现金

本项目反映企业出售、转让或到期收回除现金等价物以外的交易性金融资产、持有至到期投资、可供出售金融资产、长期股权投资等而收到的现金；不包括债权性投资收回的利息、收回的非现金资产，以及处置子公司及其他营业单位收到的现金净额。债权性投资收回的本金在本项目反映；债权性投资收回的利息不在本项目中反映，而在"取得投资收益所收到的现金"项目中反映。处置子公司及其他营业单位收到的现金净额单设项目反映。本项目可以根据"交易性金融资产""持有至到期投资""可供出售金融资产""长期股权投资""库存现金""银行存款"等科目的记录分析填列。

2. 取得投资收益收到的现金

本项目反映企业因股权性投资而分得的现金股利，因债权性投资而取得的现金利息收入。股票股利由于不产生现金流量，不在本项目中反映。包括在现金等价物范围内的债券性投资，其利息收入在本项目中反映。本项目可以根据"应收股利""应收利息""投资收益""库存现金""银行存款"等科目的记录分析填列。

3. 处置固定资产、无形资产和其他长期资产收回的现金净额

本项目反映企业出售固定资产、无形资产和其他长期资产(如投资性房地产)所取得的现金，减去为处置这些资产而支付的有关税费用后的净额。处置固定资产、无形资产和其他长期资产所收到的现金，与处置活动支付的现金，两者在时间上比较接近，以净额反映更能准确地反映处置活动对现金流量的影响。由于自然灾害等原因所造成的固定资产等长期资产报废、毁损而收到的保险赔偿收入，在本项目中反映。如处置固定资产、无形资产和其他长期资产所收回的现金净额为负数，则应作为投资活动产生的现金流量，在"支付的其他与投资活动有关的现金"项目中反映。本项目可以根据"固定资产清理""库存现金""银行存款"等科目的记录分析填列。

4. 处置子公司及其他营业单位收到的现金净额

本项目反映企业处置子公司及其他营业单位所取得的现金，减去子公司或其他营业单位持有的现金和现金等价物以及相关处置费用后的净额。本项目可以根据有关科目的记录分析填列。

企业处置子公司及其他营业单位是整体交易，子公司和其他营业单位可能持有现金和现金等价物。这样，整体处置子公司或其他营业单位的现金流量，就应以处置价款中收到现金的部分，减去子公司或其他营业单位持有的现金和现金等价物以及相关处置费用后的净额反映。处置子公司及其他营业单位收到的现金净额如为负数，应将该金额填列至"支付其他与投资活动有关的现金"项目中。

5. 收到的其他与投资活动有关的现金

本项目反映企业除上述各项目外，收到的其他与投资活动有关的现金。其他与投资活动有关的现金，如果价值较大的，应单列项目反映。本项目可以根据有关科目的记录分析填列。

6. 购建固定资产、无形资产和其他长期资产支付的现金

本项目反映企业购买、建造固定资产，取得无形资产和其他长期资产(如投资性房地产)支付的现金，包括购买机器设备所支付的现金、建造工程支付的现金、支付在建工程人员的工资等现金支出，不包括为购建固定资产、无形资产和其他长期资产而发生的借款利息资本化部分，以及融资租入固定资产所支付的租赁费。为购建固定资产、无形资产和其他长期资产而发生的借款利息资本化部分，在"分配股利、利润或偿付利息支付的现金"项目中反映；融资租入固定资产所支付的租赁费，在"支付的其他与筹资活动有关的现金"项目中反映，不在本项目中反映。本项目可以根据"固定资产""在建工程""工程物资""无形资产""库存现金""银行存款"等科目的记录分析填列。

7. 投资支付的现金

本项目反映企业进行权益性投资和债权性投资所支付的现金，包括企业取得的除现金等价物以外的交易性金融资产、持有至到期投资、可供出售金融资产而支付的现金，以及支付的佣金、手续费等交易费用。

企业购买股票和债券时，实际支付的价款中包含的已宣告但尚未领取的现金股利或已到付息期但尚未领取的债券利息，应在"支付的其他与投资活动有关的现金"项目中反映；收回购买股票和债券时支付的已宣告但尚未领取的现金股利或已到付息期但尚未领取的债券利息，应在"收到的其他与投资活动有关的现金"项目中反映。

本项目可以根据"交易性金融资产""持有至到期投资""可供出售金融资产""长期股权投资""库存现金""银行存款"等科目的记录分析填列。

8. 取得子公司及其他营业单位支付的现金净额

本项目反映企业取得子公司及其他营业单位购买出价中以现金支付的部分，减去子公司或其他营业单位持有的现金和现金等价物后的净额。本项目可以根据有关科目的记录分析填列。

整体购买一个单位，其结算方式是多种多样的，如购买方全部以现金支付或一部分以现金支付而另一部分以实物清偿。同时，企业购买子公司及其他营业单位是整体交易，子公司和其他营业单位除有固定资产和存货外，还可能持有现金和现金等价物。这样，整体购买子公司或其他营业单位的现金流量，就应以购买出价中以现金支付的部分减去子公司或其他营业单位持有的现金和现金等价物后的净额反映，如为负数，应在"收到其他与投资活动有关的现金"项目中反映。

9. 支付的其他与投资活动有关的现金

本项目反映企业除上述各项目外，还反映支付的其他与投资活动有关的现金。其他与投资活动有关的现金，如果价值较大的，应单列项目反映。本项目可以根据有关科目的记录分析填列。

(三) 筹资活动产生的现金流量有关项目的编制

1. 吸收投资收到的现金

本项目反映企业以发行股票等方式筹集资金实际收到的款项净额(发行收入减去支付的佣金等发行费用后的净额)。以发行股票等方式筹集资金而由企业直接支付的审计、咨询等费用等，在"支付的其他与筹资活动有关的现金"项目中反映；项目可以根据"实收资本(或股本)""资本公积""现金""银行存款"等科目的记录分析填列。

2. 借款收到的现金

本项目反映企业举借各种短期、长期借款而收到的现金，以及发行债券实际收到的款项净额(发行收入减去直接支付的佣金等发行费用后的净额)。本项目可以根据"短期借款""长期借款""交易性金融负债""应付债券""库存现金""银行存款"等科目的记录分析填列。

3. 收到的其他与筹资活动有关的现金

本项目反映企业除上述各项目外，收到的其他与筹资活动有关的现金。其他与筹资活动有关的现金，如果价值较大的，应单列项目反映。本项目可根据有关科目的记录分析填列。

4. 偿还债务所支付的现金

本项目反映企业以现金偿还债务的本金，包括归还金融企业的借款本金、偿付企业到期的债券本金等。企业偿还的借款利息、债券利息，在"分配股利、利润或偿付利息所支付的现金"项目中反映。本项目可以根据"短期借款""长期借款""交易性金融负债""应付债券""库存现金""银行存款"等科目的记录分析填列。

5. 分配股利、利润或偿付利息支付的现金

本项目反映企业实际支付的现金股利、支付给其他投资单位的利润或用现金支付的借款利息、债券利息。不同用途的借款，其利息的开支渠道不一样，如在建工程、财务费用等，均在本项目中反映。本项目可以根据"应付股利""应付利息""利润分配""财务费用""在建工程""制造费用""研发支出""库存现金""银行存款"等科目的记录分析填列。

6. 支付的其他与筹资活动有关的现金

本项目反映企业除上述各项目外，支付的其他与筹资活动有关的现金，如以发行股票、债券等方式筹集资金而由企业直接支付的审计、咨询等费用，融资租赁各期支付的现金、以分期付款方式构建固定资产、无形资产等各期支付的现金。其他与筹资活动有关的现金，如果价值较大的，应单列项目反映。本项目可以根据有关科目的记录分析填列。

(四) 汇率变动对现金的影响

现金流量表准则规定，外币现金流量以及境外子公司的现金流量，应当采用现金流量发生日的即期汇率或即期汇率的近似汇率折算。汇率变动对现金的影响额应当作为调节项目，在现金流量表中单独列报。

汇率变动对现金的影响，指企业外币现金流量及境外子公司的现金流量折算成记账本位币时，所采用的是现金流量发生日的汇率或即期汇率的近似汇率，而现金流量表"现金及现金等价物净增加额"项目中外币现金净增加额是按资产负债表日的即期汇率折算。这两者的差额即为汇率变动对现金的影响。

第五节 所有者权益变动表与附注

一、所有者权益(或股东权益)变动表

(一) 所有者权益变动表概述

所有者权益变动表是反映构成所有者权益的各组成部分当期的增减变动情况的报表。所有者权益变动表应当全面反映一定时期所有者权益变动的情况，不仅包括所有者权益总量的增减变动，还包括所有者权益增减变动的重要结构性信息，特别是要反映直接计入所有者权益的利得和损失，让报表使用者准确理解所有者权益增减变动的根源。所有者权益变动表在一定程度上体现了企业综合收益。所有者权益变动表应当反映构成所有者权益的各组成部分当期的增减变动情况。综合收益和与所有者(或股东，下同)的资本交易导致的所有者权益的变动，应当分别列示[①]。综合收益是指企业在某一期间与所有者之外的其他方面进行交易或发生其他事项所引起的净资产变动。综合收益的构成包括两部分：净利润和直接计入所有者权益的利得和损失。其中，前者是企业已实现并已确认的收益，后者是企业未实现但根据会计准则的规定已确认的收益。与所有者的资本交易，是指企业与所有

---

① 详见2014年7月1日施行的《企业会计准则第30号——财务报表列报》第三十五条。

者以其所有者身份进行的、导致企业所有者权益变动的交易。

(二) 所有者权益变动表的列报格式和列报方法

1. 所有者权益变动表的列报格式

(1) 以矩阵的形式列报。为了清楚地表明构成所有者权益的各组成部分当期的增减变动情况，所有者权益变动表应以矩阵的形式列示。一方面，列示导致所有者权益变动的交易或事项，改变了以往仅仅按照所有者权益的各组成部分反映所有者权益变动情况，而是按所有者权益变动的来源对一定时期所有者权益变动情况进行全面反映；另一方面，按照所有者权益各组成部分(包括实收资本、资本公积、盈余公积、未分配利润和库存股)及其总额列示交易或事项对所有者权益的影响。

(2) 列示所有者权益变动的比较信息。根据财务报表列报准则的规定，企业需要提供比较所有者权益变动表，因此，所有者权益变动表还就各项目再分为"本年金额"和"上年金额"两栏分别填列。所有者权益变动表的具体格式参见《企业会计准则第30号——财务报表》应用指南。

2. 所有者权益变动表各项目的列报说明

(1) "上年年末余额"项目，反映企业上年资产负债表中实收资本(或股本)、资本公积、盈余公积、未分配利润的年末余额。

(2) "会计政策变更"和"前期差错更正"项目，分别反映企业采用追溯调整法处理的会计政策变更的累积影响金额和采用追溯重述法处理的会计差错更正的累积影响金额。为了体现会计政策变更和前期差错更正的影响，企业应当在上期期末所有者权益余额的基础上进行调整得出本期期初所有者权益，根据"盈余公积""利润分配""以前年度损益调整"等科目的发生额分析填列。

(3) "本年增减变动额"项目分别反映如下内容：

① "净利润"项目，反映企业当年实现的净利润(或净亏损)金额，并对应列在"未分配利润"栏。

② "其他综合收益"项目，反映企业当年根据企业会计准则规定未在损益中确认的各项利得和损失扣除所得税影响后的净额，并对应列在"资本公积"。

③ "净利润"和"其他综合收益"小计项目，反映企业当年实现的净利润(或净亏损)金额和当年直接计入其他综合收益金额的合计额。

④ "所有者投入和减少资本"项目，反映企业当年所有者投入的资本和减少的资本其中："所有者投入资本"项目，反映企业接受投资者投入形成的实收资本(或股本)和资本溢价或股本溢价，并对应列在"实收资本"和"资本公积"栏。"股份支付计入所有者权益的金额"项目，反映企业处于等待期中的权益结算的股份支付当年计入资本公积的金额，并对应列在"资本公积"栏。

⑤ "利润分配"下各项目，反映当年对所有者(或股东)分配的利润(或股利)金额和按照规定提取的盈余公积金额，并对应列在"未分配利润"和"盈余公积"栏。其中，"提取盈余公积"项目，反映企业按照规定提取的盈余公积；"对所有者(或股东)的分配"项目，反映对所有者(或股东)分配的利润(或股利)金额。

⑥ "所有者权益内部结转"下各项目，反映不影响当年所有者权益总额的所有者权

益各组成部分之间当年的增减变动,包括资本公积转增资本(或股本)、盈余公积转增资本(或股本)、盈余公积弥补亏损等金额。为了全面反映所有者权益各组成部分的增减变动情况,所有者权益内部结转也是所有者权益变动表的重要组成部分,主要指不影响所有者权益总额、所有者权益的各组成部分当期的增减变动。其中,"资本公积转增资本(或股本)"项目,反映企业以资本公积转增资本或股本的金额;"盈余公积转增资本(或股本)"项目,反映企业以盈余公积转增资本或股本的金额;"盈余公积弥补亏损"项目,反映企业以盈余公积弥补亏损的金额。

3. "上年金额"栏的列报方法

所有者权益变动表"上年金额"栏内各项数字,应根据上年度所有者权益变动表"本年金额"栏内所列数字填列。如果上年度所有者权益变动表规定的各个项目的名称和内容同本年度不相一致,应对上年度所有者权益变动表各项目的名称和数字按本年度的规定进行调整,填入所有者权益变动表"上年金额"栏内。

4. 本年金额栏的列报方法

所有者权益变动表"本年金额"栏内各项数字,一般应根据"实收资本(或股本)""资本公积""盈余公积""利润分配""库存股""以前年度损益调整"等科目的发生额分析填列。企业的净利润及其分配情况作为所有者权益变动的组成部分,不需要单独设置润分配表列示。

二、附注

(一) 附注的概念

《企业会计准则——30号财务报表列报》第三十七条规定:附注是对在资产负债表、利润表、现金流量表和所有者权益变动表等报表中列示项目的文字描述或明细资料,以及对未能在这些报表中列示项目的说明等[①]。财务报表中的数字是经过分类与汇总后的结果,是对企业发生的经济业务的高度简化和浓缩的数字,如果没有形成这些数字所使用的会计政策、理解这些数字所必需的披露,财务报表就不可能充分发挥效用。因此,附注与资产负债表、利润表、现金流量表、所有者权益变动表等报表具有同等的重要性,是财务报表的重要组成部分。报表使用者了解企业的财务状况、经营成果和现金流量,应当全面阅读附注。

(二) 附注披露的基本要求

(1) 附注披露的信息应是定量、定性信息的结合,从而能从量和质两个角度对企业经济事项完整地进行反映,也才能满足信息使用者的决策需求。

(2) 附注应当按照一定的结构进行系统合理的排列和分类,有顺序地披露信息。由于附注的内容繁多,因此更应按逻辑顺序排列,分类披露,条理清晰,具有一定的组织结构,以便于使用者理解和掌握,也更好地实现财务报表的可比性。

(3) 附注相关信息应当与资产负债表、利润表、现金流量表和所有者权益变动表等报表中列示的项目相互参照,以有助于使用者联系相关联的信息,并由此从整体上更好地理

---

① 参见2014年7月1日施行的《企业会计准则第30号——财务报表列报》第三十七条。

解财务报表。

(三) 附注披露的内容及顺序[1]

附注一般按照下列顺序披露。

1. 企业的基本情况

(1) 企业注册地、组织形式和总部地址。

(2) 企业的业务性质和主要经营活动。

(3) 母公司以及集团最终母公司的名称。

(4) 财务报告的批准报出者和财务报告批准报出日，或者以签字人及其签字日期为准。

(5) 营业期限有限的企业，还应当披露有关其营业期限的信息。

2. 财务报表的编制基础

财务报表的编制基础是指财务报表是在持续经营基础上还是非持续经营基础上编制的。

企业应当以持续经营为基础，根据实际发生的交易和事项，按照《企业会计准则——基本准则》和其他各项会计准则的规定进行确认和计量，在此基础上编制财务报表。企业不应以附注披露代替确认和计量，不恰当的确认和计量也不能通过充分披露相关会计政策而纠正。

3. 遵循企业会计准则的声明

企业应当声明编制的财务报表符合企业会计准则的要求，真实、完整地反映了企业的财务状况、经营成果和现金流量等有关信息。

4. 重要会计政策和会计估计

重要会计政策的说明，包括财务报表项目的计量基础和在运用会计政策过程中所做的重要判断等。重要会计估计的说明，包括可能导致下一个会计期间内资产、负债账面价值重大调整的会计估计的确定依据等。企业应当披露采用的重要会计政策和会计估计，并结合企业的具体实际，披露其重要会计政策的确定依据、财务报表项目的计量基础及其会计估计所采用的关键假设和不确定因素。

5. 会计政策和会计估计变更以及差错更正的说明

企业应当按照《企业会计准则第28号——会计政策、会计估计变更和差错更正》的规定，披露会计政策和会计估计变更以及差错更正的情况。

6. 报表重要项目的说明

企业应当按照资产负债表、利润表、现金流量表、所有者权益变动表及其项目列示的顺序，对报表重要项目的说明采用文字和数字描述相结合的方式进行披露。报表重要项目的明细金额合计，应当与报表项目金额相衔接。企业应当在附注中披露费用按照性质分类的利润表补充资料，可将费用分为耗用的原材料、职工薪酬费用、折旧费用、摊销费用等。

7. 或有和承诺事项、资产负债表日后非调整事项、关联方关系及其交易等需要说明的事项

或有事项，是指过去的交易或者事项形成的，其结果须由某些未来事项的发生或不发生才能决定的不确定事项[2]。这些可能发生的损失称为或有损失，可能发生的收益称为或

---

[1] 详见2014年7月1日施行的《企业会计准则第30号——财务报表列报》第三十九条。

[2] 《企业会计准则第13号——或有事项》第二条。

有收益。承诺,指由合同或协议的要求引起的义务,在未来的特定期间内,只要特定条件达到,即发生现金流出、其他资产减少或负债增加。一方控制、共同控制另一方或对另一方施加重大影响,以及两方或两方以上同受一方控制、共同控制或重大影响的,构成关联方。控制,是指有权决定一个企业的财务和经营政策,并能据以从该企业的经营活动中获取利益。共同控制,是指按照合同约定对某项经济活动所共有的控制,仅在与该项经济活动相关的重要财务和经营决策需要分享控制权的投资方一致同意时存在。重大影响,是指对一个企业的财务和经营政策有参与决策的权力,但并不能够控制或者与其他方一起共同控制这些政策的制定[①]。

在实务中很难对长期财务承诺与或有事项进行很好的分析。在潜在的期间内,或有事项发生的时间具有不确定性,而且影响或有事项价值和数量的、不能由企业控制的因素也具有不确定性。因此,对财务报表使用者而言,考虑经营租赁、采购和供应承诺和或取或付合约等承诺,以及未决诉讼、借款担保和环境产生的补救等或有事项对潜在资产负债表、损益表和现金流量表的影响,是非常重要的。

8. 有助于财务报表使用者评价企业管理资本的目标、政策及程序的信息

资本管理受行业监管部门监管的金融等行业企业,除遵循相关监管要求外,比如我国商业银行遵循中国银监会《商业银行资本管理办法(试行)》进行有关资本充足率等的信息披露,还应当按照本准则的规定,在财务报表附注中披露有助于财务报表使用者评价企业管理资本的目标、政策及程序的信息。

根据本准则的规定,企业应当基于可获得的信息充分披露如下内容:

(1) 企业资本管理的目标、政策及程序的定性信息,包括:

① 对企业资本管理的说明;

② 受制于外部强制性资本要求的企业,应当披露这些要求的性质以及企业如何将这些要求纳入其资本管理之中;

③ 企业如何实现其资本管理的目标。

(2) 资本结构的定量数据摘要,包括资本与所有者权益之间的调节关系等。比如,有的企业将某些金融负债(如次级债)作为资本的一部分,有的企业将资本视作扣除某些权益项目(如现金流量套期产生的利得或损失)后的部分。

(3) 自前一会计期间开始上述(1)和(2)中的所有变动。

(4) 企业当期是否遵循了其受制的外部强制性资本要求;以及当企业未遵循外部强制性资本要求时,其未遵循的后果。

企业按照总体对上述信息披露不能提供有用信息时,还应当对每项受管制的资本要求单独披露上述信息,比如,跨行业、跨国家或地区经营的企业集团可能受一系列不同的资本要求监管。

(四) 附注披露的其他内容[②]

(1) 企业应当在附注中披露下列关于其他综合收益各项目的信息:①其他综合收益各项目及其所得税影响;②其他综合收益各项目原计入其他综合收益、当期转出计入当期损

---

① 《企业会计准则第36号——关联方披露》第三条。
② 参见2014年7月1日施行的《企业会计准则第30号——财务报表列报》第四十、第四十一条。

益的金额；③其他综合收益各项目的期初和期末余额及其调节情况。

(2) 企业应当在附注中披露终止经营的收入、费用、利润总额、所得税费用和净利润，以及归属于母公司所有者的终止经营利润。

本章小结

财务会计报告，是指企业对外提供的反映企业某一特定日期财务状况和某一会计期间经营成果、现金流量的文件。一套完整的财务报表至少应当包括会计报表、报表附注和其他需要披露的资料。会计报表包括主表和附表。主表包括资产负债表、利润表、现金流量表、所有者权益变动表。会计报表附注是为便于会计报表使用者理解会计报表的内容而对会计报表的编制基础、编制依据、编制原则和方法及主要项目等所做的解释。除上述信息外，企业还应针对会计信息使用者的需要应披露的一些相关信息。资产负债表是反映企业在某一特定日期财务状况的报表，是一张静态报表。利润表是反映企业一定会计期间的经营成果的会计报表。利润表有单步式利润表和多步式利润表。单步式利润表是指先列示收入总额，然后列示全部成本费用，最后计算出利润。多步式利润表比较常用。现金流量表，是反映企业一定会计期间现金和现金等价物(以下简称现金)流入和流出的报表。现金流量表应当按照经营活动、投资活动和筹资活动的现金流量分类分项列示，是一张动态报表。现金流量分为三大类，即经营活动产生的现金流量、投资活动产生的现金流量、筹资活动产生的现金流量。现金流量表的编制采取收付实现制，以资产负债表和利润表为基础，对每一项目进行分析并调整而得到的。编制的方法有直接法和间接法两种。现金流量表准则规定企业应当采用直接法编报现金流量表，同时要求在附注中提供以净利润为基础调节到经营活动现金流量的信息。附注是对在资产负债表、利润表、现金流量表和所有者权益变动表等报表中列示项目的文字描述或明细资料，以及对未能在这些报表中列示项目的说明等。

主要概念

财务会计报告；财务报表；资产负债表；利润表；现金流量表；所有者权益变动表；附注；或有事项。

思考题

1. 简述编制财务报告的意义。
2. 什么是财务报表？财务报表包括哪些内容？
3. 财务报表列报有哪些基本要求？
4. 什么是资产负债表的结构与内容？
5. 资产负债表的填列方法有哪些？试举例说明。
6. 什么是资产负债表的结构与内容？
7. 利润表的结构包括哪些内容？
8. 现金流量表的结构和内容是如何规定的？
9. 什么是所有者权益变动表？
10. 什么是附注？附注披露的基本要求是什么？

练习题

一、单项选择题

1. 资产负债表头的编报日期应填列(　　)。
   A. 一定时期，如200×年1月1日至1月15日
   B. 一个会计期间，如200×年1月份
   C. 任何一个时点，如200×年1月23日
   D. 某一个会计期间的期末，如200×年1月31日

2. 资产负债表内各项的填列主要依据(　　)。
   A. 总账账户的期末余额
   B. 总账各账户的本期发生额
   C. 总账各账户的期末余额和有关明细账的本期发生额
   D. 总账各账户的本期发生额和明细账户的本期发生额

3. 资产负债表的编制基础是(　　)。
   A. 发生额试算平衡公式　　　　　　B. 余额试算平衡公式
   C. 基本的会计等式　　　　　　　　D. 扩展的会计等式

4. 反映某一特定期间财务成果的报表是(　　)。
   A. 资产负债表　　　　　　　　　　B. 损益表
   C. 利润分配表　　　　　　　　　　D. 现金流量表

5. 我国利润表采用(　　)格式。
   A. 账户式　　　B. 报告式　　　C. 单步式　　　D. 多步式

6. 利润分配表是(　　)的附表。
   A. 资产负债表　　B. 利润表　　C. 现金流量表　　D. 合并报表

7. 现金流量表是以(　　)为基础编制的会计报表。
   A. 权责发生制　　B. 收付实现制　　C. 应收应付制　　D. 费用配比制

8. 下列属于"投资活动现金流量"的是(　　)。
   A. 取得短期借款3 000元存入银行　　　B. 向股东分配现金股利2 000元
   C. 销售商品10 000元，款项存入银行　　D. 用存款购买机器一台5 000元

二、计算分析题

1. 甲企业2015年12月31日有关账户的余额如下：
   应收账款——A　24 000元(贷方)
   　　　　——B　21 000元(借方)
   应付账款——C　35 000元(贷方)
   　　　　——D　17 000元(借方)
   预收账款——E　16 000元(借方)
   　　　　——F　25 000元(贷方)
   预付账款——G　42 000元(贷方)
   　　　　——H　31 000元(借方)

   【要求】计算填列资产负债表中以下项目：
   (1)"应收账款"项目；(2)"应付账款"项目；

(3)"预收账款"项目； (4)"预付账款"项目。

2. 某企业2015年1月1日至12月31日损益类科目累计发生额如下：

主营业务收入3 750万元(贷方)　　主营业务成本1 375万元(借方)

营业税金及附加425万元(借方)　　销售费用500万元(借方)

管理费用250万元(借方)　　　　　财务费用250万元(借方)

投资收益500万元(贷方)　　　　　营业外收入250万元(贷方)

营业外支出200万元(借方)　　　　其他业务收入750万元(贷方)

其他业务成本450万元(借方)　　　所得税费用600万元(借方)

【要求】计算该企业2015年的营业利润利润总额和净利润。

3. 2015年8月A公司所有损益类账户的发生额(单位：元)如下。

账户发生额	借 方	账户发生额	贷 方
主营业务成本	35 000 000	主营业务收入	58 000 000
营业税金及附加	200 000	营业外收入	50 000
管理费用	5 000 000		
销售费用	1 000 000		
财务费用	200 000		
投资收益	200 000		
营业外支出	20 000		
公允价值变动损益	100 000		
所得税费用	70 000		

【要求】根据上述资料编制该公司2015年8月的利润表。

利润表

会企02表

编制单位：ABC公司　　　　　　　____年____月　　　　　　　单位：元

项　目	本期金额	上期金额(略)
一、营业收入		
减：营业成本		
营业税金及附加		
销售费用		
管理费用		
财务费用		
资产减值损失		
加：公允价值变动收益(损失以"－"号填列)		
投资收益(损失以"－"号填列)		
其中：对联营企业和合营企业的投资收益		
二、营业利润(亏损以"－"号填列)		
加：营业外收入		
减：营业外支出		
其中：非流动资产处置损失		
三、利润总额(亏损总额以"－"号填列)		

(续表)

项　目	本期金额	上期金额(略)
减：所得税费用		
四、净利润(净亏损以"－"号填列)		
五、每股收益		
(一)基本每股收益		
(二)稀释每股收益		
六、其他综合收益		
七、综合收益总额		

第二篇 财务管理基础

第六章 财务管理的价值观念

学习目标
1.了解财务管理概念、主要内容和目标；2.掌握资金的时间价值的含义和计算；3.熟悉风险与风险报酬的含义与度量。

第一节 财务管理概述

财务管理的价值观念是财务管理的基础，它决定着理财的行为和方法。首先，必须树立科学的理财概念、明确理财的内容和目标等。公司资金的筹集、投资以及收益分配都必须考虑资金时间价值和投资风险价值问题。

一、财务管理的概念

财务管理的产生和发展大致经历了3个阶段。①以筹资为目的的初始阶段。大约在15至16世纪，地中海沿岸城市出现了手工作坊和工场手工业等生产方式及公众入股的商业组织。这些组织的生产发展，仅靠自己的资金有时无法满足其生产发展的需求，需要进行资金的外部筹资活动，而当时商品经济的发展和银行业的产生，为其提供了资金不足的需求。这样，初步形成以筹资为目的的公司理财阶段。但是，由于筹资的渠道和方式比较单一，理财并没有从生产管理职能中分离出来，只是生产管理职能的附属部分。②以内部控制为目的的发展阶段。20世纪30年代西方经济大萧条，许多公司破产、倒闭，使投资者遭受严重损失。为了保护投资者和债权人的经济利益，各国政府加强了对证券市场的监管，面对严峻的局面，公司不仅要关注资金的筹资管理，更要加强公司的内部公司理财与控制。其表现为运用各种计量模型开展财务分析和资产的流动性分析，运用政府制定的法律来规范和制定公司的财务政策，以保证管好用好公司的资本。③以投资管理为目的的完善阶段。20世纪50年代以后，随着投资项目决策和评价方法的出现，使得公司理财的投资决策理论得到长足的发展。例如，建立科学的项目投资决策程序，运用动态决策指标分析、评价投资方案，开展组合投资决策，分散公司投资风险等。20世纪80年代以来，随着公司理财面临的客观经济环境的变化，理财理论也不断拓展。因此，公司理财是随着社会环境的发展由简单到复杂、由初级到高级、不断发展和完善的过程。

财务管理是对公司的财务活动及其形成的财务关系的管理。公司财务活动就是公司再生产过程中，有关资金的筹集、投资、使用和分配等方面的资金运动。财务关系是公司资金运动过程中形成的与其他各方的经济联系。

资金运动是在公司再生产过程中客观存在着的一种经济现象。公司的生产经营活动是从筹集资金开始的。公司运用所筹集的货币资金，用于投资购置机器设备、兴建房屋、购买原材料等各种财产物资。这样，货币形态的资金就转化成为实物形态。公司运用劳动资料对劳动对象进行生产加工，随后再将产品在市场上销售出去，商品形态的资金又回到货币形态，公司将获得的资金偿还本息、支付税收或将利润进行分配后，公司将营运资金再投入生产经营活动，使之连续不断地运动。公司的营运资金投入生产经营活动，价值形态也不断发生变化，周而复始，从货币形态又开始回到货币形态的整个过程，称为资金循环。当然，公司的资金运动过程还有资金的投入和资金的退出过程。同时，资金运动的任何停滞、中断，都意味着生产经营活动秩序的破坏。公司资金运动过程如图6-1。

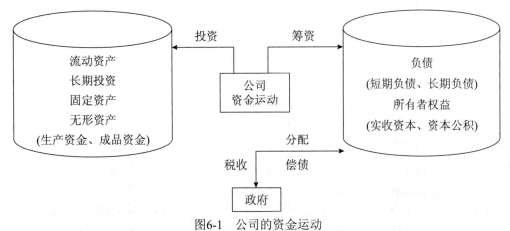

图6-1 公司的资金运动

由此，财务管理与其他管理活动的本质区别在于其是一种价值管理，具有综合性特征。它是利用各种价值指标，运用理财的专门方法和手段来组织公司的资金筹集、资金的有效使用和投资、合理分配收益及实现理财目标的过程。

二、财务管理的内容

从公司资金循环分析中可以发现，公司的基本活动是从资本市场上筹集资金，投资于生产性经营资产，并运用这些资产进行生产经营活动。因此，财务管理可以分为资金筹集、资金投资(使用)、利润分配等内容。

(一) 资金筹集

资金的筹集是公司资金运动的起点，是公司资金使用和投资的前提。所以，筹集资金是公司理财的首要环节。公司要进行生产经营活动，首先必须利用各种渠道和手段筹集资金。公司通过发行股票、吸收投资、留存收益等方式获得权益资本，构成公司的所有者权益。另外，公司还可以通过发行债券、银行借款、应付款等方式来吸收债务资金，构成公司的负债。筹资管理就是要确定公司资金的筹资规模和渠道、方式，确定合理的筹资结构，以最小的筹资成本筹集公司所需要的资金。

(二) 资金投资(使用)

投资是公司理财的关键环节，是理财的中心。投资是以收回现金并取得收益为目的而发生的现金流出。它有广义和狭义之分，狭义的投资是指以现金、实物资产和其他资产对外或对其他单位进行的投资；广义投资还包括公司对内进行的投资。

公司筹集的资金只有投入使用才有存在的价值。首先是将资金投资于公司内部经营资产上，主要是进行固定资产的项目投资、营运资产的使用。其次是对外进行证券投资和对其他单位的直接投资。所以，投资管理就是确定公司的投资规模、投资的方向及合理的投资结构，进行投资决策，选择最优的投资决策方案，在投资风险一定的条件下使公司的收益最大；同时加强公司营运资金的使用管理，提高营运资金的周转速度和资金的使用效率。

(三) 利润分配

利润分配管理是财务管理的最后环节，是财务管理的终点。公司开展财务活动的直接目的就是要通过资金的筹集和有效使用来取得利润。公司通过自己的生产经营活动和对外投资活动等会取得各项收入，在弥补各项耗费后形成公司的利润，按照国家的税法规定缴纳所得税后，形成公司的税后净利润，再按利润分配的顺序提取公积金和向投资者分配利润后，形成未分配利润。利润管理是基础，只有公司的收入大于公司的各项耗费，才能为公司带来足够大的利润。利润的分配是关键，它决定公司、国家和投资者等利益相关者目前和未来的经济利益。因此，利润分配的管理就是要制定好公司的利润分配特别是股利分配政策，处理好当前利益和长远利益的关系，保证公司的长远发展。

另外，公司在筹集资金、投资或使用资金以及进行收益和分配等财务活动中，必然与其他方面发生广泛的经济联系，形成各种经济利益关系，这种经济利益关系就是财务关系。公司财务关系主要有以下几个方面：与投资者之间的财务关系、与受资者之间的财务关系、与债权人之间的财务关系、与税务机关之间的财务关系、与公司内部各单位之间的财务关系和与职工之间的财务关系等。

三、财务管理目标

目标是指导向和标准。没有明确目标，就无法判断一项决策的优劣。理财目标是指公司进行财务活动所要达到的最终目的，它决定了理财所采用的原则、程序和方法。因此，公司理财目标是公司财务活动的出发点和归宿，也是建立理财体系的逻辑起点。

目前，理论界对财务管理目标有许多不同观点，其中最具代表性的有如下几种。

(一) 利润最大化

这种观点认为：利润代表了公司新创造的财富，利润越多则说明公司的财富增加得越多，越接近公司的目标。

利润最大化的观点早在19世纪就被西方经济理论界推崇，在我国也一直占据主导地位。该观点认为，利润反映了公司一定时期经营的最终结果，体现了公司经济效益的高低；社会经济资源总是流向实现增值最大的公司，因此，利润最大化有利于社会资源的合理配置；利润代表了公司新创造的财富，利润越多，说明公司的财富越多，越能接近公司的目标。

这种观点的缺点是：①没有考虑利润取得的时间。例如，公司今年获利1 000万元与明年获利1 000万元，对公司的实际意义完全不同？若不考虑资金的时间价值，就难以正确判断哪个公司更符合理财目标。②没有考虑利润与所投入的资本额之间的关系。例如，同样获得1 000万元利润，一个公司的投入资本为1 000万元，另一个公司的投入为2 000万元，利润若不与其投入的资本联系起来，就难以正确判断哪个公司更符合理财目标。③没有考虑到实现利润与其所承担的风险关系。例如，两个公司同样投入1 000万元，并且均在本年获利200万元，一个公司获利已全部转化为现金，而另一个公司获利则全都是应收账款并可能发生坏账损失，若不考虑风险大小，就难以正确判断哪个公司更符合理财目标。④以利润最大化为目标可能导致公司的短期行为。

如果投入资本相同、利润取得的时间相同、相关的风险也相同，利润最大化是一个可以接受的观念。事实上，许多公司高管都把提高利润作为公司的短期目标。

(二) 权益资本利润率最大化

权益资本利润率最大化，也称每股盈余最大化或权益资本净利率，是指公司的净利与投资者投入的资本的比率。

这种观点认为：应当把公司的利润和股东投入的资本联系起来考察，用权益资本净利率来概括公司的财务目标，以避免"利润最大化"目标的缺点。这是因为，以最少的投入获得最大的收益是评价资源有效利用和配置的重要依据。

这种观点仍然存在以下缺点：①仍然没有考虑每股收益取得的时间；②仍然没有考虑权益资本利润率的风险。

(三) 股东财富最大化

这种观点认为：增加股东财富是公司理财的目标。这也是本书采纳的观点。

股东创办公司的目的是增加财富。如果公司不能为股东创造价值，他们就不会为公司提供资本。没有了权益资本，公司也就不存在了。因此，公司要为股东创造价值。

股东财富可以用股东权益的市场价值来衡量。股东财富的增加可以用股东权益的市场价值与股东投资资本的差额来衡量，它被称为"权益的市场增加值"。权益的市场增加值是公司为股东创造的价值。

有时，财务目标被表述为股价最大化。在股东投资资本不变的情况下，股价上升可以反映股东财富的增加，股价下跌可以反映股东财富的减损。股价的升降，代表了投资大众对公司股权价值的客观评价。它以每股价格表示，反映了资本和获利之间的关系；它受预期每股收益的影响，反映了每股收益大小和取得的时间；它受公司风险大小的影响，可以反映每股收益的风险。值得注意的是，公司与股东之间的交易也会影响股价，但不影响股东财富。例如分派股利时股价下跌，回购股票时股价上升等。因此，假设股东投资资本不变，股价最大化与增加股东财富具有同等意义。

有时，财务目标还被表述为公司价值最大化。公司价值的增加，是由于权益价值增加和债务价值增加引起的。假设债务价值不变，则增加公司价值与增加权益价值具有相同意义。假设股东投资资本和债务价值不变，公司价值最大化与增加股东财富具有相同的意义。

另外，关于理财目标，最近我国有些学者还提出了和谐财务观点。不论采用什么观点作为理财的目标，都应该以履行社会责任、维护社会公众利益为前提。一般来说，公司理财的目标与社会目标有一定的趋同性，也有冲突甚至背离。公司提供社会需要的合格产品、解决社会劳动力就业、上缴各项税收等，都反映了公司目标与社会目标的趋同性。但公司毕竟是国民经济的经济实体之一，有时为了自己的经济利益而与社会利益相背离，如破坏生态环境、生产假冒伪劣商品、偷逃国家税收等。因此，国家应制定相关的法律法规来规范公司行为，强制维护社会公众的经济利益，迫使公司切实有效地履行社会责任和义务。

四、财务管理原则

财务管理原则是公司开展财务活动、处理财务关系应遵循的行为准则，是对公司理财的基本要求。在市场经济条件下公司一般应遵循以下原则。

(一) 风险与收益权衡原则

公司只要开展财务活动，就有可能遭遇风险。风险与收益之间存在着对等关系。高收益面临高风险，低风险其收益也低。市场中很难找到收益高而风险很低的项目。正因为这样，公司在进行生产经营活动时应遵循风险与收益的权衡原则，避免只追求高收益而不考虑发生损失的可能性，或者害怕风险而坐失良机。

(二) 现金流量平衡原则

公司的现金流量平衡是指保证公司的资金收支总量和各个环节的平衡。公司在生产经营过程中，现金的支出是无限的，而现金的来源是有限的，因此，公司应随时组织公司的资金来满足公司各项支出的需要，不仅要做到现金流量的总量平衡，还要合理配置公司的资金，保证在供、产、销诸环节上资金的平衡。只有这样，公司的财务活动才能顺利进行，公司的理财目标才能实现。

(三) 净增收益原则

净增收益是指一个方案的现金流入量与其现金流出量的差额，也称现金净流量。公司的财务决策应建立在净增收益的基础上。因此，公司的生产经营必须考虑其所费与所得，公司的投资必须考虑其投资的成本与投资的收益，只有讲求成本效益、注重净增收益，才能获取更多的盈利。

(四) 资金的时间价值原则

资金的时间价值原则是指在进行财务活动时应考虑资金的时间价值因素。从经济学的意义讲，现在的一元钱比未来的一元钱更值钱。所以，公司的财务活动应讲求资金的时间价值观念，做到"早收晚付"，在进行财务决策时应将项目的未来收益折算到投资期初与投资成本进行比较，以确定其优劣。

第二节 资金的时间价值

一、资金的时间价值含义

日常生活中，大家常常遇到如下现象：现在的一元钱比将来的一元钱更值钱，一定量的资金在不同时点上具有不同价值。例如，现在有1 000元，存入银行，银行的年利率为

3.5%，一年后可得到1 035元，于是现在1 000元与一年后的1 035元相等。因为这1 000元经过一年的时间增值了35元，这增值的35元就是资金经过一年时间的价值。同样，公司的资金投到生产经营中，经过生产过程的不断运行，资金的不断运动，随着时间的推移，会创造新的价值，使资金得以增值。因此，一定量的资金投入生产经营或存入银行，会取得一定利润和利息，从而产生资金的时间价值。

资金的时间价值，也叫货币的时间价值，是指资金经过一段时间的投资和再投资所带来的价值差额或增加的价值。其原因是资金的使用者把资金投入到生产经营以后，劳动者凭借其生产出新的产品，创造出新的价值，实现了价值的增值。资金周转的时间越长，周转的次数越多，实现的价值增值也就越大。

二、资金时间价值的前提条件及其表示

资金时间价值产生的前提条件，是由于商品经济的高度发展和借贷关系的普遍存在，出现了资金使用权与所有权的分离。资金的所有者把资金使用权转让给使用者，使用者必须把资金增值的一部分支付给资金的所有者作为报酬，资金占用的金额越大，使用的时间越长，所有者所要求的报酬就越高。而资金在周转过程中的价值增值是资金时间价值产生的根本源泉。

资金的时间价值有两种表示形式：一是绝对数形式即利息，是资金在生产经营中带来的价值的增值额，即一定数额的资金与时间价值率的乘积；二是相对数形式即利息率，是资金的时间价值在没有通货膨胀和风险条件下的社会平均利润率。

通常，资金的时间价值用相对数形式来表示。资金时间价值实际上是没有风险和没有通货膨胀条件下的社会平均资金利润率，是公司资金利润率的最低限度，也是使用资金的最低成本率。

由于资金在不同时点上具有不同的价值，不同时点上的资金就不能直接比较，必须换算到相同的时点上才能比较。因此，掌握资金时间价值的计算就很重要。

三、资金时间价值的计算

资金时间价值的计算包括一次性收付款项和非一次性收付款项(年金)的终值、现值。

(一) 一次性收付款项终值和现值的计算

一次性收付款项是指在某一特定时点上一次性支付(或收取)，经过一段时间后再相应地一次性收取(或支付)的款项。例如，年初存入银行一定期存款1元，年利率10%，年末取出1.1元，就属于一次性收付款项。

终值又称将来值，是现在一定量现金在未来某一时点上的价值，俗称本利和。如上例中一年后本利和1.1元即为终值。

现值又称本金，是未来某一时点上的一定量现金折合到现在的价值。如上例中一年后的1.1元折合到现在的价值是1元，这1元即为现值。

1. 单利终值和现值的计算

单利指只对本金计息，所生利息不加入本金计息的一种计息方式。单利终值一般计算公式为：

$$F=P+P \cdot i \cdot n=P(1+i \cdot n)$$

式中：P 为现值，即0年(第一年初)的价值；F 为终值，即 n 年末的价值；i 为利率；n 为计息期数。

单利现值的计算同单利终值的计算是互逆的。由终值求现值，叫作贴现。单利现值的一般计算公式为：

$$P=F/(1+i \cdot n)$$

2. 复利终值和现值的计算

复利是指不仅对本金计息，所生利息也要加入本金一起计息的一种计息方式。

复利的终值是一定量的本金按复利计算若干期后的本利和。复利终值的一般计算公式为：

$$F=P \cdot (1+i)^n$$

式中：P 为现值，即0年(第一年初)的价值；F 为终值，即 n 年末的价值；i 为利率；n 为计息期。

复利现值是复利的终值的逆运算，是今后某一特定时间收到或付出的一笔款项，按折现率(i)所计算的现在时点价值。其计算公式为：

$$P=F \cdot (1+i)^{-n}$$

上述公式中$(1+i)^n$ 和 $(1+i)^{-n}$ 分别为复利终值系数和复利现值系数，分别用符号$(F/P, i, n)$ 和 $(P/F, i, n)$来表示。其数值可以查阅"复利终值系数表"(见本书附录一)和"复利现值系数表"(见本书附录二)求得。

【例6-1】长城公司在银行存入5年期定期存款10 000元，年利率为7%，5年后的本利和为：

10 000×(1+7%)^5=10 000×1.402 6=14 026(元)

【例6-2】长城公司的一项投资在4年后可得收益10 000元，按年利率6%计算，其现值为：

10 000×(1+6%)$^{-4}$=10 000×0.792 1=7 921(元)

(二) 年金终值和现值的计算(非一次性收付款项的终值和现值)

年金是指一定时期内，每隔相同的时间，收入或支出相同金额的系列款项。例如，租金、等额分期收付款、养老金、保险费、零存整取或整存零取储蓄等都属于年金问题。年金具有连续性和等额性特点。连续性要求在一定时间内，相等间隔时间发生的收付业务，中间不得中断，必须形成系列。等额性要求每期收、付款项的金额必须相等。

年金按其每次收付发生的时点不同，可分为普通年金、即付年金、递延年金、永续年金等4种。每期期末收付款的年金，称为普通年金或后付年金；每期期初收付的年金，称为即付年金或预付年金或先付年金；距今若干期以后发生的每期期末收付的年金，称为递延年金；无限期连续收付的年金，称为永续年金。

要注意的是，在本书公司理财内容中，如没有特别说明，年金一般是指普通年金。

1. 普通年金终值和现值的计算

普通年金是指一定时期每期期末等额的系列收付款项，又称后付年金。普通年金终值犹如零存整取的本利和，它是一定时期内每期期末收付款项的复利终值之和。其计算方法如图6-2所示。

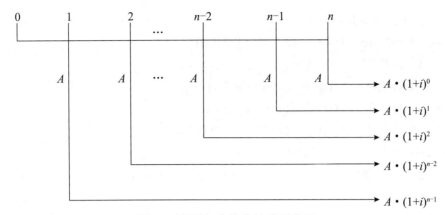

图6-2 普通年金终值计算示意图

其公式为:

$$F=A\cdot[(1+i)^n-1]/i=A\cdot(F/A,i,n)$$

式中:F为普通年金终值;A为年金;i为利率;n为期数;$[(1+i)^n-1]/i$方括号中的数值通常称为"年金终值系数",记作$(F/A,i,n)$,可直接查阅"年金终值系数表"(见本书附录三)。

【例6-3】长城公司每年年末存入银行10 000元,连存5年,年利率10%,则5年期满后,李先生可得本利和为:

第1年年末的终值=10 000×(1+10%)^0=10 000(元)
第2年年末的终值=10 000×(1+10%)^1=11 000(元)
第3年年末的终值=10 000×(1+10%)^2=12 100(元)
第4年年末的终值=10 000×(1+10%)^3=13 310(元)
第5年年末的终值=10 000×(1+10%)^4=14 641(元)

综上得5年期后可得本利和为61 051元。

或直接按普通年金终值计算公式计算:5年期后可得本利和=10 000×[(1+10%)^5-1]/10%=10 000×6.1051=61 051(元)

普通年金现值是一定时期内每期期末收付款项的复利之和。其计算方法如图6-3所示。

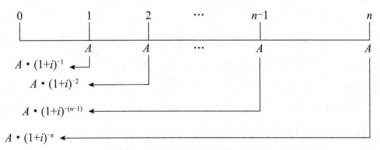

图6-3 普通现金值计算示意图

其公式为:

$$P=A\cdot[1-(1+i)^{-n}]/i=A\cdot(P/A,i,n)$$

式中:P为普通年金现值;i为折现率;n为期限;$[1-(1+i)^{-n}]/i$通常称为"年金现值系数",记作$(P/A,i,n)$,可直接查阅"年金现值系数表"(见本书附录四)。

【例6-4】长城公司出租一项资产,每年年末收到租金10 000元,为期5年,若按年利率10%计算，该公司所收租金的现值为：

第1年租金的现值=10 000×[1/(1+10%)^1]=9 091(元)

第2年租金的现值=10 000×[1/(1+10%)^2]=8 264(元)

第3年租金的现值=10 000×[1/(1+10%)^3]=7 513(元)

第4年租金的现值=10 000×[1/(1+10%)^4]=6 831(元)

第5年租金的现值=10 000×[1/(1+10%)^5]=6 209(元)

综上得公司5年租金的总现值为37 908元。

或直接按普通年金现值计算公式计算：5年租金的现值=10 000×[1-(1+10%)$^{-5}$]/10%=10 000×3.790 8=37 908(元)。

【例6-5】长城公司进行户外广告项目投资，项目当年即可投产，从投产之日起每年可得收益10 000元。按年利率6%计算，则预期10年收益的现值为：

10 000×[1-(1+6%)$^{-10}$]/6%=10 000×7.3601=73 601(元)

2. 即付年金终值和现值的计算

即付年金终值是指每期期初收付的年金未来总价值，即各期期初收付款项的复利终值之和。即付年金终值的计算公式为：

$$F=A \cdot [\frac{(1+i)^{n+1}-1}{i}-1]$$

式中：$[\frac{(1+i)^{n+1}-1}{i}-1]$是"即付年金终值系数"，它是在普通年金终值系数[(1+i)^n-1]/i的基础上期数加1、系数减1所得的结果，通常记作[(F/A, i, n+1)-1]。通过查阅"年金终值系数表"可得(n+1)期的值，然后减去1，便可得到对应的即付年金系数的值。

【例6-6】长城公司连续6年于每年年初存入银行10 000元。若银行存款利率为5%，则该公司在第6年末可一次取出本利和多少钱？

F=A·[(F/A, i, n+1)-1]=10 000×[(F/A, 5%, 7)-1]=0 000×(8.142 0-1)=71 420(元)

即付年金现值是各期期初收付款项的复利之和。其计算公式为：

$$P=A \cdot [\frac{1-(1+i)^{-(n-1)}}{i}+1]$$

式中：$[\frac{1-(1+i)^{-(n-1)}}{i}+1]$表示"即付年金现值系数"，它是在普通年金现值系数[1-(1+i)$^{-n}$]/i的基础上期数减1、系数加1所得的结果，通常记为[(F/A, i, n-1)+1]。通过查阅"年金现值系数表"可得(n-1)期的值，然后加上1，便可得到对应的即付年金现值系数的值。

【例6-7】长城公司租用一台生产设备，租期为5年，于每年年初支付租金10 000元，年利率为8%，问5年租金的现值是多少？

P=A·[(P/A, i, n-1)+1]=10 000×[(P/A, 8%, 4)+1]

=10 000×(3.312 1+1)=43 121(元)

3. 递延年金终值和现值的计算

递延年金是指第一次收付发生在第二期或若干期以后的年金。递延年金是普通年金的特殊形式。很显然，递延年金终值与递延期无关，其计算与普通年金相同。但递延年金的现值由于有递延期，故其现值的计算与普通年金不同，一般有3种计算方法。

方法一：假设递延期也有年金支付，先求出递延期(m)和年金期(n)的合计期的年金现值，再减去递延期(m)的年金现值。

方法二：先把递延年金视为普通年金，求出其至递延期末的现值，再将其现值换算成第一期期初的现值。前者按普通年金现值(n期)计算，后者按复利现值(m期)计算。

方法三：先把递延年金视为普通年金，求出其终值，再将该终值换算为第一期的现值。前者按普通年金(n期)计算，后者按复利现值(m+n期)计算。

【例6-8】长城公司向银行借入一笔资金，年利率为10%，5年后开始，分5年于每年年末向银行偿付本息10 000元。问该笔借款的现值是多少？

$P = A \cdot (P/A, i, n) \cdot (P/F, i, m) = 10\,000 \times (P/A, 10\%, 5) \times (P/F, 10\%, 5)$
$= 10\,000 \times 3.790\,8 \times 0.620\,9 = 23\,537.1(元)$

4. 永续年金现值的计算

永续年金是指无限期收付的年金。如无限期债券、奖学金、优先股股利等都属于永续年金。永续年金没有终值，只有现值。其现值的计算公式为：

$$P = A \times \frac{1}{i}$$

【例6-9】长城公司董事长打算设立高校奖学金，每年年末拿出500 000元用于奖励优秀生，若年利率为10%，问他现在应向银行存入多少钱？

$P = 500\,000 \times \dfrac{1}{10\%} = 5\,000\,000(元)$

(三) 不等额收付款项的终值和现值的计算

在实际经济活动中，经常遇到每次收付的款项不相等的情况，这时就不能直接利用年金的终值和现值计算，而必须计算这些不等额收付款项的终值或现值之和。

不等额收付款项终值的计算公式：

$$F = \sum_{t=0}^{n} P_i (1+i)^t$$

不等额收付款项现值的计算公式：

$$P = \sum_{t=0}^{n} F_i \frac{1}{(1+i)^t}$$

【例6-10】长城公司有一项投资，5年内各年的投资收益分别为2 000元、3 000元、4 000元、5 000元、6 000元，若投资报酬率为8%，问其各年收益的现值是多少？

$P = 2\,000 \times (P/F, 8\%, 1) + 3\,000 \times (P/F, 8\%, 2) + 4\,000 \times (P/F, 8\%, 3) + 5\,000 \times (P/F, 8\%, 4) + 6\,000 \times (P/F, 8\%, 5)$
$= 2\,000 \times 0.925\,9 + 3\,000 \times 0.857\,3 + 4\,000 \times 0.793\,8 + 5\,000 \times 0.735\,0 + 6\,000 \times 0.680\,6$
$= 15\,387.5(元)$

第三节 资金的风险价值

一、资金的风险价值概念

风险是指一定条件下、一定时期内，某一项行动具有多种可能但结果不确定。风险产生的原因是由于缺乏信息，导致决策者不能控制未来事物的发展过程而引起的。风险尽管具有多样性和不确定性，但可以事先估计采取某种行动可能导致的各种结果，以及每种结果出现的可能性大小，但无法确定最终结果是什么。例如，掷一枚硬币，我们可事先知道硬币落地时有正面朝上和反面朝上两种结果，并且每种结果出现的可能性各为50%，但谁也无法事先知道硬币落地时是正面朝上还是反面朝上。

值得注意的是，风险和不确定性是两个不同的概念。

不确定性是指对于某种行动，人们知道可能出现的各种结果，但不知道每种结果出现的概率，或者可能出现的各种结果及每种结果出现的概率都不知道，只能作出粗略的估计。如购买股票，投资者无法在购买前确定所有可能达到的期望报酬率以及该报酬率出现的概率。而风险问题出现的各种结果的概率一般可事先估计和测算，只是不准确而已。

在财务管理的实务中，对两者不做严格区分。

如上所述，公司的财务活动和经营管理活动总是在有风险的状态下进行的，只不过风险有大有小。投资者冒着风险投资，是为了获得更多的报酬，冒的风险越大，要求的报酬就越高。风险和报酬之间存在密切的对应关系，高风险的项目必然有高报酬，低风险的项目必然有低报酬，因此，风险报酬是投资报酬的组成部分。

资金的风险价值，也叫投资的风险价值或投资的风险收益或报酬，是指投资者由于冒风险进行投资而获得的超过资金的时间价值的额外收益。

资金的风险价值有两种表示方法：风险收益额和风险收益率。风险收益额是指投资者由于冒风险进行投资而获得的超过资金时间价值的额外收益；风险收益率是指风险收益额对投资额的比率。在实际工作中，一般以风险收益率表示资金的风险价值。

在不考虑通货膨胀的情况下，资金投资收益率包括两部分：一部分是无风险收益率即资金的时间价值；另一部分是风险收益率即资金的风险价值。其计算公式为：

$$投资收益率(K)=无风险投资收益率(R_F)+风险投资收益率(R_R)$$

风险是客观存在的，且其收益具有不易计量的特性。要计算风险收益，必须利用概率论的方法，按未来年度预期收益的平均偏离程度来进行估量。

二、资金风险价值的计量

(一) 概率

概率是指随机事件发生的结果具有的不确定性，通常用P_i表示。它具有以下特点。

(1) 任何事件的概率不大于1，不小于零，表示为：

$$0 \leqslant P_i \leqslant 1$$

(2) 所有可能结果的概率之和等于1，表示为：

$$\sum_{i=1}^{n} P_i = 1$$

(3) 必然事件的概率等于1，不可能事件的概率等于0。

例如，长城公司利润增加的可能性有60%，减少的可能性有40%，则其概率分布如表6-1所示。

表6-1 概率分布表

可能出现的结果(i)	概率(P_i)
利润增加	0.6
利润减少	0.4
合计	1

(二) 预期收益(或预期收益率)

根据某一事件的概率分布情况，可以计算出预期收益。预期收益又称收益期望值或均值，是指某一投资方案未来收益的各种可能结果，用概率为权数计算出来的加权平均数。其计算公式为：

$$\overline{E} = \sum_{i=1}^{n} X_i \cdot P_i$$

式中：$\overline{E}$表示预期收益；

x_i表示第i种可能结果的收益；

P_i表示第i种可能结果的概率；

n表示可能结果的个数。

【例6-11】长城公司投资一项目，有甲和乙两个方案，投资额均为40 000元，其收益的概率如表6-2所示。

表6-2 甲乙两方案投资收益及概率分布

经济情况	概率(P_i)	收益额(随机变量x_i)/元	
		甲方案	乙方案
繁荣	0.20	4 000	7 000
一般	0.50	2 000	2 000
较差	0.30	1 000	-1 000

根据表6-2的资料可分别计算甲、乙两方案的预期收益：

甲方案$\overline{E}$=4 000×0.2+2 000×0.5+1 000×0.3=2 100(元)

乙方案$\overline{E}$=7 000×0.2+2 000×0.5+(-1 000×0.3) =2 100(元)

预期收益率是指各种可能结果的收益率按其概率加权平均计算的平均收益率。它表示在风险一定的条件下，期望得到的平均收益率。其公式为：

$$\overline{R} = \sum_{i=1}^{n} R_i P_i$$

式中：$\overline{R}$表示预期收益率；

R_i表示第i种可能结果的收益率；

P_i表示第i种可能结果的概率；

n表示可能结果的个数。

【例6-12】承上例，如果用预期收益率表示甲、乙两方案可能的结果，如表6-3所示，则其期望收益率为：

表6-3　甲乙两方案预期收益率及概率分布

经济情况	概率(P_i)	收益率(随机变量R_i)	
		甲方案	乙方案
繁荣	0.20	10%	17.5%
一般	0.50	5%	5%
较差	0.30	2.5%	-2.5%

甲方案的预期收益率为：$\overline{R}$=0.2×10%+0.5×5%+0.3×2.5%=5.25%

乙方案的预期收益率为：$\overline{R}$=0.2×17.5%+0.5×5%+0.3×(-2.5%)=5.25%

可见，甲、乙两方案预期收益和预期收益率都相同。但相比之下，甲方案在不同经济环境下的预期收益(率)相对集中，而乙方案却比较分散。这说明甲方案的风险较乙方案小，可以通过概率分布图表示，如图6-4和图6-5所示。

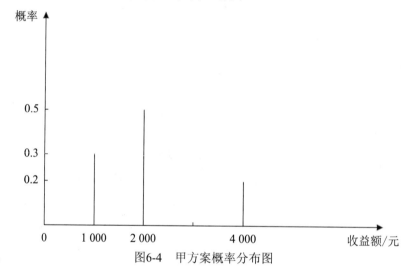

图6-4　甲方案概率分布图

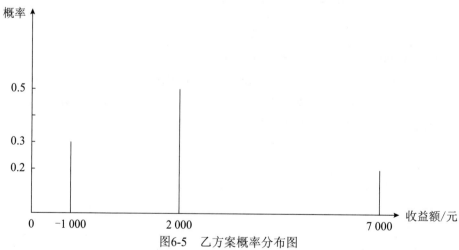

图6-5　乙方案概率分布图

由图6-4和图6-5可知，在预期收益(或预期收益率)相同的情况下，投资的风险程度同概率分布有密切的关系。概率分布越集中，实际可能的结果就会越接近预期收益或预期收益率，实际收益率低于预期收益率的可能性就越小，投资的风险程度也越小；反之，概率分布越分散，投资的风险程度也就越大。

(三) 标准离差

前面述及，概率分布越集中，风险越小；概率分布越分散，风险越大。那么，如何衡量概率分布的集中程度呢？实际工作中一般采用方差和标准差来衡量。

方差是指一组变量与其平均值偏差平方和的平均数，它是测定离散程度的一种常用的统计方法。标准离差是方差的平方根。预期收益或预期收益率越集中，方差和标准差就越小，风险也就越低；反之，风险就越高。方差和标准差的计算公式如下：

$$\delta^2 = \sum_{i=1}^{n}(R_i - \overline{R})^2 \cdot P_i$$

$$\delta = \sqrt{\delta^2}$$

式中：δ^2 为预期收益率的方差；

δ 为预期收益率的标准离差。

【例6-13】 仍以上例为例。

甲方案的标准离差为：

$\delta = \sqrt{(10\% - 5.25\%)^2 \times 0.2 + (5\% - 5.25\%)^2 \times 0.5 + (2.5\% - 5.25\%)^2 \times 0.3}$

=2.79%

乙方案的标准离差为：

$\delta = \sqrt{(17.5\% - 5.25\%)^2 \times 0.2 + (5\% - 5.25\%)^2 \times 0.5 + (-2.5\% - 5.25\%)^2 \times 0.3}$

=6.93%

可见，甲方案的标准离差小于乙方案的标准离差，说明甲方案的风险小于乙方案的风险。

(四) 标准离差率

标准离差是反映随机变量离散程度的一个指标，是个绝对值，只能用来比较预期收益率相同的投资项目的风险程度，而不能用来比较预期收益率不同的投资项目的风险程度。所以，要比较预期收益率不同的投资项目的风险程度，还必须借助标准离差率这个相对数。

标准离差率是标准离差与预期收益率的比率。其计算公式为：

$$标准离差率(V) = \frac{\delta}{\overline{R}} \times 100\%$$

在上例中，甲方案的标准离差率为：$V = \dfrac{2.794\%}{5.25\%} \times 100\% = 53.22\%$

乙方案的标准离差率为：$V = \dfrac{6.9327\%}{5.25\%} \times 100\% = 132.05\%$

(五) 风险收益率

标准离差率的大小代表了投资者所冒风险的大小，反映了投资者所冒风险的程度，但还不是风险收益率，所以还要把标准离差率转换为风险收益率。由于收益与风险之间存在着权衡关系，即冒一定的风险与其收益成正比，故风险收益率可以通过标准离差率和风险价值系数来确定。其公式为：

$$风险收益率(R_R) = 风险价值系数(b) \times 标准离差率(V)$$

式中：b 表示风险价值系数；

R_R 表示风险收益率。

风险价值系数的确定主要依据投资者的经验并结合其他相关因素。一般由如下几种方法来确定。

1. 根据以往同类项目的有关规定确定

根据以往同类项目的投资收益率、无风险收益率和标准离差率等历史资料，可求得风险价值系数。假设公司进行投资，其同类项目的投资收益率为12%，无风险收益率为6%，标准离差率为50%，则根据公式$K=R_F+R_R=R_F+b \cdot V$可知：

$$b = \frac{K-R_R}{V} = \frac{12\%-6\%}{60\%} = 10\%$$

依前述甲、乙两投资方案的实例可知：

甲方案的风险收益率为：$R_R=10\% \times 53.22\%=5.32\%$

乙方案的风险收益率为：$R_R=10\% \times 132.05\%=13.21\%$

2. 由公司领导或有关专家确定

如果现在进行投资缺乏同类项目的历史资料，不能采用上述方法，则可根据主观的经验加以确定。可由总经理、财务副总经理、总会计师、财务经理等根据经验加以确认，也可由公司组织专家确定。敢于冒风险的公司，可以把风险价值系数定低些，反之，可以定高些。

3. 国家有关部门组织专家确定

国家有关部门如财政部、人民银行等组织专家，根据具体行业的条件和有关因素，确定相应行业的风险报酬系数，由国家定期公布，作为国家参数供投资者参考。

综上所述，投资的风险决策总体上应坚持的原则是选择投资收益率高、风险程度小的项目进行投资，但实际情况是复杂的。所以，在风险决策时应视具体情况确定。一是如果两个投资方案的预期收益率相同，应选择标准离差率较低的那个方案；二是如果两个投资方案的标准离差率相同，应选择预期收益率较高的那个方案；三是如果一个方案的预期收益率高于另一个方案，且其标准离差率低于另一方案，则应选前者；四是如果一个方案的预期收益率和标准离差率都高于另一方案，则不能一概而论，它取决于投资者的态度。

本章小结

公司理财是对公司的财务活动及其形成的财务关系的管理。公司理财产生和发展主要经历了3个阶段：以筹资为目的的初始阶段、以内部控制为目的的发展阶段和以投资管理为目的的完善阶段。

公司理财与其他管理活动的本质区别在于公司理财是一种价值管理，具有综合性特征。公司理财的内容主要是资金筹集、资金投资(或使用)和利润分配等。

公司理财目标，是指公司进行财务活动所要达到的最终目的。最具代表性的有：利润最大化、权益资本利润率最大化和股东财富最大化。公司理财原则主要有：风险与收益权衡原则、现金流量平衡原则、净增收益原则、资金的时间价值原则。

资金的时间价值和风险价值是公司理财活动中客观存在的经济现象，是现代公司理财的两个基本价值观念。资金的时间价值要理解和掌握其含义、前提条件和表示的方法。重点是掌握时间价值的计算方法：一次性收付款项的终值和现值的计算、年金的终值和现值的计算以及不等额款项的终值和现值的计算。

资金的风险价值要理解其含义,掌握利用概率和概率分布、预期收益(或预期收益率)、标准离差、标准离差率的计量以及风险收益率的计量方法。

主要概念

财务管理;公司理财目标;投资;公司理财原则;资金的时间价值;终值;现值;普通年金;预期收益率。

思考题

1. 简述公司理财的概念及内容。
2. 如何理解公司理财目标和原则?
3. 简述存款利息的计算。
4. 什么是资金的时间价值?如何表示?
5. 怎样计算单、复利的终值和现值?
6. 普通年金的终值和现值如何计算?

练习题

一、单项选择题

1. 下列各项中(   )会引起企业财务风险。
   A. 举债经营 B. 生产组织不合理
   C. 销售决策失误 D. 新产品开发

2. 下列各项中不属于股东财富最大化目标优点的是(   )。
   A. 考虑了风险因素
   B. 在一定程度上能避免公司追求短期行为
   C. 有利于量化非上市公司的股东财富
   D. 对上市公司而言,股东财富最大化目标比较容易量化,便于考核和奖惩

3. 长城公司拟于5年后一次还清所欠债务10 000元,假定银行利息率为10%,5年期10%的年金终值系数为6.105 1,5年期10%的年金现值系数为3.790 8,则应从现在起每年年末等额存入银行的偿债基金为(   )元。
   A. 1 637.97 B. 2 637.97 C. 37 908 D. 61 051

4. 长城公司从本年度起每年年末存入银行一笔固定金额的款项,若采用最简便算法计算第n年年末可以从银行取出的本利和,则应选用的时间价值系数是(   )。
   A. 复利终值系数 B. 复利现值系数
   C. 普通年金终值系数 D. 普通年金现值系数

二、计算分析题

1. 某市民正在考虑两个买房子的方案。按A方案,必须首期支付10 000元,以后30年每年末支付3 500元;按B方案,必须首期支付13 500元,以后20年每年末支付3 540元。假设折现率为10%,试比较两个方案。

2. 长城公司投资于某项目,其现金流量中的现值为5 979.04元(现金流量如下图所示),如果年折现率为12%,那么该现金流序列中第2年($t=2$)的现金流量为多少?

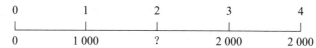

3. 某大学毕业生赵先生看到在邻近的城市中，一种品牌的火锅餐馆生意很火爆。他也想在自己所在的县城开一个火锅餐馆，于是找到业内人士进行咨询。花了很多时间，他终于联系到了火锅餐馆的中国总部，总部工作人员告诉他，如果他要加入火锅餐馆的经营队伍，必须一次性支付50万元，并按该火锅品牌的经营模式和经营范围营业。赵先生提出现在没有这么多现金，可否分次支付，得到的答复是如果分次支付，必须从开业当年起，每年年初支付20万元，付3年。3年中如果有一年没有按期付款，则总部将停止专营权的授予。假设赵先生现在身无分文，需要到银行贷款开业，而按照赵先生所在县城有关扶持大学生创业投资的计划，他可以获得年利率为5%的贷款扶持。根据以上材料，请问赵先生应该如何作出选择。

4. 如果你突然收到一张事先不知道的1 260亿美元的账单，你一定会大吃一惊。而这样的事件却发生在瑞士田纳西镇的居民身上。纽约布鲁克林法院判决田纳西镇应向某一美国投资者支付这笔钱。最初，田纳西镇的居民以为这是一件小事，但当他们收到账单时，被这张巨额账单吓呆了。他们的律师指出，若高级法院支持这一判决，为偿还债务，所有田纳西镇的居民在其余生中不得不靠吃麦当劳等廉价快餐度日。

田纳西镇的问题源于1966年的一笔存款。斯兰黑不动产公司在内部交换银行(田纳西镇的一家银行)存入一笔6亿美元的存款。存款协议要求银行按每周1%的利率(复利)付息(难怪该银行第2年破产)。1994年，纽约布鲁克林法院作出判决：从存款日到田纳西镇对该银行进行清算的7年中，这笔存款应按每周1%的复利计算，而在银行清算后的21年中，每年按8.54%的复利计息。

请根据材料回答如下问题：

(1) 你知道1 260亿美元是如何计算出来的吗？

(2) 如果利率为每周1%，按复利计算，6亿美元增加到12亿美元需多长时间？

(3) 本案例对你有何启示？

5. 已知：A、B两种证券构成证券投资组合。A证券的预期收益率12%，方差是0.014 4，投资比重为80%；B证券的预期收益率为16%，方差是0.040 0，投资比重为20%；A证券收益率与B证券收益率的协方差是0.004 8。

【要求】

(1) 分别计算A证券和B证券的标准差；

(2) 计算A证券与B证券的相关系数；

(3) 计算该投资组合的预期收益率和标准差；

(4) 当A证券与B证券的相关系数为0.5时，投资组合的标准差为12.11%，结合上述计算结果指出相关系数的大小对投资组合预期收益率和风险的影响。

第七章 筹资决策

> **学习目标**
> 1.了解公司筹资的基本含义和分类；2.掌握权益资金筹集、负债资金筹集的方式和优缺点；3.掌握个别资本成本、综合资本成本和边际资本成本的计算方法；4.了解经营杠杆、财务杠杆和总杠杆的含义；5.掌握最佳资本结构决策的基本方法。

第一节 筹资概念与分类

一、筹资的概念

筹资是指公司通过不同渠道，采取各种方式，按照一定程序，筹措公司设立、生产经营、对外投资和调整资本结构等活动所需资金的财务活动。

资金是公司筹办和从事生产经营活动的物质基础，是公司财务活动的起点，它会影响乃至决定公司资金运动的规模及效果。筹资决策做得科学，不仅能降低资本成本，给经营或投资创造较大的可行或有利的空间；而且能降低财务风险，增大公司经济效益。公司的管理者必须把握公司何时需要资金、需要多少资金、以何种合理的方式取得资金。

二、筹资的分类

筹资作为公司理财的一项重要内容，按不同的标准分类为如下几种。

(一) 按资金来源渠道不同分类

筹资按资金来源渠道不同可分为权益资金筹资和负债资金筹资。

权益资金筹资，亦称为自有资金筹资，是指公司通过发行股票、吸收直接投资、内部积累等方式筹集资金。该项资金公司可长期拥有、自主支配，财务风险小，但付出的资金成本相对较高。

负债资金筹资又称借入资金筹资，是指公司通过发行债券、向银行借款、融资租赁等方式筹集的资金。负债筹资以还本付息为条件，一般承担较大风险，但相对而言，付出的资金成本较低。

(二) 按所筹资金使用期限分类

筹资按所筹资金使用期限的长短，可以分为短期资金筹集和长期资金筹集。

短期资金一般是指供一年以内使用的资金，主要投资于现金、应收账款、存货等，一般在短期内可收回。短期资金通常采用商业信用、短期银行借款、发行短期融资券、应收账款转让等方式筹集。长期资金一般是指供一年以上使用的资金，主要投资于新产品的开发和推广、生产规模的扩大、厂房和设备的更新等，它是公司长期、持续、稳定地进行生产经营的前提和保障，一般需几年甚至十几年才能收回。长期资金通常采用吸收直接投资、发行股票、发行债券、长期借款、融资租赁和利用留存收益等方式来筹集。本章重点介绍权益筹资和负债筹资的相关内容。

三、筹资的原则

采取一定的筹资方式，有效地组织资金供应，是一项重要而复杂的工作。为此，公司筹资应遵循如下基本原则。

(一) 适度性原则

筹资时，应预先确定资金的需要量，使筹资量与需要量相互平衡，防止筹资不足而影响生产经营活动的正常开展，同时也避免筹资过剩而造成资金闲置。

(二) 及时性原则

不同时点上的资金具有不同的价值。公司在筹资时，应根据资金投放使用时间来合理安排，使筹资和用资在时间上相衔接，以避免因取得资金过早而造成投资前的闲置，或者取得资金相对滞后而错过资金投放的最佳时间。

(三) 效益性原则

不同资金来源的资本成本各不相同，取得资金的难易程度也有差异。公司筹资时应根据不同筹资渠道与筹资方式的难易程度、资金成本等进行综合考虑，选择经济可行的筹资方式。

(四) 结构优化原则

筹资时应注意自有资金和借入资金、长期资金和短期资金的合理搭配，优化资金结构，从而减少财务风险。

第二节 权益资金和负债资金的筹资

一、权益资金筹集

公司的全部资产由两部分构成：投资人提供的所有者权益和债权人提供的负债。权益资金是公司资金的最主要来源，是公司筹集债务资金的前提与基础。权益资金即权益资本，也称之为自有资金或主权资金，是指公司通过吸收直接投资、发行股票、自身积累等方式筹集的资金，是投资者在公司中享有权益和承担责任的依据。它包括投资者投入公司的资本金及公司在经营过程中形成的积累，如盈余公积金、资本公积金和未分配利润等。资本金是公司在工商行政管理部门登记的注册资金，是公司设立时的启动资金，资本金的数额不能低于国家规定的开办此类公司的最低资本数额(法定资本金)。

权益资金的筹集方式主要有吸收直接投资、发行股票和利用留存收益。

(一) 吸收直接投资

吸收直接投资是指公司以协议合同等形式吸收国家、法人、个人和外商等直接投入资金，形成公司资本金的一种筹资方式。它不以证券为中介，有关各方按出资额的比例分享利润、承担损失。

1. 吸收直接投资的出资方式

吸收直接投资中的投资者可采用现金、实物、无形资产等多种形式出资。其主要出资方式有：

(1) 现金投资。现金投资是吸收投资中一种最重要的出资方式。与其他出资方式所筹资本相比，现金在使用上有更大的灵活性，它既可用于购置资产，也可用于费用支付，因此，公司应尽量动员投资者采用现金方式出资。

(2) 实物投资。实物投资是投资者以厂房、设备等固定资产和原材料、商品等流动资产所进行的投资。一般来说，实物投资应符合以下条件：一是确为公司生产、经营和科研所需；二是技术性能较好；三是作价公平合理。投资实物的作价，除由出资各方协商确定外，也可聘请各方都同意的专业资产评估机构评估确定。

(3) 工业产权投资。工业产权投资是指投资者以商标权、专利权、非专利技术等无形资产所进行的投资。一般来说，公司吸收的工业产权应符合以下条件：一是有助于研究、开发出新的适销对路的高科技产品；二是有助于改进产品质量，提高生产效率；三是有助于降低各种消耗；四是作价比较合理。

(4) 土地使用权投资。土地使用权是指公司对依法取得的土地在一定期间内享有开发、利用和经营的权利。公司吸收土地使用权投资应适合以下条件：一是公司科研、生产和销售活动所需要；二是交通、地理条件比较适宜；三是作价公平合理。

2. 吸收直接投资的优缺点

(1) 吸收直接投资的优点如下。

① 筹资方式简便、筹资速度快。吸收直接投资的双方直接磋商，没有中间环节。只要双方协商一致，筹资即可成功。

② 有利于增强公司信誉。吸收直接投资所筹资金属于自有资金，与借入资金比较，能提高公司的信誉和借款能力。

③ 有利于尽快形成生产能力。吸收直接投资不仅可直接获得现金，而且能够直接取得所需的先进设备和技术，从而能尽快地形成公司的生产经营能力。

④ 有利于降低财务风险。吸收直接投资可以根据公司的经营状况向投资者支付报酬，没有固定的财务负担，比较灵活，所以财务风险较小。

(2) 吸收直接投资的缺点如下。

① 资金成本较高。公司向投资者支付的报酬不能减免公司所得税，不能起到税收挡板的作用，从而加大了其资金成本。

② 公司控制权分散。投资者一般都要求获得与投资数量相适应的经营管理权，这是公司接受外来投资的代价之一。如果外部投资者的投资较多，这会造成原有投资者控制权的分散与减弱。

(二) 发行普通股票

股票是股份公司为筹集主权资金而发行的有价证券，是持股人拥有公司股份的凭证，它表示了持股人在股份公司中拥有的权利和应承担的义务。股票持有人即为公司的股东。股东作为出资人按投入公司的资本额享有资产收益、公司重大决策和选择管理者等权利，并以其所持股份为限对公司承担责任。股票筹资是股份公司筹集资本的主要方法。

股票按股东权利和义务的不同，有普通股和优先股之分。

1. 普通股筹资

普通股是股份公司发行的具有管理权而股利不固定的股票，是公司股票的主要存在形式，具有股票的最一般特征，是股份公司资本的最基本部分。公司发行股票必须符合《公司法》、《证券法》和《上市公司证券发行管理办法》的有关规定和条件。

1) 普通股筹资的特点

(1) 普通股股东对公司有经营管理权。

(2) 普通股股东对公司有盈利分享权。

(3) 普通股股东有优先认股权。

(4) 普通股股东有剩余财产要求权。

(5) 普通股股东有股票转让权。

2) 普通股的发行价格

一般情况下，普通股的发行价格必须根据公司营利能力和资产增值水平加以确定，主要有5种：协商定价法、竞价法、市盈率法、净资产倍率法和现金流量折现法。

(1) 协商定价法也称议价法，是指股票发行人直接与股票承销商议定承销价格和公开发行的价格。承销价格与公开发行价格之间的差价为承销商的收入。议价法一般有两种方式：固定价格方式(fixed price)和市场询价方式(book building)。固定价格方式的基本做法是由发行人和主承销商在新股公开发行前商定一个固定价格，然后根据这个价格进行公开发售。市场询价方式是在新股销售采用包销方式时，一般采用市场询价方式。这种方式确定新股发行价格一般包括两个步骤：第一，根据新股的价值(一般用现金流量贴现法等方法确定)、股票发行时的大盘走势、流通盘大小、公司所处行业股票的市场表现等因素确定新股发行的价格区间；第二，主承销商协同上市公司的管理层进行路演，向投资者介绍和推介该股票，并向投资者发送预订邀请文件，征集在各个价位上的需求量，通过对反馈回来的投资者的预订股份单进行统计，主承销商和发行人对最初的发行价格进行修正，最后确定新股发行价格。

(2) 竞价法是指由各股票承销商或者投资者以投标方式相互竞争确定股票发行价格。股票发行具体实践中，竞价法又有下面3种形式：①网上竞价，即通过证券交易所电脑交易系统按集中竞价原则确定新股发行价格；②机构投资者(法人)竞价，即新股发行时，采取对法人配售和对一般投资者上网发行相结合的方式，通过法人投资者竞价来确定股票发行价格；③券商竞价，即在新股发行时，发行人事先通知股票承销商，说明发行新股的计划、发行条件和对新股承销的要求，各股票承销商根据自己的情况拟定各自的标书，以投标方式相互竞争股票承销业务，中标标书中的价格就是股票发行价格。

(3) 市盈率(price-earnings ratio)又称为价格盈余倍数，是股票市价与每股净收益的比值。它本质上所反映的是投资与股票的投资回报期。市盈率倍数的确定要考虑多方面的因素，如其他可比公司的市场数据、市场资本报酬率、投资增值(即未来投资项目的收益)的现值等。其定价公式为：

$$发行价格=每股税后净利润 \times 合适的市盈率$$

(4) 净资产倍率法又称资产净值法，是指通过资产评估和相关会计手段确定发行公司拟募股资产的每股净资产值，然后根据证券市场的状况将每股净资产值乘以一定的倍率，以此确定股票发行价格的方法。其定价公式为：

$$发行价格=每股净资产 \times 溢价倍率$$

一般来说，新股发行价格在净资产的3~5倍较为合理。

(5) 现金流量折现法是对公司未来的现金流量及其风险进行预期，然后选择合理的折现率，将未来的现金流量折合成现值。现金流量折现法确定新股发行价格的基本要点是：第一，用市场接受的会计手段预测公司未来存续期各年度的现金流量；第二，按照市场公允的折现率，计算出公司未来的净现金流量的净现值，折现率的大小取决于取得的未来现金流量的风险，风险越大，要求的折现率就越高；第三，将公司的净现值除以公司的股份数，得到每股净现值。由于未来收益存在不确定性，发行价格通常要对上述每股净现值折让20%~30%。

3) 普通股筹资的优缺点

(1) 普通股筹资的优点主要有：

① 能减少公司的财务风险。普通股筹集的是永久性的资金，股利的支付视公司盈利情况而定，因而既无到期日，又无固定的股利负担，不存在不能偿付的风险。

② 能增加公司的信誉。权益资本是公司筹措债务资金的信用基础。公司拥有较多的股权资本，就能提高公司的信用，有助于增强公司的举债能力。

③ 筹资限制较少。利用优先股和债券筹资，通常有许多限制，而利用普通股筹资则没有这种限制，并且普通股资金的筹集和使用都比较灵活。

(2) 普通股筹资的缺点主要有：

① 资金成本较高。普通股的发行费用也比较高，投资普通股风险较高，并且股利要从税后利润中支付，不具有抵税作用。

② 控制权易分散。公司发行新股票，增加新股东，将稀释原有股东对公司的控制权，导致公司控制权的分散。

③ 如果公司股票上市，需要履行严格的信息披露制度，接受公众股东的监督，会带来较大的信息披露成本和被收购的风险。

2. 优先股筹资

1) 优先股的概念

优先股是股份公司发行的具有一定优先权的股票。它既具有普通股的某些特征，又与债券有相似之处，是介于普通股与债券之间的一种混合证券。

优先股的优先权主要有：

(1) 优先分配股利权。优先股股利的分配在普通股之前，其股利率是固定的。

(2) 优先分配剩余财产权。当公司面临清算时，优先股的剩余财产请求权位于普通股之前。

2) 优先股筹资的优缺点

(1) 优先股筹资的优点主要表现为：

① 没有固定的到期日，不用偿还本金。

② 股利支付率虽然固定，但无约定性，当公司财务状况不佳时，也可暂不支付。

③ 优先股属于自有资金，能增强公司信誉及借款能力，又能保持原普通股股东的控制权。

(2) 优先股筹资的缺点主要有：

① 资金成本高，优先股股利要从税后利润中支付，股利支付虽无约定性且可以延时，但终究是一种较重的财务负担。

② 优先股较普通股限制条款多。

(三) 留存收益筹资

留存收益也是权益资金的一种，是指公司的盈余公积和未分配利润。与其他权益资金相比，取得更为主动简便，它不需做筹资活动，又无筹资费用，因此，这种筹资方式既节约了成本，又增强了公司的信誉。留存收益的实质是投资者对公司的再投资。但这种筹资方式受制于公司盈利的多寡及公司的分配政策。

留存收益资金来源渠道有以下两个方面。

1. 盈余公积

盈余公积是公司按照《公司法》的规定从净利润中提取的积累资金，包括法定盈余公积金和任意盈余公积金。

2. 未分配利润

未分配利润是经过弥补亏损、提取法定盈余公积、提取任意盈余公积和向投资者分配利润等利润分配之后剩余的利润，是公司留待以后年度进行分配的历年结存的利润。公司对于未分配利润的使用有较大的自主权。

二、负债资金筹集

负债是公司所承担的能以货币计量、需以资产或劳务偿付的债务。与权益资金筹资相比，负债资金筹资的特点表现为：筹集的资金具有使用上的时间性，需到期偿还；不论公司经营好坏，需固定支付债务利息，从而形成公司固定的负担；其资本成本一般比普通股筹资成本低，且不会分散投资者对公司的控制权。

按所筹资金使用时间的长短，负债资金筹资可分为长期负债筹资和短期负债筹资。

(一) 长期负债筹资

长期负债筹资一般是指所筹资金的偿还期限超过一年以上的筹资。筹措长期负债资金，可以解决公司长期资金的不足，如满足长期固定资产投资、开发新产品的需要等。长期负债的优点是：可以解决公司长期资金的不足，如满足发展长期性固定资产的需要；长期负债的归还期长，还债压力或风险相对较小。其缺点是：长期负债筹资一般成本较高；负债的限制较多，即债权人经常会向债务人提出一些限制性的条件以保证其能够及时、足额偿还债务本金和支付利息。

目前，我国长期负债筹资主要有长期借款和债券两种方式。

1. 长期借款

长期借款是指公司根据借款协议或合同向银行或其他金融机构借入的、期限在一年以上的各种借款，主要用于购建固定资产和满足长期流动资金占用的需要。

1) 长期借款的种类

(1) 按借款用途，可分为基本建设借款、更新改造借款、科技开发和新产品试制借款等。

(2) 按有无担保，可分为抵押借款和信用借款。抵押贷款是指要求公司以抵押品作为担保的贷款。长期贷款的抵押品常常是房屋、建筑物、机器设备、股票和债券等。信用借款则是凭借款人的信用或其保证人的信誉而取得的借款。

(3) 按提供贷款的机构，可分为政策性银行贷款、商业银行贷款等。此外，公司还可从信托投资公司取得实物或货币形式的信托投资贷款，从财务公司取得各种中长期贷款，等等。

2) 长期借款的程序

公司向金融机构借款，通常要经过以下步骤。

(1) 公司提出借款申请。公司申请借款必须填写包括借款金额、借款用途、偿还能力以及还款方式等主要内容的《借款申请书》，并提供以下资料：借款人及保证人的基本情况；财政部门或会计师事务所核准的上年度财务报告；原有不合理借款的纠正情况；抵押物清单及同意抵押的证明，保证人同意保证的有关证明文件；项目建议书和可行性报告；贷款银行认为需要提交的其他资料。

(2) 金融机构审查。金融机构接到公司的申请后，要对公司的申请进行审查，以决定是否对公司提供贷款。一般包括以下几个方面：①对借款人的信用等级进行评估；②对借款人的信用及借款的合法性、安全性和营利性等情况进行调查，核实抵押物、保证人情况，测定贷款的风险；③贷款审批。

(3) 签订借款合同。合同内容分为基本条款和限制条款。基本条款是借款合同必须具备的条款，一般包括借款种类、借款用途、借款金额、借款利率、借款期限、还款资金来源及还款方式、保证条款、违约责任等。限制条款是为了降低贷款机构的贷款风险而向公司提出的限制条件，它不是借款合同的必备条款，分为一般性限制条款、例行性限制条款和特殊性限制条款。一般性限制条款通常包括对公司流动资金保持量的要求、支付现金股利的限制、资本支出规模的限制及其他债务限制等；例行性限制条款一般包括公司必须定期向贷款机构提交财务报表、不准在正常情况下出售较多资产、及时清偿到期债务、禁止公司贴现应收票据或转让应收账款、不得为其他单位或个人提供担保等；特殊性限制条款一般包括贷款专款专用、不准公司过多的对外投资、公司主要领导要购买人身保险且在合同有效期内担任领导职务等。

(4) 公司取得借款。签订借款合同后，贷款机构按合同的规定按期发放贷款，公司便可取得相应的资金。如果贷款人不按合同约定按期发放贷款的，应偿付违约金。借款人不按合同的约定用款的，也应偿付违约金。

(5) 公司偿还借款。公司应按合同的规定按时还本付息。如果公司不能按期归还借款，应在贷款到期之前向贷款机构申请贷款展期，但是否展期，由贷款机构根据具体情况而定。

3) 长期借款筹资的优缺点

(1) 长期借款筹资的优点为：

① 筹资速度快。发行各种证券筹集长期资金所需时间一般较长。做好证券发行的准备以及证券的发行都需要一定时间。而长期借款一般所需时间较短，可以迅速地获取所需资金。

② 借款弹性较大。公司与贷款机构可直接商谈来确定借款的时间、数额、利息和偿付方式。在借款期间，如果公司情况发生了变化或不能按期还本付息，也可与贷款机构协商，修改借款合同。借款到期，如有正当理由，还可延期归还。

③ 存在财务杠杆收益。由于借款的利息是固定的，在投资报酬率大于借款利率的情况下，公司将获得较多的杠杆收益。

(2) 长期借款筹资的缺点为：

① 财务风险大。公司举借长期借款，必须定期还本付息。公司出现经营不利情况，就可能会产生不能偿还到期借款的风险，甚至会导致破产。

② 筹资数额有限。银行一般不愿意借出巨额的长期借款。因此，利用借款筹资都有一定的上限。

③ 限制性条款比较多。签订的借款合同中一般都有较多的限制条款，这些条款可能会限制公司对资金的使用。

2. 长期债券筹资

债券是指公司依照法定程序发行、约定在一定期限内按约定利率定期支付利息，并到期偿还本金的有价证券，是持券人拥有公司债权的凭证。这里所说的债券，指的是期限超过一年的公司债券，发行目的通常是为建设大型项目筹集大笔长期资金。

1) 债券的种类

债券可按不同的标准进行分类，主要的分类方式有：

(1) 按是否记名，可分为记名债券和无记名债券。记名债券是指在券面上注明债权人姓名或名称的债券。发行记名公司债券的，应当在公司债券存根簿上载明下列事项：债券持有人的姓名或者名称及住所；债券持有人取得债券的日期及债券的编号；债券总额、债券的票面金额、利率、还本付息的期限和方式；债券的发行日期。无记名债券是指券面上未注明债权人姓名或名称的债券。发行无记名公司债券的，应当在公司债券存根簿上载明债券总额、利率、偿还期限和方式、发行日期及债券的编号。

(2) 按有无特定财产担保，分为抵押债券和信用债券。抵押债券是指以一定抵押品作抵押而发行的债券。按抵押品的不同，可分为不动产抵押债券、设备抵押债券和证券抵押债券。信用债券是指仅凭债券发行者的信用发行的、没有抵押品作抵押或担保人作担保的债券。

(3) 按能否转换为公司股票，可分为可转换债券和不可转换债券。可转换债券是指在一定时期内，可以按规定的价格或一定比例，由持有人自由地选择转换为普通股的债券。不可转换债券是指不可以转换为普通股的债券。

2) 债券的发行价格

债券的发行价格是债券发行时使用的价格，亦即投资者购买债券时所支付的价格。公司债券的发行价格通常有3种：平价、溢价和折价。平价指以债券的票面金额为发行价格；溢价指以高出债券票面金额的价格为发行价格；折价指以低于债券票面金额的价格为发行价格。债券的发行价格主要受到票面金额、票面利率和市场利率因素的影响。

债券的发行价格由债券到期还本面值按市场利率折现的现值与债券各期利息的现值两部分组成。债券发行价格的计算公式的基本原理是将债券的全部现金流按照债券发行时的市场利率进行贴现并求和。其计算公式为：

$$债券的发行价格 = \sum_{t=1}^{n} \frac{票面金额 \times 票面利率}{(1+市场利率)^t} + \frac{票面金额}{(1+市场利率)^n}$$

式中：n 为债券期限；

t 为付息期限。

3) 债券筹资的优缺点

(1) 债券筹资的优点主要有：

① 筹资规模较大。债券属于直接融资，发行对象分布广泛，市场容量相对较大，且不受金融中介机构自身资产规模及风险管理的约束，可以筹集的资金数量也较多。

② 有利于保障公司的控制权。债券持有者无权参与公司经营管理决策，因此，发行债券筹资不会稀释股东对公司的控制权。

③ 具有长期性和稳定性。债券的期限可以比较长，且债券的投资者一般不能在债券到期之前向公司索取本金，因而债券筹资方式具有长期性和稳定性的特点。金融机构对较长期限借款的比例往往会有一定的限制。

④ 有利于资源优化配置。由于债券是公开发行的，是否购买债券取决于市场上众多投资者自己的判断，并且投资者可以方便地交易并转让所持有的债券，有助于加速市场竞争，优化社会资金的资源配置效率。

(2) 债券筹资的缺点主要有：

① 发行成本高。公司公开发行公司债券的程序复杂，需要聘请保荐人、会计师、律师、资产评估机构以及资信评级机构等中介，发行的成本较高。

② 筹资风险高。利用债券筹资，公司要承担按期还本付息的义务，偿债压力大。特别是在公司经营不景气时，还本付息会给公司带来更大的困难，甚至导致公司破产。

③ 信息披露成本高。利用债券筹资要公开披露募集说明书及其引用的审计报告、资产评估报告、资信评级报告等多种文件。债券上市后也需要披露定期报告和临时报告，信息披露成本较高，并且不利于保守公司财务等信息及其他商业机密。

④ 限制条件多。债券筹资往往有一些限制性条款，通常比优先股及短期债务更为严格，这可能会影响公司资金的正常使用和后续的筹资能力。

(二) 短期负债筹资

短期负债筹资一般是指所筹资金的偿还期限不超过一年的筹资。短期负债筹资具有如下特点：筹资速度快、容易取得；筹资富有弹性，即短期负债的限制相对宽松些，资金的使用较为灵活；筹资成本较低；筹资风险高，即需在短期内偿还而引起的财务困境。

短期负债筹资主要方式有商业信用和短期借款等。

1. 商业信用

商业信用是指商品交易中由于延期付款或预收货款所形成的公司间的借贷关系。商业信用产生于商品交换之中,是所谓的"自发性筹资"。商业信用运用广泛,在短期负债筹资中占有相当大的比重。

商业信用的具体形式有应付账款、应付票据和预收账款等。

(1) 应付账款。应付账款是公司购买货物暂未付款而欠对方的账项,即卖方允许买方在购货后一定时期内支付货款的一种形式。卖方利用这种方式促销,而对买方来说延期付款则等于向卖方借用资金购进商品,可以满足短期的资金需要。

应付账款信用条件有付款期和折扣等。应付账款可以分为:①免费信用,即买方公司在规定的折扣期内享受折扣而获得的信用;②有代价信用,即买方公司放弃折扣付出代价而获得的信用;③展期信用,即买方公司超过规定的信用期推迟付款而强制获得的信用。

在销售商品时,卖方在推出信用期限的同时,往往会推出现金折扣条款。例如卖方按"2/10,n/60"的信用条件向公司销售货物,"2/10,n/60"表示信用期为60天。如公司在10天内付款,可以享有2%的现金折扣。若放弃现金折扣,则公司可获得最长为60天的免费信用,但放弃现金折扣时所付出的机会成本较高。

(2) 应付票据。应付票据是公司进行延期付款商品交易时开具的反映债权债务关系的票据。根据承兑人的不同,应付票据分为商业承兑汇票和银行承兑汇票两种。支付期最长不超过6个月。应付票据可以带息,也可以不带息。应付票据的利率一般比银行借款的利率低,且不用保持相应的补偿余额和支付协议费,所以应付票据的筹资成本低于银行借款成本。但是应付票据到期必须归还,如若延期便要交付罚金,因而风险较大。

(3) 预收账款。预收账款是指卖方按照合同或协议的规定,在发出商品之前向买方预收的部分或全部货款的信用行为。它等于卖方向买方先借一笔款项,然后用商品偿还。这种情况的商品往往是紧俏的,买方乐意预付货款而取得期货,卖方由此筹集到资金。

此外,公司往往还存在一些在非商品交易中产生但亦为自发性筹资的应付费用,如应付职工薪酬、应交税费、其他应付款等。应付费用使公司受益在前、费用支付在后,相当于享用了受款方的借款,在一定程度上缓解了公司的资金需要。

总之,商业信用筹资最大的优越性在于容易取得。首先,对于多数公司来说,商业信用是一种持续性的信贷形式,且无须正式办理筹资手续。其次,如果没有现金折扣或使用不带息票据,商业信用筹资不负担成本。其缺点在于放弃现金折扣时所付出的成本较高。

2. 短期借款

短期借款是指公司向银行和其他非银行金融机构借入的期限在一年以内的借款。短期借款是短期负债筹资中仅次于商业信用的筹资方式。

(1) 短期借款的种类。目前,我国短期借款按其目的和用途可分为生产周转借款、临时借款、结算借款等。按照国际通行的做法,短期借款还可依偿还方式的不同,分为一次性偿还借款和分期偿还借款;依有无担保,分为抵押借款和信用借款;依利息支付方式的不同,分为收款法借款、贴现法借款和加息法借款。

(2) 短期借款的信用条件。按照国际惯例,银行发放短期贷款时,往往附带如下信用条件:

① 信贷限额。信贷限额亦即贷款限额，是借款人与银行在协议中规定的允许借款人借款的最高限额。信贷限额的有效期限通常为一年，但根据情况也可延期一年。一般来说，公司在批准的信贷限额内，可随时使用银行借款。但银行并不承担必须提供全部信贷限额的义务，如果公司信誉恶化，即使银行曾同意过按信贷限额提供贷款，公司也可能得不到借款，这时银行不会承担法律责任。

② 周转信贷协定。周转信贷协定是银行从法律上承诺向公司提供不超过某一最高限额的贷款协定。在协定的有效期内，只要公司借款总额未超过最高限额，银行必须满足公司任何时候提出的借款要求。公司享有周转协定，通常要对贷款限额的未使用部分付给银行一笔承诺费。

③ 补偿性余额。补偿性余额，是银行要求借款人在银行中保持按贷款限额或实际借款额的一定百分比(一般为10%~20%)计算的最低存款余额。从银行的角度讲，补偿性余额可降低贷款风险，补偿其可能遭受的贷款损失。对于借款公司来讲，补偿性余额提高了借款的实际利率。

④ 借款抵押。银行向财务风险较大的公司或对其信誉不甚有把握的公司发放贷款，往往需要有抵押品担保，以减少自己蒙受损失的风险。借款的抵押品通常是借款公司的应收账款、存货、股票、债券及房屋等。

⑤ 偿还条件。无论何种借款，银行一般都会规定还款的期限。根据我国金融制度的规定，贷款到期后公司无能力偿还的，视为逾期贷款，银行要照章加收逾期罚息。贷款的偿还有到期一次偿还和在贷款期内定期(每月、季)等额偿还两种方式。一般来讲，公司不希望采用后一种偿还方式，因为这会提高借款的实际利率；而银行不希望采用前一种偿还方式，因为这会增加公司的违约风险，同时会降低实际贷款利率。

⑥ 其他承诺。银行有时还要求公司为取得贷款而作出其他承诺，如及时提供财务报表、保持适当的财务水平(如特定的流动比率)等约束条件。如公司违背所作出的承诺，银行可要求公司立即偿还全部贷款。

(3) 借款利息的支付方法。一般来讲，借款公司可以用3种方法支付银行贷款利息。

① 收款法。收款法是在借款到期时向银行支付利息的方法。采用这种方法，借款的名义利率等于其实际利率。银行向公司发放的贷款大都采用这种方法收息。

② 贴现法。贴现法是银行向公司发放贷款时，先从本金中扣除利息部分，在贷款到期时借款公司再偿还全部本金的一种计息方法。采用这种方法，公司可利用的贷款额只有本金减去利息部分后的差额，因此贷款的实际利率高于名义利率。

③ 加息法。加息法是银行发放分期等额偿还贷款时采用的利息收取方法。在分期等额偿还贷款的情况下，银行要将根据名义利率计算的利息加到贷款的本金上，计算出贷款的本息和，要求公司在贷款期内分期偿还本息之和的金额。由于贷款分期等额偿还，借款公司实际上只平均使用了贷款本金的半数，却支付全额利息。因此，公司所负担的实际利率高于名义利率大约1倍。

例如，长城公司借入(名义)年利率为10%的贷款100万元，分12个月等额偿还本息，该项贷款的实际利率为：

$$实际年利率 = \frac{100 \times 10\%}{100 \div 2} \times 100\% = 20\%$$

(4) 短期借款筹资的优缺点如下。

短期借款筹资的优点：①筹资速度快。公司获得短期借款所需时间要比长期借款短得多，银行在发放长期贷款前，通常要对公司进行比较全面的调查分析，花费时间较长；②筹资弹性大，即短期借款数额及借款时间弹性相对较大，取得亦较简便，便于公司灵活安排。

短期借款筹资的缺点：财务风险大。短期借款的偿还期短，在借款数额较大的情况下，如果公司资金调度不周，就有可能出现无力按期偿付本金和利息的情况。特别是在带有诸多附加条件的情况下更使风险加剧。

第三节 资本成本

一、资本成本的概念与作用

(一) 资本成本的概念

资本成本，又称资金成本，是指公司为筹集和使用资金所付出的代价。在市场经济条件下，公司不能无偿使用资金，必须向资金提供者支付一定数量的费用作为补偿。一般这里所说的资本，是指由债权人和股东提供的长期资金来源，包括长期债务资本与股权资本。

资本成本包括筹资费用和用资费用两部分。

1. 筹资费用

筹资费用是指公司在筹资过程中为获得资本而支付的各种费用，如向银行借款时需要支付的手续费，因发行股票、债券而支付的发行费用等。筹资费用与用资费用不同，它通常是在筹资时一次性支付，在用资过程中不再发生。

2. 用资费用

用资费用是指公司在生产经营过程中因使用资金而支付的费用，如向股东支付的股利、向银行支付的利息、向债券持有者支付的债息等。用资费用是筹资公司经常发生的，是资本成本的主要内容。

资本成本可以用绝对数表示，也可以用相对数表示。在一般情况下，如果不做特别说明，资本成本即是用相对数表示的成本率。用公式表示为：

$$K = \frac{D}{(P-F)} \times 100\%$$

$$= \frac{D}{P(1-f)} \times 100\%$$

式中：K 为资本成本，以百分率表示；

D 为用资费用；

P 为筹资总额；

F 为筹资费用；

f 为筹资费用率，即筹资费用与筹资数额的比率。

资本成本与资金时间价值既有联系，又有区别。联系在于两者考察的对象都是资金；区别在于资本成本既包括资金时间价值，又包括投资风险价值。

(二) 资本成本的作用

1. 资本成本是比较筹资方式、拟订筹资方案的依据

不同的筹资方式，其筹资费用和使用费用各不相同，通过资本成本的计算和比较，从中可选出成本较低的筹资方式。不仅如此，由于公司全部长期资本通常是采用多种方式筹资组合构成的，因此，综合加权资本成本的高低便是确定最佳筹资方案的重要依据。

2. 资本成本是评价投资项目、比较投资方案的重要经济标准

一般而言，项目的投资收益率只有大于其资本成本率，才是经济可行的，否则投资项目不可行。国际上通常将资本成本视为公司投资项目的"最低收益率"。

3. 资本成本还是评价公司经营业绩的依据

一个公司的整个经营业绩可以用其全部投资的利润率来衡量，并与该公司全部资本的成本率相比较，如果其利润率高于资本成本率，说明公司经营有利，业绩好；反之，说明公司经营不利，业绩欠佳。

二、资本成本的计算

(一) 个别资本成本

个别资本成本是指各种筹资方式所筹资金的成本。它主要包括银行借款成本、债券成本、优先股成本、普通股成本和留存收益成本，前两项为负债资本成本，后三项为权益资本成本。

1. 银行借款成本

银行借款成本包括借款利息和借款手续费。由于借款利息是在所得税前支付，具有减税效应，因此，公司实际负担的利息=利息×(1-所得税税率)。银行借款成本的计算公式为：

$$K_L = \frac{I(1-T)}{L(1-f)} = \frac{i(1-T)}{1-f}$$

式中：K_L 为银行借款成本；

I 为银行借款年利息；

L 为银行借款总额；

T 为所得税税率；

i 为银行借款利息率；

f 为银行借款筹资费率，即借款手续费率。

由于银行借款的手续费率很低，常常可以忽略不计，则上式可简化为：

$$K_L = i(1-T)$$

【例7-1】长城公司从银行借款500万元，手续费率0.1%，年利率为5%，期限3年，每年年末付息一次，到期一次还本，公司所得税税率为25%。该项长期借款的资本成本为：

$$K_L = \frac{500 \times 5\% \times (1-25\%)}{500 \times (1-0.1\%)} = 3.75\%$$

如果将手续费忽略不计，则上式可简化为：

K_L=5%×(1-25%)=3.75%

2. 债券成本

债券成本与借款成本的主要差别在于：一是其筹资费用较高，主要包括申请发行债券的手续费、债券注册费、印刷费、上市费以及推销费等，不能忽略不计；二是债券发行价格与其面值可能存在差异，在计算时要按预计的发行价格确定其筹资总额。债券成本的计算公式为：

$$K_B = \frac{I(1-T)}{B(1-f)}$$

式中：K_B为债券资本成本；

   B为债券筹资额，按发行价格确定。

【例7-2】长城公司拟发行面值1 000元、期限5年、票面利率8%的债券4 000张，每年结息一次。发行费率为5%，所得税税率为25%。该批债券筹资的成本为：

$$K_B = \frac{1\,000 \times 8\% \times (1-25\%)}{1\,000 \times (1-5\%)} = 6.32\%$$

在上例中，如果债券按1 100元发行，则其资本成本为：

$$K_B = \frac{1\,000 \times 8\% \times (1-25\%)}{1\,100 \times (1-5\%)} = 5.74\%$$

在上例中，如果债券按950元发行，则其资本成本为：

$$K_B = \frac{1\,000 \times 8\% \times (1-25\%)}{950 \times (1-5\%)} = 6.65\%$$

3. 优先股成本

在计算优先股成本时，应注意3个问题：一是发行优先股需支付发行费用；二是优先股的股息通常是固定的；三是股息从税后支付，不存在节税功能。优先股成本的计算公式为：

$$K_P = \frac{D}{P(1-f)}$$

式中：K_P为优先股成本；

   D为优先股年股息；

   P为优先股筹资总额，按预计的发行价格计算。

【例7-3】长城公司拟发行某优先股，面值总额为10 000万元，年股息为1 500万元，筹资总额为15 000万元，筹资费率预计为5%。该优先股的资本成本为：

$$K_P = \frac{10\,000 \times 15\%}{15\,000 \times (1-5\%)} = 10.53\%$$

4. 普通股成本

由于普通股股利受公司盈利和分配政策等因素的影响，其股利一般是一个变量，因此，其资本成本的计算相对要困难一些。普通股资本成本的测算方法主要有股利折现模型法和资本资产定价模型法。

(1) 股利折现模型法。股利折现模型法是将未来期望股利收益折为现值，以确定其成本率的一种方法。其基本形式是：

$$P_0 = \sum_{t=1}^{n} \frac{D_t}{(1+K_C)^t}$$

式中：P_0为普通股筹资净额，即发行价格扣除发行费用；

D_t为普通股第t年的股利；

K_C为普通股资本成本，亦即普通股投资必要收益率。

在具体运用时，因股利政策的不同而有所区别。

第一，若公司采用固定股利政策，则其资本成本可按下式测算：

$$K_C = \frac{D}{P_0(1-F_C)} \times 100\%$$

式中：D为每年固定股利；

F_C为普通股筹资费用率。

【例7-4】长城公司拟发行一批普通股，每股发行价格11元，发行费用1元，预计每年分派现金股利1.2元。则其资本成本为：

$$K_C = \frac{1.2}{11-1} \times 100\% = 12\%$$

第二，如果公司采用固定增长股利的政策，股利固定增长率为G，则资本成本可按下式测算：

$$K_C = \frac{D_1}{P_0(1-F_C)} + G$$

式中：D_1为第一年预期股利。

【例7-5】长城公司准备增发普通股，每股发行价格16元，发行费用4元，预定第一年分派现金股利每股1.5元，以后每年股利增长为1.5%。则其资本成本为：

$$K_C = \frac{1.5}{16-4} \times 100\% + 1.5\% = 14\%$$

(2) 资本资产定价模型法。资本资产定价模型法是在已确定无风险报酬率、市场报酬率(或市场投资组合的期望收益率)和某种股票的β值后，测算出该股票的必要报酬率，即为资本成本率。用公式表示如下：

$$K_C = R_f + \beta(R_m - R_f)$$

式中：R_f为无风险报酬率；

R_m为市场报酬率(或市场投资组合的期望收益率)；

β为股票的贝他系数(即某股票的收益率相对于市场投资组合期望收益率的变动幅度)。

【例7-6】长城公司普通股股票的β值为1.5，无风险利率为5%，市场报酬率为10%。则该公司的普通股资本成本为：

$K_C = 5\% + 1.5 \times (10\% - 5\%) = 12.5\%$

5. 留存收益成本

留存收益是公司税后净利形成的，是公司资金的一项重要来源，其所有权属于股东。公司利用留存收益，相当于股东对公司进行追加投资，股东对这部分投资与以前交给公司的股本一样，也要求获得同普通股等价的报酬，所以留存收益也要计算成本，其方法与普通股基本相同，只是不用考虑筹资费用。

(1) 若普通股股利固定，其资本成本的计算公式为：

$$K_S = \frac{D}{P_0}$$

(2) 若普通股股利逐年固定增长，其资本成本的计算公式为：

$$K_S = \frac{D_1}{P_0} + G$$

式中：K_s 为留存收益成本，其他符号含义与普通股成本计算公式相同。

【例7-7】 长城公司普通股目前的股价为10元/股，第一年预期每股股利为2.02元，股利固定增长率为2%，则该公司留存收益筹资的成本为：

$$K_S = \frac{2.04}{10} \times 100\% + 2\% = 20.4\%$$

(二) 综合资本成本

在实际筹资决策中，公司不可能单一使用某种筹资方式，往往需要通过多种方式筹集所需资金。为了进行筹资决策，就要计算确定公司全部长期资金的总成本，即综合资本成本。它是以各种资本占全部资本的比重为权数，对各种资本成本进行加权平均计算出来的，故又称为加权平均资本成本。其计算公式为：

$$K_W = \sum W_j K_j$$

式中：K_W 为综合资本成本；
　　　W_j 为第 j 种个别资本占全部资本的比重；
　　　K_j 为第 j 种个别资本成本。

【例7-8】 长城公司现有长期资本总额为1 050万元，其中，银行借款为200万元，债券为400万元，普通股300万元，留存收益150万元，其资本成本分别为7.8%、10%、15%和18%。试计算该公司的综合资本成本。

第一步，计算各种长期资本的比例：

$$W_I = \frac{200}{1\,050} \times 100\% = 19\%$$

$$W_B = \frac{400}{1\,050} \times 100\% = 38\%$$

$$W_C = \frac{300}{1\,050} \times 100\% = 28.5\%$$

$$W_S = \frac{150}{1\,050} \times 100\% = 14.5\%$$

第二步，计算综合资本成本：

$K_W = 7.8\% \times 19\% + 10\% \times 38\% + 15\% \times 28.5\% + 18\% \times 14.5\% = 12.17\%$

(三) 边际资本成本

1. 边际资本成本的概念

任何一个公司都不可能以某一固定的资本成本来筹措无限的资金，当其筹集的资金超过一定限度时，原来的资本成本就会增加，这就要用到边际资本成本的概念。边际意味着增量，边际资本成本是指资金每增加一个单位而增加的成本。公司追加筹资有时可能只采取某一种筹资方式，但在筹资数额较大或在目标资本结构既定的情况下，往往需要通过多种筹资方式的组合来实现。这时，边际资本成本应按加权平均法计算，边际资本成本也称为边际加权资本成本。

2. 边际资本成本的计算

边际资本成本的计算分以下4个步骤：

(1) 确定目标资本结构。

(2) 测算个别资本的成本率。

(3) 计算筹资总额分界点。

(4) 计算边际资本成本。

【例7-9】长城公司目前有长期资金200万元，其中，长期借款40万元，普通股160万元。为了适应追加投资的需要，公司准备筹措新的资金。要求测算追加筹资的边际资本成本。

(1) 确定目标资本结构。经分析测算，该公司财务人员认为目前的资本结构是理想的目标结构，即长期借款20%，普通股80%。

(2) 确定个别资本成本。随着公司筹资额的不断增加，各种资金的成本率也会增加，测算结果如表7-1所示。

表7-1　公司筹资资料

筹资方式	目标资本结构	追加筹资数额范围/元	个别资本成本率/%
长期借款	0.2	10 000以下	6
		10 000~40 000	7
		40 000以上	8
普通股	0.8	22 500以下	14
		22 500~75 000	15
		75 000以上	16

(3) 计算筹资总额分界点。筹资总额分界点的计算公式为：

$$筹资总额分界点 = \frac{可用某一特定成本率筹集到的某种资金额}{该种资金在资本结构中所占的比重}$$

根据上述公式，该公司计算的筹资总额分界点如表7-2所示。

表7-2　公司筹资总额分界点计算表

筹资方式	个别资本成本率/%	各种筹资方式的筹资范围/元	筹资总额分界点/元	筹资总额范围/元
长期借款	6	10 000以下	10 000/0.2=50000	50 000以下
	7	10 000~40 000	40 000/0.2=200 000	50 000~200 000
	8	40 000以上	—	200 000以上
普通股	14	22 500以下	22 500/0.8=28 125	28 125以下
	15	22 500~75 000	75 000/0.8=93 750	28 125~93 750
	16	75 000以上		93 750以上

(4) 计算边际资本成本。根据第三步计算的筹资总额分界点，可以得出如下4组新的筹资范围：①28 125元以下；②28 125~50 000元；③50 000~93 750元；④93 750~200 000元。对这4个筹资总额范围分别测算其加权平均资本成本，计算过程如表7-3所示。

表7-3 边际资本成本计算表

序号	筹资总额范围/元	筹资方式	目标资本结构	个别资本成本	边际资本成本
1	28 125以下	长期借款	20%	6%	6%×20%=1.2%
		普通股	80%	14%	14%×80%=11.2% 第一个范围边际资本成本=12.4%
2	28 125~50 000	长期借款	20%	6%	6%×20%=1.2%
		普通股	80%	15%	15%×80%=12% 第二个范围边际资本成本=13.2%
3	50 000~93 750	长期借款	20%	7%	7%×20%=1.4%
		普通股	80%	15%	15%×80%=12% 第三个范围边际资本成本=13.4%
4	93 750~200 000	长期借款	20%	7%	7%×20%=1.4%
		普通股	80%	16%	16%×80%=12.8% 第四个范围边际资本成本=14.2%

第四节 筹资风险

筹资风险是指筹资活动中由于筹资规划而引起的收益变动的风险。筹资风险要受到经营风险和财务风险的双重影响。为了理解筹资风险，需要首先了解成本习性、边际贡献和息税前利润等相关概念。

一、成本习性和边际贡献

(一) 成本习性及分类

成本习性也称成本性态，是指成本总额与业务量(或产销量)之间在数量上的依存关系。成本按习性可划分为固定成本、变动成本和混合成本三大类。

1. 固定成本

固定成本是指其总额在一定时期和一定业务量范围内不随业务量发生任何变动的那部分成本。如按直线法计提的折旧费、保险费、管理人员工资、办公费等。这些费用每年支出水平基本相同，即使业务量在一定范围内变动，它们也保持固定不变。然而，由于其成本总额在一定时期和一定业务量范围内保持不变，随着业务量的增加，意味着单位固定成本随业务量的增加而逐渐变小。

2. 变动成本

变动成本是指其成本总额随着业务量成正比例变动的那部分成本。如直接材料、直接人工等。但从产品单位成本来看，则恰恰相反，产品单位成本中的直接材料、直接人工将保持不变。

3. 混合成本

在实务中,有些成本虽然也随业务量的变动而变动,但不呈同比例变动,不能简单地将其归为变动成本或固定成本,这类成本称为混合成本。混合成本按其与业务量的关系又可分为半变动成本和半固定成本。

(1) 半变动成本。它是混合成本的基本类型。它通常有一个初始量,类似固定成本,在这个初始量的基础上随产量的增长而增长,又类似于变动成本。如在租用机器设备时,有的合同规定租金按如下两种标准计算:①每年支付一定租金数额(固定部分);②每运转一小时支付一定租金数额(变动部分)。此外,公司的公共事业费,如电费、水费、电话费等均属于半变动成本,如图7-1所示。

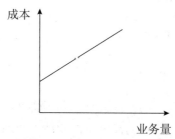

图7-1 半变动成本示意图

(2) 半固定成本。这类成本随业务量的变化而呈阶梯形增长,业务量在一定限度内,这种成本不变,当业务量增长到一定限度后,这种成本就上升到一个新的水平。如公司的化验员、质检员、运货员等人员的工资就属于这类成本,如图7-2所示。

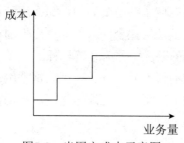

图7-2 半固定成本示意图

4. 总成本习性模型

成本按习性可以分为固定成本、变动成本和混合成本3类。混合成本又可以按一定方法(如高低点法、散布图法和一元直线回归法)分解成固定部分和变动部分,那么,总成本习性模型可以表示为:

$$TC=F+VQ$$

式中:TC代表总成本,F代表固定成本,V代表单位变动成本,Q代表业务量。

在上式中,若能求出F和V的值,就可以利用这个直线方程来进行成本预测和成本决策。

(二) 边际贡献

边际贡献是指销售收入减去变动成本后的差额。其计算公式为:

$$M=Q_x-VQ=(P-V)Q=mQ$$

式中：M 表示边际贡献，P 表示销售单价，V 表示单位变动成本，Q 表示产销量，m 表示单位边际贡献。

(三) 息税前利润

息税前利润是指公司支付利息和交纳所得税前的利润。其计算公式为：

$$EBIT = FQ - VQ - F = (P-V)Q - F$$

式中：EBIT 表示息税前利润，F 表示固定成本。

需注意的是，上式中的固定成本和变动成本不应包括利息费用。此外，息税前利润也可以用利润总额加上利息费用求得。

二、经营风险和经营杠杆

(一) 经营风险和经营杠杆的概念

经营风险是指公司由于经营上的原因而导致利润变动的风险。影响公司经营风险的因素较多，主要有：商品需求的变化、商品价格的变动、商品成本的变化、商品固定成本的比重等因素。

在某一固定成本比重下，产销量的增加虽然不会影响固定成本总额，但会降低单位固定成本，从而提高单位利润，使息税前利润的增长率大于产销量的增长率；反之，产销量的减少会提高单位固定成本，降低单位利润，使息税前利润的下降率也大于产销量的下降率。如果不存在固定成本，所有成本都是变动的，那么边际贡献就是息税前利润，这时息税前利润的变动率同产销量的变动率完全一致。这种由于固定成本的存在而导致息税前利润的变动率大于产销量变动率的效应，称为经营杠杆。

由于经营杠杆对经营风险的影响最为综合，因此常常用来衡量公司经营风险的大小。一般来说，在其他因素不变的情况下，固定成本越高，经营杠杆系数就越大，经营风险也就越大。

(二) 经营杠杆系数的计算

只要公司存在固定成本，就存在经营杠杆的影响。经营杠杆的大小一般用经营杠杆系数来表示。经营杠杆系数是指公司计算利息和所得税之前的盈余(息税前利润)变动率相当于产销量变动率的倍数。计算公式为：

$$DOL = \frac{\Delta EBIT / EBIT}{\Delta Q / Q}$$

式中：DOL 为经营杠杆系数；

△EBIT 为息税前利润变动额；

EBIT 为变动前(或基期)的息税前利润；

△Q 为产销变动量(额)；

Q 为变动前(或基期)的产销量(额)。

【例7-10】长城公司2015年和2016年有关销售与利润的资料如表7-4所示，试计算该公司2016年的经营杠杆系数。

表7-4 长城公司2015年和2016年销售与利润资料

单位：万元

项目	2015年	2016年	变动额	变动率
销售额	1 000	1 200	200	20%
变动成本	600	720	120	20%
边际贡献	400	480	80	20%
固定成本	200	200	0	0
息税前利润	200	280	80	40%

根据公式，2016年的经营杠杆系数为：

$$DOL = \frac{80/200}{200/1\,000} = 2$$

计算结果表明，当公司产销量增长1倍时，息税前利润将增长2倍；反之，当公司产销量下降1倍时，息税前利润将下降2倍。

上述公式为经营杠杆系数的理论公式。利用该公式，必须以已知变动前后的有关资料为前提，比较麻烦，而且无法预测未来(如2016年)的经营杠杆系数。因此，实际运用时，可对上述理论公式作些变形：

因为EBIT=$(P-V)Q-F$，所以将$\Delta EBIT=(P-V)\Delta Q$代入上述公式中化简可得：

$$DOL = \frac{M}{EBIT} = \frac{Q(P-V)}{Q(P-V)-F}$$

需注意的是，上式中的分子和分母都是基期数。

如上例，该公司2016年的经营杠杆系数为：

$$DOL = \frac{1\,000-600}{1\,000-600-200} = \frac{400}{200} = 2$$

计算结果表明，两个公式计算出的2016年经营杠杆系数是完全相同的。同理，利用2016年的资料可计算出2017年的经营杠杆系数：

$$DOL = \frac{1\,200-720}{1\,200-720-200} = \frac{480}{280} = 1.71$$

三、财务风险和财务杠杆

(一) 财务风险与财务杠杆的概念

公司负债经营，不论利润的多少，债务利息是不变的。于是，当利润增大时，每一元利润所负担的利息就会相对减少，从而给股东收益带来更大幅度的提高。这种固定债务利息对股东的影响就是财务杠杆。严格地讲，在资本总额和资本结构一定的情况下，公司从息税前利润中支付的债务利息是相对固定的，当息税前利润增加时，每1元息税前利润所负担的固定财务费用(如利息、优先股股利、融资租赁租金等)就会相应降低，从而给普通股股东带来更多的盈余；反之，当息税前利润减少时，每1元息税前利润所负担的固定财务费用就会相应增加，就会减少普通股股东的盈余。这种由于固定财务费用的存在而导致普通股每股收益变动率大于息税前利润变动率的杠杆效应，称作财务杠杆。现通过表7-5

举例说明。

表7-5 甲、乙公司资本结构与普通股利润表

时间	项目	甲公司	乙公司	计算说明
2015年	普通股发行在外股数(股)	2 000	1 000	(1) 已知
	普通股股本(每股面值：100元)	200 000	100 000	(2) 已知
	债务(年利率8%)	0	100 000	(3) 已知
	资金总额	200 000	200 000	(4) =(2)+(3)
	息税前利润	20 000	20 000	(5) 已知
	债务利息	0	8 000	(6) =(3)×8%
	利润总额	20 000	12 000	(7) =(5)-(6)
	所得税(所得税税率25%)	5 000	3 000	(8) =(7)×25%
	净利润	15 000	9 000	(9) =(7)-(8)
	每股收益	7.5	9	(10) =(9)÷(1)
2016年	息税前利润增长率	20%	20%	(11) 已知
	增长后的息税前利润	24 000	24 000	(12) =(5)×(1+20%)
	债务利息	0	8 000	(13) =(6)
	利润总额	24 000	16 000	(14) =(12)-(13)
	所得税(所得税税率25%)	6 000	4 000	(15) =(14)×25%
	净利润	18 000	12 000	(16) =(14)-(15)
	每股收益	9	12	(17) =(16)÷(1)
	每股收益增加额	1.5	3	(18) =(17)-(10)
	普通股每股收益增长率	20%	33.3%	(19) =(18)÷(10)

在表7-5中，甲、乙两个公司的资金总额相等，息税前利润相等，息税前利润的增长率也相同，不同的只是资本结构。甲公司的全部资金都是普通股，乙公司的资金中普通股和债券各占一半。在甲、乙公司息税前利润均增长20%的情况下，甲公司每股收益增长20%，而乙公司却增长了33.3%，这就是财务杠杆效应。当然，如果息税前利润下降，乙公司每股收益的下降幅度要大于甲公司每股收益的下降幅度。

财务风险是指公司为取得财务杠杆利益而利用负债资金时，增加破产机会或普通股收益大幅度变动的机会所带来的风险。公司在经营中总会发生借入资金，负债筹资的性质告诉我们，无论利润多少，债务利息是不变的。于是，当息税前利润增大时，普通股的每股收益将以更快的速度增加；反之，如果息税前利润减少时，普通股的每股收益将以更快的速度减少。一般而言，财务杠杆系数越大，公司的财务杠杆利益和财务风险就越高；财务杠杆系数越小，公司的财务杠杆利益和财务风险就越低。

(二) 财务杠杆系数的计算

只要在公司的筹资方式中有固定财务费用支出的债务，就会存在财务杠杆效应。不同的公司财务杠杆的作用程度是不完全一致的，为此，需要对财务杠杆进行计量。对财务杠杆计量的主要指标是财务杠杆系数。财务杠杆系数是指普通股每股收益的变动率相当于息税前利润变动率的倍数，计算公式为：

$$DFL = \frac{\Delta EPS/EPS}{\Delta EBIT/EBIT}$$

式中：DFL为财务杠杆系数；

EPS为变动前(或基期)的普通股每股利润；

△EPS为普通股每股利润变动额。

【例7-11】 将表7-5中的有关资料代入上式，可求得甲、乙两公司2016年的财务杠杆系数。

$$DFL_甲 = \frac{20\%}{20\%} = 1$$

$$DFL_乙 = \frac{33.3\%}{20\%} \approx 1.67$$

计算结果表明，甲公司的财务杠杆系数为1，当息税前利润增长(或下降)1倍时，普通股每股利润也将增长(或下降)1倍，即不产生财务杠杆效应；乙公司的财务杠杆系数为1.67，当息税前利润增长(或下降)1倍时，普通股每股利润将增长(或下降)1.67倍。

上述公式是计算财务杠杆系数的理论公式。利用该公式，必须以已知变动前后的相关资料为前提，比较麻烦，而且无法预测未来(如2017年)的财务杠杆系数。因此，实际运用时，可对上述理论公式作些变形。

因为 $EPS = \frac{(EBIT - I)(1 - T)}{N}$ (式中：I为利息费用，T为所得税税率，N为发行在外的普通股股数)，所以 $\triangle EPS = \frac{\triangle EBIT(1 - T)}{N}$ 代入理论公式中化简得：

$$DFL = \frac{EBIT}{EBIT - I}$$

需注意的是，上式中的分子和分母都是基期数。

如上例，将表7-5中2016年的有关资料代入上式，可求得甲、乙两公司2016年的财务杠杆系数。

$$DFL_甲 = \frac{20\,000}{20\,000 - 0} = 1$$

$$DFL_乙 = \frac{20\,000}{20\,000 - 8\,000} \approx 1.67$$

计算结果表明，两个公式计算出的2016年甲、乙公司的财务杠杆系数是完全相同的。同理，利用2016年的资料可计算出2017年甲、乙公司的财务杠杆系数(略)。

四、总杠杆的作用

(一) 总杠杆的概念

从以上介绍可以看出，由于存在固定生产经营成本，产生经营杠杆效应，使得息税前利润变动率大于产销量的变动率；同样，由于存在固定财务费用，产生财务杠杆效应，使得普通股每股收益变动率大于息税前利润的变动率。如果两种杠杆共同起作用，那么，产销量的细微变动就会使每股收益产生更大的变动。这种由于固定生产经营成本和固定财务费用的共同存在而导致的普通股每股收益的变动率大于产销量变动率的效应，称为总杠杆。

总杠杆系数可用来衡量公司总体风险的大小。总杠杆的作用程度一般要比单一的经营杠杆或财务杠杆的作用程度更大，当产销量稍有变动时就会使普通股每股收益产生更大的变动。一般来说，在其他因素不变的情况下，总杠杆系数越大，公司的总风险就越大；反之，总杠杆系数越小，公司总风险也就越小。

(二) 总杠杆系数的计量

只要公司同时存在固定生产经营成本和固定财务费用，就会存在总杠杆的作用。对总杠杆计量的主要指标是总杠杆系数或总杠杆度。总杠杆系数是指普通股每股收益变动率相当于产销量变动率的倍数。它是经营杠杆系数与财务杠杆系数的乘积。其计算公式为：

$$DTL = \frac{\Delta EPS/EPS}{\Delta Q/Q}$$
$$= DOL \cdot DFL$$

化简后，可得出如下计算公式：

$$DTL = \frac{M}{EBIT-I} = \frac{Q(P-V)}{Q(P-V)-F-I}$$

要注意的是，上式中的分子和分母都是基期数。

【例7-12】 长城公司的经营杠杆系数为2，财务杠杆系数为1.5，则该公司的总杠杆系数为：DTL=2×1.5=3。

总杠杆作用的意义在于：首先能够估计出销售额变动对每股收益造成的影响。例如上例中销售额每增长(或减少)1倍，就会造成每股收益增长(减少)3倍。其次，它可以用来分析经营杠杆和财务杠杆之间的相互关系，即为了达到某一总杠杆系数，经营杠杆和财务杠杆可以有很多不同的组合。比如，经营杠杆度较高的公司可以在较低的程度上使用财务杠杆，反之亦然。这些组合可以根据具体因素作出选择。

第五节 资本结构

一、资本结构的概念

资本结构是指公司各种资本的价值构成及其比例关系。在公司的筹资管理活动中，资本结构有广义和狭义之分。广义资本结构是指公司全部资本价值的构成及其比例关系，它不仅包括长期资本，还包括短期资本如短期债务资本。狭义资本结构是指公司各种长期资本价值(长期权益资本与债务资本)的构成及其比例关系。由于短期资本的需要量和筹集是经常变化的，在全部资本总量中所占比重不稳定，在此不列入资本结构的讨论范围，而作为营运资本来管理。因此，这里所指资本结构是狭义资本结构。

资本结构是否合理会影响公司资本成本的高低、财务风险的大小以及投资者的得益，因此资本结构是公司筹资决策的核心问题。公司应综合考虑有关影响因素，运用适当的方法确定最佳的资本结构，并在以后追加筹资中继续保持。公司现有资本结构不合理，应通过筹资活动进行调整，使其趋于合理。

资本结构是由公司采用的各种筹资方式筹集资金而形成的。公司筹资方式有很多，但总的来看分为负债资本和权益资本两类，因此，资本结构问题总的来说是负债资本的比例问题，适度增加债务可能会降低公司资本成本，获取财务杠杆利益，同时也会给公司带来财务风险。

二、最佳资本结构的决策

(一) 最佳资本结构的含义

从资本成本及筹资风险的分析可看出,负债筹资可以降低资本成本和发挥财务杠杆作用,但当负债筹资比例过高时,又会带来较大的财务风险。为此,公司必须权衡财务风险和资本成本的关系,找出最佳的负债点,即最佳资本结构。所谓最佳资本结构,是指在一定条件下使综合资本成本最低、公司价值最大的资本结构。

(二) 最佳资本结构的决策方法

最佳资本结构的决策方法主要有比较综合资本成本法和每股利润无差别点法等。

1. 比较综合资本成本法

比较综合资本成本法,是指先拟定若干个资本结构备选方案,并分别计算各方案的综合资本成本,然后根据综合资本成本的高低来确定最佳资本结构的方法。

【例7-13】长城公司拟筹资规模确定为20 000万元,有3个备选方案,其资本结构分别是:甲方案长期借款2 000万元、发行债券8 000万元、普通股10 000万元;乙方案长期借款4 000万元、发行债券6 000万元、普通股10 000万元;丙方案长期借款5 000万元、发行债券5 000万元、普通股10 000万元。相对应的个别资本成本如表7-6所示。

表7-6 长城公司三种筹资方案的资本成本

单位:万元

筹资方式	甲方案		乙方案		丙方案	
	筹资额	资本成本	筹资额	资本成本	筹资额	资本成本
长期借款	2 000	6%	4 000	6.5%	5 000	7%
发行债券	8 000	8.5%	6 000	8	5 000	7.5%
普通股	10 000	15%	10 000	15%	10 000	15%
合 计	20 000	—	20 000	—	20 000	—

计算各方案的综合资本成本:

$$K_{W甲} = \frac{2\,000}{20\,000} \times 6\% + \frac{8\,000}{20\,000} \times 8.5\% + \frac{10\,000}{20\,000} \times 15\% = 11.5\%$$

$$K_{W乙} = \frac{4\,000}{20\,000} \times 6.5\% + \frac{6\,000}{20\,000} \times 8\% + \frac{10\,000}{20\,000} \times 15\% = 11.2\%$$

$$K_{W丙} = \frac{5\,000}{20\,000} \times 7\% + \frac{5\,000}{20\,000} \times 7.5\% + \frac{10\,000}{20\,000} \times 15\% = 11\%$$

从上述计算结果可以看出,丙方案的综合资本成本最低,即丙方案为最佳资本结构方案。该方法通俗易懂,计算过程也不十分复杂,是确定最佳资本结构的一种常用方法。但此法因拟定的方案数量有限,故有把最优方案漏掉的可能。

2. 每股利润无差别点法

从普通股股东的得益这一角度考虑资本结构的优化,可以采用比较普通股每股利润的方式。

每股利润无差别点法,又称为EBIT-EPS分析法,是利用每股利润无差别点来进行资本结构决策的方法。所谓每股利润无差别点,是指在两种筹资方案下普通股每股利润相等时的息税前利润点,亦称筹资无差别点。在这一点上两种筹资方案的每股利润相等,高于此点,利用负债筹资较为有利,会提高普通股每股收益;低于此点,利用权益筹资较为有利。每股利润无差别点处息税前利润的计算公式为:

$$\frac{(\overline{EBIT}-I_1)\cdot(1-T)}{N_1}=\frac{(\overline{EBIT}-I_2)\cdot(1-T)}{N_2}$$

$$\overline{EBIT}=\frac{N_2\cdot I_1-N_1\cdot I_2}{N_2-N_1}$$

式中:$\overline{EBIT}$为每股利润无差别点处的息税前利润;

I_1、I_2为两种筹资方式下的年利息;

N_1、N_2为两种筹资方式下流通在外的普通股股数;

T为所得税税率。

【例7-14】长城公司2015年初的负债及所有者权益总额为9 000万元,其中,公司债券为1 000万元(按面值发行,票面年利率为8%,每年末付息,3年后到期);普通股股本为4 000万元(面值1元,4 000万股);资本公积为2 000万元;其余为留存收益。2015年该公司为扩大生产规模,需要再筹集1 000万元资金,有以下两个筹资方案可供选择。

方案一:增加发行普通股,预计每股发行价格为5元。

方案二:增加发行同类公司债券,按面值发行,票面年利率为8%。预计2015年可实现息税前利润2 000万元,适用的公司所得税税率为25%。

试计算每股利润的无差别点,并据此进行筹资决策。

依题意得:

$$\frac{(\overline{EBIT}-1\,000\times 8\%)\times(1-25\%)}{4\,000+\frac{1\,000}{5}}=\frac{(\overline{EBIT}-2\,000\times 8\%)\times(1-25\%)}{4\,000}$$

$$\overline{EBIT}=\frac{160\times 4\,200-80\times 4\,000}{4\,200-4\,000}=1\,760(万元)$$

将计算结果代入上式,可得无差别点的每股利润$EPS_1=EPS_2=0.3$(元)

这就是说,当息税前利润等于1 760万元时,每股利润相等,均为0.3元,采用两种方案筹资没有差别。该公司2015年预计可实现息税前利润为2 000万元,大于每股利润无差别点的息税前利润(1 760万元),所以,应通过增加发行公司债的方式筹集所需资金,即应按方案二筹资。该公司不同资本结构下的每股利润分析如表7-7所示。

表7-7 不同资本结构下的每股利润表

单位:万元

项 目	增发股票(方案一)	增发债券(方案二)
预计息税前利润(EBIT)	2 000	2 000
利息	80	160
利润总额	1 920	1 840
所得税(所得税税率为25%)	480	460
净利润	1 440	1 380
普通股股数(股)	4 200	4 000
每股利润(元)	0.343	0.345

从表7-7中可以看出，在息税前利润为2 000万元的情况下，利用增发公司债的形式筹集资金能使每股利润上升较多，这可能更有利于股票价格上涨，更符合理财目标。

每股利润无差别点法的原理比较容易理解，计算过程也较为简单。它以普通股每股收益最高为决策标准，并假定每股利润最大，股票价格也最高。但其局限性是不考虑资本结构(负债的比例)对风险的影响。

本章小结

按照资金来源渠道不同，公司筹资分为权益筹资和负债筹资。权益筹资主要包括吸收直接投资、发行普通股和利用留存收益。其筹集的资金一般不用还本，财务风险小，但付出的资本成本相对较高。负债筹资包括长期负债筹资和短期负债筹资。长期负债筹资主要包括长期借款、发行债券以及融资租赁等。短期负债筹资主要包括短期借款、商业信用以及应收账款转让等。个别资本成本是指各种筹资方式所筹资金的成本；综合资本成本是个别资本成本的加权平均值；而边际资本成本则是追加筹资的加权平均资本成本。公司理财中的杠杆有经营杠杆、财务杠杆和综合杠杆。经营杠杆系数说明产销量的变动引起息税前利润的变动幅度，在其他因素不变的情况下，固定成本越大，经营杠杆系数越大，经营风险也就越大，反之则相反。财务杠杆系数是息税前利润的变动对每股收益的影响程度，在其他因素不变的情况下，负债比率越高，财务杠杆系数越大，财务风险也就越大。当公司同时存在固定成本和固定财务费用支出时，就存在总杠杆效应，在其他因素不变的情况下，总杠杆系数越大，总体风险越大，反之越小。最佳资本结构是指在一定条件下使公司加权平均资本成本最低、公司价值最大的资本结构。确定最佳资本结构的基本方法主要有比较资本成本法和每股收益无差别点法。

主要概念

筹资；资本成本；个别资本成本；经营风险；成本习性；固定成本；变动成本；资本结构；每股利润无差别点法；经营杠杆；财务杠杆；总杠杆；最佳资本结构。

思考题

1. 公司筹资渠道和方式主要有哪些？
2. 如何理解负债筹资的优缺点？
3. 简述资本成本的概念及其作用。
4. 比较发行股票、发行债券和长期借款个别资本成本的高低。
5. 如何计算经营杠杆、财务杠杆和总杠杆系数？
6. 如何理解财务杠杆与财务风险的关系？
7. 公司如何确定最佳资本结构？

练习题

一、单项选择题

1. 相对于股票筹资而言，银行借款的缺点是(　　)。
A. 筹资速度慢　　　B. 筹资成本高　　　C. 借款弹性差　　　D. 财务风险大

2. 相对于普通股股东而言，优先股股东所拥有的优先权是(　　)。
   A. 优先表决权　　　　　　　　　　B. 优先购股权
   C. 优先查账权　　　　　　　　　　D. 优先分配股利权
3. 在公司理财中，将资金划分为变动资金与不变资金两部分，并据以预测公司未来资金需要量的方法称为(　　)。
   A. 定性预测法　　　　　　　　　　B. 比率预测法
   C. 资金习性预测法　　　　　　　　D. 成本习性预测法
4. 东方公司取得3年期长期借款150万元，年利率8%，每年年末付息一次，到期一次还本，借款费用率0.3%，公司所得税税率25%，则按一般模式计算该项借款的资本成本率为(　　)。
   A. 6.02%　　　　B. 6%　　　　C. 5.83%　　　　D. 4.51%
5. 预计长城公司2015年的财务杠杆系数为1.45，2014年息税前利润为120万元，则2014年该公司的利息费用为(　　)万元。
   A. 82.76　　　　B. 37　　　　C. 54　　　　D. 37.24
6. 长城公司2015年的销售额为5 000万元，变动成本1 800万元，固定经营成本1 400万元，利息费用50万元，则2016年该公司的总杠杆系数为(　　)。
   A. 1.78　　　　B. 1.03　　　　C. 1.83　　　　D. 1.88

二、计算分析题

1. 长城公司准备新建某投资项目，现有甲、乙两个投资方案可供选择，新建项目适用的所得税税率为25%，其他相关资料如下表所示。

项　目	甲方案		乙方案	
	筹资条件	比例	筹资条件	比例
银行借款	借款利率10%	20%	借款利率12%	50%
发行债券	债券票面利率为15%，按票面价值的120%发行，发行费用率为1%	30%	债券利率为13%，平价发行，发行费用率为1%	20%
发行普通股	发行价格10元，发行费用率为1.5%，每年固定股利1元	50%	发行价格12元，发行费用率为1%，第一年股利0.5元，以后每年按5%的固定比例增长	30%

【要求】
(1) 计算确定甲方案的加权平均资金成本；
(2) 计算确定乙方案的加权平均资金成本；
(3) 确定长城公司应该采用的筹资方案。

2. 长城公司是一家销售A产品的上市公司，发行在外的普通股股数为5 000万股，2014年和2015年的利息费用均为240万元，公司适用所得税税率25%，有关生产经营的资料见下表。

单位：元

项　目	2014年	2015年
销售量/万件	18	20.4
销售单价	1 000	1 000

(续表)

项 目	2014年	2015年
单位变动成本	700	700
固定经营成本	7 200 000	7 200 000

【要求】

(1) 计算2014年该公司的边际贡献、息税前利润、净利润和每股收益;

(2) 计算2015年该公司的边际贡献、息税前利润、净利润和每股收益;

(3) 计算2015年该公司的经营杠杆系数、财务杠杆系数和总杠杆系数(保留小数点后三位,下同);

(4) 计算2016年该公司的经营杠杆系数、财务杠杆系数和总杠杆系数;

(5) 利用连环替代法按顺序计算分析经营杠杆系数、财务杠杆系数对总杠杆系数的影响。

3. 长城公司的资金规模为1 200万元,其中,普通股90万股,每股价格8元;债券480万元,年利率8%;目前的销量为29万件,单价为25元,单位变动成本为10元,固定成本为100万元(不包括利息费用)。该公司准备扩大生产规模,预计需要新增投资960万元,投资所需资金有下列两种方案可供选择。

方案一:发行债券960万元,年利率10%;

方案二:发行普通股股票960万元,每股发行价格16元。

预计扩大生产能力后,固定成本会增加98.4万元(不包括利息费用),假设其他条件不变。公司适用所得税税率为25%。

【要求】

(1) 计算两种筹资方案的每股收益相等时的销量水平。

(2) 若预计扩大生产能力后,公司销量会增加20万件,不考虑风险因素,确定该公司最佳的筹资方案。

第八章 投资决策

> **学习目标**
> 1.了解投资决策的含义、特点及程序；2.掌握现金净流量、各种贴现指标和非贴现指标的含义及计算方法；3.掌握投资决策评价指标的运用，并能对项目投资作出决策分析。

第一节 投资决策概述

一、公司投资及其特点

(一) 公司投资的含义和类型

投资，广义地说，是指公司为了在未来获得收益或使资金增值，在一定时期内向一定对象投放资金或实物等货币等价物的经济行为。简单地说，投资就是为了获得收益而向一定对象投放资金的经济行为。它包括用于机器、设备、厂房的购建与更新改造等生产性资产的投资，简称项目投资；也包括购买债券、股票等金融资产的投资和其他类型的投资。本章主要介绍的投资是项目投资，它是以特定项目为对象，是为了新增或更新改造生产经营能力的长期资本投资行为。项目投资主要包括新建项目和更新改造项目两种类型。

1. 新建项目

新建项目是以新增工业生产能力为主的外延式投资项目。新建项目按其涉及内容又可分为单纯固定资产投资项目和完整工业投资项目。

单纯固定资产投资项目，是指只涉及固定资产投资而不涉及无形资产投资、其他资产投资和流动资金投资的建设项目。它以新增生产能力，提高生产效率为特征。

完整工业投资项目，其投资内容不仅包括固定资产投资，而且涉及流动资金投资，甚至包括无形资产等其他长期资产投资的建设项目。

2. 更新改造投资项目

更新改造项目是指以恢复或改善生产能力为目的的内含式投资项目。更新改造项目可分为以恢复固定资产生产效率为目的的更新项目和以改善公司经营条件为目的的改造项目两种类型。

(二) 项目投资的特点

1. 投资金额大

项目投资属于长期资本投资，一般需要大量的资金投放，其投资额往往是公司及其投资人多年的资金积累，在公司总资产中通常占有相当大的比重，对公司未来现金流量和财务状况有深远影响,如果失误,则必定损失惨重。

2. 影响时间长

项目投资发挥作用的时间比较长,需要几年、十几年甚至几十年才能收回投资。因此,项目投资对公司未来经营活动和长期的经济效益,甚至对公司的命运都有着决定性的影响。

3. 发生频率低

与公司的短期投资和长期性金融资产投资相比,项目投资的发生次数不太频繁,特别是大规模的具有战略投资意义的扩大生产能力项目投资更是如此,这就要求公司理财人员有必要对此进行慎之又慎的可行性研究。

4. 变现能力差

作为长期投资的项目投资,具有投资刚性特征,不仅不准备在短期内变现,而且在长时期内的变现能力也很差。项目投资一旦实施或完成,也就决定了公司的经营方向,要想改变是相当困难的,不是无法实现,就是代价高昂。

5. 决策风险大

因为影响项目投资未来收益的因素特别多,加上投资数额多、回收时间长和变现能力差,因此其投资风险比其他投资大。当不利状况呈现时,其先天的决定性及无法逆转的损失,足以削减公司的价值甚至摧毁一个公司。

二、投资决策程序

公司项目投资的制定与实施,是一项复杂的系统工程。投资决策一旦失误,对公司未来的生产经营活动、长期经济效益甚至对公司的命运都有着重大而深远的影响。因此,公司既要抓住投资机会,又要进行深入、仔细的调查研究,对其进行科学严密的可行性研究决策。就项目投资而言,决策程序主要包括以下5个环节。

(一) 提出投资项目

投资项目的提出是项目投资程序的第一步。它主要是以自然资源和市场状况为基础,以国家产业政策为导向,以财政、金融、税收政策为依据,根据公司的发展战略、投资计划和投资环境的变化,在发现和把握良好投资机会的情况下提出的。它可以由公司管理当局或高层管理人员提出,也可以由公司的各级管理部门和相关部门领导提出。一般而言,公司管理当局和公司高层管理人员提出的项目投资,多数是大规模的战略性投资,投资金额巨大,影响深远,其方案一般由生产、市场、财务、战略等各方面专家组成的专门小组拟定。公司各级管理部门和相关部门领导提出的项目投资主要是一些战术性项目投资和维持性项目投资,其方案由主管部门组织人员拟定。

(二) 评价投资项目

投资项目评价的重点是算经济账,在分析和评价投资方案经济、技术可行性的基础上,进一步评价其财务可行性。它包括:①对投资项目的投入、产出进行测算,进而估计方案的相关现金流量;②计算投资项目的价值指标,如净现值、内部收益率、投资回收期等;③将有关价值指标与可接受标准比较,选择可执行的方案。要科学准确地完成这一步工作是相当不简单的事情，所有的数据都建立在这一假设基础上，即对未来的预测、估算。因此，要防止与现实有较大出入，必须慎重。

(三) 决策投资项目

投资项目评价后，应按分权管理的决策权限由公司高层管理人员或相关部门经理做最后决策。投资额较小的战术性项目投资或维持项目投资，一般由部门经理作出决策；金额较大的项目投资一般由公司最高管理当局或公司高层管理人员作出，对于特别重大的项目投资还需要由董事会或股东大会批准形成决策。

(四) 实施投资项目

投资项目一旦批准成立，即应付诸实施，积极筹措资金，进入投资预算的执行过程。在这一过程中，应建立一套预算执行情况的跟踪系统，对工程进度、工程质量、施工成本和预算执行等进行监督、控制、审核，防止工程建设中的舞弊行为，确保工程质量，保证按时完成。

(五) 投资项目再评价

在投资方案的执行过程中，应对于已实施的投资项目进行跟踪审计，应注意原来作出的投资决策是否合理、是否正确。一旦出现新的情况，就要随时根据变化的情况作出新的评价和调整。如果情况发生重大变化确实使原来的投资决策变得不合理，就要进行是否终止投资和怎样终止投资的决策，以避免更大损失。当然，终止投资本身的损失就可能很惨重，人们都力求避免这种"痛苦的决策"，但事实上也不可能完全避免。

三、投资期及资金投入

(一) 投资期的构成

投资期，是指投资项目从投资建设开始到最终清理结束整个过程的全部时间，即该项目的有效持续期间。完整的投资期包括建设期和运营期。其中建设期(记作S，$S \geq 0$)是指项目资金正式投入开始到项目建成投产为止所需要的时间，建设期的第一年年初(第0年)称为建设起点，建设期的最后一年末(第s年)称为投产日。在实践中，通常应参照项目建设的合理工期或项目的建设进度计划合理确定建设期。投资期的最后一年年末(记作第n年)称为终结点，从投产日到终结点之间的时间间隔称为运营期(记作p)。运营期又包括试产期和达产期(完全达到设计生产能力)两个阶段。试产期是指项目投入生产，但生产能力尚未完全达到设计能力时的过渡阶段。达产期是指生产运营达到设计预期水平后的时间。运营期一般根据项目主要设备的经济使用寿命期确定。项目投资期(n)、建设期(s)和运营期(p)之间的关系为：

$$投资期(n) = 建设期(s) + 运营期(p)$$

【例8-1】长城公司拟购建一项固定资产，预计使用寿命为8年。要求：就以下各种不相关情况分别确定该项目的投资期。

(1) 在建设起点投资并投产。
(2) 建设期为1年。

【分析】(1) 投资期(n)=0+8=8(年)
　　　　(2) 投资期(n)=1+8=9(年)

(二) 原始总投资和投资总额

原始总投资又称初始投资,是反映项目所需现实资金水平的价值指标。从项目投资的角度看,原始总投资等于公司为使该项目完全达到设计生产能力、开展正常生产经营而投入的全部现实资金,包括建设投资和流动资金投资两项内容。

建设投资,是指在建设期内按一定生产经营规模和建设内容进行的投资,具体包括固定资产投资、无形资产投资和其他资产投资3项内容。

固定资产投资,是指项目用于购置或安装固定资产应当发生的投资。固定资产原值与固定资产投资之间的关系如下:

$$固定资产原值=固定资产投资+建设期资本化借款利息$$

无形资产投资,是指项目用于取得无形资产应当发生的投资。

其他资产投资,是指建设投资中除固定资产和无形资产投资以外的投资,包括生产准备和开办费投资。

流动资金投资,是指项目投产前后分次或一次投放于流动资产项目的投资增加额,又称垫支流动资金或营运资金投资。

投资总额是反映项目投资总体规模的价值指标,等于原始总投资与建设期资本化利息之和。

(三) 资金的投入方式

从时间特征来看,原始总投资的投入方式包括一次投入和分次投入两种形式。一次投入方式是指投资行为集中一次发生在投资期第一个年度的年初或年末;如果投资行为涉及两个或两个以上年度,或虽然只涉及一个年度但同时在该年的年初和年末发生,则属于分次投入方式。

第二节　现金流量估算

一、现金流量的含义

现金流量也称现金流动数量,简称现金流。在项目投资决策中,现金流量是指一个投资项目在其项目计算期内引起的现金流入和现金流出数量的统称。这里的"现金"是广义的现金,不仅包括各种货币资金,而且还包括项目需要投入的公司拥有的非货币资源的变现价值。例如,一个项目需要使用原有的厂房、设备和材料等,则相关的现金流量是指它们的变现价值,而不能用它们的账面价值来表示其现金流量。对于一个具体的投资项目而言,其现金流出量是指该项目投资等引起的公司现金支出增加的数量;现金流入量是指该项目投产运营等引起的公司现金收入增加的数量。

公司对投资项目进行可行性分析时，都需要用特定指标来进行评价，而这些指标的计算都是以投资项目的现金流量为基础的。现金流量是评价一个投资项目是否可行时必须事先计算的一个基础性数据。在正确理解和应用现金流量时，必须认识和把握现金流量的两大特性：一是特定性，即它是特定项目的现金流量，与别的项目或公司原先的现金流量不可混淆；二是增量性，即项目的现金流量是由于采纳特定项目而引起的现金支出或收入增加的数量。

二、现金流量的内容

投资项目的现金流量可以从两种不同的角度去衡量：一是从现金流量产生的时间先后去衡量；二是从现金流向的流动方向去衡量。二者衡量对象相同，可以相互勾稽和印证。

(一) 现金流量按时间先后划分

现金流量按其产生的时间先后，可划分为初始现金流量、营业现金流量和终结现金流量3个部分。

1. 初始现金流量

初始现金流量是指开始投资时发生的现金流量，通常包括固定资产投资(这些投资可能是一次性进行的，也可能是分次进行的)、无形资产投资、开办费投资、流动资金投资和原有固定资产的变价收入等。初始现金流量以现金流出为主，但亦会涉及一些现金流入的发生。总的来看，初始现金流量的流出会大于流入，即表现为净流出。

2. 营业现金流量

营业现金流量是指投资项目建设完工投入运营后，在其寿命周期内由于生产经营所带来的现金流入和现金流出的数量。营业现金流量一般按年度进行计算。这里的现金流入主要指营业现金收入，而现金流出则主要指营业现金支出和缴纳的税金。在通常情况下，营业现金流量的现金收入会大于现金支出，所以一般表现为净流入。

3. 终结现金流量

终结现金流量是指项目完成时所发生的现金流量，主要包括固定资产的最后净残值或变价收入和初始垫付流动资金在终结时的收回等。终结现金流量相对于初始现金流量而言，初始现金流量表现为净流出，而终结现金流量则表现为净流入。

(二) 现金流量按流动方向的划分

现金流量按其流动方向，可划分为现金流入量、现金流出量和现金净流量3项内容。

1. 现金流入量

现金流入量是指投资项目实施后在项目计算期内所引起的公司现金收入的增加额，简称现金流入。它包括以下几个方面的内容。

(1) 营业收入。营业收入是指项目投产后每年实现的全部营业收入。为简化核算，假定正常经营年度内每期发生的赊销额和回收的应收账款大致相等，即全部营业收入均可看作是现金营业收入。营业收入是经营期内主要的现金流入量项目。

(2) 固定资产的余值。固定资产的余值是指投资项目的固定资产在终结点报废清理时的残值收入，或转让时的变价收入。

(3) 回收流动资金。回收流动资金是指投资项目在项目计算期结束时，收回的原来投放在各种流动资产上的营运资金。

注：固定资产的余值和回收流动资金统称为回收额。

(4) 其他现金流入量。其他现金流入量是指除上述项目以外的现金流入量项目。

2. 现金流出量

现金流出量是指投资项目引起的公司现金支出的增加额，简称现金流出。它包括以下几个方面的内容。

(1) 建设投资或更改投资。建设投资或更改投资是指项目投资过程中发生的固定资产投资、无形资产投资、开办费投资等发生的投资额。

(2) 垫支的流动资金。垫支的流动资金是指投资项目建成投产后为开展正常经营活动而投放在流动资产上的营运资金投资额，它是项目投产前后投放于投资项目的营运资金。

注：建设投资和垫支的流动资金合称为项目的原始总投资。

(3) 经营成本。经营成本是指公司投资项目投产后在生产经营期内为满足正常生产经营需要而发生的用现金支付的成本费用，不包括折旧和摊销等费用。它是生产经营期内最主要的现金流出量。

(4) 所得税支出。所得税支出是指项目投产后的收益中应支付给国家的所得税税额。

(5) 其他现金流出量。其他现金流出量是指除上述项目以外的其他各项现金流出项目。

3. 现金净流量

现金净流量(记作NCF)，又可称净现金流量，是指投资项目在项目计算期内现金流入量和现金流出量之间的差额，它是计算投资项目中投资决策评价指标的重要依据。现金净流量的计算一般以年度为单位进行。

现金净流量的计算公式为：

$$现金净流量(NCF)=年现金流入量-年现金流出量$$

当流入量大于流出量时，净流量为正值；反之，净流量为负值。

根据现金流入量、现金流出量的构成内容和现金净流量的理论计算公式，我们可以得出现金净流量结合项目计算期的分期简化计算公式。

(1) 建设期内现金净流量。

$$NCF_S=-该年原始投资额(固定资产投资+无形资产投资+其他资产投资+流动资金投资)$$

由于在建设期没有现金流入量，所以建设期的现金净流量总为负值。

(2) 经营期内现金净流量。

$$NCF_P=营业收入-付现成本-所得税 \tag{8-1}$$
$$=营业收入-(总成本-折旧额)-所得税$$
$$=营业利润-所得税+折旧$$
$$=净利润+折旧 \tag{8-2}$$
$$=(营业收入-付现成本-折旧)\times(1-所得税税率)+折旧$$
$$=(营业收入-付现成本)\times(1-所得税税率)+折旧\times所得税税率 \tag{8-3}$$

式(8-1)是根据现金流量的定义计算的。折旧是一种非付现成本，在总成本中抵扣非付现成本后称为付现成本。付现成本与所得税一起是现金的支付，表现为现金流出，应当作为每年营业现金流入的减项。式(8-2)是根据年末营业结果计算的。公司每年营业现金增加来自增加的净利和提取的折旧。这里的折旧是指广义的折旧，包括本项目固定资产折旧再加上本项目相关长期资产的摊销和减值准备的提取等。折旧是一种现金来源，它以现金形式从营业收入中扣回，留用在公司里。式(8-3)是根据所得税对收入和折旧的影响计算的。收入的增加会增加税负，最终形成现金流出量的增加；折旧的增加会减少税负，最终形成现金流出量的减少。上述3个计算公式均可互为前提进行推导而得到，所以其实际计算结果相等。

(3) 经营期终结现金净流量。

$$NCF_n = 营业现金净流量 + 回收额$$

在投资项目寿命期满的最后那一年，除了当年产生的营业现金净流入之外，还将发生两项终结回收的现金流入量：一是固定资产出售或报废时的变价收入或净残值收入；二是原先垫付流动资金的收回，这笔资金垫付的使命结束，收回后可再用于别处。

三、现金流量估算的原则和相关假设

(一) 估算原则

1. 实际现金流量原则

实际现金流量原则是指计量投资项目的成本和收益时，采用现金流量而不用会计利润。

现金流量以收付实现制为基础，比会计利润更具刚性，它不会随着会计处理方法的变化而变化，乃至想要造假也很难。而会计利润的计算包含了一些非现金因素，如折旧费在会计上作为一种费用抵减了当期的收益，但这种费用并没有发生实际的现金支出，只是账面记录而已，因此在现金流量分析中，折旧应加回到收益中。会计利润在很大程度上会受到存货估价、费用摊配和折旧计提等方面不同方法的影响，一定程度上存在主观随意性。也就是说，会计利润不仅与公司的经营活动有关，还取决于所选择的会计政策与方法；而现金流量净额则是公司经营活动的沉淀，不受会计政策与方法选择的影响，因而更具客观性和准确性。

实际现金流量原则的另一个含义是项目未来的现金流量必须用预计未来的价格和成本来计算，而不是用现在的价格和成本计算，考虑资金的时间价值。由于投资项目的时间跨度大，所以其投资的资金时间价值作用和影响是不容忽视的。现金流量反映了预期每笔收入与支出款项的具体发生时间，并以此为基础进行的有关投资项目指标计算就能很好地反映时间价值因素。

2. 增量现金流量原则

现金流量的预测要建立在增量或边际的概念基础上。只有增量现金流量才是与投资项目相关的现金流量。增量现金流量是指接受或拒绝某个投资项目时，公司总的现金流量因此而发生的变动，而不仅仅是该项目的现金流量所发生的变动。只有那些因采纳某个项目而引起的整个公司的现金流入增加额，才是该项目的现金流入；只有那些因采纳某个项目引起的整个公司现金流出增加额，才是该项目的现金流出。为了正确计算投资方案的增量现金流量，需要正确判断哪些因素会引起现金流量的变动，哪些因素不会引起现金流量的变动。在判断增量现金流量时，要注意以下几个方面的问题。

(1) 关联效应。在估计项目现金流量时，要以投资对公司所有经营活动产生的整体效果为基础进行分析，而不是孤立地考察新上项目。例如，长城公司决定开发一种新型挖掘机，预计该设备上市后，销售收入为5 000万元，但会冲击原来的普通型挖掘机，使其销售收入减少700万元。因此，在投资分析时，新型挖掘机的增量现金流入量从公司全局的角度应计为4 300(5 000-700)万元，而不是5 000万元。

需要注意的是，不能将市场变化如竞争对手生产和销售这种新型挖掘机而挤占了该公司普通挖掘机的销售纳入这种关联效应中来，因为无论公司是否生产和销售新型挖掘机，这种损失都会发生，它们属于与项目无关的成本。

与此相反，某些新项目可能有助于其他项目的发展。例如，某旅游公司准备开辟A、B两地之间的旅游线路，假设这两地之间的旅游线路开通后，能使该公司B、C两地之间的旅游业务量增加，从而使B、C这条旅游线路收益增加，这种增加的效益对A、B旅游线路的投资来说是一种间接效益，在评价A、B旅游线路投资收益时，应考虑这种关联效应。

(2) 沉没成本。沉没成本是指过去已经发生，无法由现在或将来的任何决策所能改变的成本。在投资决策中，沉没成本属于决策无关成本，因此在决策中不予考虑。例如，长城公司在2015年打算建造一条新生产流水线，请了一个咨询公司进行可行性分析，为此支付了10万元的咨询费。后来由于种种原因，该项目没有实施。当2016年再次进行该项投资分析时，该笔咨询费就是沉没成本。因为这笔支出已经发生，无论公司是否决定现在投资建造该生产流水线，它都无法收回，因此它与公司未来的现金流量无关。如果将沉没成本纳入投资成本总额中，则原本有利的投资项目可能会变得无利可图，从而造成决策失败。一般来说，大多数沉没成本是与研究开发及投资决策前进行市场调查有关的成本。

(3) 机会成本。在投资方案的选择中，如果选择了一个投资方案，则必须放弃投资于其他途径的机会。其他投资机会可能取得的收益是实行该方案的一种代价，被称为该项投资方案的机会成本。例如，某投资项目需在公司所有的一块土地上建造厂房，如果将该土地出售，可获净收入3 000万元。由于用于建造厂房，公司丧失这3 000万元的土地变现收入，这部分丧失的收入就是建造厂房的机会成本，是该项目投资总成本的组成之一。机会成本不是实际发生的成本，而是失去的潜在收益。机会成本总是针对具体方案的，离开被放弃的方案就无从计量确定。机会成本在决策中的意义在于，它有助于全面考虑可能采取的各种方案，以便为既定资源寻求最为有利的使用途径。

3. 税后原则

公司取得收益后必须以税收形式让国家无偿参与收益分配，在评价投资项目时所使用的现金流量应当是税后现金流量，因为只有税后现金流量才与投资者的利益相关。作为项目投资分析依据的是税后现金流量，而不是税前现金流量。一个不考虑所得税的项目可能是个很好的项目，但考虑所得税后可能就变成不可取了。在各种现金流量中，项目的营业现金流量是受所得税影响最大的。又由于所得税的大小取决于利润的大小和税率的高低，而利润大小又受折旧方法的影响，因此，折旧对现金流量产生影响的原因也是受所得税的影响。

(二) 相关假设

为克服估算投资项目现金流量的困难，简化现金流量的计算过程，除应把握上述的原则外，还有一些必须明确的相关假设和约定。

1. 投资项目类型假设

假设投资项目只包括单纯固定资产投资项目、完整工业性投资项目和更新改造投资项目3种类型。

2. 财务可行性分析假设

假设投资决策是从公司投资者的立场出发，投资决策者确定现金流量就是为了进行财务项目可行性研究，该项目已经具备技术可行性和经济可行性。

3. 投资项目全投资假设

通常在评价和分析投资项目的现金流量时，站在公司投资者的立场上，考虑全部投资的运动情况，将投资决策与融资分开，假设全部投入资金都是公司的自有资金即全投资设定，而不具体区分自有资金和借入资金等具体形式的现金流量。实际上，在对项目现金流量进行折现时，采用的折现率已经隐含了该项目的融资成本(计入项目的资本化利息除外)，若将项目投入使用后的利息支出计入该期现金流出量，那就出现了重复计算，所以，无论项目投资的资金是权益资金还是债务资金，这样设定才具有一致性和可比性。

4. 经营期与折旧年限一致假设

假定项目主要固定资产的折旧年限或使用年限与经营期相同。

5. 流量时点设定

为便于利用货币时间价值的形式，现金流量无论是流入还是流出，都设定为只发生在年初或年末两个时点上。如建设投资都假定在建设期内有关年度的年初或年末发生，垫付流动资金是在项目建设期末发生，营业现金流入确认于年末实现，终结回收发生在项目经营期结束时等。

项目现金流量的估算是一件复杂而重要的工作，需要公司各相关部门的参与，充分发挥公司各相关部门的信息优势。如营销部门测算收入和市场竞争变化后果；产品开发和技术部门测算投资项目的研制费用、设备购置、厂房建筑等投资支出；生产和成本部门测算生产成本，如原材料采购成本、生产工艺安排、产品成本等。财务部门一是要为估算建立共同的基本假设条件，如物价水平、贴现率、可供资源的限制条件等；二是要协调参与预测工作的各方人员，使之能相互衔接与配合，防止预测者因个人偏好或部门利益而高估或低估收入和成本。

四、现金流量估算举例

(一) 单纯固定资产投资项目现金流量的测算

【例8-2】长城公司拟购建一项固定资产，需在建设起点一次投入资金500万元，按直线法折旧，使用寿命5年，期末有100万的净残值。建设期为一年，预计投产后每年营业收入为240万元，每年付现成本为80万元。假定企业的所得税税率为25%。试计算该方案的现金流量。

【分析】依题意计算有关指标如下。

$$年折旧 = \frac{固定资产原值-净残值}{固定资产使用年限} = \frac{500-100}{5} = 80(万元)$$

项目计算期=建设期+运营期=1+5=6(年)

建设期某年净现金流量=-该年发生的固定资产投资

$NCF_0 = -500(万元)$

$NCF_1 = 0(万元)$

运营期某年净现金流量=净利润+年折旧=(营业收入-付现成本)×(1-所得税税率)+折旧×所得税税率=(营业收入-付现成本-折旧)×(1-所得税税率)+折旧

$NCF_{2-5} = (240-80)×(1-25\%)+80×25\% = 140(万元)$

终结点净现金流量=营业现金净流量+回收额

$NCF_6 = 140+100 = 240(万元)$

下面先用表8-1计算该方案的营业现金流量,再结合初始现金流量和终结现金流量编制该方案的全部现金流量表,如表8-2所示。

表8-1 营业现金流量计算表

单位:万元

时 间	1	2	3	4	5
营业收入(1)	240	240	240	240	240
付现成本(2)	80	80	80	80	80
折旧(3)	80	80	80	80	80
税前利润(4)	80	80	80	80	80
所得税(5)=(4)×25%	20	20	20	20	20
税后净利(6)=(4)-(5)	60	60	60	60	60
营业现金流量(7)=(1)-(2)-(5)=(3)+(6)	140	140	140	140	140

表8-2 现金流量计算表

单位:万元

时 间	0	1	2	3	4	5	6
固定资产投资	-500	0					
营业现金流量			140	140	140	140	140
净残值收入							100
现金流量合计	-500	0	140	140	140	140	240

(二) 完整的投资项目流量的测算

【例8-3】长城公司正考虑购入一种新设备来扩充生产能力,现有甲、乙两个方案可供选择。

甲方案为购买半自动化的设备,需投资40万元,使用寿命为5年,采用直线法折旧,5年后设备无残值,5年中每年营业收入为24万元,每年的付现成本为8万元。

乙方案为购置全自动化的设备,需投资48万元,采用直线法折旧,使用寿命也为5年,5年后有8万的残值收入,5年中每年营业收入32万元,付现成本为第1年12万元,以后随着设备陈旧，维修费逐年将增加1.6万元，另外在第一年初需垫支营运资金2万元。

企业的所得税税率均为25%。试计算两个方案的现金净流量。

【分析】依题意有关指标计算如下。

甲方案：

年折旧 $=\dfrac{40}{5}=8(万元)$

项目计算期$=0+5=6(年)$

$NCF_0=-40(万元)$

$NCF_{1-5}=(24-8-8)\times(1-25\%)+8=14(万元)$

乙方案：

年折旧 $=\dfrac{48-8}{5}=8(万元)$

项目计算期$=0+5=6(年)$

$NCF_0=-(48+2)=-50(万元)$

$NCF_1=(32-12-8)\times(1-25\%)+8=17(万元)$

$NCF_2=(32-13.6-8)\times(1-25\%)+8=15.80(万元)$

$NCF_3=(32-15.2-8)\times(1-25\%)+8=14.60(万元)$

$NCF_4=(32-16.8-8)\times(1-25\%)+8=13.40(万元)$

$NCF_5=(32-18.4-8)\times(1-25\%)+8+8+2=22.20(万元)$

表8-3计算甲、乙两方案的营业现金流量，表8-4反映甲、乙两方案的现金流量计算表。

表8-3　投资项目营业现金流量计算表

单位：万元

时　间	1	2	3	4	5
甲方案：					
营业收入(1)	24	24	24	24	24
付现成本(2)	8	8	8	8	8
折旧(3)	8	8	8	8	8
税前利润(4)	8	8	8	8	8
所得税(5)=(4)×25%	2	2	2	2	2
税后净利(6)=(4)-(5)	6	6	6	6	6
营业现金流量(7)=(1)-(2)-(5)=(3)+(6)	14	14	14	14	14
乙方案：					
营业收入(1)	32	32	32	32	32
付现成本(2)	12	13.6	15.2	16.8	18.4
折旧(3)	8	8	8	8	8
税前利润(4)	12	10.4	8.8	7.2	5.6
所得税(5)=(4)×25%	3	7.8	2.2	1.8	1.4
税后净利(6)=(4)-(5)	9	6	6.6	5.4	4.2
营业现金流量(7)=(1)-(2)-(5)=(3)+(6)	17	15.8	14.6	13.4	12.2

表8-4 投资项目现金流量计算表

单位：万元

时间	0	1	2	3	4	5
甲方案：						
固定资产投资	-40					
营业现金流量		14	14	14	14	14
现金净流量	-40	14	14	14	14	14
乙方案：						
固定资产投资	-48					
垫支流动资金	-2					
营业现金流量		17	15.8	14.6	13.4	12.2
净残值收入						8
营运资金回收						2
现金净流量	-50	17	15.8	14.6	13.4	22.2

(三) 固定资产更新改造项目现金流量的测算

【例8-4】 长城公司考虑用一台全自动化的新设备来代替原半自动化的旧设备，以提高效率。

旧设备原购置成本为12万元，使用5年，估计还可使用5年，已提折旧6万元，假定使用期满后无残值。如果现在销售可得价款6万元，使用该设备每年可获收入15万元，每年的付现成本为9万元。

该公司现准备用一台新设备来代替原有的旧设备，新设备的购置成本为18万元，估计可使用5年，期满残值收入3万元。使用新设备后，每年收入可达24万元，每年付现成本为12万元。

企业的所得税率为25%，新、旧设备均采用直线法计提折旧。试分别计算继续使用旧设备方案和更新方案的现金流量。

【分析】 依题意有关指标计算如下。

继续使用旧设备：

年折旧$=\dfrac{6}{5}=1.2$(万元)

项目计算期$=0+5=6$(年)

$NCF_0=-6$(万元)

$NCF_{1-5}=(15-9-1.2)\times(1-25\%)+1.2=4.8$(万元)

更换新设备：

年折旧$=\dfrac{18-3}{5}=3$(万元)

项目计算期$=0+5=6$(年)

$NCF_0=-18$(万元)

$NCF_{1-4}=(24-12-3)\times(1-25\%)+3=9.75$(万元)

$NCF_5=9.75+3=12.75$(万元)

表8-5计算两方案的营业现金流量,表8-6反映两方案的现金流量计算表。

表8-5 投资项目营业现金流量计算表

单位:万元

时间	1	2	3	4	5
继续使用旧设备:					
营业收入(1)	15	15	15	15	15
付现成本(2)	9	9	9	9	9
折旧(3)	1.2	1.2	1.2	1.2	1.2
税前利润(4)	4.8	4.8	4.8	4.8	4.8
所得税(5) =(4)×25%	1.2	1.2	1.2	1.2	1.2
税后净利(6) =(4)−(5)	3.6	2.88	2.88	2.88	2.88
营业现金流量(7)=(1)−(2)−(5)=(3)+(6)	4.8	4.8	4.8	4.8	4.8
更换新设备:					
营业收入(1)	24	24	24	24	24
付现成本(2)	12	12	12	12	12
折旧(3)	3	3	3	3	3
税前利润(4)	9	9	9	9	9
所得税(5) =(4)×25%	2.25	2.25	2.25	2.25	2.25
税后净利(6) =(4)−(5)	6.75	6.75	6.75	6.75	6.75
营业现金流量(7)=(1)−(2)−(5)=(3)+(6)	9.75	9.75	9.75	9.75	9.75

表8-6 投资项目现金流量计算表

单位:万元

时间	0	1	2	3	4	5
继续使用旧设备:						
固定资产投资	−6					
营业现金流量		4.8	4.8	4.8	4.8	4.8
现金净流量	−6	4.8	4.8	4.8	4.8	4.8
更换新设备:						
固定资产投资	−18					
营业现金流量		9.75	9.75	9.75	9.75	9.75
净残值收入						3
现金净流量	−18	9.75	9.75	9.75	9.75	12.75

第三节 投资决策评价指标

一、投资决策评价指标及其类型

项目投资时间跨度大,贯穿于公司整个存续期,它是公司生存和发展的基础。项目投资决策是所有决策中最重要的决策,因此对项目投资方案进行可行性分析显得尤其重要。投资决策指标是评价投资方案是否可行或优劣的标准。从财务评价的角度,投资决策指标主要包括投资回收期、投资收益率、净现值、净现值率、获利指数、内部收益率。投资决策评价指标可以按以下标准进行分类。

(一) 按照是否考虑资金时间价值来分类

按照是否考虑资金时间价值来分类,可分为非贴现现金流量指标和贴现现金流量指标。非贴现现金流量指标又称静态指标,是指在决策时不考虑资金的时间价值,认为不同时期的现金流量的价值是相等的,可以直接相加减和比较的指标。非贴现现金流量指标的最大优点是计算简单,包括投资回收期和投资收益率两种指标。

贴现现金流量指标又称动态指标,是指在决策时要考虑货币时间价值的要求,将投资项目的现金流量按某一基础折算成同一时期点的量,再对投资支出和各年现金流量的大小进行比较,以确定方案可行性的指标。由于贴现现金流量指标考虑了货币时间价值这一因素,与非贴现现金流量指标相比较而言,准确度更高,客观性更强,能较好地反映投资项目或投资方案的优劣。常用的贴现现金流量指标有净现值、净现值率、获利指数和内含报酬率。

(二) 按指标性质不同来分类

按指标性质不同,可分为正指标和反指标两大类。正指标表示在一定范围内越大越好的指标,如投资利润率、净现值、净现值率、获利指数、内部收益率。反指标表示在一定范围内越小越好的指标,如投资回收期。

(三) 按照数据特征来分类

按照数据特征来分类,可分为绝对数指标和相对数指标。前者包括以时间为计量单位的投资回收期和以价值量为计量单位的净现值指标。后者包括投资利润率、净现值率、获利指数、内部收益率、投资报酬率等。

二、非贴现现金流量指标

(一) 投资回收期

1. 投资回收期的含义与计算

投资回收期是指投资项目收回原始总投资所需要的时间,即用投资项目产生的经营净现金流量逐渐抵偿原始投资支出,从而使投资支出正好全部收回所经历的时间长度,它一般以年度为单位。它有包括建设期的投资回收期(记作PP)和不包括建设期的投资回收期(记作PP′)两种形式。

投资回收期法就是以投资回收的时间长短作为评价和分析项目可行性标准的一种方法。一般而言,投资者总是希望尽快地收回投资,即投资回收期越短越好。

投资回收期的计算,因每年的现金净流量是否相等而有所不同,其计算分为两种情况。

(1) 若每年现金净流量相等。

如果投资方案各年的现金流量相等,投资回收期可以直接用投资总额除以年现金净流量来计算,其计算公式为:

$$\text{不包括建设期的投资回收期(PP′)} = \frac{\text{原始总投资}}{\text{投产后若干年相等的净现金流量}}$$

包括建设期的投资回收期(PP)=不包括建设期的回收期+建设期

【例8-5】 在【例8-3】的资料中，甲方案各年现金净流量均为14万元，原始投资成本为40万元，假定建设期为0，则甲方案的投资回收期为：

$$PP_{甲}=\frac{40}{14}=2.86(年)$$

(2) 若每年现金净流量不等。

如果投资方案各年的现金净流量不等，则可用累计现金净流量的方法来确定包括建设期的投资回收期，进而再推算出不包括建设期的投资回收期。因为不论在什么情况下，都可以通过这种方法来确定投资回收期，因此，此法又称为计算投资回收期的一般方法。该方法的原理是，按照回收期的定义，包括建设期的投资回收期(PP)满足以下关系式：

$$\sum_{t=0}^{PP} NCF_t = 0$$

这表明在投资项目现金流量表的"现金净流量"一行中，包括建设期的投资回收期(PP)恰好是累计现金净流量为零的年限。如果无法在"现金净流量"行中找到累计现金流量为零的年份，必须按下式计算包括建设期的投资回收期(PP)：

包括建设期的投资回收期(PP) = 最后一项为负值的累计净现金流量对应的年数 + $\dfrac{最后一项为负值的累计净现金流量绝对值}{下年净现金流量}$

或 = 累计净现金流量第一次出现正值的年份 − 1 + $\dfrac{该年初尚未回收的投资}{该年净现金流量}$

【例8-6】 在【例8-3】的资料中，乙方案初始投资成本为50万元，经营期的5年内，各年现金净流量不相同，分别为：

年　度	1	2	3	4	5
现金净流量	17	15.8	14.6	13.4	22.20

因此，乙方案计算投资回收期的方法与甲方案不同。只能用逐年获得的净现金流量补偿初始的投资总额，直到累计现金净流量为0为止，计算出投资回收期，计算过程如表8-7所示。

表8-7　乙方案投资回收期计算表

单位：万元

时　间	每年现金净流量	累计现金净流量
0	−50	−50
1	17	−33
2	15.8	−17.2
3	14.6	−2.6
4	13.4	10.8
5	22.2	33

从表8-7可以看出，累计到第3年的现金净流量为−2.6万元，累计到第4年的现金净流量为10.8万元，则乙方案的投资回收期应在3至4年之间，乙方案的投资回收期可用公式计算

来计算：

PP=3+2.6/13.4=3.19(年)

2. 投资回收期的评价

投资回收期是一个非贴现的绝对数反指标。在评价方案的可行性时，包括建设期的投资回收期比不包括建设期的投资回收期的用途更为广泛。运用投资回收期法进行投资决策时，首先要确定一个公司能够接受的期望投资回收期，然后用投资方案的投资回收期与期望投资回收期比较。只有实际的投资回收期小于期望投资回收期时，方可接受该投资回收期最短的为最优方案。在此例中，若仅以投资回收期为评价标准，则应选择甲方案。

投资回收期法是一种使用很早、很广泛的投资决策方法。它的优点是能够直观地反映原值总投资的收回期限，便于理解，计算也比较简单，可以直接利用回收期之前的净现金流量信息。其缺点是没有考虑资金时间价值因素和回收期满后继续发生的现金流量，不能正确反映投资方式不同对项目的影响。所以，单独使用投资回收期进行投资项目评价难免有得出错误结论的可能性。投资回收期现在一般作为辅助方法使用，主要用来测定方案的流动性和营利性。

(二) 投资利润率

1. 投资利润率的含义与计算

投资利润率又称投资报酬率(记作ROI)，是指投产期内每年的现金净流量或年均现金净流量占投资总额的百分比。其计算公式为：

$$投资利润率(ROI)=\frac{年利润或年均利润}{投资总额}\times100\%$$

【例8-7】根据【例8-3】的资料，甲方案各年现金净流量均为14万元，原始投资成本为40万元。乙方案初始投资成本为50万元，经营期间各年现金净流量不相同，分别为：

年 度	1	2	3	4	5
现金净流量	17	15.8	14.6	13.4	22.20

$$甲方案的投资利润率(ROI_甲)=\frac{14}{40}\times100\%=35\%$$

$$乙方案的投资利润率(ROI_乙)=\frac{(17+15.8+14.6+13.4+22.2)/5}{50}\times100\%=33.2\%$$

2. 投资利润率的评价

投资利润率是一个非贴现的相对数正指标。运用投资利润率法进行决策时，首先要确定公司的期望报酬率以作为衡量评价的标准。在单个方案的可行性分析时，只要该投资方案的投资利润率大于公司的期望报酬率，就可接受；反之拒绝。在多个方案比选时，以满足期望报酬率要求的方案中投资利润率最高的方案为最优方案。例8-7中，甲方案显然优于乙方案，按投资利润率标准不难选择，应选择甲方案。

投资利润率的优点是计算公式简单；其缺点是没有考虑资金时间价值因素，不能正确反映建设期长短及投资方式不同和回收额的有无对项目的影响，分子、分母计算口径的可比性较差，无法直接利用净现金流量信息。

三、贴现现金流量指标法

(一) 净现值

1. 净现值的含义与计算

净现值(记作NPV)，是指在项目计算期内，投资项目按设定折现率或基准收益率计算的各年净现金流量现值的代数和。事实上，项目各年现金净流量在初始投资阶段是负值，即净流出；而在项目投产运营直至项目终结阶段是正值，即净流入。因此，净现值的计算也表现为投资项目现金净流入的现值与现金净流出的现值之间的净差额，故称净现值。净现值法就是按投资项目的净现值大小来分析投资方案的经济效益，评价和选择投资方案的方法。一般而言，净现值越大，投资项目或方案的效益越好，反之亦然。净现值的计算公式为：

$$净现值(NPV)=\sum_{t=0}^{n}[NCF_t \times (P/F, i, t)]$$

式中：n为项目投资计算期；

$(P/F, i, t)$为第t年折现率为i的复利现值系数。

【例8-8】根据【例8-3】的资料，甲方案各年现金净流量均为14万元，原始投资成本为40万元。乙方案初始投资成本为50万元，经营期间各年现金净流量不相同，分别为：

年 度	1	2	3	4	5
现金净流量	17	15.8	14.6	13.4	22.2

假设预定的贴现率为10%，计算甲乙两个方案的净现值。

方案甲：每年的现金净流量相等，可以将上式转换成年金形式，其净现值为

$$NPV_甲 = 14 \times (P/A, 10\%, 5) - 40$$
$$= 14 \times 3.790\ 8 - 40$$
$$\approx 13.07(万元)$$

方案乙：每年的现金净流量不相等，用各年的复利现值系数将现金净流量折合成现值，其净现值为

$$NPV_乙 = 17 \times (P/F, 10\%, 1) + 15.8 \times (P/F, 10\%, 2) + 14.6 \times (P/F, 10\%, 3) +$$
$$13.4 \times (P/F, 10\%, 4) + 22.20 \times (P/F, 10\%, 5) - 50$$
$$= 17 \times 0.909\ 1 + 15.8 \times 0.826\ 4 + 14.6 \times 0.751\ 3 + 13.4 \times 0.683\ 0 + 22.2 \times 0.620\ 9 - 50$$
$$\approx 62.42 - 50$$
$$\approx 12.42(万元)$$

2. 净现值的评价

在投资项目评价中，关键是折现率的选择，实务中通常以投资项目的资金成本率、投资的机会成本和行业平均收益率等作为折现率。

净现值是贴现的绝对数正指标。运用净现值法对投资项目进行决策的一般标准是：只要投资项目的净现值大于或等于零就是可行的，应接受该方案；若其净现值小于零就不可行，应拒绝该方案。如果有多个方案进行比选，则应以净现值最大正值者作为首选。在例8-8中，甲、乙两个方案的净现值均为正值，都是可行方案，但因为甲方案的净现值更大，所以应选甲方案。

净现值法是投资决策评价方法最基本的方法，它具有广泛的适用性，在理论上也比其他方法更完善。它的优点是：首先，净现值考虑了资金时间价值，增强了投资经济型的评价；其次，净现值指标是一个绝对数指标，其好处在于能明确地反映出从事一项投资会使公司增值或减值的数额大小，从而为公司提供是否增加公司价值的有用信息。

净现值法也存在不足，其缺点主要表现在：①净现值指标没能反映投资方案所能达到的实际投资报酬率究竟是多少，所以，依据净现值的大小不能对投资获利水平得出正确判断，而必须结合其他方法作出分析评价；②净现值法是依据净现值绝对数大小分析投资方案，但是如果存在几个初始投资额不同的方案，就无法利用净现值指标说明各方案的优劣；③净现值的大小与给定的贴现率反向变化，而合理确定贴现率比较困难。如果选择的贴现率过低，则会导致一些经济效益差的项目得以通过，造成社会资源的浪费；相反也是同样的道理。

(二) 净现值率

1. 净现值率的含义与计算

净现值率(记作NPVR)，是指投资项目的净现值占原始投资现值总和的比率，亦可将其理解为单位原始投资的现值所创造的净现值。

净现值率的计算公式为：

$$净现值率(NPVR) = \frac{项目的净现值}{原始投资的现值合计}$$

【例8-9】有关数据资料见【例8-8】，要求计算两个方案的净现值率。

方案甲：净现值$NPV_甲$=13.07万元，初始投资现值为40万元，则

$$净现值率\ NPVR_甲 = \frac{13.07}{40} = 0.33$$

方案乙：净现值$NPV_乙$=12.42万元，初始投资现值为50万元，则

$$净现值率\ NPVR_乙 = \frac{12.42}{50} = 0.25$$

2. 净现值率的评价

净现值率是贴现的相对数正指标，反映了投入与产出的关系。运用净现值率对投资项目进行决策的一般标准是：如果投资项目的净现值率大于或等于零，该方案可行；如果投资项目的净现值率小于零，该方案不可行；如果几个投资项目的净现值率都大于零，则净现值率最大者方案最优。例8-9中，根据计算结果可知，甲方案的净现值率比乙方案的要大，故甲方案为最佳方案。

净现值率指标的优点是除综合考虑了资金时间价值、项目计算期的全部现金净流量和部分投资风险外，还从动态的角度反映了项目投资的资金投入和净产出之间的关系，计算过程也比较简单，较适宜多种投资额不等方案的决策评价。其缺点是无法直接反映投资项目的实际收益率水平。

(三) 获利指数

1. 获利指数的含义与计算

获利指数(记作PI)又称现值指数，是指投产后按基准收益率或设定折现率折算的各年

净现金流量的现值合计与原始投资的现值合计之比。

获利指数的计算公式为:

$$获利指数(PI) = \frac{投产后各年净现金流量的现值合计}{原始投资的现值合计}$$

或 $=1+$净现值率

【例8-10】根据【例8-8】中的现金流量资料和净现值资料,计算两方案的获利指数,以及验证获利指数和净现值率之间的关系。

(1) 计算现值指数。

方案甲:现值指数$PI_甲 = \frac{53.07}{40} = 1.33$

方案乙:现值指数$PI_乙 = \frac{62.42}{50} = 1.24$

(2) 获利指数和净现值率的关系验证。

依据【例8-9】中的计算,方案甲净现值率$NPVR_甲 = 0.33$,方案乙净现值率$NPVR_乙 = 0.25$,而方案甲的现值指数$PI_甲 = 1.33$,方案乙的现值指数$PI_乙 = 1.24$,可以很清楚看出,$1+NPVR=PI$。

2.获利指数的评价

获利指数亦是贴现的相对数正指标,亦反映了投入和产出的关系。获利指数法的评价标准是:投资方案的获利指数大于或等于1,说明投资方案可行,应予接受;投资方案的获利指数小于1,说明投资方案不可行,应予拒绝。在多个方案中进行优选时,应在满足获利指数大于1的方案中选择获利指数最大的方案。例8-10中,甲、乙两个方案的现值指数均大于1,但甲方案的获利指数大于乙方案的,故应选甲方案。

现值指数法和净现值法的本质是相同的,一个方案的净现值大于等于0,则其现值指数必定大于等于1;反之亦然。现值指数是用相对数表示的,它有利于在原始投资额不同的投资方案之间进行对比。在面对多个相互独立的投资方案进行优劣排序选择时,使用获利指数为决策标准有利于资金投入总效益发挥至最大。这也是在使用净现值法的同时又使用获利指数法的原因。获利指数的优点是可以从动态的角度反映项目的资金投入与总产出之间的关系;其缺点是除了无法直接反映投资项目的实际收益率外,计算也相对复杂。

(四) 内部收益率

1.内部收益率的含义与计算

内部收益率(记作IRR),又称内含报酬率,是指项目投资实际可望达到的收益率,也就是使投资项目的净现值等于零时的折现率。IRR满足下面的等式:

$$\sum_{t=0}^{n}[NCF_t \times (P/F, IRR, t)] = 0$$

求解得出上式IRR值,即为内含报酬率。在实际计算求解中,根据各年现金净流量是否相等,而采用不同的方法。

(1) 经营期内每年的现金净流量相等。

经营期内每年的净现金流量相等时,则每年NCF可以表现为普通年金的形式,可以直接利用年金现值系数然后再用内插法便可计算出内部收益率。此种情况的计算相对容易一

些,故该方法又称为简便算法。在此法下,内部收益率IRR可按下式确定:

$$(P/A, \text{IRR}, N) = \frac{I}{\text{NCF}}$$

式中:I为原始总投资;$(P/A,\text{IRR},n)$是n期、设定折现率为IRR的年金现值系数;NCF为投产后1~n年每年相等的净现金流量。

该方法的具体计算程序如下:

① 按上式计算$(P/A,\text{IRR},n)$的值,假定该值为C;
② 根据计算出来的年金现值系数C,查n年的年金现值系数表;
③ 若在n年系数表上恰好能找到等于上述数值C的年金现值系数$(P/A,\text{IRR},n)$,则该系数所对应的折现率rm即为所求的内部收益率IRR;
④ 若在系数表上找不到事先计算出来的系数值C,则需要找到系数表上同期略大及略小于该数值的两个临界值C_m和C_{m+1}及相对应的两个折现率r_m和r_{m+1},然后用内插法计算近似的内部收益率。即以下关系式成立:

$$(P/A, r_m, n) = C_m > C$$

$$(P/A, r_m+1, n) = C_{m+1} < C$$

可以按下列具体公式计算内部收益率IRR:

$$\text{IRR} = r_m + \frac{C_m - C}{C_m - C_{m+1}} \times (r_{m+1} - r_m)$$

为缩小误差,按照有关规定,r_{m+1}与r_m之间的差不得大于5%。

【例8-11】长城公司有甲乙两个投资方案,经营期均为5年。其中,甲方案的初始投资成本为40万元,经营期间,每年的净现金流量均为12.8万元。乙方案的初始投资成本为50万元,投产后,各年的现金净流量为:

年 度	1	2	3	4	5
现金净流量	15.2	14.24	13.28	12.32	21.36

计算甲方案的内含报酬率。

【分析】甲方案在经营期内每年的净现金流量相等,可以采用简便算法,分步计算如下。

第一步,计算年金现值系数。

$$(P/A, \text{IRR}, 5) = \frac{40}{12.8} = 3.125$$

第二步,用内插法求出内含报酬率。

利用内插法进行计算,查"年金现值系数表",在$n=5$的行中找与3.125对应的年金现值系数,与3.125相邻的年金现值系数为3.127 2和2.990 6,对应的折现率为18%和20%,则该方案的内含报酬率为:

$$\text{IRR}_{甲} = 18\% + \frac{3.127\ 2 - 3.125}{3.127\ 2 - 2.990\ 6} \times (20\% - 18\%) = 18.03\%$$

(2) 经营期内每年的现金净流量不相等。

此种情况下的计算相对比较复杂,一般要采用"逐步测试法"计算。该法是通过计算项目不同设定折现率的净现值,然后根据内部收益率的定义所揭示的净现值与设定折现率的关系，采用一定的技巧，最终设法找到能使净现值等于零的折现率——内部收益率IRR的方法。

它的基本原理是：首先估计一个折现率，用它来计算方案的净现值；其次是判断所估计的折现率是偏大还是偏小，如果净现值为正数，则说明所估计的折现率小于方案的内部收益率，应提高折现率后进行进一步测试；如果净现值为负数，则说明所估计的折现率大于方案的内部收益率，应降低折现率后进一步测试；如果计算的净现值为零，则说明所估计的折现率等于方案的内部收益率。经过多次反复测试，可以找到一个最接近于0的正净现值NPV_m和一个最接近于0的负净现值(NPV_{m+1})以及它们所对应的折现率r_m和(r_m+1)，内含报酬率就介于这两个相邻的贴现率之间。然后，再用插值法计算出该方案的实际内含报酬率，计算公式如下：

$$IRR = r_m + \frac{NPV_m - 0}{NPV_m - NPV_{m+1}} \times (r_{m+1} - r_m)$$

【例8-12】 以【例8-11】中的资料为基础，计算乙方案的内含报酬率。

乙方案每年的净现值不一样，只能采用逐步测试法计算。

由于公司的必要报酬率是投资方案的评价基础。假如估计一个贴现率为15%，得出相应的净现值为0.381 2万元；再估计一个贴现率为16%，得出相应的净现值为-0.828 5万元。于是，可确定内含报酬率处在15%~16%之间，具体计算过程如表8-8所示。

表8-8 乙方案内含报酬率计算表

单位：万元

时间	NCF	测试15%		测试16%	
		复利现值系数	现值	复利现值系数	现值
0	-50	1	-50	1	-50
1	15.2	0.869 6	13.217 9	0.862 1	13.103 9
2	14.24	0.756 1	10.766 9	0.743 2	10.583 2
3	13.28	0.657 5	8.731 6	0.640 7	8.508 5
4	12.32	0.571 8	7.044 6	0.552 3	6.804 3
5	21.36	0.497 2	10.620 2	0.476 2	10.171 6
净现值			0.381 2		-0.828 5

承接上表的测试结果，然后用插值法计算内含报酬率，即

$$IRR = 15\% + \frac{0.381\ 2}{0.381\ 2 + 0.828\ 5} \times (16\% - 15\%) = 15.32\%$$

2. 内部收益率评价

内部收益率是一个折现的相对数正指标。运用内部收益率对投资项目进行评价的一般标准是：如果投资方案的内部收益率大于或等于公司的必要投资报酬率时，可接受该方案；如果投资方案的内部收益率小于公司的必要报酬率时，应拒绝该方案。若对多个方案进行优选，则应在满足内部收益率大于或等于必要报酬率的方案中，选择内部收益率最大的方案即为最优方案。例8-11中，甲、乙两个方案的内部收益率均大于必要报酬率，但甲方案的内部收益率大于乙方案，因此应选择甲方案。

内部收益率反映了投资方案内在的获利水平，如果投资项目的现金流量估计符合客观实际，那么内含报酬率就是真实而可信的。内部收益率法的优点是，注重资金的时间价

值,既可以从动态的角度直接反映投资项目的实际收益水平,又不受基准收益率高低的影响,比较客观;内部收益率的不足之处在于计算比较复杂,特别是某种非常规投资方案如经营期内有追加投资时,各年现金净流量会时为正值、时为负值多次变号,这就会导致出现多个内部收益率,给投资方案的评价和选择带来困难。

第四节 投资决策分析

一、独立方案的投资决策分析

独立方案是指那些互相独立、互不排斥的方案。在独立方案中,选择某一方案并不排斥选择另一方案。独立方案的决策是指对特定投资方案采纳与否的决策,如是否要购入办公电脑、是否要扩建某生产车间、是否要新建一栋厂房等都适用于采纳与否的投资决策。这种投资决策可以不考虑任何其他投资项目是否被采纳,这种投资的收益和成本也不会因其他项目的采纳或否决而受影响。公司既可以全部不接受,也可以接受其中一个,接受多个或者全部接受,方案的取舍取决于项目本身的经济价值。

对于独立方案来说,评价其财务可行性也就是对其作出最终决策的过程。因为对于一组独立方案中的任何一个方案,都存在着"接受"或"拒绝"的选择。只有具备财务可行性的方案,才可以接受;而不具备财务可行性的方案,只能选择拒绝。

独立方案的投资决策,常用的评价指标有净现值、净现值率、获利指数和内部收益率,如果评价指标同时满足以下条件:$NPV \geq 0$,$NPVR \geq 0$,$PI \geq 1$,$IRR \geq i$(基准折现率),则项目具有财务可行性;反之,则不具备财务可行性。事实上,对于独立方案而言,它的NPV大于等于零,即可证明NPVR大于等于零、PI大于等于1和IRR大于等于基准折现率。另外,非贴现现金流量的指标投资回收期和投资利润率可作为辅助指标评价投资项目,但需注意,当辅助指标与主要指标(净现值等)的评价结论出现矛盾时,应当以主要指标的结论为准。

二、多个互斥方案的投资决策分析

互斥方案是指在投资决策时涉及的多个互相关联、互相排斥的方案,即一组方案中各个方案彼此可以相互代替,采纳方案组中的某一方案,就会自动排斥这组方案中的其他方案。因此,互斥方案具有排他性。例如:某一块土地是用于建住宅商品房还是建写字楼的项目选择就属于互斥项目。

对互斥项目进行投资决策分析,就是指在每一个方案已具备财务可行性的前提下,利用具体决策方法在两个或两个以上互相排斥的待选项目之间进行比较,区分它们的优劣,从而最终选择出最优的投资方案。

由于各个备选方案的投资额、项目计算期不一致,因而要根据各个方案的有效期、投资额相等与否,采用不同的方法作出选择。

(一) 互斥方案的投资额、项目计算期均相等

若互斥方案的投资额、项目计算期均相等,则可采用净现值法或内部收益率法。所谓

净现值法，是指通过比较互斥方案的净现值指标的大小来选择最优方案的方法。所谓内部收益率法，是指通过比较互斥方案的内部收益率指标的大小来选择最优方案的方法。净现值或内部收益率最大的方案为最优方案。

【例8-13】 长城公司现有资金1 000万元可用于固定资产项目投资，现有A、B、C、D 4个互相排斥的备选方案可供选择，这4个方案的投资总额均为1 000万元，项目计算期均为5年，贴现率为10%，经过计算，4个方案的净现值指标和内部收益率如下：

NPV_A=104.8(万元)，IRR_A=15.34%

NPV_B=153.5(万元)，IRR_B=17.52%

NPV_C=-10.5(万元)，IRR_C=8.57%

NPV_D=75.23(万元)，IRR_D=12.2%

【要求】 决策应选择哪个方案。

【分析】 因为方案C的净现值为-10.5万元，小于零，内部收益率为8.57%，小于贴现率，不具备财务可行性，可排除在外。

方案A、B、D三个备选方法的净现值均大于零，且内部收益率均大于折现率，故此三个方案具有财务可行性。

按净现值比较决策，$NPV_B > NPV_A > NPV_D$，则B方案为最优，A方案其次，D方案最差。

按内部收益率比较决策，$IRR_B > IRR_A > IRR_D$，则B方案为最优，A方案其次，D方案最差。

(二) 互斥方案的投资额不相等，项目计算期相等

当互斥方案的投资额不相等但项目计算期相等时，可以采用差额法。所谓差额法，是指在两个投资总额不同方案的差量现金净流量(记作△NCF)的基础上，计算出差额净现值(记作△NPV)或差额内部收益率(记作△IRR)，并据以判断最佳方案的方法。

在此法下，一般以投资额大的方案减去投资额小的方案，当△NPV≥0或△IRR≥i(基准折现率)时投资额大的方案较优；反之，则投资额小的方案较优。该方法常用于更新改造项目的投资决策中。

差额净现值△NPV或差额内部收益率△IRR的计算过程和计算技巧同净现值NPV和内部收益率IRR完全一样，只是所依据的是△NCF。

【例8-14】 长城公司进行继续使用旧设备方案和更新方案的决策，假设相关方案的现金净流量如表8-9所示。

表8-9　设备更新方案的现金净流量

单位：万元

年份	0	1	2	3	4	5
继续使用旧设备：现金净流量	-6	4.8	4.8	4.8	4.8	4.8
更换新设备：现金净流量	-20	9.75	9.75	9.75	9.75	12.75
△现金净流量	-14	4.95	4.95	4.95	4.95	7.95

假定行业基准折现率为16%，运用差额法作出决策。

【分析】用更换新设备方案的现金流量减去继续使用旧设备方案的现金流量计算，则：
差量净现金流量为

$\triangle NCF_0 = -20-(-6) = -14(万元)$

$\triangle NCF_{1-4} = 9.75-4.8 = 4.95(万元)$

$\triangle NCF_5 = 12.75-4.8 = 7.95(万元)$

差量净现值为

$\triangle NPV = 4.95 \times (P/A, 16\%, 4) + 7.95 \times (P/F, 16\%, 5) - 12$

$= 4.95 \times 2.798\ 2 + 7.95 \times 0.476\ 2 - 14$

$= 3.636\ 9(万元)$

差量内部收益率采用逐步测试法：

当IRR=24%时，$\triangle NPV = 4.95 \times (P/A, 24\%, 4) + 7.95 \times (P/F, 24\%, 5) - 14$

$= 4.95 \times 2.404\ 3 + 7.95 \times 0.341\ 1 - 14$

$= 0.612\ 0(万元)$

当IRR=28%时，$\triangle NPV = 4.95 \times (P/A, 28\%, 4) + 7.95 \times (P/F, 28\%, 5) - 14$

$= 4.95 \times 2.241\ 0 + 7.95 \times 0.291\ 0 - 14$

$= -0.593\ 6(万元)$

则$IRR = 24\% + \dfrac{0.612\ 0}{0.612\ 0 + 0.593\ 6} \times (28\% - 24\%)$

$= 24\% + 2.03\%$

$= 26.03\%$

由以上计算可以看出，$\triangle NPV>0$，IRR>16%，所以应选择更换新设备。

(三) 互斥方案的投资额不相等，项目计算期也不相同

若互斥方案的投资额不相等，项目计算期也不相同，此时可采用年等额净回收额法。年等额净回收额法，是指通过比较所有投资方案的年等额净回收额(记作NA)指标的大小来选择最优方案的决策方法。在此法下，年等额净回收额最大的方案为最优。

年等额净回收额的计算步骤如下：

(1) 计算各方案的净现值NPV；

(2) 计算各方案的年等额净回收额，若贴现率为i，项目计算期为n，则：

$$年等额净回收额(NA) = \dfrac{净现值}{年金现值系数} = \dfrac{NPV}{(P/A, i, n)}$$

【例8-15】长城公司拟投资建设一条新生产线。现有甲、乙两个方案可供选择。甲方案的原始投资为1 000万元，项目计算期为10年，净现值为850万元；乙方案的原始投资为915万元，项目计算期为8年，净现值为790万元。行业基准折现率为10%，请作出决策。

【分析】

甲方案的年等额净回收额$NA_甲 = \dfrac{850}{(P/A, 10\%, 10)} = \dfrac{850}{6.144\ 6} = 138.332\ 8(万元)$

乙方案的年等额净回收额$NA_乙 = \dfrac{790}{(P/A, 10\%, 8)} = \dfrac{790}{5.334\ 9} = 148.081\ 5(万元)$

因为$NA_甲 < NA_乙$，所以应该选择乙方案。

(四) 其他方案的对比与决策

在实际工作中，有些投资方案不能单独计算盈亏，或者投资方案的收入相同或收入基本相同且难以具体计量，一般可考虑采用总费用现值法或年均成本法来进行比较和评价。

1. 总费用现值法

总费用现值法是指通过计算各备选方案中全部费用的现值来进行项目比较和评价的一种方法。这种方法适用于收入相同、计算期相同的项目之间的比较与评价，总费用现值最低者方案为最佳。

【例8-16】 长城公司有A、B两个投资方案可供选择，两个方案的设备生产能力相同，设备的寿命期均为4年，无建设期。已知A方案的投资额为128 000元，每年的经营现金流出为8 000元、8 800元、9 200元、9 600元，期满后有12 800元的净残值；B方案的投资额为120 000元，每年的经营现金流出均为12 000元，期满有12 000元的净残值。

要求： 假设公司的折现率为10%，试作出方案选择决策。

【分析】 由于无法测算两个方案的收入，但可以确定整个项目计算期的现金流出，所以可以采用总费用现值法来进行比较。

A方案的总费用现值=128 000+8 000×(P/F, 10%, 1)+8 800×(P/F, 10%, 2)+9 200×
(P/F, 10%, 3)+(9 600-12 800)×(P/F, 10%, 4)
=128 000+8 000×0.909 1+8 800×0.826 4+9 200×0.751 3-3 200×0.683 0
=147 271.48(元)

B方案的总费用现值=120 000+12 000×(P/A, 10%, 4)-12 000×(P/F, 10%, 4)
=120 000+12 000×3.169 9-12 000×0.683 0=149 842.8(元)

从以上计算结果可以看出，A方案的总费用现值比B方案的总费用现值要低，所以应选择A方案。

2. 年均成本法

年均成本法是指通过计算各个方案的年均成本来进行比较和评价方案优劣的一种方法。这种方法适用于收入相同、计算期不同的项目之间的比较与评价，年均成本最低者方案为最佳。年均成本的计算公式可表示如下：

$$年均成本 = \frac{总费用现值}{年金现值系数}$$

【例8-17】 沿用【例8-16】的资料，假设A、B两方案的寿命周期分别为4年和5年，建设期为零，其余资料不变。假设公司的贴现率仍为10%，应选择哪个方案？

两个方案的收入无法准确测算，且项目计算期不同，但整个项目计算期的现金流出可以准确测算，故可以采用年均成本法来进行比较决策。

(1) 计算A、B两方案的总费用现值。

A方案的总费用现值=147 271.48(元)

B方案的总费用现值=120 000+12 000×(P/A, 10%, 5)-12 000×(P/F, 10%, 5)
=120 000+12 000×3.790 8-12 000×0.620 9
=158 038.8(元)

(2) 计算A、B两方案的年均成本。

A方案的年均成本 = $\dfrac{147\,271.48}{(P/A,10\%,4)} = \dfrac{147\,271.48}{3.169\,9} = 46\,459.35$ (元)

B方案的年均成本 = $\dfrac{158\,038.8}{(P/A,10\%,5)} = \dfrac{158\,038.8}{3.790\,8} = 41\,690.09$ (元)

以上计算结果表明，B方案的年均成本低于A方案的年均成本，故B方案优于A方案。

三、资本限量决策分析

任何公司的资金都是有一定限度的，不可能为了追求增值而投资于所有可接受的项目。所以，当备选的独立项目较多而资本有一定限量时，只有在资本限量范围内选择若干个项目的组合进行投资以获得最大收益，这就是资本限量决策。

为了使公司获得最大的利益，应投资于使一组净现值最大的项目。如果资金总量没有限制，可按每一项目的净现值NPV大小排队，确定优先考虑的项目顺序。在资本限量时，如果原始投资额相同，获利指数大的投资项目的净现值也大，因此，可按投资项目的获利指数为基本标准，并结合净现值进行各种组合排队，这样可以保证项目组合在资本限量内获得最大的净现值。虽然它可能受限于资本而放弃了一些净现值相对较大的单个项目，但它考虑了投入与产出的关系，实现了限量资本的最优投资组合。

资本限量决策的具体步骤如下：

第一步，计算所有方案的获利指数和净现值，并列出每一个方案的初始投资。

第二步，以各方案的获利指数大小由高到低对投资方案进行排序，逐项计算累计投资额，并与限定投资总额进行比较。

第三步，当截止到某投资项目(假定为第j项)的累计投资额恰好达到限定的投资总额时，则第1至第j项的项目组合为最优的投资组合。

第四步，如果在排序过程中未能找到最优投资组合，应按下列方法进行决策：对所有的项目都在资本限量范围内进行各种可能的组合，计算出各种组合的净现值总额，接受净现值的合计数最大的组合。

总之，在主要考虑投资效益的条件下，资本限量决策的主要依据，就是能否保证在充分利用资金的前提下，获得尽可能多的净现值总量。

【例8-18】长城公司有5个可供选择的项目A、B、C、D、E，有关原始投资、净现值、获利指数数据如表8-10所示。

表8-10 长城公司各项目数据

投资项目	原始投资/万元	获利指数PI	净现值NPV/万元
A	60	1.44	27
B	28	1.35	10
C	40	1.49	20
D	30	1.16	5
E	20	1.25	6
合计	178	—	68

要求：分别就以下不相关情况作出投资方案组合决策。

(1) 投资总额不受限制；

(2) 投资总额不超过60万元；

(3) 投资总额不超过80万元；

(4) 投资总额不超过100万元；

(5) 投资总额不超过140万元。

【分析】按各方案的获利指数的大小排序，并计算累计原始投资和累计净现值数据。其结果如表8-11所示。

表8-11 各方案的累计原始投资和累计净现值

单位：万元

顺 序	项 目	原始投资	累计原始投资	净现值	累计净现值
1	C	40	40	20	20
2	A	60	100	27	47
3	B	28	128	10	57
4	E	20	148	6	63
5	D	30	178	5	68

根据表8-11数据按投资组合决策原则作如下决策。

(1) 当投资总额不受限制或者限额大于或等于178万时，最优投资组合方案为ACBED。

(2) 当投资总额不超过60万元时，按顺序无法直接找到最优投资组合，故列示投资限额内的各种可能投资组合如下：CE投资总额为60万元，累计净现值为26万元；A投资总额为60万元，累计净现值为27万元；BE投资总额为48万元，累计净现值为16万元；BD投资总额为58万元，累计净现值为15万元；ED投资总额为50万元，累计净现值为11万元。经比较可知，最佳投资组合为方案A。

(3) 当投资总额不超过80万元时，按排序无法直接找到最优投资组合，故列示投资限额内的各种可能投资组合如下：CB投资总额为68万元，累计净现值为30万元；CE投资总额为60万元，累计净现值为26万元；CD投资总额为70万元，累计净现值为25万元；AE投资总额为80万元，累计净现值为33万元；BE投资总额为48万元，累计净现值为16万元；BD投资总额为58万元，累计净现值为15万元；ED投资总额为68万元，累计净现值为30万元。经比较可知，最佳投资组合为方案AE。

(4) 当投资总额不超过100万时，截止到A投资项目(第2项)的累计投资额恰好达到限定投资额，故第1至第2项的项目组合CA为最优投资组合，其投资总额为100万元，累计净现值为47万元。

(5) 当投资总额不超过140万时，按排序无法直接找到最优投资组合，故列示投资限额内的各种可能投资组合如下：CAB投资总额为128万元，累计净现值为57万元；CAE投资总额为120万元，累计净现值为53万元；CAD投资总额为130万元，累计净现值为52万元；ABED投资总额为138万元，累计净现值为48万元；CBED投资总额为118万元，累计净现值为41万元。经比较可知，最佳投资组合为方案CAB。

本章小结

投资就是公司为了获取收益而向一定对象投放资金的经济行为。投资可分为不同类型，其中项目投资可分为新建项目和更新改造项目两种类型。项目投资程序需要经过5个步骤。投资项目计算期包括建设期和运营期。原始投资包括建设投资和流动资金投资两项内容。资金投入方式分为一次投入和分次投入两种形式。

现金流量是指投资项目在其项目计算期内引起的现金流入和现金流出数量的统称。现金流量可按时间先后划分以及按流动方向划分。现金流量的估算要遵循估算原则及建立在相关假设基础上。不同类型的投资项目，现金流量具体内容存在差异，要区分计算现金净流量。

投资决策评价方法是建立在一系列指标计算的基础上的。投资决策指标可分为非贴现现金流量指标和贴现现金流量指标。非贴现现金流量指标主要有投资回收期和投资利润率。贴现现金流量指标包括净现值、净现值率、获利指数和内部收益率。独立方案投资决策分析主要是评价其财务可行性。多个互斥方法的投资决策分析根据互斥方案的投资额、项目计算期的不同可采用具体的决策方法，如净现值法、内部收益率法、差额法、年等额净回收额法、总费用现值法、年均成本法等。当资本有限量时，可按投资项目的获利指数为基本标准，并结合净现值进行各种组合排队，这样可以保证项目组合在资本限量内获得最大的净现值。

主要概念

投资；投资期；初始现金流量；营业现金流量；终结现金流量；沉没成本；机会成本；净现值；内部收益率；互斥方案；独立方案。

思考题

1. 什么是现金流量？现金流量的内容有哪些？
2. 现金流量的估算原则是什么？
3. 非贴现现金流量指标包括哪些？各该如何计算？各有什么优缺点？
4. 贴现现金流量指标包括哪些？各该如何计算？各有什么优缺点？
5. 如何对独立方案进行投资决策分析？
6. 如何对多个互斥方案进行投资决策分析？
7. 怎样进行资本限量决策？

练习题

一、单项选择题

1. 某投资项目原始投资额为100万元，使用寿命10年，已知该项目第10年的经营净现金流量为25万元，期满处置固定资产残值收入及回收流动资金共8万元，则该投资项目第10年的净现金流量为（　　）万元。

   A. 8　　　　　B. 25　　　　　C. 33　　　　　D. 43

2. 在考虑所得税因素以后，下列( )公式能够计算出现金流量。
   A. 现金流量=营业收入-付现成本-所得税
   B. 营业现金流量=税后净利-折旧
   C. 现金流量=收入×(1-税率)+付现成本×(1-税率)+折旧×税率
   D. 营业现金流量=税后收入-税后成本

3. 某投资项目年营业收入为180万元，年付现成本为60万元，年折旧额为40万元，所得税税率为25%，则该项目年经营净现金流量为( )万元。
   A. 81.8　　　　　B. 100　　　　　C. 82.4　　　　　D. 76.4

4. 项目投资决策中，完整的项目计算期是指( )。
   A. 建设期　　　　　　　　　　　　B. 生产经营期
   C. 建设期+达产期　　　　　　　　D. 建设期+运营期

5. 如果某一投资方案的净现值为正数，则必然存在的结论是( )。
   A. 投资回收期在一年以内　　　　　B. 净现值率大于0
   C. 总投资收益率高于100%　　　　 D. 年均现金净流量大于原始投资额

6. 下列不属于静态投资回收期缺点的是( )。
   A. 没有考虑回收期满后继续发生的现金流量
   B. 无法直接利用净现金流量信息
   C. 不能正确反映投资方式不同对项目的影响
   D. 没有考虑资金时间价值因素

7. 如果其他因素不变，一旦折现率提高，则下列指标中其数值将会变小的是( )。
   A. 净现值　　　B. 投资利润率　　　C. 内部收益率　　　D. 投资回收期

二、计算分析题

1. 长城公司计划开发一种新产品，该产品的寿命期为5年，开发新产品的成本及预计收入为：需投资固定资产240 000元，需垫支流动资金200 000元，5年后可收回固定资产残值为30 000元，用直线法提折旧。投产后，预计每年的销售收入可达240 000元，每年需支付直接材料、直接人工等变动成本128 000元，每年的设备维修费为10 000元。该公司要求的最低投资收益率为10%，适用的所得税税率为25%。假定财务费用(利息)为0。

   【要求】请用净现值法和内部收益率法对该项新产品是否开发作出分析评价。(现值系数取3位小数)

2. 长城公司拟建造一项生产设备。预计建设期为2年，所需原始投资450万元(均为自有资金)于建设起点一次投入。该设备预计使用寿命为5年，使用期满报废清理残值为50万元。该设备折旧方法采用直线法。该设备投产后每年增加息税前利润为100万元，所得税税率为25%，项目的行业基准利润率为20%。

   【要求】
   (1) 计算项目计算期内各年净现金流量；
   (2) 计算该设备的静态投资回收期；
   (3) 计算该投资项目的总投资收益率(ROI)；
   (4) 假定适用的行业基准折现率为10%，计算项目净现值；
   (5) 计算项目净现值率；

(6) 评价其财务可行性。

3. 长城公司原有一台设备，购置成本为15万元，预计使用10年，已使用5年，预计残值为原值的10年，该公司采用直线法提取折旧。现该公司拟买新设备替换原设备，以提高生产率，降低成本。新设备购置成本为20万元，使用年限为5年，同样采用直线法提取折旧。预计残值为购置成本的10%，使用新设备后公司每年的销售额可以从150万元上升到165万元，每年付现成本将从110万元上升到115万元。公司如果购置新设备，旧设备出售可得收入10万元。假定公司的所得税税率为25%，资本成本率为10%。

【要求】计算说明该设备应否更新。

第三篇　财务分析基础

第九章 财务预算

> **学习目标**
> 　　1.了解财务预算的概念、作用和编制程序；2.掌握财务预算的具体构成内容；3.掌握弹性预算、零基预算和滚动预算等预算方法；4.熟悉固定预算、增量预算和定期预算的含义及内容；5.了解财务预算的编制程序、财务预算报告的含义、内容及格式。

第一节　财务预算概述

一、财务预算的概念及内容

　　财务预算是专门反映公司未来一定期间内预计财务成果和经营成果，以及现金收支等价值指标的各种预算总称。财务预算具体包括反映现金收支活动的现金预算、反映公司财务状况的预计资产负债表、反映公司财务成果的预计损益表和预计现金流量表等内容。
　　财务预算是全面预算的重要组成部分。全面预算是公司未来一定期间内全部经营活动各项具体目标的计划与相应措施的数量说明，主要包括特种决策预算、日常业务预算和财务预算三大内容。图9-1反映了财务预算与其他预算之间的关系。

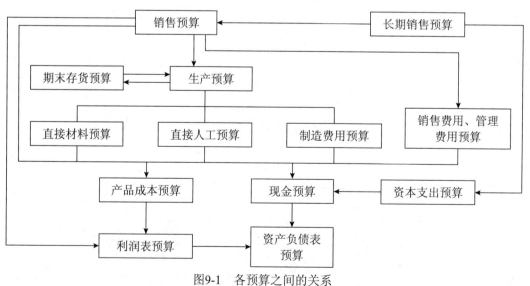

图9-1　各预算之间的关系

二、财务预算的作用

　　作为公司全面预算体系中的组成部分，财务预算具有重要的作用，主要表现在以下几个方面。

(一) 明确工作目标

在现代公司理财中，财务预算必须服从决策目标的要求，尽量做到全面、合理地协调、规划公司内部各部门、各层次的经济关系与职能，使之统一服从于未来经营总体目标的要求。同时，财务预算又能使决策目标具体化、系统化和定量化，能够明确规定公司有关生产经营人员各自的职责及相应的奋斗目标，做到人人事先心中有数。

财务预算是总预算，其余预算是辅助预算。财务预算作为全面预算体系中的最后环节，可以从价值方面总括地反映经营特种决策预算与业务预算的结果，使预算执行情况一目了然。

(二) 控制日常活动

编制预算是公司经营管理的起点，也是控制日常经济活动的依据。通过财务预算，可以建立评价公司财务状况的标准，以预算数作为标准的依据，将实际数与预算数对比，及时发现问题，以便采取必要措施，使公司的经济活动按预定目标进行。

编制财务预算，并建立相应的预算管理制度，可以指导与控制公司的财务活动，提高预见性，减少盲目性，使公司的经营活动有条不紊地进行。

(三) 考核业绩标准

公司财务预算确定的各项指标，也是考核各部门工作成绩的基本尺度。在评定各部门工作业绩时，要根据财务预算的完成情况，分析偏离预算的程度和原因，划清责任，奖罚分明，促使公司各部门为完成预算规定的目标努力工作。

三、财务预算的编制程序

财务预算的编制，涉及经营管理的各个部门，只有执行人参与预算的编制，才能使预算成为他们自愿努力完成而不是外界强加的目标。

财务预算具体编制程序为：

(1) 公司决策机构根据长期规划，利用本量利分析等工具，提出公司一定时期的总目标，确定并下达规划目标。

(2) 各基层单位根据下达的目标和有关指标计划自行编制本单位的预算草案，使预算能与实际相吻合。

(3) 各部门汇总部门下所有单位预算，并初步协调本部门预算，编制出销售、生产、财务等预算。

(4) 公司财务部门或预算委员会审查、平衡各部门预算，汇总出公司的总预算草案。在经过必要的反复讨论、修改和调整后，形成公司决策层认可的总预算报告。

(5) 将批准后的预算下达给各部门执行。

第二节　财务预算的编制方法

编制预算需要采用适当的方法。常见的预算方法主要包括增量预算法、零基预算法、固定预算法、弹性预算法、定期预算和滚动预算法。这些方法广泛应用于公司日常营业活动预算的编制。

一、增量预算法与零基预算法

按其出发点的特征不同,编制预算的方法可分为增量预算法和零基预算法两大类。

(一) 增量预算法

增量预算法又称调整预算法,是指以基期水平为基础,分析预算期业务量水平以及有关影响因素的变动情况,通过调整基期项目及数额,编制相关预算的方法。

这种预算方法比较简单,但其应用的前提条件为:一是现有的业务活动是公司所必需的;二是原有的各项业务都是合理的。因此,增量预算法的缺点是预算数额会受到基期不合理因素的干扰,当预算期的情况发生变化,可能导致预算的不准确,不利于调动各部门达成预算目标的积极性。

(二) 零基预算法

顾名思义,零基预算法是"以零为基础编制预算"的方法,采用该法在编制费用预算时,不考虑以往期间的费用项目和费用数额,主要根据预算期的需要和可能,分析费用项目和费用数额是否必要合理,再进行综合平衡,从而确定费用预算。这种预算不以历史为基础,修修补补,而是以零为出发点,一切推倒重来。

零基预算编制的程序是:

(1) 根据公司预算期利润目标、销售目标和生产指标等,分析预算期各项费用项目的性质和目的,以零为基础,并预测各项业务所需要的费用水平;

(2) 拟订预算期各项费用的预算方案,权衡轻重缓急,划分费用支出的等级并排列先后顺序;

(3) 根据公司预算期预算费用控制总额目标,按照费用支出等级及顺序,分解落实相应的费用控制目标,编制相应的费用预算。

零基预算法的优点是不受前期费用项目和费用水平的制约,能够调动各部门降低费用的积极性。其缺点是编制工作量大。由于一切支出均以零为起点进行分析、研究,势必带来繁重的工作量,有时甚至得不偿失,难以突出重点。为了弥补零基预算这一缺点,公司不是每年都按零基预算来编制预算,而是每隔若干年进行一次零基预算,以后几年内略做适当调整,这样既减轻了预算编制的工作量,又能适当控制费用。

二、固定预算法与弹性预算法

按公司业务量基础的数量特征的不同,编制预算的方法可分为固定预算法和弹性预算法两大类。

(一) 固定预算法

固定预算法又称静态预算法,是指在编制预算时,只根据预算期内正常、可实现的某一固定的业务量(如生产量、销售量等)水平作为唯一基础来编制预算的方法。显然，以未来固定不变的业务水平所编制的预算赖以存在的前提条件，必须是预计业务量与实际业务量相一致(或相差很小)才比较适合。但是，在实际工作中，预计业务量与实际水平相差比较远时，必然导致有关成本费用及利润的实际水平与预算水平因基础不同而失去可比性，不利于开展控制与考核。

固定预算方法存在适应性差和可比性差的缺点，一般适用于经营业务稳定、产品产销量稳定、能准确预测公司的产品需求及产品成本的情况，也可用于编制固定费用预算。例如编制预算时，预计业务量为生产能力的90%，其成本预算总额为40 000元，而实际业务量为生产能力的110%，其实际成本总额为55 000元，实际成本与成本预算总额相比，超支很大；但是，实际成本脱离预算成本的差异包括了因业务量增长而增加的成本差异，而业务量差异对成本分析来说是无意义的。

(二) 弹性预算法

弹性预算法又称动态预算法，是在成本性态分析的基础上，依据业务量、成本和利润之间的联动关系，按照预算期内可能的一系列业务量(如生产量和销售量等)水平编制的系列预算方法。由于公司的生产经营活动总是处于动态变化之中，弹性预算就是适应这种变化而编制的，所以它能够发挥预算在实际生产经营活动中的控制作用，也能在客观可比的基础上保证对预算实际执行情况的分析考核。

弹性预算法所采用的业务量范围，视公司或部门的业务量变化情况而定，务必使实际业务量不至于超出相关的业务量范围。一般来说，可定在正常生产能力的70%~110%之间，或以历史上最高业务量和最低业务量为其上下限。弹性预算法编制预算的准确性，在很大程度上取决于成本性态分析的可靠性。

由于未来业务量的变动会影响到成本费用和利润各个方面，该方法理论上适用于编制财务预算中所有与业务量有关的预算；但实务中主要用于编制成本费用预算和利润预算，尤其是成本费用预算。例如，制造费用与销售及管理费用的弹性预算，可按下列弹性预算公式进行计算：

$$成本的弹性预算=固定成本预算数+\sum(单位变动成本预算数\times 预计业务量)$$

要注意的是，制造费用的弹性预算是按照生产业务量(生产量、机器工作小时等)来编制；销售及管理费用的弹性预算是按照销售业务量(销售量、销售收入)来编制。

成本的弹性预算编制出来以后，就可以编制利润的弹性预算。它是以预算的各种销售收入为出发点，按照成本的性态，扣减相应的成本，从而反映公司预算期内各种业务量水平上应该获得的利润指标。

【例9-1】 长城公司第一车间，生产能力为20 000机器工作小时，按生产能力80%、90%、100%、110%编制2016年1月份该车间制造费用弹性预算，见表9-1。

表9-1 弹性预算

部门：第一车间
预算期：2016年1月份　　　　　　　　　　　　　　　　　　　　20 000机器工作小时

费用项目	变动费用率(元/小时)	生产能力(机器工作小时)			
		80%	90%	100%	110%
		16 000	18 000	20 000	22 000
变动费用					
间接材料	0.5	8 000	9 000	10 000	11 000
间接人工	1.5	24 000	27 000	30 000	33 000
维修费用	2	32 000	36 000	40 000	44 000
电力	0.45	7 200	8 100	9 000	9 900
水费	0.3	4 800	5 400	6 000	6 600
电话费	0.25	4 000	4 500	5 000	5 500
小计	5	80 000	90 000	100 000	110 000
固定费用					
间接人工		4 000	4 000	4 000	4 500
维修费用		5 000	5 000	5 000	5 500
电话费		1 000	1 000	1 000	1 000
折旧		10 000	10 000	10 000	14 000
小计		20 000	20 000	20 000	25 000
合计		100 000	110 000	120 000	135 000
小时费用率		6.25	6.11	6	6.14

从表9-1可知，当生产能力超过100%达到110%时，固定费用中的有些费用项目将发生变化，间接人工、维修费用各增加500元，折旧增加4 000元。这就说明固定成本超过一定的业务量范围，成本总额也会发生变化，并不是一成不变的。

从弹性预算中也可以看到，当生产能力达到100%时，小时费用率为最低6元，它说明公司充分利用生产能力且产品销路没有问题时，应向这个目标努力，从而使成本降低，利润增加。

假定长城公司2016年1月份的实际生产能力达到90%，有了弹性预算，就可以据以与实际成本进行比较，衡量其业绩，并分析其差异。

实际成本与预算成本的比较，可通过编制弹性预算执行报告实现，见表9-2。

表9-2 弹性预算执行报告

部门：第一车间　　　　　　　　　　　　　　　　　正常生产能力(100%)20 000机器工作小时
预算期：2016年1月份　　　　　　　　　　　　　　实际生产能力(90%)18 000机器工作小时

费用项目	预算	实际	差异
间接材料	9 000	9 500	500
间接人工	31 000	30 000	−1 000
维修费用	41 000	39 000	−2 000
电力	8 100	8 500	400
水费	5 400	6 000	600
电话费	5 500	5 600	100
折旧费	10 000	10 000	0
合计	110 000	108 600	−1 400

【例9-2】长城公司2016年1月份利润弹性预算见表9-3。

表9-3 利润弹性预算

预算期：2016年1月份　　　　　　　　　　　　　　　　　　　　　　　　　　单位：元

销售收入百分比	90%	100%	110%
销售收入	810 000	900 000	990 000
变动生产成本	330 750	367 500	404 250
变动销管费用	115 830	128 700	141 570
边际贡献	363 420	403 800	444 180
固定制造费用	250 000	250 000	250 000
固定销管费用	83 000	83 000	83 000
利润	30 420	70 800	111 180

从表9-3中可知，利润的弹性预算是以成本的弹性预算为其编制的基础。现假定实际销售收入为900 000元，为了考核利润预算完成情况，评价工作成绩，还须编制利润弹性预算执行报告，具体表格省略。

与按特定业务量水平编制的固定预算相比，弹性预算有两个显著特点：第一，弹性预算是按一系列业务量水平编制的，从而扩大了预算的适用面，机动性强；第二，弹性预算是按成本性态分类列示的，在预算执行中可以计算一定实际业务量的预算成本，以便于预算执行的评价和考核。

三、定期预算法与滚动预算法

编制预算的方法按其预算期的时间特征不同，可分为定期预算法和滚动预算法两类。

(一) 定期预算法

定期预算法是以固定不变的会计期间(如年度或季度)作为预算期间编制预算的方法。定期预算法编制预算的优点在于，保证预算期间与会计期间在时期上配比，便于依据会计报告的数据与预算的比较，考核和评价预算的执行结果。其缺点主要表现为3个方面。第一，盲目性。定期预算编制多在固定会计期间开始的前一段时间进行，难以预测预算期后期情况，未来很多数据资料只能估计，不利于前后各个期间的预算衔接。第二，不变性。预算执行过程中，许多不测因素会妨碍预算的控制指导功能，而预算在实施过程中又往往不能进行调整，具有不变性。第三，间断性。定期预算只考虑一个预算期间的经营活动，即使中途修订也只是针对剩余的预算期，而对下一个预算期间很少考虑，因而不能适应连续不断的业务活动过程的预算管理。

(二) 滚动预算法

滚动预算法又称永续预算法，是在上期预算完成情况的基础上，调整和编制下期预算，并将预算期间逐期连续向后滚动推移，使预算期间保持一定的时期跨度。

采用滚动预算法编制预算，按照滚动的时间单位不同可分为逐月滚动、逐季滚动和混合滚动。如长城公司逐月滚动预算方式的示意图如图9-2所示。

滚动预算法的优点在于可以保持预算的连续性和完整性，克服了传统定期预算的盲目性、不变性和间断性；有利于考虑未来业务活动，结合公司近期目标和长期目标，使预算随时间的推进不断加以调整和修订，能使预算与实际情况更相适应；有利于充分发挥预算的指导和控制作用。滚动预算法的缺点在于预算编制工作相对比较繁重，特别是按月滚动编制时，虽然预算比较精确，但是工作量却最大，可适当调整固定预算期限，如按季滚动或者同时使用月份和季度作为固定预算期限滚动。

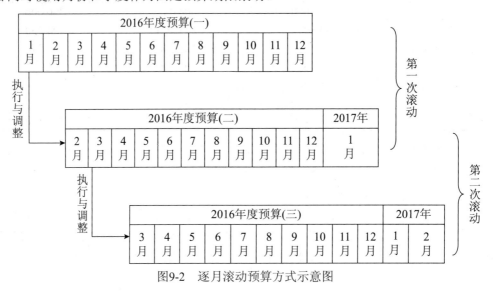

图9-2　逐月滚动预算方式示意图

第三节　财务预算的编制

财务预算与公司的日常经营活动的密切相关，公司的经营活动涉及供产销等各个环节及业务。因此，尽管财务预算主要围绕现金预算与预计财务报表两个方面来展开，但要以销售预算、生产预算、直接材料预算、直接人工预算、制造费用预算、产品成本预算、销售费用预算和管理费用预算的编制为基础。

一、现金预算的编制

现金预算，又称为现金收支预算，是反映预算期公司全部现金收入和全部现金支出的预算。现金预算实际上是与其他预算有关现金收支部分的汇总，以及收支差额平衡措施的具体计划。它的编制，要以其他各项预算为基础，或者说其他预算在编制时要为现金预算做好数据准备。完整的现金预算，一般包括以下4个组成部分：现金收入、现金支出、现金收支差额、资金的筹集与运用。

下面分别介绍各项预算的编制，为现金预算的编制提供数据以及编制依据。

(一) 销售预算

销售预算是整个预算的编制起点，其他预算的编制都以销售预算作为基础。预算期现销收入与回收赊销货款的情况可以反映现金收入情况，因而为编制现金收支预算提供信息。

【例9-3】假定长城公司生产和销售甲产品，根据2016年各季度的销售量及售价的有关资料编制销售预算表，见表9-4。

表9-4 长城公司销售预算表
2016年度

项目	第一季度	第二季度	第三季度	第四季度	合计
预计销售量/件	5 000	7 500	10 000	9 000	31 500
预计单位售价/(元/件)	20	20	20	20	20
销售收入/元	100 000	150 000	200 000	180 000	630 000

销售预算的主要内容是销量、单价和销售收入。销量是根据市场预测或销货合同并结合公司的生产能力确定的。单价是通过价格决策确定的。销售收入是两者的乘积,在销售预算中计算得出。

销售预算通常要分品种、分月份、分销售区域、分业务员来编制。为了简化计算,本例只划分了季度销售数据。

销售预算中通常还包括预计现金收入的计算,其目的是为编制现金预算提供必要的资料。第 季度的现金收入包括两部分,即上年应收账款在本年第一季度收到的货款,以及本季度销售中可能收到的货款部分。

在本例中,每季度销售收入在本季收到现金60%,其余赊销在下季度收账。长城公司2016年销售预算及预计现金收入如表10-5所示。

表9-5 长城公司销售预算及预计现金收入表
2016年度
单位:元

项目	本期发生额(应收账款)	现金收入			
		第一季度	第二季度	第三季度	第四季度
期初数	31 000	31 000			
第一季度	100 000	60 000	40 000	60 000	
第二季度	150 000		90 000	120 000	80 000
第三季度	200 000				108 000
第四季度	180 000				
期末数	72 000				
合计		91 000	130 000	180 000	188 000

(二) 生产预算

生产预算是在销售预算的基础上编制的,其主要内容有销售量、期初和期末产成品存货、生产量。

通常,公司的生产和销售不能做到"同步量",生产数量除了满足销售数量外,还需要设置一定的存货,以保证能在发生意外需求时按时供货,并可均衡生产,节省赶工的额外开支。预计生产量可用下列公式计算:

$$预计生产量=(预计销售量+预计期末存货量)-预计期初存货量$$

其中,预计销售量根据销售预算得到;预计期初存货量等于上季期末存货量;预计期末存货量应根据长期销售趋势来确定,在实务中,一般是按估计的期末存货量占下期销售量的比例进行估算。

【例9-4】 假设【例9-3】中,长城公司希望能在每季末保持相当于下季度销售量10%的期末存货,上年末产品的期末存货为500件,单位成本11元,共计5 500元。预计下年第一季度销售量为5 000件。长城公司2016年生产预算见表9-6。

表9-6 长城公司生产预算表

2016年度　　　　　　　　　　　　　　　　　　　　　　　　　　单位：件

项目	第一季度	第二季度	第三季度	第四季度	全年合计
预计销售量	5 000	7 500	10 000	9 000	31 500
加：期末存货	750	1 000	900	1 000	1 000
合计	5 750	8 500	10 900	10 000	32 500
减：期初存货	500	750	1 000	900	500
预计生产量	5 250	7 750	9 900	9 100	32 000

生产预算在实际编制时是比较复杂的，产量受到生产能力的限制，产成品存货数量受到仓库容量的限制，只能在此范围内来安排产成品存货数量和各期生产量。此外，有的季度可能销量很大，可以用赶工方法增产，为此要多付加班费。如果提前在淡季生产，会因增加产成品存货而多付资金利息。因此，要权衡两者得失，选择成本最低的方案。

(三) 直接材料预算

直接材料预算，是以生产预算为基础编制的，同时要考虑期初、末原材料存货的水平。
直接材料生产上的需要量同预计采购量之间的关系可按下列公式计算：

预计采购量=(生产需要量+期末库存量)-期初库存量

期末库存量一般是按照下期生产需要量的一定百分比来计算的，生产需要量的计算公式为：

生产需要量=预计生产量×单位产品材料耗用量

【例9-5】根据【例9-4】资料，假设甲产品只耗用一种材料，长城公司计划每季末材料库存量分别为2 100千克、3 100千克、3 960千克、3 640千克。上年末库存材料1 500千克。

长城公司2016年直接材料预算见表10-7。

表9-7 长城公司直接材料预算

2016年度

项　目	第一季度	第二季	第三季度	第四季度	全年合计
预计生产量/件	5 250	7 750	9 900	9 100	32 000
单位产品材料用量/(千克/件)	2	2	2	2	2
生产需用量/千克	10 500	15 500	19 800	18 200	64 000
加：预计期末存量/千克	2 100	3 100	3 960	3 640	3 640※
合计	12 600	18 600	23 760	21 840	67 640
减：预计期初存量/千克	1 500	2 100	3 100	3 960	1 500
预计采购量/千克	11 100	16 500	20 660	17 880	66 140
单价/(元/千克)	2.5	2.5	2.5	2.5	2.5
预计采购金额/元	27 750	41 250	51 650	44 700	165 350

※直接材料期初金额=1 500×2.5=3 750(元)；直接材料期末金额=3 640×2.5=9 100(元)

为了便于以后编制现金预算，与产品销售预算相类似，通常要预计材料采购各季度的现金支出。每个季度的现金支出包括偿还以前应付账款和本期应支付的采购货款。

假设本例材料采购的货款有50%在本季度内付清，另外50%在下季度付清。长城公

2016年度预计现金支出如表9-8所示。

表9-8 长城公司预计现金支出表

2016年度　　　　　　　　　　　　　　　　　　　　　　　　单位：元

项　目	本期发生额	现金支出			
		第一季度	第二季度	第三季度	第四季度
期初数	11 000	11 000			
第一季度	27 750	13 875	13 875		
第二季度	41 250		20 625	20 625	
第三季度	51 650			25 825	25 825
第四季度	44 700				22 350
期末数	22 350				
合计		24 875	34 500	46 450	48 175

(四) 直接人工预算

直接人工预算也是以生产预算为基础编制的。直接人工预算的内容主要有预计生产量、单位产品工时、人工总工时、每小时人工成本和人工总成本数据。预计产量数据来自生产预算。单位产品工时和每小时人工成本数据来自标准成本资料。人工总工时和人工总成本是在直接人工预算中计算出来的。由于人工工资都需要使用现金支付，所以，不需要另外预计现金支出，可直接参加现金预算的汇总。

【例9-6】长城公司2016年直接人工预算如表9-9所示。

表9-9 长城公司直接人工预算

2016年度

项　目	第一季度	第二季度	第三季度	第四季度	全年合计
预计生产量/件	5 250	7 750	9 900	9 100	32 000
单位产品工时/小时	0.2	0.2	0.2	0.2	0.2
人工总工时/小时	1 050	1 550	1 980	1 820	6 400
每小时人工成本/元	10	10	10	10	10
人工总成本/元	10 500	15 500	19 800	18 200	64 000

(五) 制造费用预算

制造费用预算是指按照除了直接材料和直接人工预算以外的其他生产成本水平而编制的一种日常业务预算。制造费用按其成本性态可分为变动制造费用和固定制造费用两部分。变动制造费用以生产预算为基础来编制，即根据预计生产量和预计的变动制造费用分配率来计算；固定制造费用需要逐项进行预计，与本期的生产量无关，一般可以按照零基预算的编制方法编制，按每季度实际需要的支付额预计，然后求出全年数。

【例9-7】长城公司2016年制造费用预算如表9-10所示。

表9-10 长城公司制造费用预算

2016年度

项　目	每小时费用分配率/(元/小时)	第一季度	第二季度	第三季度	第四季度	全年合计
预计人工总工时(小时)		1 050	1 550	1 980	1 820	6 400

(续表)

项　目	每小时费用分配率/(元/小时)	第一季度	第二季度	第三季度	第四季度	全年合计
变动制造费用						
间接材料	1	1 050	1 550	1 980	1 820	6 400
间接人工	0.6	630	930	1 188	1 092	3 840
修理费	0.4	420	620	792	728	2 560
水电费	0.5	525	775	990	910	3 200
小计	2.5	2 625	3 875	4 950	4 550	16 000
固定制造费用						
修理费		3 000	3 000	3 000	3 000	12 000
水电费		1 000	1 000	1 000	1 000	4 000
管理人员工资		2 000	2 000	2 000	2 000	8 000
折旧		5 000	5 000	5 000	5 000	20 000
保险费		1 000	1 000	1 000	1 000	4 000
小计		12 000	12 000	12 000	12 000	48 000
合计		14 625	15 875	16 950	16 550	64 000
减：折旧		5 000	5 000	5 000	5 000	20 000
现金支出费用		9 625	10 875	11 950	11 550	44 000

为了便于以后编制产品成本预算，需要计算小时费用率。

$$\text{变动制造费用分配率} = \frac{16\,000}{6\,400} = 2.5(\text{元}/\text{小时})$$

$$\text{固定制造费用分配率} = \frac{48\,000}{6\,400} = 7.5(\text{元}/\text{小时})$$

在制造费用中，除折旧费以外都必须支付现金。为了便于现金预算，需要预计现金支出，将制造费用预算数额扣除折旧费后，即可得出"现金支出的费用"。

(六) 产品成本预算

产品成本预算是销售预算、生产预算、直接材料预算、直接人工预算、制造费用预算的汇总。产品成本预算的主要内容是产品的单位成本和总成本。

单位产品成本的有关数据，来自前述直接材料预算、直接人工预算和制造费用预算三项预算。生产量、期末存货量来自生产预算，销售量来自销售预算。生产成本、存货成本和销货成本等数据，通过单位成本和有关数据计算而得。

【例9-8】 长城公司2016年年初产成品500件，单位成本为11元，产成品流转采用先进先出法。2016年度产品生产成本预算如表9-11所示。

表9-11　长城公司生产成本预算

单位：元

成本项目	单位成本			生产成本 (32 000件)	期末产成品 (1 000件)	销售成本 (3 150件)
	单耗/(千克/件 或小时/件)	单价/(元/千克 或元/小时)	成　本			
直接材料	2	2.5	5	160 000	5 000	
直接人工	0.2	10	2	64 000	2 000	
变动制造费用	0.2	2.5	0.5	16 000	500	
固定制造费用	0.2	7.5	1.5	48 000	1 500	
合计			9	288 000	9 000	284 500

(七) 销售及管理费用预算

销售及管理费用预算，是指为实现产品销售和维持一般管理业务所发生的各项费用的预算。它以销售预算为基础，按照成本性态分为变动销售及管理费用和固定销售及管理费用。其编制方法与制造费用预算相同。

【例9-9】长城公司2016年度销售及管理费用预算如表9-12所示。

表9-12　长城公司销售及管理费用预算
2016年度　　　　　　　　　　　　　　　　　　　　单位：元

项　目	变动费用率(按销售收入)	第一季度	第二季度	第三季度	第四季度	全年合计
预计销售收入		100 000	150 000	200 000	180 000	630 000
变动销管费用						
销售佣金	1%	1 000	1 500	2 000	1 800	6 300
运输费	1.60%	1 600	2 400	3 200	2 880	10 080
广告费	5%	5 000	7 500	10 000	9 000	31 500
小计	7.60%	7 600	11 400	15 200	13 680	47 880
固定销管费用						
薪金		5 000	5 000	5 000	5 000	20 000
办公用品		4 500	4 500	4 500	4 500	18 000
杂项		3 500	3 500	3 500	3 500	14 000
小计		13 000	13 000	13 000	13 000	52 000
合计		20 600	24 400	28 200	26 680	99 880

(八) 现金预算

现金预算由四部分组成：现金收入、现金支出、现金多余或不足、现金的筹措和运用。其目的在于资金不足时如何筹措资金，资金多余时怎样运用资金，并且提供现金收支的控制限额，以便发挥现金管理的作用。

【例9-10】根据【例9-3】至【例9-9】所编制的各种预算提供的资料，并假设长城公司每季度末应保持现金余额10 000元。若资金不足或多余，可以2 000元为单位进行借入或偿还，借款年利率为8%，于每季初借入，每季末偿还，借款利息于偿还本金时一起支付。同时，在2016年度长城公司准备投资100 000元购入设备，于第二季度与第三季度分别支付价款50%；每季度预交所得税20 000元；预算在第三季度发放现金股利30 000元；第四季度购买国库券10 000元。

依上述资料编制长城公司2016年度现金预算如表9-13所示。

表9-13　长城公司现金预算表
2016年度　　　　　　　　　　　　　　　　　　　　单位：元

项　目	第一季度	第二季度	第三季度	第四季度	全年合计
期初现金余额	8 000	13 400	10 125	11 725	8 000
加：销货现金收入(表9-5)	91 000	130 000	180 000	188 000	589 000
可供使用现金	99 000	143 400	190 125	199 725	597 000

(续表)

项目	第一季度	第二季度	第三季度	第四季度	全年合计
减：现金支出					
直接材料(表9-8)	24 875	34 500	46 450	48 175	154 000
直接人工(表9-9)	10 500	15 500	19 800	18 200	64 000
制造费用(表9-10)	9 625	10 875	11 950	11 550	44 000
销售及管理费用(表9-12)	20 600	24 400	28 200	26 680	99 880
所得税费用	20 000	20 000	20 000	20 000	80 000
购买国库券				10 000	10 000
发放股利		50 000	30 000		30 000
购买设备			50 000		100 000
支出合计	85 600	155 275	206 400	134 605	581 880
现金收支差额	13 400	(11 875)	(16 275)	65 120	15 120
向银行借款		22 000	28 000		50 000
归还银行借款				50 000	50 000
借款利息(年利8%)				2 440	2 440
期末现金余额	13 400	10 125	11 725	12 680	12 680

"现金收入"部分包括期初现金余额和预算期现金收入，销货取得的现金收入是其主要来源。期初的"现金余额"是在编制预算时预计的，"销货现金收入"的数据来自销售预算，"可供使用现金"是期初余额与本期现金收入之和。

"现金支出"部分包括预算期的各项现金支出。"直接材料""直接人工""制造费用""销售及管理费用"的数据分别来自前述有关预算。此外，它还包括所得税费用、购置设备、股利分配等现金支出，有关的数据分别来自另行编制的专门预算。

"现金多余或不足"部分列示现金收入合计与现金支出合计的差额。差额为正，说明收大于支，现金有多余，可用于偿还过去向银行取得的借款，或者用于短期投资。差额为负，说明支大于收，现金不足，要向银行取得新的借款。本例中，该公司需要保留的现金余额为10 000元，不足此数时需要向银行借款。借款的金额要求是2 000元为单位，那么第二季度借款额为：

借款额=最低现金余额+现金不足额

=10 000+11 875

=21 875(元)

由于第三季度出现现金不足，仍然需要向银行借款(仍须保持最低现金余额，不能归还借款)，借款金额计算与上述类似。第四季度现金多余，可用于偿还借款。本例第一笔借款为9个月，第二笔为6个月，应计利息共计2 440元。其利息为：

利息=22 000×8%×9/12+28 000×8%×6/12

=2 440(元)

二、财务报表预算的编制

财务报表预算是公司理财的重要工具，主要包括利润表预算、资产负债表预算和现金流量表预算。

财务报表预算与历史实际的财务报表不同。所有公司都要在年终编制历史实际的财务报表,这是有关法规的强制性规定,其主要目的是向外部报表使用人提供财务信息。当然,这并不表明常规财务报表对公司经理人员没有价值。财务报表预算主要为公司理财服务,是控制公司资金、成本和利润总量的重要手段。因其可以从总体上反映一定期间公司经营的全局情况,通常称为公司的"总预算"。

因为已经编制了现金预算,通常没有必要再编制现金流量表预算。在此主要介绍利润表预算和资产负债表预算的编制。

(一) 利润表预算

利润表预算是综合反映预算期内公司经营成果的一种财务预算报表。它是在销售预算、产品成本预算和费用预算等预算的基础上编制的。通过编制利润表预算,可以了解公司预期的盈利水平。如果预算利润与最初编制方针中的目标利润有较大的不一致,就需要调整部门预算,设法达到目标,或者经公司领导同意后修改目标利润。

【例9-11】以上述各种预算为基础,2016年度,长城公司的损益表预算如表9-14所示。

表9-14 长城公司利润表预算

2016年度　　　　　　　　　　　　　　　　　单位:元

项　目	金　额
营业收入(表9-4)	630 000
营业成本(表9-11)	284 500
毛利	345 500
销售及管理费用(表9-12)	99 880
财务费用(表9-13)	2 440
利润总额	243 180
所得税费用(估计)	80 000
税后净利	163 180

此表中,"营业收入"项目的数据,来自销售收入预算;"营业成本"项目的数据,来自产品成本预算;"销售及管理费用"项目的数据,来自销售费用及管理费用预算;"财务费用"项目的数据,来自现金预算的"借款利息"。

另外,"所得税费用"项目是在利润规划时估计的,并已列入现金预算。因为存在诸多纳税调整的事项,它通常不是根据利润和所得税税率计算出来的。此外,从预算编制程序上看,如果根据"本年利润"和税率重新计算所得税,就需要修改"现金预算",引起信贷计划修订,进而改变"利息",最终又要修改"本年利润",从而陷入数据的循环修改。

(二) 资产负债表预算

资产负债表预算与实际的资产负债表内容、格式相同,只不过数据是反映预算期末的财务状况。该表是利用本期期初资产负债表,根据销售、生产、资本等预算的有关数据加以调整编制的。

编制资产负债表预算的目的,在于判断预算反映的财务状况的稳定性和流动性。如果通过资产负债表预算的分析,发现某些财务比率不佳,必要时可修改有关预算,以改善财

260 | 会计与财务基础

务状况。

【例9-12】以上述资料为基础，长城公司2016年度的资产负债表预算如表9-15所示。

表9-15　长城公司资产负债表预算

2016年12月31日　　　　　　　　　　　　　　　　　　　　　单位：元

资产	期初数	期末数	负债和权益	期初数	期末数
现金(表9-13)	8 000	12 680	应付账款(表9-8)	11 000	22 350
应收账款(表9-5)	31 000	72 000			
直接材料(表9-7)	3 750	9 100	流动负债合计	11 000	22 350
产成品(表9-11)	5 500	9 000	长期负债		
金融资产		10 000	长期借款	40 000	40 000
流动资产合计	48 250	112 780	股东权益		
固定资产原值(表9-13)	270 000	370 000①	普通股	200 000	200 000
减：累计折旧(表9-10)	33 750	53 750②	留存收益	33 500	16 680③
资产总计	284 500	429 030	负债和所权益总计	284 500	429 030

说明：①=270 000+100 000(表9-13)；②=33 750+20 000(表9-10)；③=33 500+163 180-30 000(表9-13、表9-14)。

第四节　财务预算控制、考核和报告

一、财务预算与控制制度

在社会化大生产条件下，企业的生产经营活动通常要由多个部门分别承担，共同完成。为了充分利用现有经济资源，努力提高经济效益，每个企业都应按照经营目标的要求，在开展科学的经济预测、制定正确的经营决策的基础上，编制未来一定期间的财务预算，对企业的各项生产经营活动进行统筹安排。为保证企业内部各部门、经营管理各环节的全部工作始终有章可循，沿着经营目标所确定的轨道有条不紊地进行，建立财务预算与控制制度是十分必要的。财务预算与控制制度是指导对企业行动进行数量说明、综合规划和决策、对企业生产经营的执行进行控制的财务管理制度。制定这一制度的意义如下。

(一) 有利于明确企业具体工作目标

要实现对生产经营活动的有效控制，不仅需要一个符合企业经营方针和发展方向的总目标，而且需要一个符合总体目标，能够协调企业内部各部门业务活动的具体目标。只有通过编制财务预算，才能把生产、销售、成本、利润、现金收支等方面的目标要求，同有关部门的工作任务有机地结合起来，使各职能部门和基层单位的工作能在总体目标和具体行动计划的指导下有计划、有步骤地进行。

(二) 有利于协调各部门的日常工作

企业要圆满实现既定的经营目标，必须使其内部各部门密切配合，使生产经营各环节相互衔接、均衡发展，以形成一个为共同完成企业总目标而运行的有机整体，避免企业管理工作顾此失彼和生产经营过程中的相互脱节。通过编制财务预算，可以正确地处理企业内部各部门之间的相互关系，有利于划分或落实各部门的经济责任，有助于发现并采取相应措施，不断加强企业未来生产经营过程中可能出现的薄弱环节。

(三) 有利于提供评价工作绩效

企业经营目标要得到最终实现，不仅要求将总体目标在企业内部各部门之间进一步具体化、明确化，而且要求对各部门所承担的经济责任和工作任务进行检查与考核，以确定其工作绩效的优劣。否则，各项具体工作目标将难以实现。通过编制财务预算，企业内部各部门就可以把自身应实现的具体行动目标，作为它们从事生产经营活动所应达到的标准，就能够根据必须达到的有关标准和特定经营水平，有目的、有步骤地安排日常工作，组织生产经营；就能随时了解情况，掌握进度，发现问题，考评绩效。这样一来，企业管理者就可以把财务预算作为检查、落实各部门经济责任和计划任务的完成情况，以及考核、评价各部门工作实绩和经营成果的客观依据。

(四) 有利于调动全体职工为实现经营目标而努力

企业财务预算的直接执行者，他们对企业各项预算指标的完成和企业总体目标的实现具有决定性的影响。因此，通过财务预算的编制和执行，一方面，可以让全体职工广泛参与有关预算的编制工作，使各项预算指标更加切实可行；另一方面，可以将企业经营目标逐级落实到更小的基层单位以及职工个人，使之更明确、更具体。这样，就能激发职工的工作热情，使职工个人具体的工作标准与整个企业的总体奋斗目标紧密结合起来，为财务预算的圆满实现奠定了坚实的基础。

二、财务预算的控制与考核方法

(一) 财务预算的控制

财务预算的执行在于各个预算编制单位严格按照公司下达预算管理指标运作。但是作为企业的预算管理科来说，不可能时刻关注和了解到具体的预算执行情况。当然，如果企业全面实施ERP(企业资源计划)，是可以随时监控到预算执行情况的。为了确保财务预算的执行，除了监控预算执行情况，还需要采取其他一些方法，主要包括如下几种。

1. 建立预算月报和会议制度

各预算单位应于每个月末召开预算执行情况会，对预算的执行情况、差异原因和整改措施进行讨论；各预算单位应于每个月末编制预算月报，并将预算指标、实际完成数、差异及其原因分析、整改措施上报给预算科。

2. 实行例外报告制度

一旦某预算单位突然发生实际业务与预算指标大幅度脱节的情况，该单位预算员应立即编制临时预算执行报告，向本单位领导和预算科报告，单位领导应及时提出整改措施，如单位领导无法改正，则应立即上报预算管理委员会申请处置。

3. 预算分析制度

一旦某部门预算报告发现有差异，所在部门领导应及时组织有关人员，分析差异的各种原因，并提出整改措施。分析讨论时要有会议记录，以供以后分清职责。

(二) 财务预算控制方法

预算的编制与落实过程，是企业内部不同利益主体间相互博弈的结果。如何避免各基层单位多报或少报预算，为此，需要针对企业的特点设计不同的控制方法。

1. 单项指标控制法

单项指标控制法，是指以一项指标作为企业预算审核与考核的指标。其基本设计理念是运用关键指标，操作简便易行。例如从企业作为投资中心的角度出发，作为出资者强调投资回报，可以从众多的财务指标中选定"投资报酬率"作为考核指标。但其局限也很明显，如指标过于单一，而且还面临考核涉足不同行业的各事业部的投资报酬率标准如何确定的难题。

2. 指标加权综合评价法

指标加权综合评价法，是指给出相应的考核指标，并赋以相应的权重，要求各预算单位的指标与其相应权重的乘积必须达到一个固定的标准，超过予以奖励，不够则予以扣减。具体的考核指标可以在企业总部讨论后确定。

为便于说明，假定以发展速度、投资报酬率、利润增长率、成本费用率为考核指标，其相应的权重假设设定为20%、60%、10%、10%。再设甲、乙部门的发展速度、投资报酬率、利润增长率、成本费用率：甲分别为20%、15%、12%、38%；乙分别为10%、9%、8%、45%。则其相应的指标加权结果为

甲部门：20%×20%+60%×15%+10%×12%-10%×38%=10.4%

乙部门：20%×10%+60%×9%+10%×8%-10%×45%=3.7%

这时，由企业设定的加权达标值就成为各部门考核的关键参照。为使参照指标具有一定的合理性，可以采用各部门指标加权的平均数。如上例中甲、乙两部门指标加权的平均数为(10.4%+3.7%)/2=7%，所以考核结果为甲部门达标。

(三) 责任指标分项加扣奖惩法

责任指标分项加扣奖惩法是指以百分制为基数，对于给出的各项考核指标，如：产量、单位产品成本、质量、资金占用、安全、设备等，完成指标者加分，不达标者扣分，各部门最终所得分数，折合成百分比，成为其业绩考核的结果。

仍以甲部门为例。假设其各项指标完成情况为产量(+2)、单位产品成本(-4)、质量(+2)、资金占用(-2)、安全(+1)、设备(-3)，其考核结果为100+2-4+2-2+1-3=96，则该事业部就按96%的比率结算业绩考核结果。当然，这一方法需要与企业内部经济责任制相挂钩，而且在各种指标的确定及其分值的认定上需要对照公司的业绩考核标准。

(四) 财务预算的考核

预算的考核是一个敏感问题，需要慎重对待。综括管理实践中的一些做法，我们发现，预算考核不能仅以财务业绩指标为准，而是需要将非财务业绩指标与财务业绩指标配合使用，以便取得好的考核效果。就具体的考核评价标准来说，常用的方法主要有两个，一是预算完成程度，就是设定一个预算标准，超过预算标准完成任务越多越好，比如税后利润、权益报酬率、成本降低额等；二是预算完成准确度，它以实际数与预算数之间的差

异程度为标准，完成实际数越接近预算数，则认为预算完成越好。不过，由于各个企业所处行业不同、实际运行状况不同，预算管理制度也不尽然一样，关于预算考核的管理办法自然需要结合企业特点来制定和执行。

三、财务预算报告

财务预算报告是指反映企业预算年度内企业资本运营、经营效益、现金流量及重要财务事项等预测情况的文件。财务预算报告从某种意义上说实际上是企业的财务计划，必须做到目的明确，量入为出，开源节流，结合企业的工作实际作出合理的资金使用安排。国有企业应当在规定的时间内按照国家财务会计制度规定和国资委财务监督工作有关要求，以统一的编制口径、报表格式和编报规范，向国资委报送年度财务预算报告[①]。对于非国有企业来说，财务预算报告没有统一的格式要求，财务预算报告在格式上一般可分为标题、正文与结尾三个部分。

(一) 标题

一般由单位名称、时序、时限和文种三部分构成，如果是专项报告可写明事由，如《××公司2014年度财务预算报告》。提请会议审议的财务预算报告可在标题下注明报告人的姓名。

(二) 正文

财务预算报告的正文要写明以下基本内容。

1. 预算报告的编制基础与概况

这部分内容主要写明编制预算报告的根据(如上年度的收支情况、工作计划等)、原则、总收入和总支出的情况，使读者对全年预算的总体概貌有所了解。

2. 收支的具体安排情况

编写预算报告的部门不同，收支安排的内容和分类也不同。财政部门的预算报告一般是分口、分项安排；事业单位或企业的预算报告一般结合单位的实际分项安排。

3. 完成预算任务的措施和要求

预算，既包括收入，又包括支出。要完成预算任务，一定要注意在增收节支两个方面努力，一方面要不断开辟新的财源，加大清收力度，增加收入；另一方面还要采取措施减缩开支。因此，财务预算报告要安排好收入和支出计划，也要制订出完成计划的措施，提出一些切实可行的办法。

(三) 结尾

财务预算报告的结尾可就提请审议、征求意见等事项作一些表述。如果有关事项均已讲清，也可不需专门的结尾。最后在右下方注明报告日期。

某民营企业财务预算报告格式如下：

---

① 参见《中央企业财务预算管理暂行办法》第五条。

财务预算报告

一、预算编制基础

概括说明确定本年度预算目标的依据，包括：

(一) 对预算年度宏观经济形势的总体预测与分析，说明企业编制预算的宏观经济形势基础。

(二) 企业编制年度预算所选用的会计政策，说明折旧率、资产减值等重大会计政策及会计估计发生变更的原因，对损益的影响金额。

(三) 年度预算报表的合并范围说明，未纳入及新纳入年度预算报表编制范围的子企业名单、级次、原因以及对预算的影响等情况。

二、预算编制目标

概括说明本年度预算的收入、利润目标。

三、预算编制情况

(一) 财务收支预算

财务收支预算是企业编制年度预算的基础，企业应在深入开展业务板块分析、重要子企业调查的基础上，对主要业务板块的发展趋势及生产经营情况进行客观的预测，对企业产生重大影响的生产经营决策进行说明。至少应包括以下内容：

1. 收入预算

结合本企业整体战略规划、所处行业地位、市场供求关系及价格变动等情况，按主要业务板块说明生产经营指标增减变动情况和收入、成本等变动情况，以及指标变动对企业效益的影响程度等。

2. 成本费用预算

预算年度各项成本费用情况，包括材料费、外协费、人工成本、折旧费、差旅费、业务招待费、日常管理费、财务费用等预计发生金额、年度增减变动情况。成本费用占营业收入比重变动情况以及本年度拟采取的费用增长控制措施及落实方法。

其中预算年度企业人工成本情况，具体包括：预算年度内企业人工成本支出情况、人工成本占营业收入及成本费用比重变动情况、职工数量变化等情况。如果人工成本总额、人均人工成本或工资增幅超过收入及利润增幅，应详细说明原因。

3. 投资收益

预算年度投资收益预计发生金额、年度增减变动情况。

4. 营业外收支

预算年度营业外收支预计发生金额、年度增减变动情况。

(二) 投资预算

1. 说明企业预算年度内拟安排的重大固定资产投资项目的目的、总规模、预期收益及预计实施年限等情况，对于资金来源与资金保障情况应重点说明。

2. 说明企业预算年度拟计划实施的重大长期股权投资情况，具体包括：投资目的、预计投资规模、资金来源、持股比例、预计收益等情况；说明预算年度拟清理的长期股权投资，以及拟采取的清理手段和措施。

3. 分类说明企业预算年度内拟安排的债券、股票、基金等风险业务的资金占用规模、资金来源和预计投资回报率等情况。

(三) 筹资预算

说明企业预算年度内拟安排的重大筹资项目目的、筹资规模、筹资方式和筹资费用等情况，分析未来偿债能力和风险。

(四) 资金预算

预算年度内资产负债及现金流量情况，重点说明经营性现金流量变化情况，说明企业为保障资金安全所采取的具体应对措施。如加强应收款项回收管理、提高库存流动性、跟踪高负债子企业和亏损企业、加强重大工程项目资金管控等。

四、实现预算目标的措施

预算年度为了实现预算目标拟采取的措施，如增收节支、成本管控、过程控制等的措施。

五、预算年度重大事项说明

(一) 预算年度内拟出售固定资产、债务重组等重大营业外收支项目的原因、金额、对象、方式等情况。

(二) 说明企业预算年度内担保、抵押等或有事项的规模控制情况，并说明对逾期担保等或有事项拟采取的清理措施。

(三) 详细说明企业预算年度内对外捐赠支出项目、支出规模、支出方案等预算安排情况。

(四) 其他需要说明的情况。

本章小结

财务预算是专门反映公司未来一定期间内预计财务成果和经营成果，以及现金收支等价值指标的各种预算总称。它主要包括现金预算、利润表预算和资产负债表预算等内容。财务预算在全面预算体系中具有重要作用。财务预算的编制由各部门进行协调合作完成。财务预算方法按不同的标准可分为增量预算和零基预算、固定预算和弹性预算、定期预算和滚动预算。财务预算主要包括现金预算和财务报表预算的编制。现金预算实际是销售预算、生产预算、直接材料预算、直接人工预算、制造费用预算、产品成本预算、销售及管理费用预算等预算中有关现金收支部分的汇总。现金预算编制，要以其他各项预算为基础。财务报表预算的编制包括利润表预算和资产负债表预算的编制。财务预算在分权管理模式下，应当按照"上下结合、分级编制、逐级汇总、全员参与"的原则进行编制，应注重财务预算的控制与考核。财务预算报告是指反映企业预算年度内企业资本运营、经营效益、现金流量及重要财务事项等预测情况的文件。

主要概念

财务预算；增量预算；零基预算；固定预算；弹性预算；定期预算；滚动预算；财务预算报告；单项指标控制法；指标加权综合评价法。

思考题

1. 公司财务预算包括哪些内容？

2. 财务预算编制方法有哪些?
3. 现金预算的编制建立在哪些预算的基础上?
4. 预算财务报表包含哪些内容?
5. 财务预算的编制程序包含哪些内容?

练习题

一、单项选择题

1. 下列预算中,综合性较强的预算是(   )。
   A. 销售预算   B. 生产预算
   C. 资本支出预算   D. 现金预算

2. 可以保持预算的连续性与完整性,并能克服传统定期预算缺点的预算方法是(   )。
   A. 滚动预算法   B. 零基预算法
   C. 增量预算法   D. 固定预算法

3. 公司整个预算的编制起点是(   )。
   A. 直接材料预算   B. 生产预算
   C. 销售预算   D. 产品成本预算

4. 直接材料预算的主要编制基础是(   )。
   A. 生产预算   B. 销售预算
   C. 制造费用预算   D. 产品成本预算

5. 公司编制全面预算的终点是(   )。
   A. 专门决策预算   B. 现金预算
   C. 预计利润表   D. 预计资产负债表

二、计算分析题

1. 长城公司2016年有关预算资料如下:

(1) 预计该公司3—7月份的销售收入分别为30 000元、40 000元、50 000元、60 000元、70 000元。每月销售收入中,当月收到现金30%,下月收到现金70%。

(2) 各月直接材料采购成本按下一个月销售收入的60%计算。所购材料款于当月支付现金50%,下月支付现金50%。

(3) 预计该公司4—6月份的制造费用分别为3 000元、3 600元、3 200元,每月制造费用中包括折旧费600元。

(4) 预计该公司4月份购置固定资产需要现金10 000元。

(5) 公司在3月末有长期借款14 000元,利息率为15%。

(6) 预计该公司在现金不足时,向银行申请短期借款(为1 000元的整数倍);现金有多余时归还银行借款(为1 000元的整数倍)。借款在期初,还款在期末,借款年利率12%。

(7) 预计该公司期末现金余额的规定范围是6 000~7 000元,长期借款利息每季度末支付一次,短期借款利息还本时支付,其他资料见现金预算表。

【要求】根据以上资料,完成该公司4—6月份现金预算的编制工作。

现金预算表

单位：元

月 份	4	5	6
期初现金余额	6 000		
经营性现金收入			
可供使用现金			
经营性现金支出：			
直接材料采购支出			
直接工资支出	1 000	2 500	1 800
制造费用支出			
其他付现费用	700	800	650
预交所得税			7 000
资本性现金支出：			
现金余缺			
支付利息			
取得短期借款			
偿还短期借款			
期末现金余额			

第十章 财务分析

学习目标

1.了解财务分析的含义、内容和作用；2.掌握财务分析方法的种类和含义；3.掌握偿债能力、营运能力、盈利能力、发展能力等财务指标的计算和应用；4.了解杜邦分析体系的原理。

第一节 财务分析概述

一、财务分析的概念及依据

(一) 财务分析的概念及作用

财务分析是以财务会计报表及其他相关资料为起点，采取一系列专门的分析方法和技术，对公司过去、现在的有关筹资活动、投资活动、偿债能力、营运能力和营利能力状况等进行分析评价的过程。财务分析的目的在于评价过去的经营业绩，衡量现在的财务状况，预测未来的发展趋势，具有承上启下的作用。

1. 财务分析是评价财务状况及经营业绩的重要依据

通过财务分析，可以了解公司偿债能力、营运能力、营利能力和现金流量状况，合理评价经营者的经营业绩，以奖优罚劣，促进管理水平的提高。

2. 财务分析是实现理财目标的重要手段

公司理财的根本目标是实现公司价值最大化。通过财务分析，不断挖掘潜力，从各方面揭露矛盾，找出差距，充分认识未被利用的人力、物力资源，寻找利用不当的原因，促进其经营活动按照公司价值最大化目标运行。

3. 财务分析是实施正确投资决策的重要步骤

投资者通过财务分析，可了解公司的营利能力、偿债能力，从而进一步预测投资后的收益水平和风险程度，以作出正确的投资决策。

(二) 财务分析的依据

财务分析的依据是财务会计报表及其他相关资料。财务会计报表是以货币为主要度量方式，根据日常核算资料加工、整理而形成，总括反映公司财务状况、经营成果、现金流量和股东权益指标体系。它是财务报告的主体和核心，包括资产负债表、利润表、现金流量表、股东权益增减变动表及相关附表。公司财务会计报表的内容和种类如表10-1所示。

表10-1 财务会计报表的编号、名称、内容和种类

编 号	会计报表名称	报表内容	编报期
会企01表	资产负债表	反映公司在一定日期全部资产、负债和所有者权益的情况	月报告；年度报告
会企02表	利润表	反映公司在一定期间内利润(亏损)形成的实际情况	月报告；年度报告
会企03表	现金流量表	反映公司在一定会计期间有关现金和现金等价物的流入和流出情况	年度报告
会企04表	所有者权益变动表	反映公司年末所有者权益(或股东权益)增减变动情况	年度报告
会企01表附表1	资产减值准备明细表	反映公司各项资产减值准备的增减变动情况	年度报告
会企01表附表2	应交增值税明细表	反映公司应交增值税的情况	月报告；年度报告
会企02表附表1	利润分配表	反映公司利润分配的情况和年末未分配利润的结余情况	年度报告
会企02表附表2	分部报表(业务分部)	反映公司各行业经营业务的收入、成本、费用、营业利润、资产总额以及负债总额的情况	年度报告
会企02表附表3	分部报表(地区分部)	反映公司各地区经营业务的收入、成本、费用、营业利润、资产总额以及负债总额的情况	年度报告

二、财务分析的内容

公司财务信息的使用者出于不同的需要对财务信息进行分析，侧重点有所不同。国家政府关心的是公司遵纪守法、按期纳税；公司经营者为改善公司的经营必须全面了解公司的生产经营情况和财务状况；公司投资者一般更关心公司的盈利能力；债权人则一般侧重于分析公司的偿债能力。因此，财务分析的内容主要包括：偿债能力分析、营运能力分析、盈利能力分析和发展能力分析。

(一) 偿债能力分析

偿债能力是指公司如期偿付债务的能力，它包括短期偿债能力和长期偿债能力。由于短期债务是公司日常经营活动中弥补营运资金不足的一个重要来源，通过分析有助于判断公司短期资金的营运能力以及营运资金的周转状况。通过对长期偿债能力的分析，不仅可以判断公司的经营状况，还可以促使公司提高融通资金的能力，因为长期负债是公司资本化资金的重要组成部分，也是公司的重要融资途径。而从债权人的角度看，通过偿债能力分析，有助于了解其贷款的安全性，以保证其债务本息能够即时、足额地得以偿还。

(二) 营运能力分析

营运能力分析主要是对公司所运用的资产进行全面分析，了解公司各项资产的使用效果、资金周转的快慢以及挖掘资金的潜力，提高资金的使用效果。

(三) 盈利能力分析

盈利能力分析主要通过将资产、负债、所有者权益与经营成果相结合来分析公司的各项报酬率指标，从而从不同角度判断公司的获利能力。

(四) 发展能力分析

发展能力也称增长能力，是公司未来生产经营活动的发展趋势和发展潜能，反映公司发展能力的指标主要有：销售增长率、资本积累率和资产增长率。

以上四个方面的财务分析指标中，偿债能力是财务目标实现的稳健保证，营运能力是财务目标实现的物质基础，盈利能力是偿债能力和营运能力的共同保障，而发展能力是三者未来的变化趋势。四者相辅相成，共同构成公司财务分析的基本内容。

三、财务分析的方法

财务分析方法主要有比率分析法、比较分析法和因素分析法。

(一) 比率分析法

比率分析法是财务分析最基本的方法。比率分析法实质上是将影响财务状况的两个相关因素联系起来，通过计算比率，反映各指标之间的联系，以此来揭示公司的财务状况的分析方法。

(二) 比较分析法

比较分析法是同一公司不同时期的财务状况或不同公司之间的财务状况进行比较，对两个或几个有关的可比数据进行对比，从而揭示公司财务状况存在差异和矛盾的分析方法。

1. 比较分析法按比较对象分类

(1) 与本公司历史比，即纵向比较，与同一公司不同时期指标相比。

(2) 与同类公司比，即横向比较，与行业平均数或竞争对手比较。

(3) 与本公司预算比，即将实际执行结果与计划指标比较。

2. 按比较内容分类

(1) 比较会计要素的总量。总量是指财务报表项目的总金额，例如资产总额、净利润等。总量比较主要用于趋势分析，以分析发展趋势；有时也用于横向比较，以分析公司的相对规模和竞争地位。

(2) 比较结构百分比。把资产负债表、利润表、现金流量表转换成百分比报表。例如以收入为100%看损益表各项目的比重。通过分析结构百分比，有助于发现有显著问题的项目。

(3) 比较财务比率。财务比率表现为相对数，排除了规模的影响，使不同对象间的比较变得可行。

(三) 因素分析法

因素分析法，也称连环替代法，是依据分析指标与其影响因素的关系，并根据各个因素之间的依存关系，顺次用各因素的比较值(通常为实际值)替代基准值(通常为标准值或计划值)，据以测定各因素对分析指标的影响方向和影响程度的一种方法。因素分析法是经济活动分析中最重要的方法之一。

【例10-1】 长城公司甲产品的材料成本如表10-2所示，运用因素分析法分析各因素变动对材料成本的影响程度。

表10-2 材料成本资料表

项目	单位	计划数	实际数	差异增(+)减(-)
产品产量	件	160	180	+20
单位产品材料消耗量	千克	14	12	-2
材料单价	元	8	10	+2
材料费用	元	17 920	21 600	+3 680

计划指标：160×14×8=17 920(元)	①
第一次替换：180×14×8=20 160(元)	②
第二次替换：180×12×8=17 280(元)	③
第三次替换(实际数)：180×12×10=21 600(元)	④
②-①=20 160-17 920=(180-160)×14×8=2 240(元)	产量增加的影响
③-②=17 280-22 000=180×(12-14)×8=-2 880(元)	材料节约的影响
④-③=22 000-17 600=180×12×(10-8)=4 320(元)	价格提高的影响
2 240+(-2 880)+4 320=3 680(元)	3个因素的影响

因素分析法既可以全面分析各因素对某一经济指标的影响，又可以单独分析某个因素对某一经济指标的影响，在财务分析中颇为广泛。但运用因素分析法要注意以下几个问题：

第一，因素分解的关联性。构成财务指标的各个因素与财务指标之间客观上存在着因果关系。

第二，因素替代的顺序性。在实际工作中，一般是先替换数量指标，后替换质量指标；先替换实物指标，后替换价值指标；先替换主要指标，后替换次要指标。

第三，顺序替代的连环性。因素替换要按顺序依次进行，不能从中间隔地替换，替换过的指标要用实际指标，尚未替换过的指标用计划指标(或基期指标)。

四、财务分析的局限性

财务分析是以财务会计报表为主要分析对象，而其作用受到分析对象、方法和环境的影响，存在一定的局限性。

财务会计报表受到会计环境和公司会计战略的影响。报表存在以下4方面的局限性：①财务报表没有披露公司的全部信息，管理层拥有更多的信息，披露的只是其中的一部分；②已经披露的财务信息存在会计估计误差，不一定是真实情况的准确计量；③管理层的各项会计政策选择，会使财务报表扭曲公司的实际情况；④财务报表的可靠性问题，如财务报告形式不规范、应用会计政策的灵活性，以及"粉饰"财务报表等原因所导致的数据反常、大额关联方交易和异常的资本利得等。

财务报表分析仅仅是发现问题，而没有提供解决问题的答案，具体该如何做取决于财务人员如何解读财务分析的结果，也就是说取决于财务人员的经验或主观判断。

进行财务分析时，还要注意环境或限定条件，只有在限定意义上比较，才会有意义。

总之，要客观地在限定意义上使用分析结论，避免简单化和绝对化。

第二节 偿债能力分析

公司偿债能力是反映公司财务状况和经营能力的重要标志。一般地，衡量偿债能力的方法有两种：一是比较可供偿债资产与债务的大小，资产存量超过债务存量较多，则认为偿债能力较强；二是比较经营活动现金流量和偿债所需现金，如果产生的现金超过需要的现金较多，则认为偿债能力较强。偿债能力分析包括短期偿债能力分析和长期偿债能力分析两部分。

一、短期偿债能力分析

公司短期债务一般要用流动资产来偿付。短期偿债能力是指公司偿还流动负债的保证程度，是衡量流动资产变现能力的重要标志。评价公司短期偿债能力的财务指标主要有流动比率、速动比率和现金比率等。

(一) 流动比率

流动比率是公司流动资产与流动负债之比。也就是说，每一元的流动负债，有多少流动资产作为偿还保证。其计算公式为：

$$流动比率 = 流动资产 \div 流动负债$$

其中，流动资产指资产负债表中的期末流动资产总额；流动负债是资产负债表中的期末流动负债总额。

一般而言，生产型公司合理的流动比率等于2:1时较为适当。这是因为流动资产中变现能力最差的存货金额约占流动资产总额的一半，剩下的流动性较大的流动资产至少要等于流动负债，公司短期偿债能力才会有保证。过高或过低的流动比率均不好，这是因为流动比率过高表明公司流动资产未能有效地加以利用，会影响资金的使用效率和筹集资金的成本，进而可能会影响公司的获利能力。

【例10-2】长城公司2015年年末流动资产为3 500万元，流动负债为1 500万元，则该公司年末流动比率为：

流动比率=3 500÷1 500=2.333

长城公司流动比率大于2，说明该公司具有较强的短期偿债能力。

运用流动比率时，要结合不同行业的特点、公司流动资产结构及各项流动资产的实际变现能力等因素综合考虑，切不可用统一的标准来评价。

流动比率虽然可以用来评价流动资产总体的变现能力，但流动资产中包含存货这类变现能力较差的资产，如能将其剔除，其所反映的短期偿债能力更加令人可信，这个指标就是速动比率。

(二) 速动比率

速动比率是指公司的速动资产与流动负债的比率。速动资产是指从流动资产中扣除变现能力较差且不稳定的存货、预付账款、一年内到期的非流动资产等之后的余额。由于剔除了存货等变现能力较差的资产，速动比率比流动比率能更准确地评价公司资产的流动性以及立即可以变现偿付流动负债的能力。速动比率的计算公式为：

$$速动比率=速动资产÷流动负债$$

$$速动资产=货币资金+交易性金融资产+应收账款+应收票据$$

$$=流动资产-存货-预付账款-一年内到期的非流动资产$$

一般情况下，速动比率越高，表明公司偿还流动负债的能力越强。当前国际上通常认为，速动比率等于1:1时较为适当。速动比率过低，公司面临偿债风险；但是，速动比率过高，会因占用现金及应收账款过多而增加公司的机会成本。

【例10-3】长城公司2015年年末流动资产为3 500万元，流动负债为1 500万元，存货、预付账款、一年内到期的非流动资产分别为1 000万元、200万元、300万元，则该公司年末速动比率为：

速动比率=(3 500-1 000-200-300)÷1 500=1.33

长城公司2015年的速动比率比一般公认标准高，一般认为其短期偿债能力较强。不过，由于速动资产中应收账款等资产不一定能按时收回，所以还要分析第三个重要比率——现金比率。

(三) 现金比率

速动资产中，流动性最强、可直接用于偿债的资产称为现金资产。现金资产包括货币资金和交易性金融资产等。与其他速动资产不同，它们本身就是可以直接偿债的资产，而其他速动资产需要等待不确定的时间，才能转换为不确定金额的现金。

现金资产与流动负债的比值称为现金比率，其计算公式如下：

$$现金比率=(货币资金+交易性金融资产)÷流动负债$$

【例10-4】长城公司的货币资金与交易性金融资产在2015年分别为150万元、100万元，在2016年分别为200万元、50万元，2015年的流动负债为1 500万元，2016年的流动负债为1 600万元，则现金比率为：

2015年现金比率=(150+100)÷1 500=0.167

2016年现金比率=(200+50)÷1 600=0.156

现金比率假设现金资产是可偿债资产，表明1元流动负债有多少现金资产作为偿债保障。长城公司2016年现金比率比2015年稍微下降了0.011，说明公司为每1元流动负债提供的现金资产保障降低了0.011元。而现金比率偏低，说明该公司的短期偿债能力还是有一定风险，应加大应收账款催账力度等来提高资金的周转。

二、长期偿债能力分析

长期偿债能力是指公司偿还长期负债的能力。其分析指标主要有3项：资产负债率、产权比率和已获利息倍数。

(一) 资产负债率

资产负债率是负债总额与资产总额之比。其计算公式为：

$$资产负债率=负债总额÷资产总额×100\%$$

资产负债率反映公司资产总额中有多大比重是通过借债来筹资的，以及公司保护债权人利益的程度。这一比率越低(50%以下)，表明公司的偿债能力越强。

【例10-5】 长城公司2015年年末资产总额为10 000万元，年末流动负债总额为1 500万元，长期负债总额为3 800万元。则该公司资产负债率为：

资产负债率=(1 500+3 800)÷10 000×100%=53%

长城公司年末资产负债率大于50%，但在合理的范围内，说明其有一定的偿债能力和负债经营能力。

对于资产负债率越高，不同的角度其观点明显存在差异。从债权人的角度来看，债务比率越低越好，公司偿债有保证，贷款不会有太大风险；从股东的角度来看，在全部资本利润率高于借款利息率时，负债比率越大越好，因为股东所得到的利润就会加大。

由于公司的长期偿债能力受盈利能力影响很大，在实务中，通常把长期偿债能力分析与盈利能力分析结合起来进行分析。

(二) 产权比率

产权比率也称负债股权比率，是负债总额与所有者权益总额之比，它表明债权人提供的资金与所有者权益提供的资金之间的比例及单位投资者承担风险的大小。其计算公式为：

$$产权比率=负债总额/所有者权益总额×100\%$$

产权比率是衡量公司负债经营是否安全有利的重要指标。产权比率高，是高风险、高报酬的财务结构；产权比率低，是低风险、低报酬的财务结构。一般来说，这一比率越低，表明公司长期偿债能力越强，债权人权益保障程度越高，承担的风险越小，一般认为这一比率为1:1。但还应该结合公司的具体情况加以分析。

【例10-6】 长城公司2015年年末资产总额为10 000万元，年末流动负债总额为1 500万元，长期负债总额为3 800万元。则该公司产权比率为：

产权比率=(1 500+3 800)÷(10 000-1 500-3 800)×100%=112.77%

产权比率与资产负债率的主要区别为：资产负债率侧重于分析债务偿付安全性的物质保障程度，产权比率则侧重于揭示财务结构的稳健程度以及自有资金对偿债风险的承受能力。

(三) 已获利息倍数

已获利息倍数又称利息保障倍数，是指公司息税前利润与利息费用之比，用以衡量偿付借款利息的能力。已获利息倍数是评价公司支付利息的能力，没有足够大的息税前利润，利息的支付就会发生困难。其计算公式如下：

$$已获利息倍数=息税前利润÷利息费用$$

其中，"息税前利润"为利润与利息费用之和；"利息费用"为本期实际发生的全部应付利息，不仅包括财务费用中的利息费用，还应包括计入固定资产成本的资本化利息。

已获利息倍数不仅反映了公司获利能力的大小，而且反映了获利能力对偿还到期债务的保证程度。它既是公司举债经营的前提依据，也是衡量公司长期偿债能力大小的重要标志。国际上通常认为，该指标为3时较为适当，从长期来看至少应大于1，且比值越高，公司长期偿债能力越强。如果利息保障倍数过低，公司将面临亏损、偿债的安全性与稳定性下降的风险。

【例10-7】长城公司2015利润总额为1 000万元，实际利息费用为550万元(假定财务费用全部为利息费用，且没有发生计入固定资产成本的资本化利息)，则该公司已获利息倍数为：

已获利息倍数=(1 000+550)÷550=2.82

从上述结果发现，长城公司2016年已获利息倍数大于1，说明有一定的偿债能力。要注意，已获利息倍数指标的分析还需要与其他公司特别是本行业平均水平进行比较，然后进行分析评价。从稳健角度看，还要与本公司连续几年的该项指标进行比较，然后综合地进行评价。

第三节 营运能力分析

营运能力是指公司经营管理中利用资金运营的能力，主要表现为资产利用的效率，反映了公司的劳动效率和资金周转状况。公司的经营活动离不开各项资产的运用，对公司营运能力的分析，实质上就是对各项资产的周转使用情况进行分析。

资产营运能力的强弱取决于资产的周转速度，通常用周转率和周转期来表示。周转率是公司在一定时期内资产的周转额与平均余额的比率，它反映公司资产在一定时期的周转次数。周转期是周转次数的倒数与计算天数的乘积，反映资产周转一次所需要的天数。其计算公式为：

周转率(周转次数)=周转额÷资产平均余额

周转期(周转天数)=计算期天数÷周转次数=资产平均余额×计算期天数÷周转额

营运能力分析主要包括：流动资产周转情况分析、固定资产周转情况分析和总资产周转情况分析三个方面。

一、流动资产周转情况分析

管理好流动资产对提高单位经济效益、实现公司理财目标具有重要的作用。反映流动资产周转情况的指标主要有应收账款周转率、存货周转率和流动资产周转率。

(一) 应收账款周转率

应收账款在流动资产中有着举足轻重的作用。应收账款的及时收回，不仅可以提高公司的短期偿债能力，同时还能反映出公司应收账款管理的效率。

应收账款周转率是销售收入与应收账款的比率。它反映了公司应收账款周转速度的快慢及公司对应收账款管理效率的高低，有三种表示形式：应收账款周转次数、应收账款周转天数和应收账款与收入比。其计算公式如下：

应收账款周转率(周转次数)=销售净额÷平均应收账款余额

$$应收账款周转天数 = 365 \div 应收账款周转率 = 365 \div (销售收入 \div 应收账款)$$

$$应收账款与收入比 = 应收账款 \div 销售收入$$

公式中,应收账款包括会计核算中"应收账款"和"应收票据"等全部赊销款项在内。如果应收账款余额的波动较大,应尽可能使用详细的计算资料,如按每月的应收账款余额来计算其平均占用额。

应收账款周转次数,表明一年中应收账款周转的次数,或者说明每一元应收账款投资支持的销售收入。应收账款周转天数,也称为应收账款收现期,表明从销售开始到收回现金平均需要的天数。应收账款与收入比,则表明每一元销售收入需要的应收账款投资。

【例10-8】长城公司2015年度销售收入净额15 000万元,2015年年末应收账款、应收票据净额为2 030(1 990+40)万元,年初数为1 050(995+55)万元;则2014年该公司应收账款周转率指标计算如下:

$$应收账款周转次数 = \frac{15\ 000}{(2\ 030 + 1\ 050) \div 2} = 9.74(次)$$

$$应收账款周转天数 = 360 \div 9.74 = 37(天/次)$$

$$应收账款与收入比 = 2\ 030 \div 15\ 000 = 13.53\%$$

一般情况下,应收账款周转率越高越好。应收账款周转率高,表明公司收账迅速,账龄较短;资产流动性强,短期偿债能力强;可以减少收账费用和坏账损失。影响该指标正确计算的因素有:①季节性经营;②大量使用分期付款结算方式;③大量使用现金结算销售;④年末大量销售或年末销售大幅度下降。因此,在评价应收账款周转率指标时,应结合该公司前期指标、行业平均水平及其他类似公司的指标相比较,判断对应指标的高低,从而对公司作出相应评价。

(二) 存货周转率

存货占流动资产的比重一般较大,存货的流动性强弱将直接影响公司流动资产的流动性。存货周转分析的目的是找出存货管理中的问题,使存货管理在保证生产经营正常进行的同时,尽量节约营运资金,提高资金的使用效率,促进公司管理水平的提高。

存货流动性的分析一般通过存货周转率来进行。存货周转率是销售收入与存货的比率,是评价存货流动性大小和反映存货周转速度的财务指标。存货周转率,也有三种计量方式。其计算公式如下:

$$存货周转次数 = 销售成本 \div 平均存货余额$$

$$存货周转天数 = 365 \div (销售成本 \div 存货平均余额)$$

$$存货与收入比 = 存货 \div 销售收入$$

公式中,平均存货余额是期初存货余额和期末存货余额的平均数,可以根据资产负债表数据计算得出。

存货周转次数,表明一年中存货周转的次数,或者说明每一元存货支持的销售收入。存货周转天数表明存货周转一次需要的时间,也就是存货转换成现金平均需要的时间。存货与收入比,表明每一元销售收入需要的存货投资。

【例10-9】长城公司2015年度销售成本为13 220万元,销售收入净额15 000万元,期初存货1 630万元,期末存货595万元,该公司的存货周转率指标为:

$$存货周转次数=\frac{13\,220}{(1\,630+595)\div 2}=11.88(次)$$

存货周转天数=360÷11.88=30(天/次)
存货与收入比=595÷15 000=3.97%

一般情况下，存货周转率过高，表明存货变现速度快，周转额较大，资金占用水平较低；存货周转率低，常常表明公司经营管理不善，销售状况不好，造成存货积压。

对存货周转率进行分析时，除了分析批量因素、季节性因素等外，还应对存货的结构和影响存货的重要项目进行深入调查和分析，并结合实际情况作出判断。

(三) 流动资产周转率

流动资产周转率是反映公司流动资产周转速度的指标。流动资产周转率是一定时期销售收入净额与公司流动资产平均占用额之间的比率。其计算公式也有三种：

流动资产周转次数=销售收入÷平均流动资产总额
流动资产周转天数=365÷(销售收入÷平均流动资产总额)
流动资产与收入比=流动资产÷销售收入

其中，流动资产平均余额=(期初流动资产+期末流动资产)÷2。

一般地，流动资产周转次数越多越好，流动资产周转天数越少，表明以相同的流动资产完成的周转额越多，流动资产利用效果越好。周转速度快，表明流动资产在经历生产销售各阶段所占用的时间越短，可相对节约流动资产，等于相对扩大资产投入，增强公司盈利能力；周转速度缓慢，需要补充流动资产增加周转，公司占用资金增加，降低公司盈利能力。

【例10-10】长城公司2015年度销售收入净额15 000万元，2015年流动资产期初数为3 050万元，期末数为3 500万元，则该公司流动资产周转率指标计算如下：

$$流动资产周转次数=\frac{15\,000}{(3\,050+3\,500)\div 2}=4.58(次)$$

流动资产周转天数=360÷4.58=78.6(天/次)
流动资产与收入比=3 500÷15 000=23.33%

二、固定资产周转情况分析

固定资产在公司资产中占有重要地位。反映固定资产周转情况的指标主要是固定资产周转率，即销售收入与非流动资产的比率。其有三种计量方式，计算公式为：

固定资产周转次数=销售收入÷平均固定资产净值
固定资产周转天数=365÷(销售收入÷平均固定资产净值)
固定资产与收入比=固定资产÷销售收入

固定资产周转次数，表明一年中固定资产周转的次数，或者说明每一元固定资产支持的销售收入。固定资产周转天数表明固定资产周转一次需要的时间，也就是固定资产转换成现金平均需要的时间，固定资产与收入比，表明每一元销售收入需要的固定资产投资。

一般地，固定资产周转率高，表明公司固定资产利用充分，固定资产投资得当，固定资产结构合理，能够充分发挥效率。反之，如果固定资产周转率不高，则表明固定资产利用效率不高，提供的生产成果不多，公司的营运能力不强。

【例10-11】长城公司2015年、2016年的销售收入净额分别为14 250万元、15 000万元,2015年年末固定资产净值为4 775万元,2016年年末为6 190万元。假设2015年年初固定资产净值为4 000万元,则固定资产周转率计算如下:

2015年固定资产周次数=$\dfrac{14\ 250}{(4\ 000+4\ 775)\div 2}$=3.25(次)

2015年固定资产周转天数=365÷3.25=112.31(天/次)

2015年固定资产与收入比=4 755÷14 250=33.37%

2016年固定资产周次数=$\dfrac{15\ 000}{(4\ 775+6\ 190)\div 2}$=2.74(次)

2016年固定资产周转天数=365÷2.74=113.21(天/次)

2016年固定资产与收入比=6 190÷15 000=41.27%

以上计算说明,2015年固定资产周转次数为2.74次,2016年固定资产周转次数为3.25次,说明2016年周转速度要比上年慢,其主要原因在于固定资产净值增加幅度大于销售收入净额增长幅度,说明该公司营运能力有所减弱,这种减弱幅度是否合理,还要视公司目标及同行业水平的比较而定。

固定资产周转率反映固定资产的管理效率,主要用于投资预算和项目管理分析,以确定投资与竞争战略是否一致、收购和剥离政策是否合理等。

三、总资产周转情况分析

总资产周转情况反映公司全部资产的利用效率,主要通过总资产周转率指标来分析。总资产周转率为销售收入与总资产的比率。其也有三种计量方式,计算公式如下:

总资产周转次数=销售收入÷平均资产总额

总资产周转天数=365÷(销售收入÷平均资产总额)

总资产与收入比=总资产÷销售收入

总资产周转次数,表明一年中总资产周转的次数,或者说明每一元总资产支持的销售收入。总资产周转天数表明总资产周转一次需要的时间,也就是总资产转换成现金平均需要的时间。总资产与收入比,表明每一元销售收入需要的总资产投资。

通常情况下,总资产周转次数越高,周转天数越少,总资产占收入比越小,表明公司全部资产的使用效率越高,公司的销售能力越强。

【例10-12】长城公司2015年销售收入净额为14 250万元,2016年为15 000万元,2016年年初资产总额为8 400万元,2016年年末为10 000万元。假设2015年初资产总额为7 500万元,则该公司2015、2016年总资产周转率计算如下:

2015年总资产周转次数=$\dfrac{14\ 250}{(7\ 500+8\ 400)\div 2}$=1.79(次)

2015年总资产周转天数=365÷1.79=203.91(天/次)

2015年总资产与收入比=8 400÷14 250=58.95%

2016年总资产周转次数=$\dfrac{15\ 000}{(8\ 400+10\ 000)\div 2}$=1.63(次)

2016年总资产周转天数=365÷1.63=223.92(天/次)

2016年总资产与收入比=10 000÷15 000=66.67%

由计算可以看出，长城公司2016年总资产周转次数和周转天数比上年减慢，总资产占收入比加大，这与前面计算分析固定资产周转速度减慢结论一致。该公司应扩大销售额，处理闲置资产，加速资产周转，提高资产使用效率。

第四节　盈利能力分析

不论是投资人、债权人还是经理人员，都会非常重视和关心公司的盈利能力。盈利能力就是公司获取利润的能力。

一般地，公司进行盈利分析，只涉及公司正常的经营活动，不涉及非正常的经营活动。这是因为非正常经营活动并不能真正反映单位的正常盈利能力。因此，在分析单位盈利能力时，应当剔除如下因素：证券买卖等非正常项目、重大事故或法律修改、会计准则和财务制度变更带来的累积影响等因素。

反映公司营利能力的指标主要有：销售毛利率、销售净利率、成本利润率、总资产净利率、权益净利率和资本保值增值率等。

一、销售毛利率

销售毛利率又称毛利率，是公司毛利额与销售收入的比率，通常用百分数表示。其中，毛利额是销售收入与销售成本之差。其计算公式为：

$$销售毛利率=毛利额÷销售收入=(销售收入-销售成本)÷销售收入$$

公式中，"销售收入"来源于利润表第一行的"营业收入"，"销售成本"来源于利润表第二行的"营业成本"。

销售毛利率表示每一元销售收入扣除销售成本后，有多少钱可用于各项期间费用和形成盈利。毛利是基础，没有足够大的毛利率，公司就不可能盈利。该比率越大，公司的营利能力越强。

【例10-13】长城公司2015年的销售收入、销售成本分别为14 250万元、12 515万元，2016年的销售收入、销售成本分别为15 000万元、13 220万元，则公司销售毛利率为：

2015年销售毛利率=(14 250-12 515)÷14 250=12.18%

2016年销售毛利率=(15 000-13 220)÷15 000=11.87%

由计算可以看出，长城公司2016年销售毛利率比2015年有所下降，这说明公司盈利能力有所下降。如果这种情况得不到有效控制，会影响公司的长期盈利能力。

二、销售净利率

销售净利率是指公司净利润与销售收入的比率，其计算公式如下：

$$销售净利率=(净利润÷销售收入)×100\%$$

公式中，"净利润"来源于利润表的最后一行"净利润"。

该指标反映的是每一元销售收入带来的净利润的多少。该比率越大，反映公司营业业务的竞争力越强，发展潜力越大，公司盈利能力越强。

销售净利率又简称"净利率"，某个利润率如果前面没有指明计算比率使用的分母，则是指以销售收入为分母。

【例10-14】长城公司2015年的销售收入、净利润分别为14 250万元、800万元，2016年的销售收入、净利润分别为15 000万元、680万元。公司的销售净利率计算如下：

2015年销售净利率=800÷14 250=5.61%

2016年销售净利率=680÷15 000=4.53%

从计算结果可以发现，长城公司2016年的销售净利率指标比2015年有所下降，这说明公司盈利能力有所下降，管理层应查明原因，采取相应措施，提高盈利水平。

三、成本费用利润率

成本费用利润率是公司利润总额与成本费用总额的比率。其计算公式为：

成本费用利润率=(利润总额÷成本费用总额)×100%

=利润总额÷(销售成本+营业税金及附加+管理费用+财务费用)×100%

该指标越高，反映公司为取得利润而付出的代价越小，成本费用控制得越好，盈利能力越强。

【例10-15】长城公司2015年的利润总额为1 595万元，销售成本为12 515万元，营业税金及附加为20万元，管理费用为100万元，财务费用为20万元。2016年的利润总额为1 640万元，销售成本为13 220万元，营业税金及附加为30万元，管理费用为80万元，财务费用为30万元则该公司成本费用利润率为：

2015年成本费用利润率=1 595÷(12 515+20+100+20)=12.60%

2016年成本费用利润率=1 640÷(13 220+30+80+30)=12.28%

从计算结果可知，长城公司2016年成本费用利润率指标比2015年有所下降，这进一步验证了前面销售利润率指标所得出的结论，说明其盈利能力下降。公司应进一步分析成本上升、利润下降的因素，并采取相应措施来降低成本，提高盈利能力。

四、总资产净利率

总资产净利率也称总资产收益率、总资产报酬率，是指净利润与总资产的比率。它反映每一元总资产创造的净利润。其计算公式如下：

总资产净利率=(净利润÷平均资产总额)×100%

总资产净利率主要用来衡量公司利用资产获取利润的能力，反映了公司总资产的利用效率。该指标越高，说明总资产利用效率越高，说明公司在增加收入和节约资金使用等方面取得了良好的效果；该指标越低，说明公司资产利用效率低，应分析差异原因，提高销售利润率，加速资金周转，提高公司经营管理水平。

【例10-16】长城公司2015年净利润为800万元，年末资产总额8 400万元；2016年净利润680万元，年末资产总额10 000万元。假设2015年初资产总额为7 500万元，则该公司总资产净利率计算如下：

2015年总资产净利率=$\dfrac{800}{(7\ 500+8\ 400)÷2}$×100%=5.03%

2016年总资产净利率=$\dfrac{680}{(8\ 400+10\ 000)÷2}$×100%=3.78%

由以上计算结果发现，长城公司2016年总资产净利率要大大低于2015年。因此，要对公司资产的使用情况和增产节约情况进行分析，从而提高资产利用效率和公司经营管理水平，增强盈利能力。

总资产净利率是衡量公司盈利能力的关键。虽然股东报酬由总资产净利率和财务杠杆共同决定，但提高财务杠杆会同时增加公司风险，往往并不增加公司价值。此外，财务杠杆的提高有诸多限制，公司经常处于财务杠杆不可能再提高的临界状态。因此，提高权益净利率的基本动力是总资产净利率。

五、权益净利率

权益净利率，也称所有者权益报酬率，是净利润与股东权益的比率。它反映每一元股东权益赚取的净利润，可以衡量公司的总体盈利能力。其计算公式为：

$$权益净利率=(净利润÷平均净资产)×100\%$$

权益净利率的分母是股东的投入，分子是股东的所得。对于股权投资者来说，具有非常好的综合性，概括了公司的全部经营业绩和财务业绩，是公司盈利能力指标的核心，也是杜邦财务指标体系的核心。一般认为，权益净利率越高，公司自有资本获取收益的能力越强，运营效益越好，对公司投资人、债权人的保证程度越高。

【例10-17】长城公司2015年净利润为800万元，年末所有者权益为4 400万元；2016年净利润为680万元，年末所有者权益为4 700万元。假设2015年初所有者权益为4 000万元，则该公司权益净利率为：

$$2015年权益净利率=\frac{800}{(4\ 000+4\ 400)÷2}×100\%=19.05\%$$

$$2016年权益净利率=\frac{680}{(4\ 400+4\ 700)÷2}×100\%=14.95\%$$

由以上计算可知，2016年该公司权益净利率要比2015年低了4个多百分点，盈利能力总体来讲不如上一年。

六、资本保值增值率

资本保值增值率，是扣除客观因素后的年末所有者权益总额与年初所有者权益总额之比。其计算公式为：

$$资本保值增值率=扣除客观因素后的年末所有者权益总额÷年初所有者权益总额×100\%$$

一般地，资本保值增值率是衡量公司盈利能力的重要指标。该指标越高，表明所有者权益增长越快，公司的资本保全状况越好，债权人的债务越有保障。该指标大于100%为宜。

【例10-18】长城公司2015年初所有者权益为4 000万元，年末所有者权益为4 400万元；2016年年末所有者权益为4 700万元。假定不考虑其他因素，则该公司资本保值增值率为：

2015年资本保值增值率=4 400÷4 000×100%=110%

2016年资本保值增值率=4 700÷4 400×100%=107%

由以上计算可知，该公司2016年资本保值增值率比2015年有所降低。当然，这一指标的高低，除了受公司经营成果的影响外，还受公司利润分配政策的影响。

第五节　发展能力分析

发展能力是指公司未来生产经营的发展趋势和发展水平。财务分析评价不仅要从静态的角度出发来分析公司的财务状况，还要从动态角度分析公司的增长趋势。这是因为，目前公司价值很大程度上取决于公司未来的发展能力，取决于公司的销售收入，取决于公司的利润及股利的未来增长，而不是公司过去或现在所取得的收益情况。而且，无论是增强公司的盈利能力、偿债能力，还是提高公司的资产运营效率，都是为了满足公司未来生存和发展的需要，即为了提高公司的发展能力。

反映公司发展能力的指标主要有资产增长率、销售增长率和资本积累率。

一、资产增长率

资产增长率是公司总资产增长额与年初资产总额的比值。其计算公式：

$$资产增长率=(总资产增长额÷年初资产总额)×100\%$$

该指标用来衡量公司资产规模增长幅度。当增长率为正数，表明公司的资产规模获得增加，数额越大，说明增长的速度越快；资产增长率为负数，则说明资产规模减少；资产增长率为0，说明公司资产规模不增不减。

【例10-19】长城公司2015年年末资产总额8 400万元，2016年年末资产总额10 000万元。假设2015年初资产总额7 500万元，则该公司资产增长率计算如下：

2015年资产增长率=(8 400-7 500)÷7 500=12%

2016年资产增长率=(10 000-8 400)÷8 400=19.05%

由以上计算可知，该公司2016年资产增长率比2015年有较大增长，公司规模不断扩大。当然，该指标的增加并不意味着公司利润的增长，还要结合负债情况和销售增长来进行具体分析。

二、销售增长率

销售增长率是公司销售收入增长额与上年销售收入总额的比率。其计算公式为：

$$销售增长率=(销售收入增长额÷上年销售收入总额)×100\%$$

该指标若大于零，表示公司本年销售收入有增长，指标值越高表明增长速度越快，公司市场前景越好。销售增长率若小于零，表示公司本年销售收入有所减少，销售萎缩，市场份额减少，应分析原因，及时采取对策。

【例10-20】长城公司2015年、2016年的销售收入分别为14 250万元、15 000万元。公司的销售增长率计算如下：

2016年销售净利率=(15 000-14 250)÷15 000=5%

由以上计算可知，该公司2016年销售增长率相对2015年有较大增长，市场前景看好。但是，结合上例公司资产增长率情况，说明该公司销售增长慢于资产增长，公司资产利用效率下降，公司应扩大销售额或处理闲置资产，加速资产周转，提高资产使用效率。

三、资本积累率

资本积累率，也称净资产增长率，是公司年末所有者权益增长额与年初所有者权益的比率。其计算公式：

$$资本积累率=(年末所有者权益增长额÷年初所有者权益)×100\%$$

该指标若大于零，则越高表明公司的资本积累越多，应付风险、持续发展的能力越大；若小于零，则表明公司资本积累缩减，应付风险、持续发展的能力削弱。

【例10-21】长城公司2015年、2016年年末所有者权益分别为4 400万元、4 700万元。假设2015年初所有者权益为4 000万元，则该公司资本积累率为：

2015年资本积累率=(4 400-4 000)÷4 000=10%

2016年资本积累率=(4 700-4 400)÷4 400=6.38%

由以上计算可知，该公司2016年资本积累率相对2015年有所下降，虽然资本积累率指标仍大于0，仍需要给予重视，对于资本积累率指标下降的原因，需要结合公司的战略目标进行综合分析。

第六节 财务综合分析

所谓财务综合分析，就是将各项财务指标作为一个整体，应用一个简洁和明了的分析体系，系统、全面、综合地对公司财务状况和经营情况进行剖析、解释和评价，以对公司一定时期复杂的财务状况和经营成果作出最综合和最概括的总体评价。本章前几节介绍的财务分析，虽然可以分析公司某一方面的财务状况，但却无法反映公司各个方面财务状况之间的关系，就跟盲人摸象一样，难以全面评价公司的经营与财务状况。因此，必须将公司的各方面指标按其内在联系结合起来，对公司财务进行综合分析。

财务综合分析最常用方法有杜邦分析体系和沃尔评分法两种。

一、杜邦分析体系

杜邦分析体系，简称杜邦体系(the du pont system)，是利用各主要财务比率之间的内在联系，对公司财务状况和经营成果进行综合系统评价的方法。该体系是以权益净利率为龙头，以资产净利率和权益乘数为分支，重点揭示公司获利能力杠杆水平对权益净利率的影响，以及各相关指标间的相互作用关系。该方法最早是由美国公司的财务经理提出并首先在杜邦公司成功运用，因此得名。

(一) 杜邦分析体系的基本框架

杜邦分析体系的基本框架如图10-2所示。

该体系是一个多层次的财务比率分解体系。各项财务比率，可在每个层次上与本公司历史或同业财务比率比较，比较之后向下一级分解。逐级向下分解，逐步覆盖公司经营活动的每个环节，以实现系统、全面地评价公司经营成果和财务状况的目的。

第一层次的分解，是把权益净利率分解为总资产净利率和权益乘数，比较公司间的这两个指标的差异，大体分析权益净利率的驱动因素。

第二层次的分解，进一步将总资产净利率分解为销售净利率和总资产周转次数，而且，权益净利率可由销售净利率、总资产周转次数和权益乘数三个指标构成。这三个指标在各公司之间可能存在显著差异。通过比较公司间这三个指标的差异，可以进一步观察本公司与其他公司的经营战略和财务政策有什么不同。

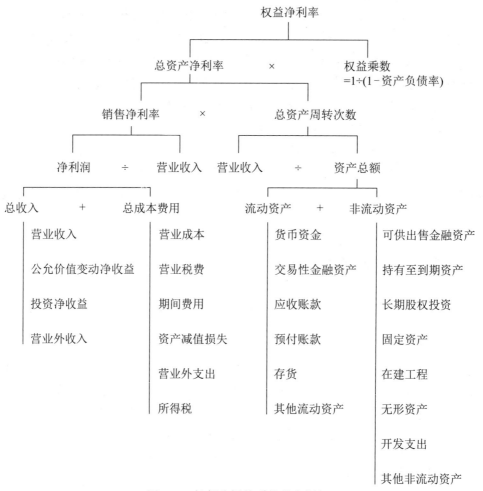

图10-2 杜邦分析体系的基本框架

其中,销售净利率和总资产周转次数可以反映公司的经营战略。一些公司销售净利率高而总资产周转次数低,而另一些总资产周转次数高而销售净利率较低。为了提高销售净利率,就要增加产品附加值,往往需要增加投资,引起周转率的下降。与此相反,为了加快周转,就要降低价格,引起销售净利率下降。采取"高盈利、低周转"还是"低盈利、高周转"的方针,是公司根据外部环境和自身资源作出的战略选择。

权益乘数可以反映公司的财务政策。权益乘数度量了财务杠杆的大小,而配置财务杠杆是公司最重要的财务政策。在总资产净利率不变的情况下,提高财务杠杆可以提高权益净利率,但同时也会增加财务风险。

然后,杜邦分析体系在揭示上述几种比率之间的关系之后,再进一步将净利润、营业收入和总资产等因素进行层层分解,这样就可以全面、系统地揭示出公司的财务状况以及这个系统内部各个因素之间的相互关系。

(二) 杜邦分析体系的核心财务指标

在杜邦分析体系中,权益净利率是一个综合性最强、最具代表性的指标。它不仅关系到公司理财目标的实现程度,而且在不同公司之间具有较好的可比性。根据杜邦分析体系基本框架图，为了提高权益净利率，可从如下三个分解指标入手：

$$权益净利率=\frac{净利润}{股东权益}=\frac{净利润}{总资产}\times\frac{总资产}{股东权益}$$

$$=\frac{净利润}{销售收入}\times\frac{销售收入}{总资产}\times\frac{总资产}{股东权益}$$

$$=销售净利率\times总资产周转次数\times权益乘数$$

$$=销售净利率\times总资产周转次数\times\frac{1}{1-资产负债率}$$

杜邦分析体系的作用在于解释指标变动的原因和变动趋势。从权益净利率的驱动因素分解可以看出：

(1) 无论改变其中的哪个比率，都会影响权益净利率。在权益净利率一定的情况下，公司的经营战略和财务政策可以有不同的组合形式。

(2) 销售净利率是利润表的概括。销售净利率反映了公司净利润与销售收入之间的关系。要提高销售净利率主要有两个途径：一是扩大销售收入；二是努力降低成本费用。这样才能使公司的盈利能力得到提高。

(3) 权益乘数是资产负债表的概括，表明资产、负债和股东权益的比例关系，可以反映最基本的财务状况。权益乘数越大，公司的负债程度越高，既给公司带来较大的杠杆利益，同时又给公司带来较大的风险。公司应合理确定负债比例，不断优化资本结构，这样，才能最终有效地提高权益净利率。

(4) 总资产周转次数把利润表和资产负债表联系起来，使权益净利率可以综合公司整体经营成果和财务状况，反映了公司运用资产、实现销售收入的能力。对总资产周转次数的分析，可以从资产的构成比例是否恰当、资产的使用效率是否正常、资产的运用效果是否理想等方面进行详细分析，如可通过流动资产周转次数、存货周转次数、应收账款周转次数等有关资产使用效率的分析，以判明影响资产周转的主要问题所在。

因此，权益净利率与公司的销售规模、成本水平、资本运营、资本结构等有着密切的联系，这些相关因素构成一个相互依存的系统，只有将这个系统内的各相关因素安排协调好，才能使权益净利率达到最大。

【例10-22】长城公司2015年、2016年的权益净利率分别为14.93%、12.12%。假设2015年、2016年公司的权益乘数均为2.02，总资产净利率分别为7.93%、6%，资产周转次数分别为1.630 4、2。该公司权益净利率变动的原因分析如下。

2016年比上年的权益净利率下降，对权益净利率进行分解：

$$权益净利率=总资产净利率\times权益乘数$$

(2015年权益净利率)14.93%=7.93%×2.02

(2016年权益净利率)12.12%=6%×2.02

通过权益净利率分解可发现，权益净利率的下降不在于资本结构(权益乘数没变)，而是资产利用或成本控制发生了问题，造成了权益净利率的下降。

进一步对资产净利率进行分解：

$$总资产净利率=销售净利率\times资产周转次数$$

(2015年总资产净利率)7.39%=4.53%×1.630 4

(2016年总资产净利率)6%=3%×2

对总资产净利率分解可以发现，资产使用效率提高了，但由此带来的收益不足以抵补销售利润率下降造成的损失。而销售净利率下降的原因可能是由于售价太低、成本太高或费用过大，对此，需进一步通过分解指标来查明影响权益净利率下降的原因，为提高公司经营效率提供思路。

二、沃尔评分法

沃尔评分法是由亚历山大·沃尔最早提出的，是选定若干重要财务比率，然后根据财务比率的不同重要程度计算相应的总评分，而对公司财务状况进行分析和评价的一种方法。一般地，在运用沃尔评分法时，常用的财务比率指标包括流动比率、产权比率、固定资产比率、存货周转次数、应收账款周转次数、固定资产周转次数和总资产净利率等，此外还包括一些非财务指标。

运用沃尔评分法进行财务分析的步骤为：

(1) 选定评价公司财务状况的比率指标。选择能够代表公司财务状况的重要指标，一般地，从公司的盈利能力、偿债能力和营运能力等指标中分别选择若干具有代表性的财务比率。

(2) 根据财务比率指标的重要程度，分配指标的权重。各项比率指标的重要程度的判定，一般可以根据公司经营状况、管理要求、公司所有者、经营者及债权人的意向综合确定。

(3) 确定各项财务比率指标的标准值，即各项指标在公司现时条件下的最优值。各项财务比率指标的标准值是指各种实际情况以及可预见的损失，否则标准过高无法实现，会挫伤公司全体员工的积极性。通常，财务比率的标准值，可以本行业的平均数为基础加以修正。

(4) 计算公司一定时期内各项财务比率指标的实际值。

(5) 计算各财务比率指标实际值与标准值的比率，即关系比率。其计算公式为：

$$关系比率=实际值÷标准值$$

(6) 计算评价结果。计算各项财务比率的得分并进行加总。各项比率指标得分的计算公式为：

$$比率指标得分=重要性系数×关系比率$$

各项财务比率综合得分若超过100，说明公司财务状况良好；若综合得分为100或接近100，说明公司财务状况基本良好；若综合得分与100有较大差距，则说明企财务状况不佳，有待进一步改善，公司应查明原因，积极采取措施加以改善。

为了防止某些指标严重异常时对总评分产生不合逻辑的重大影响，评分时需要规定各种财务比率评分值的上限和下限，即最高评分值和最低评分值，以免个别指标的异常给总评分造成不合理的影响。上限一般定为正常评分值的1.5倍，下限一般定为正常评分值的0.5倍。

本章小结

财务分析就是以公司财务会计报表和其他资料为基本依据，采用专门方法和技术，系统分析和评价公司的财务状况、经营成果和现金流量状况的过程。财务分析方法一般有比率分析法、因素分析法和趋势分析法三种。

财务分析的内容主要包括以下四个方面：偿债能力分析、营运能力分析、盈利能力分析和发展能力分析。公司偿债能力分析包括短期偿债能力分析和长期偿债能力分析。短期偿债能力的财务指标主要有流动比率、速动比率和现金比率。长期偿债能力分析指标主要有资产负债率、产权比率和已获利息倍数。营运能力分析主要包括流动资产周转情况分析、固定资产周转率和总资产周转率三个方面。盈利能力的分析指标主要有销售毛利率、销售净利率、成本利润率、总资产净利率、权益净利率和资本保值增值率。发展能力的指标主要有资产增长率、销售增长率和资本积累率。

财务综合分析就是将公司营运能力、偿债能力和盈利能力等方面的分析纳入一个有机的分析系统之中，全面对公司财务状况，经营状况进行解剖和分析，从而对公司经济效益作出较为准确的评价与判断。财务综合分析的方法主要有两种：杜邦财务分析体系法和沃尔比重评分法。

主要概念

财务分析；偿债能力；营运能力；盈利能力；发展能力；流动比率；速动比率；总资产净利率；销售毛利率；销售净利率；应收账款周转率；存货周转率；流动资产周转率；资产增长率；销售增长率；资本积累率；杜邦财务分析体系法；沃尔比重评分法。

思考题

1. 财务分析的方法有哪些？其依据是什么？
2. 财务分析的内容主要有哪些？
3. 如何分析公司的总资产净利率？
4. 如何分析应收账款周转次数指标？应收账款周转次数是否越高越好？
5. 杜邦分析体系中权益净利率是如何层层分解的？

练习题

一、单项选择题

1. 如果公司速动比率很小，下列结论成立的是(　　)。
   A. 公司资产流动性很强　　　　　　B. 公司短期偿债能力很强
   C. 公司短期偿债风险很大　　　　　D. 公司流动资产占用过多
2. 在下列指标中，属于杜邦分析体系起点的指标是(　　)。
   A. 销售净利率　　　　　　　　　　B. 总资产周转率
   C. 权益乘数　　　　　　　　　　　D. 净资产收益率
3. 对权益乘数描述正确的是(　　)。
   A. 资产负债率越高，权益乘数越低
   B. 资产负债率越高，权益乘数越高
   C. 权益乘数高，说明公司的负债程度比较低
   D. 权益乘数高，给公司带来的风险小

4. 在下列财务业绩评价指标中，属于公司盈利能力基本指标的是( )。
   A. 营业利润增长率　　　　　　　B. 总资产报酬率
   C. 总资产周转率　　　　　　　　D. 利息保障倍数

5. 长城公司的产权比率为3/4，则该公司的权益乘数为( )。
   A. 4/3　　　　B. 7/4　　　　C. 7/3　　　　D. 3/4

6. 公司增加速动资产，一般会使公司产生的经济现象是( )。
   A. 降低公司的机会成本　　　　　B. 提高公司的机会成本
   C. 增加公司的财务风险　　　　　D. 提高流动资产的收益率

7. 某公司的流动资产由现金、应收账款和存货构成。如果流动比率等于2，速动比率等于1，应收账款占流动资产的30%，则现金在流动资产中的比重为( )。
   A. 10%　　　　B. 20%　　　　C. 30%　　　　D. 50%

二、计算分析题

1. 长城公司的流动资产由速动资产和存货构成。已知年初存货为290万元，年初应收账款为250万元；年末流动比率为3，年末速动比率为1.5，存货周转率为4次，且年末流动资产余额为540万元(注意，一年按照360天计算)。

   【要求】
   (1) 计算该公司年末流动负债余额；
   (2) 计算该公司存货年末余额和年平均余额；
   (3) 计算该公司本年销货成本；
   (4) 假定本年营业收入为1 920万元，应收账款以外的其他速动资产忽略不计，计算该公司的应收账款周转期。

2. 长城公司2015年度有关财务资料如下。
   (1) 2015年度简化资产负债表。

简化资产负债表

单位：万元

资　产	年初数	年末数	负债及所有者权益	年初数	年末数
现金及有价证券	510	650	负债总额	740	1 340
应收账款	230	280	所有者权益总额	1 680	1 730
存货	160	190			
其他流动资产	210	140			
长期资产	1 310	1 810			
资产总额	2 420	3 070	负债及所有者权益总额	2 420	3 070

(2) 其他资料如下：2015年实现主营业务收入净额4 000万元，销售成本2 600万元，管理费用540万元，销售费用60万元，财务费用180万元。其他业务利润80万元，所得税率25%。

(3) 2014年有关财务指标如下：主营业务净利率11%，总资产周转率1.5，权益乘数1.4。

【要求】
(1) 运用杜邦财务分析体系，计算该公司2015年的净资产收益率；
(2) 采用连环替代法，分析2015年净资产收益率指标变动的具体原因。

附录一　复利终值系数表

期数	1%	2%	3%	4%	5%	6%	7%	8%	9%	10%
1	1.0100	1.0200	1.0300	1.0400	1.0500	1.0600	1.0700	1.0800	1.0900	1.1000
2	1.0201	1.0404	1.0609	1.0816	1.1025	1.1236	1.1449	1.664	1.1881	1.2100
3	1.0303	1.0612	1.0927	1.1249	1.1576	1.1910	1.2250	1.2597	1.2950	1.3310
4	1.0406	1.0824	1.1255	1.1699	1.2155	1.2625	1.3108	1.3605	1.4116	1.4641
5	1.0510	1.1041	1.1593	1.2167	1.2763	1.3382	1.4026	1.4693	1.5386	1.6105
6	1.0615	1.1262	1.1941	1.2653	1.3401	1.4185	1.5007	1.5809	1.6771	1.7716
7	1.0721	1.1487	1.2299	1.3159	1.4071	1.5036	1.6058	1.7738	1.8280	1.9487
8	1.0829	1.1717	1.2668	1.3686	1.4775	1.5938	1.7182	1.8509	1.9926	2.1436
9	1.0937	1.1951	1.3048	1.4233	1.5513	1.6895	1.8385	1.9990	2.1719	2.3579
10	1.1046	1.2190	1.3439	1.4802	1.6289	1.7908	1.9672	2.1589	2.3674	2.5937
11	11157	1.2434	1.3824	1.5395	1.7103	1.8983	2.1049	2.3316	2.5804	2.8531
12	1.1268	1.2682	1.4258	1.6010	1.7959	2.0122	2.2522	2.5182	2.8127	3.1384
13	1.1381	1.2936	1.4685	1.6651	1.8856	2.1329	2.4098	2.7196	3.0658	3.4523
14	1.1459	1.3195	1.5126	1.7317	1.9799	2.2609	2.5785	2.9372	3.3417	3.7975
15	1.1610	1.3459	1.5580	1.8009	2.0789	2.3966	2.7590	3.1722	3.6425	4.1772
16	1.1726	1.3728	1.6047	1.8730	2.1829	2.5404	2.5922	3.4259	3.9703	4.5950
17	1.1843	1.4002	1.6528	1.9479	2.2920	2.6928	3.1588	3.7000	4.3276	5.0545
18	1.1961	1.4282	1.7024	2.0258	2.4066	2.8543	3.3799	3.9960	4.7171	5.5599
19	1.2081	1.4568	1.7535	2.1068	2.5270	3.0256	3.6165	4.3157	5.1417	6.1159
20	1.2202	1.4859	1.8061	2.1911	2.6533	3.2071	3.8697	4.6610	5.6044	6.7275
21	1.2324	1.5157	1.8603	2.2788	2.7860	3.3996	4.1406	5.0338	6.1088	7.4002
22	1.2447	1.5460	1.9161	2.3699	2.9253	3.6035	4.4304	5.4365	6.6586	8.1403
23	1.2572	1.5769	1.9736	2.4647	3.0715	3.8197	4.7405	5.8715	7.2579	8.2543
24	1.2697	1.6084	2.0328	2.5633	3.2251	4.0489	5.0724	6.3412	7.9111	9.8497
25	1.2824	1.6406	2.0938	2.6658	3.3864	4.2919	5.4274	6.8485	8.6231	10.835
26	1.2953	1.6734	2.1566	2.7725	3.5557	4.5494	5.8076	7.3964	9.3992	11.918
27	1.3082	1.7069	2.2213	2.8834	3.7335	4.8823	6.2139	7.9881	10.245	13.110
28	1.3213	1.7410	2.2879	2.9987	3.9201	5.1117	6.6488	8.6271	11.167	14.421
29	1.3345	1.7758	2.3566	3.1187	4.1161	5.4184	7.1143	9.3173	12.172	15.863
30	1.3478	1.8114	2.4273	3.2434	4.3219	5.7435	7.6123	10.063	13.268	17.449

(续表)

期数	12%	14%	15%	16%	18%	20%	24%	28%	32%	36%
1	1.1200	1.1400	1.1500	1.1600	1.1800	1.2000	1.1400	1.2800	1.3200	1.3600
2	1.2544	1.2996	1.3225	1.3456	1.3924	1.4400	1.5376	1.6384	1.7424	1.8496
3	1.4049	1.4815	1.5209	1.5609	1.6430	1.7280	1.9066	2.0872	2.3000	2.5155
4	1.5735	1.6890	1.7490	1.8106	1.9388	2.0736	2.3642	2.6844	3.0360	3.4210
5	1.7623	1.9254	2.0114	2.1003	2.2878	2.4883	2.9316	3.4360	4.0075	4.6526
6	1.9738	2.1950	2.3131	2.4364	2.6996	2.9860	3.6352	4.3980	5.2899	6.3275
7	2.2107	2.5023	2.6600	2.8262	3.1855	3.5832	4.5077	5.6295	6.9826	8.6054
8	2.4760	2.8526	3.0590	3.2784	3.7589	4.2998	5.5895	7.2508	9.2170	11.703
9	2.7731	3.2519	3.5179	3.8030	4.4355	5.1598	6.9310	9.2234	12.166	15.917
10	3.1058	3.7072	4.0456	4.4114	5.2338	6.1917	8.5944	11.806	16.060	21.647
11	3.4785	4.2262	4.6524	5.1173	6.1759	7.4301	10.657	15.112	21.119	29.439
12	3.8960	4.8179	5.3503	5.9360	7.2876	8.9161	13.215	19.343	27.983	40.037
13	4.3635	5.4924	6.1528	6.8858	8.5994	10.699	16.386	24.759	36.937	54.451
14	4.8871	6.2613	7.0757	7.9875	10.147	12.839	20.319	31.691	48.757	74.053
15	5.7436	7.1379	8.1371	9.2655	11.974	15.407	25.196	40.565	64.395	100.71
16	6.1304	8.1372	9.3576	10.748	14.129	18.448	31.243	51.923	84.954	136.97
17	6.8660	9.2765	10.761	12.468	16.672	22.186	38.741	66.461	112.14	186.28
18	7.6900	10.575	12.375	14.463	19.673	26.623	48.039	86.071	148.02	253.34
19	8.6128	12.056	14.232	16.777	23.214	31.948	59.568	108.89	195.39	344.54
20	9.6463	13.743	16.367	19.461	27.393	38.338	73.864	139.38	257.92	468.57
21	10.804	15.668	18.822	22.574	32.324	46.005	91.592	178.41	340.45	637.26
22	12.100	17.861	21.645	26.186	38.142	55.206	113.57	228.36	449.39	866.67
23	13.552	20.362	24.891	30.376	45.008	66.247	140.83	292.30	593.20	1178.7
24	15.179	23.212	28.625	35.236	53.109	79.497	174.63	374.14	783.02	1603.0
25	17.000	26.462	32.919	40.874	62.669	95.396	216.54	478.90	1033.6	2180.1
26	19.040	30.167	37.857	47.414	73.949	114.48	268.51	613.00	1364.3	2964.9
27	21.325	34.390	43.535	55.000	87.260	137.37	332.95	784.64	1800.9	4032.3
28	23.884	39.204	50.006	63.800	102.97	164.84	412.86	1004.3	2377.2	5483.9
29	26.750	44.693	57.575	74.009	121.50	197.81	511.95	1285.6	3137.9	7458.1
30	29.960	50.950	66.212	85.850	143.37	237.38	634.82	1645.5	4142.1	10143

附录二 复利现值系数表

期数	1%	2%	3%	4%	5%	6%	7%	8%	9%	10%
1	.9901	.9804	.9709	.9615	.9524	.9434	.9346	.9259	.9174	.9091
2	.9803	.9712	.9426	.9246	.9070	.8900	.8734	.8573	.8417	.8264
3	.9706	.9423	.9151	.8890	.8638	.8396	.8163	.7938	.7722	.7513
4	.9610	.9238	.8885	.8548	.8227	.7921	.7629	.7350	.7084	.6830
5	.9515	.9057	.8626	.8219	.7835	.7473	.7130	.6806	.6499	.6209
6	.9420	.8880	.8375	.7903	.7462	.7050	.6663	.6302	.2963	.5645
7	.9327	.8606	.8131	.7599	.7107	.6651	.6227	.5835	.5470	.5132
8	.9235	.8535	.7874	.7307	.6768	.6274	.5820	.5403	.5019	.4665
9	.9143	.8368	.7664	.7026	.6446	.5919	.5439	.5002	.4604	.4241
10	.9053	.8203	.7441	.6756	.6139	.5584	.5083	.4632	.4224	.3855
11	.8963	.8043	.7224	.6496	.5847	.5268	.4751	.4289	.3875	.3505
12	.8874	.7885	.7014	.6246	.5568	.4970	.4440	.3971	.3555	.3186
13	.8787	.7730	.6810	.6006	.5303	.4688	.4150	.3677	.3262	.2897
14	.8700	.7579	.6611	.5775	.5051	.4423	.3878	.3405	.2992	.2633
15	.8613	.7430	.6419	.5553	.4810	.4173	.3624	.3152	.2745	.2394
16	.8528	.7284	.6232	.5339	.4581	.3936	.3387	.2919	.2519	.2176
17	.8444	.7142	.6050	.5134	.4363	.3714	.3166	.2703	.2311	.1978
18	.8360	.7002	.5874	.4936	.4155	.3503	.2959	.2502	.2120	.1799
19	.8277	.6864	.5703	.4746	.3957	.3305	.2765	.2317	.1945	.1635
20	.8195	.6730	.5537	.4564	.3769	.3118	.2584	.2145	.1784	.1486
21	.8114	.6598	.5375	.4388	.3589	.2942	.2415	.1987	.1637	.1351
22	.8034	.6468	.5219	.4220	.3418	.2775	.2257	.1839	.1502	.1228
23	.7954	.6342	.5067	.4057	.3256	.2618	.2109	.1703	.1378	.1117
24	.7876	.6217	.4919	.3901	.3101	.2470	.1971	.1577	.1264	.1015
25	.7798	.6095	.4776	.3751	.2953	.2330	.1842	.1460	.1160	.0923
26	.7720	.5976	.4637	.3604	.2812	.2198	.1722	.1352	.1064	.0839
27	.7644	.5859	.4502	.3468	.2678	.2074	.1609	.1252	.0976	.0763
28	.7568	.5744	.4371	.3335	.2551	.1956	.1504	.1159	.0895	.0693
29	.7493	.5631	.4243	.3207	.2429	.1846	.1406	.1073	.0822	.0630
30	.7419	.5521	.4120	.3083	.2314	.1741	.1314	.0994	.0754	.0573

(续表)

期数	12%	14%	15%	16%	18%	20%	24%	28%	32%	36%
1	.8929	.8772	.8696	.8621	.8475	.8333	.8065	.7813	.7576	.7353
2	.7972	.7695	.7561	.7432	.7182	.6944	.6504	.6104	.5739	.5407
3	.7118	.6750	.6575	.6407	.6086	.5787	.5245	.4768	.4348	.3975
4	.6355	.5921	.5718	.5523	.5158	.4823	.4230	.3725	.3294	.2923
5	.5674	.5194	.4972	.4762	.4371	.4019	.3411	.2910	.2495	.2149
6	.5666	.4556	.4323	.4104	.3704	.3349	.2751	.2274	.1890	.1580
7	.4523	.3996	.3759	.3538	.3139	.2791	.2218	.1776	.1432	.1162
8	.4039	.3506	.3269	.3050	.2660	.2326	.1789	.1388	.1085	.0854
9	.3606	.3075	.2843	.2630	.2255	.1938	.1443	.1084	.0822	.0628
10	.3220	.2697	.2472	.2267	.1911	.1615	.1164	.0847	.0623	.0462
11	.2875	.2366	.2149	.1954	.1619	.1346	.0938	.0662	.0472	.0340
12	.2567	.2076	.1869	.1685	.1373	.1122	.0757	.0517	.0357	.0250
13	.2292	.1821	.1625	.1452	.1163	.0935	.0610	.0404	.0271	.0184
14	.2046	.1597	.1413	.1252	.0985	.0779	.0492	.0316	.0205	.0135
15	.1827	.1401	.1229	.1079	.0835	.0649	.0397	.0247	.0155	.0099
16	.1631	.1229	.1069	.0980	.0709	.0541	.0320	.0193	.0118	.0073
17	.1456	.1078	.0929	.0802	.0600	.0451	.0259	.0150	.0089	.0054
18	.1300	.0946	.0808	.0691	.0508	.0376	.0208	.0118	.0068	.0039
19	.1161	.0829	.0703	.0596	.0431	.0313	.0168	.0092	.0051	.0029
20	.1037	.0728	.0611	.0514	.0365	.0261	.0135	.0072	.0039	.0021
21	.0926	.0638	.0531	.0443	.0309	.0217	.0109	.0056	.0029	.0016
22	.0826	.0560	.0462	.0382	.0262	.0181	.0088	.0044	.0022	.0012
23	.0738	.0491	.0402	.0329	.0222	.0151	.0071	.0034	.0017	.0008
24	.0659	.0431	.0349	.0284	.0188	.0126	.0057	.0027	.0013	.0006
25	.0588	.0378	.0304	.0245	.0160	.0105	.0046	.0021	.0010	.0005
26	.0525	.0331	.0264	.0211	.0135	.0087	.0037	.0016	.0007	.0003
27	.0469	.0291	.0230	.0182	.0115	.0073	.0030	.0013	.0006	.0002
28	.0419	.0255	.0200	.0157	.0097	.0061	.0024	.0010	.0004	.0002
29	.0374	.0224	.0174	.0135	.0082	.0051	.0020	.0008	.0003	.0001
30	.0334	.0196	.0151	.0116	.0070	.0042	.0016	.0006	.0002	.0001

附录三 年金终值系数表

期数	1%	2%	3%	4%	5%	6%	7%	8%	9%	10%
1	1.0000	1.0000	1.0000	1.0000	1.0000	1.0000	1.0000	1.0000	1.0000	1.0000
2	2.0100	2.0200	2.0300	2.0400	2.0500	2.0600	2.0700	2.0800	2.0900	2.1000
3	3.0301	3.0604	3.0909	3.1216	3.1525	3.1836	3.2149	3.2464	3.2781	3.3100
4	4.0604	4.1216	4.1836	4.2465	4.3101	4.3746	4.4399	4.5061	4.5731	4.6410
5	5.1010	5.2040	5.3091	5.4163	5.5256	5.6371	5.7507	5.8666	5.9847	5.1051
6	6.1520	6.3081	6.4684	6.6330	6.8019	6.9753	6.1533	6.3359	6.5233	6.7156
7	7.2135	7.4343	7.6625	7.8983	8.1420	8.3938	8.6540	8.9228	9.2004	9.4872
8	8.2857	8.5830	8.8923	9.2142	9.1491	9.8975	10.260	10.637	11.028	11.436
9	9.3685	9.7546	10.159	10.583	11.027	11.491	11.978	12.488	13.021	13.579
10	10.462	10.950	11.464	12.006	12.578	13.181	13.816	14.487	15.193	15.937
11	11.567	12.169	12.808	13.486	14.207	14.972	15.784	16.645	17.560	18.531
12	12.683	13.412	14.192	15.026	15.917	16.870	17.888	18.977	20.141	21.384
13	13.809	14.680	15.618	16.627	17.713	18.882	20.141	21.495	22.953	24.523
14	14.947	15.974	17.086	18.292	19.599	21.015	22.550	24.214	26.019	27.975
15	16.097	17.293	18.599	20.024	21.579	23.276	25.129	27.152	29.361	31.772
16	17.258	18.639	20.157	21.825	23.657	25.673	27.888	30.325	33.003	35.950
17	18.430	20.012	21.762	23.698	25.840	38.213	30.840	33.750	36.974	40.545
18	19.615	21.412	23.414	25.645	28.123	30.906	33.999	37.450	41.301	45.599
19	20.811	22.841	25.117	27.671	30.539	33.760	37.379	41.446	46.018	51.159
20	22.019	24.297	26.870	29.778	33.066	36.786	40.955	45.752	51.160	57.275
21	23.239	25.783	28.676	31.969	35.719	39.993	44.865	50.423	56.765	64.002
22	24.472	27.299	30.537	34.249	38.505	43.392	49.006	55.457	62.873	71.404
23	25.716	28.845	32.453	36.618	41.430	46.996	53.436	60.883	69.532	79.543
24	26.973	30.422	34.426	39.083	44.502	50.816	58.177	66.765	76.790	88.497
25	28.243	32.030	36.459	41.646	47.727	54.863	63.294	73.106	84.701	98.347
26	29.526	33.671	38.553	44.312	51.113	59.156	68.676	79.954	93.324	109.18
27	30.821	35.344	40.710	47.084	54.669	63.706	74.484	87.351	102.72	121.10
28	32.192	37.051	42.931	49.968	58.403	68.528	80.698	95.339	112.97	134.21
29	33.450	38.792	45.219	52.966	62.323	73.640	87.347	103.97	124.14	148.63
30	34.785	40.568	47.575	56.085	66.439	79.058	94.461	113.28	136.31	164.49

(续表)

期数	12%	14%	15%	16%	18%	20%	24%	28%	32%	36%
1	1.0000	1.0000	1.0000	1.0000	1.0000	1.0000	1.0000	1.0000	1.0000	1.0000
2	2.1200	2.1400	2.1500	2.1600	2.1800	2.2000	2.2400	2.2800	2.3200	2.3600
3	3.3744	3.4396	3.4725	3.5056	3.5724	3.6400	3.7776	3.9184	3.0624	3.2096
4	4.7793	4.9211	4.9934	5.0665	5.2154	5.3680	5.6842	6.0156	6.3624	6.7251
5	6.3528	6.6101	6.7424	6.8771	7.1542	7.4416	8.0484	8.6999	9.3983	10.146
6	8.1152	8.5355	8.7537	8.9775	9.4420	9.9299	10.980	12.136	13.406	14.799
7	10.089	10.730	11.067	11.414	12.142	12.916	14.615	16.534	18.696	21.126
8	12.300	13.233	13.727	14.240	15.327	16.499	19.123	22.163	25.678	29.732
9	14.776	16.085	16.786	17.519	19.086	20.799	24.712	29.369	34.895	41.435
10	17.549	19.337	20.304	21.321	23.521	25.959	31.643	38.593	47.062	57.352
11	20.655	23.045	24.349	25.733	28.755	32.150	40.238	50.398	63.122	78.988
12	24.133	27.271	29.002	30.850	34.931	39.581	50.895	65.510	84.320	108.44
13	28.029	32.089	34.352	36.786	42.219	48.497	64.110	84.853	112.30	148.47
14	32.393	37.581	40.505	43.672	50.818	59.196	80.496	109.61	149.24	202.93
15	37.280	43.842	47.580	51.660	60.965	72.035	100.82	141.30	198.00	276.98
16	42.753	50.980	55.717	60.925	72.939	87.442	126.01	181.87	262.36	377.69
17	48.884	59.118	65.075	71.673	87.068	105.93	157.25	233.79	347.31	514.66
18	55.750	68.394	75.836	84.141	103.74	128.12	195.99	300.25	459.45	770.94
19	63.440	78.969	88.212	98.603	123.41	154.74	244.03	385.32	607.47	954.28
20	72.052	91.025	102.44	115.38	146.63	186.69	303.60	494.21	802.86	1298.8
21	81.699	104.77	118.81	134.84	174.02	225.03	377.46	633.59	1060.8	1767.4
22	92.503	120.44	137.63	157.41	206.34	271.03	469.06	812.00	1401.2	2404.7
23	104.60	138.30	159.28	183.60	244.49	326.24	528.63	1040.4	1850.6	3271.3
24	118.16	185.66	184.17	213.98	289.49	392.48	723.46	1332.7	2443.8	4450.0
25	133.33	181.87	212.79	249.21	342.60	471.98	898.09	1706.8	3226.8	6053.0
26	150.33	208.33	245.71	290.09	405.27	567.38	1114.6	2185.7	4260.4	8233.1
27	169.37	238.50	283.57	337.50	479.22	681.85	1383.1	2798.7	5624.8	11198.0
28	190.70	272.89	327.10	392.50	566.48	819.22	1716.1	3583.3	7425.7	15230.3
29	214.58	312.09	377.17	456.30	669.45	984.07	2129.0	4587.7	9802.9	20714.2
30	241.33	356.79	434.75	530.31	790.95	1181.9	2640.9	5873.2	12941	28172.3

附录四 年金现值系数表

期数	1%	2%	3%	4%	5%	6%	7%	8%	9%
1	0.9901	0.9804	0.9709	0.9615	0.9524	0.9434	0.9346	0.9259	0.9174
2	1.9704	1.9416	1.9135	1.8861	1.8594	1.8334	1.8080	1.7833	1.7591
3	2.9410	2.8839	2.8286	2.7751	2.7232	2.6730	2.6243	2.5771	2.5313
4	3.9020	3.8077	3.7171	3.6299	3.5460	3.4651	3.3872	3.3121	3.2397
5	4.8534	4.7135	4.5797	4.4518	4.3295	4.2124	4.1002	3.9927	3.8897
6	5.7955	5.6014	5.4172	5.2421	5.0757	4.9173	4.7665	4.6229	4.4859
7	6.7282	6.4720	6.2303	6.0021	5.7864	5.5824	5.3893	5.2064	5.0330
8	7.6517	7.3255	7.0197	6.7327	6.4632	6.2098	5.9713	5.7466	5.5348
9	8.5660	8.1622	7.7861	7.4353	7.1078	6.8017	6.5152	6.2469	5.9952
10	9.4713	8.9826	8.5302	8.1109	7.7217	7.3601	7.0236	6.7101	6.417
11	10.3676	9.7868	9.2526	8.7605	8.3064	7.8869	7.4987	7.1390	6.8052
12	11.2551	10.5753	9.9540	9.3851	8.8633	8.3838	7.9427	7.5316	7.1607
13	12.1337	11.3484	10.6350	9.9856	9.3936	8.8527	8.3577	7.9038	7.4869
14	13.0037	12.1062	11.2961	10.5631	9.8986	9.2950	8.7455	8.2442	7.7862
15	13.8651	12.8493	11.9379	11.1184	10.3797	9.7122	9.1079	8.5595	8.0607
16	14.7179	13.5777	12.5611	11.6523	10.8378	10.1059	9.4466	8.8514	8.3126
17	15.5623	14.2919	13.1661	12.1657	11.2741	10.4773	9.7632	9.1216	8.5436
18	16.3983	14.9920	13.7535	12.6896	11.6896	10.8276	10.0591	9.3719	8.7556
19	17.2260	15.6785	14.3238	13.1339	12.0853	11.1581	10.3356	9.6036	8.9601
20	18.0456	16.3514	14.8775	13.5903	12.4622	11.4699	10.5940	9.8181	9.1285
21	18.8570	17.0112	15.4150	14.0292	12.8212	11.7641	10.8355	10.0618	9.2922
22	19.6604	17.6580	15.9369	14.4511	13.4886	12.3034	11.0612	10.2007	9.4426
23	20.4558	18.2922	16.4436	14.8568	13.4886	12.3040	11.2722	10.3711	9.5802
24	21.2434	18.9139	16.9355	15.2470	13.7986	12.5504	11.4693	10.5288	9.7066
25	22.0232	19.5235	17.4131	15.6221	14.0939	12.7834	11.6536	10.6748	9.8226
26	22.7952	20.1210	17.8768	15.9828	14.3752	13.0032	11.8258	10.8100	9.9290
27	23.5596	20.7059	18.3270	16.3296	14.6430	13.2105	11.9867	10.9352	10.0266
28	24.3164	21.2813	18.7641	16.6631	14.8981	13.4062	12.1371	11.0511	10.1161
29	25.0658	21.8444	19.1885	16.9837	15.1411	13.5907	12.2777	11.1584	10.1983
30	25.8077	22.3965	19.6004	17.2920	15.3725	13.7648	12.4090	11.2578	10.2737

(续表)

期数	10%	12%	14%	15%	16%	18%	20%	24%	28%	32%
1	0.9091	0.8929	0.8772	0.8696	0.8621	0.8475	0.8333	0.8065	0.7813	0.7576
2	1.7355	1.6901	1.6467	1.6257	1.6052	1.5656	1.5278	1.4568	1.3916	1.3315
3	2.4869	2.4018	2.3216	2.2832	2.2459	2.1743	2.1065	1.9813	1.8684	1.7663
4	3.1699	3.0373	2.9173	2.8550	2.7982	2.6901	2.5887	2.4043	2.2410	2.0957
5	3.7908	3.6048	3.4331	3.3522	3.2743	3.1272	2.9906	2.7454	2.5320	2.3452
6	4.3553	4.1114	3.8887	3.7845	3.6847	3.4976	3.3255	3.0205	2.7594	2.5342
7	4.8684	4.5638	4.2882	4.1604	4.0386	3.8115	3.6046	3.2423	2.9370	2.6775
8	5.3349	4.9676	4.6389	4.4873	4.3436	4.0776	3.8372	3.4212	3.0758	2.7860
9	5.7590	5.3282	4.9164	4.7716	4.6065	4.3030	4.0310	3.5655	3.1842	2.8681
10	6.1446	5.6502	5.2161	5.0188	4.8332	4.4941	4.1925	3.6819	3.2689	2.9304
11	6.4951	5.9377	5.4527	5.2337	5.0284	4.6560	4.3271	3.7757	3.3351	2.9776
12	6.8137	6.1944	5.6603	5.4206	5.1971	4.7932	4.4392	3.8514	3.3868	3.0133
13	7.1034	6.4235	5.8424	5.5831	5.3423	4.9095	4.5327	3.9124	3.4272	3.0404
14	7.3667	6.6282	6.0021	5.7245	5.4675	5.0081	4.6106	3.9616	3.4587	3.0609
15	7.6061	6.8109	6.1422	5.8474	5.5755	5.0916	4.6755	4.0013	3.4834	3.0764
16	7.8237	6.9740	6.2051	5.9542	5.6685	5.1624	4.7296	4.0333	3.5626	3.0882
17	8.0216	7.1196	6.3729	6.0472	5.7487	5.2223	4.7746	4.0591	3.5177	3.0971
18	8.2014	7.2497	6.4674	6.1280	5.8178	5.2732	4.8122	4.0799	3.5294	3.1039
19	8.3649	7.3658	6.5504	6.1982	5.8775	5.3162	4.8435	4.0967	3.5386	3.1090
20	8.5136	7.4694	6.6231	6.2593	5.9288	5.3527	4.8696	4.1103	3.5458	3.1129
21	8.6487	7.5620	6.6870	6.3125	5.9731	5.3837	4.8913	4.1212	3.5514	3.1158
22	8.7715	7.6446	6.7429	6.3587	6.0113	5.4099	4.9094	4.1300	3.5558	3.1180
23	8.8832	7.7184	6.7921	6.3988	6.0442	5.4321	4.9245	4.1371	3.5592	3.1197
24	8.9847	7.7843	6.8351	6.4338	6.0726	5.4509	4.9371	4.1428	3.5619	3.1210
25	9.0770	7.8431	6.8729	6.4641	6.0971	5.4669	4.9476	4.1474	3.5640	3.1220
26	9.1609	7.8957	6.9061	6.4906	6.1182	5.4804	4.9563	4.1511	3.5656	3.1227
27	9.2372	7.9426	6.9352	6.5135	6.1364	5.4919	4.9636	4.1542	3.5669	3.1233
28	9.3066	7.9844	6.9607	6.5335	6.1520	5.5016	4.9697	4.1566	3.5679	3.1237
29	9.3696	8.0218	6.9830	6.5509	6.1656	5.5098	4.9747	4.1585	3.5687	3.1240
30	9.4269	8.0552	7.0027	6.5660	6.1772	5.5168	4.9789	4.1601	3.5693	3.1242

参考文献

1. 郑新成. 基础会计学[M]. 第四版. 上海：立信会计出版社，2012.
2. 陈岩，宋玉章. 基础会计[M]. 第二版. 北京：电子工业出版社，2011.
3. 许延明，李雄飞. 基础会计学[M]. 北京：清华大学出版社，2011.
4. 叶志锋. 基础会计学[M]. 武汉：中南大学出版社，2011.
5. 徐泓. 基础会计学[M]. 第二版. 北京：机械工业出版社，2011.
6. 周会林. 基础会计[M]. 北京：机械工业出版社，2011.
7. 李端生. 基础会计学[M]. 第三版. 北京：中国人民大学出版社，2011.
8. 薛跃. 基础会计学教程[M]. 第四版. 上海：立信会计出版社，2011.
9. 付丽. 新编基础会计学[M]. 第二版. 北京：清华大学出版社，2011.
10. 吴国萍. 基础会计学[M]. 第三版. 上海：上海财经大学出版社，2011.
11. 罗其安. 基础会计学[M]. 广州：暨南大学出版社，2011.
12. 吴良海. 基础会计教程[M]. 北京：清华大学出版社，2011.
13. 赵树民. 会计基础工作规范指导手册[M]. 北京：经济科学出版社，2011.
14. 薛洪岩，隋英杰. 基础会计[M]. 第四版. 上海：立信会计出版社，2009.
15. 谢涛，师艳. 基础会计[M]. 上海：立信会计出版社，2010.
16. 梁毅刚，李素英，李静宁. 基础会计学[M]. 北京：中国铁道出版社，2010.
17. 财政部会计司编写组. 企业会计准则讲解2010[M]. 北京：人民出版社，2010.
18. 姚海鑫. 财务管理[M]. 第二版. 北京：清华大学出版社，2013.
19. 肖作平. 财务管理[M]. 大连：东北财经大学出版社，2014.
20. 蒋红芸，康玲. 财务管理[M]. 北京：人民邮电出版社，2013.
21. 唐现杰，孙长江. 财务管理[M]. 第二版. 北京：科学出版社，2013.
22. 杨志慧. 财务管理[M]. 上海：立信会计出版社，2011.
23. 王佩. 财务分析[M]. 上海：华东师范大学出版社，2012.
24. 包红霏. 财务分析[M]. 哈尔滨：哈尔滨工业大学出版社，2012.
25. 严碧容，方明. 财务分析[M]. 北京：人民邮电出版社，2014.
26. 李全中，孙建华. 财务分析[M]. 北京：首都经济贸易大学出版社，2012.